社会治理微观问题研究

王杰秀 总主编

共建共治共享视角下的城乡社区服务研究

王杰秀 付长良 主 编
许亚敏 刘丽娟 副主编

撰稿人：唐忠新 张树旺 唐 娟 任克强
王伟进 李强彬 谢 莉 焦若水
文 宏 张必春 唐德龙 王 萍
许亚敏 刘丽娟 孙笑非 李 照

中国出版集团有限公司
研究出版社

图书在版编目（CIP）数据

共建共治共享视角下的城乡社区服务研究 / 王杰秀，付长良主编 . -- 北京 : 研究出版社 , 2025. 6. -- ISBN 978-7-5199-1937-5

Ⅰ . D669.3

中国国家版本馆 CIP 数据核字第 20254WT682 号

出 品 人：陈建军
出版统筹：丁　波
丛书策划：王杰秀　张立明
责任编辑：赖婷婷

共建共治共享视角下的城乡社区服务研究
GONGJIAN GONGZHI GONGXIANG SHIJIAO XIA DE CHENGXIANG SHEQU FUWU YANJIU
王杰秀　付长良　主编
研究出版社出版发行
（100006　北京市东城区灯市口大街100号华腾商务楼）
北京建宏印刷有限公司印刷　新华书店经销
2025年6月第1版　2025年6月第1次印刷
开本：710mm × 1000mm　1/16　印张：19.75
字数：390千字
ISBN 978-7-5199-1937-5　　定价：88.00元
电话（010）64217619　64217652（发行部）

前　言

社区是城乡居民生活的基本单元，也是国家治理体系的微观细胞。随着我国经济社会的快速发展和城乡一体化的深入推进，单位办福利逐渐被社会办福利取代，社区越来越多地承载着基层治理、矛盾化解、公共服务、社会保障等方面的功能作用，社区在社会治理体系中的地位和角色日益突出。社区服务作为发挥社区为民、便民、安民功能的主阵地，日渐成为政社合作、党群连接的重要平台，不仅关联居民群众切身利益，而且事关基层社会治理成效和改革发展稳定大局。

2022 年 1 月，国务院办公厅印发《“十四五”城乡社区服务体系建设规划》，明确了“十四五”时期推进城乡社区服务体系建设的指导思想、主要目标、重点任务、组织保障等要求，提出到 2025 年末，党建引领社区服务体系更加完善，服务主体和服务业态更加丰富，线上线下服务机制更加融合，精准化、精细化、智能化水平持续提升，社区吸纳就业能力不断增强，基本公共服务均等化水平明显提升，人民群众操心事、烦心事、揪心事更好解决，获得感、幸福感、安全感不断增强。《“十四五”城乡社区服务体系建设规划》以增进居民福祉、提升居民生活品质为出发点和落脚点，把满足居民群众对美好生活的向往作为城乡社区服务体系建设的目标方向，充分体现了“以人民为中心”的工作理念以及稳中求进的工作总基调，为各类主体有序参与社区服务体系建设提供了行动导向和重要遵循。

“共建共治共享”是我们党在社会治理理论和实践探索中形成的核心理论成果，从 2015 年习近平总书记在浙江调研时提出“社会建设要以共建共享为基本原则”到党的十九大报告正式提出“打造共建共治共享的社会治理格局”，再到党的二十大报告指出“健全共建共治共享的社会治理制度，提升社会治理效能”，“共建共治共享”具有鲜明的中国特色和中国智慧，是“大国之治”优越制度、发展道路和实践探索的集中展示，开辟了“中国之治”的新境界。社区服务是群众家门口的服务，关系民生、连着民心，兼具民生保障和提升生活品质等多重功能，既承担着满足困难群众、弱势群体基本生活的需要，又肩负助力居民群众美好生活的使命；既强调面向困难群众提供养老、助残、社会救助、社会保障、公共就业等服务，又强调提升便民服务水平。共建共治共享视角下的城乡社区服务体系建设，强调要坚持以人民为本、以人民为先，推动城乡居民共享发展成果，构建和谐宜居的城乡社区，不断拓宽服务领域、增强服务功能、提高服务成效，做到群众有需求、社区有服务，促使各类居民群众最大限度共享社区服务发展成果。

“社区治理动态监测平台及深度观察点网络建设”项目是民政部社会福利与社会进步研究所承担的重大课题，从 2015 年开始至今已经进入第八个调查年度。2022 年项目组根据党中央、国务院对城乡社区服务提出的新要求、新部署，结合民政部重点工作内容，围绕城乡社区服务开启专题调研，通过全面、客观地跟踪调查和深入分析我国城乡社区服务的总体情况、现实状况、发展需求等基础数据，对我国社区服务体制机制创新的效益和价值展开跟踪和评价，对地方政府的社区治理和服务政策进行分析评估，并及时挖掘、总结社区服务创新案例，进而构建创新基层社会治理的动态优化政策支持体系，为提高社会治理体系和治理能力现代化提供数据支撑和政策依据。

2022 年，本项目在全国范围内收集有效问卷 10510 份，包括社区问卷 3050 份，居民问卷 7460 份。数据资料主要来自江苏、浙江、河南、湖北、四川、陕西 6 个调查省份的村居及其居民。调查问卷分为“社区服务现状综合访问社区问卷”和“居民问卷”，“社区服务现状综合访问社区问卷”主要包括社区基本情况、社区服务内容两大板块，调查对象为调查省份城乡社区居（村）委会负责人，着重了解社区服务的基本情况；“居民问卷”囊括了社区生活与认知、社区服务情况、个人背景资料三大板块，由调查省份城乡社区中 16 周岁及以上的常住人口填答，主要了解居民的社区参与感和认同感、社区服务提供方式、社区服务满意度评价等方面，对社区服务的质量进行全面评估。通过对抽样村居的选取，访问员的培训，入户调查过程控制，调查问卷的回收、审核、录入以及调查数据的质量控制和规范处理，本次调查形成了丰富可靠的数据支撑，调查数据的客观性和权威性为书稿的撰写奠定了良好基础。

基于大量的实证数据和实地调查，本书以“共建共治共享”为视角，对我国城乡社区服务的现状、问题、案例和对策进行了系统深入的研究，旨在为推动我国城乡社区服务均等化及高质量、可持续发展提供理论支撑和实践参考。全书共分为十章，各章围绕社区服务的主题，从不同角度和层面展开学理探讨和深度剖析，对我国城乡社区服务体系进行了全方位而细致的阐释，是一部值得广泛阅读和借鉴的城乡社区服务调查研究报告。第一章为导论，介绍了本书的研究背景、意义、内容和方法。第二章至第九章分别从社区服务主体、设施、机制、信息化、公共服务、便民服务、安民服务、志愿服务等角度，分析了我国城乡社区服务在“共建共治共享”视角下的发展现状、存在问题、典型案例和对策建议。第十章为比较研究，从政策演进、供给模式、需求特征等方面，比较了我国城乡社区服务的异同点，并提出了促进城乡社区服务均衡发展的建议。

本书是“社区治理动态监测平台及深度观察点网络建设”项目的阶段性成果。在此，我们对参与本书写作和审稿的各位专家学者表示感谢，他们为本书的完成提供了宝贵的意见和帮助。由于时间和能力有限，难免存在不足之处，敬请广大读者批评指正。

目　录

第一章 导 论*

作为现代社会的基本构成单元，社区不仅是参与社会治理的基本单位，也是广大人民群众生产生活的主要空间。社区服务的质量和水平直接关系着社区居民的安全感、获得感、幸福感，因此完善社区服务体系、打造共建共治共享的社区服务新格局是实现人民美好生活的重要基础。党的二十大报告明确提出“健全共建共治共享的社会治理制度，提升社会治理效能”，为做好新时代社会治理工作提供了重要理论支撑。推进社区服务体系建设的本质要求是打造共建共治共享的格局，事关民生福祉和基层治理。进一步优化社区服务体系，共享改革发展成果是当前社区治理的重要任务。

第一节 社区服务的内涵和特征

一、社区服务的概念

社区服务是工业化和城市化的产物，最初是资本主义早期福利的形式之一，起源于19世纪80年代的英国，其目的是解决工业革命所带来的社会失业和城市贫困问题。随着西方国家经济的发展、社会运动的兴起以及政府治理理念的转变，从20世纪30年代开始，社区服务逐渐被一些国家和地区政府纳入社会公共福利的范畴，成为国家给予公民的福利形式之一。

在中国，社区服务的兴起与社区建设的发展相伴相随，二者都始于20世纪80年代、成长于20世纪90年代，是国家推动城市社会和公共服务改革的产物，旨在适应改革开放后城市管理体制转型的需要，缓解城市化和现代化给城市治理带来的新压力。1986年，民政部首次提出“社区服务”的概念，并从含义、性质、目标和重点发展内容等方面对其作出界定。1993年，民政部等十四部委联合颁布《关于加快发展社区服务业的意见》，明确指出将社区服务纳入第三产业规

* 因公报数据在统计过程中需要四舍五入，书中部分公报表格的统计数据存在总计与分项合计不等的情况。

划及其他有关规划，并制定了社区服务发展的具体策略。进入21世纪，随着上海、南京、杭州、广州等地积极探索社区服务建设的新路径，社区服务在各地迅速发展，其发展的形式和路径也愈加多样化。

关于社区服务的概念，国外学者并没有直接使用“社区服务”一词，而是多使用“社区福利保障”“社区照顾”“社会服务”等概念。戴维·奥斯本（David Osborne）和特德·盖布勒（Ted Gaebler）提出，社区是具体的每一个小“社会”，即社会的基本单元，那么社区服务就是社会提供公共服务在社区中的缩影。[1] 有学者指出，西方国家的社区服务快速发展是在20世纪70年代的国家滞胀阶段之后，西方国家为解决社会保障事业带来的国家财政负担，将一部分社会保障项目向基层社区“下放”，从而推动社区服务事业的发展。[2] 从国外学者关于社区服务概念的定义和国外社区服务的发展历程来看，国外并没有把“社区服务”的概念从“社会服务”和“社会福利服务”概念中分离，而是将立足于社区的社会服务称为“社区服务”。

改革开放以来，社区服务的概念逐渐明晰。1987年，民政部在大连召开的全国民政工作座谈会上首次提出了“社区服务”的概念，即“在政府的倡导下，发动社区成员开展互助性的社会服务活动，就地解决本社区的社会问题”。[3] 1993年，民政部等十四部委在联合颁布的《关于加快发展社区服务业的意见》中提出：“社区服务业是在政府倡导下，为满足社会成员多种需求，以街道、镇和居委会的社区组织为依托，具有社会福利性的居民服务业。”[4] 可以说，社区服务是整个社会福利制度的重要组成部分，其内容不仅包括政府、机构与个人等在社区里开展的福利性服务和公益性服务，同时包括社区居民之间的互助性服务。[5] 一方面，社区服务与商业化服务有着本质的区别，社区服务是一种福利性的服务活动；[6] 另一方面，社区服务的概念有别于社区公共服务，社区公共服务强调政府的责任或居民的共同服务需求，社区服务则更加强调动员社会各界的力量以社区为单位开展各方面的服务。由此可见，社区服务不仅具有福利性的特征，同时具有比

---

〔1〕［美］戴维·奥斯本、特德·盖布勒：《改革政府：企业精神如何改革着公营部门》，上海译文出版社2006年版，第22—27页。

〔2〕阎革：《我国城市社区服务的起因、性质和发展趋势》，载《广西大学学报》（哲学社会科学版）1993年第2期，第56—60页。

〔3〕代明、袁沙沙：《国内外城市社区服务研究综述》，载《城市问题》2010年第11期，第25—33页。

〔4〕夏建中：《城市社会学》，中国人民大学出版社2010年版，第204页。

〔5〕徐永祥：《论社区服务的本质属性与运行机制》，载《华东理工大学学报》（社会科学版）2002年第4期，第50—54页。

〔6〕关信平、张丹：《论我国社区服务的福利性及其资源调动途径》，载《中国社会工作》1997年第6期，第38—39页。

社区公共服务更深刻的内涵和更广的外延，社区公共服务是社区服务的重要内容。

随着理论探讨的深入，关于社区服务的概念出现了狭义说和广义说（狭义社区服务说和广义社区服务说的区别如表 1－1 所示）。狭义说认为，社区服务是指由社区提供的具有福利性和公益性的服务，并不包括由市场主体提供的具有商业性和营利性的服务；广义说将社区服务的范围扩大，认为社区服务不仅包括社区提供的福利性和公益性的服务，还包括一定程度的商业性服务和有偿性服务，[1] 也就是将无偿、低偿和有偿的社区服务进行有机的融合。

表 1－1　狭义社区服务说和广义社区服务说的区别

	狭义社区服务说	广义社区服务说
服务主体	政府、非营利组织	政府、非营利组织以及提供社区服务的市场机构
服务对象	社区特殊群体	扩大到社区全体居民
服务内容	纯福利性社区服务	扩展到便民利民性的社区服务
服务性质	福利性、公益性和非营利性	将福利性的社区服务作为核心内容，同时在一定程度上纳入商业性社区服务

在 20 世纪 80 年代中期起步阶段，受社会发展水平、政府管理方式、地方财政水平等因素的限制，我国关于社区服务的概念采纳的是狭义社区服务说。随着经济社会发展水平的提高以及社区服务市场主体的发展，社区服务向着普惠型和市场化的方向发展，社区服务的概念也更加倾向于广义说。

概而言之，社区服务是在政府的倡导和扶持下，以社区居民为中心，以满足社区居民多元化、多层次公共需求为目标，由政府机构、社区组织、志愿者、专业性服务机构以及其他社会机构，在社区层面向社区弱势人群及全体社区居民，提供具有福利性、公益性和互助性的公共物品及服务的活动。

二、社区服务的特征

社区服务是社会福利的组成部分，是社区治理的重要举措。与其他类型的服务相比，社区服务具有福利性、群众性、互助性、地域性和综合性的特征。

福利性是社区服务最本质的特征，主要体现在以下三点：一是服务目标的福利性。社区服务属于社会福利的范畴，社区服务的目的是政府和非营利组织为在一定程度上消除市场经济资源分配的不公平而对弱势群体采取的措施，[2] 具有明

[1] 郭安：《关于社区服务的涵义、功能和现有问题及对策》，载《中国劳动关系学院学报》2011 年第 2 期，第 92—97 页。

[2] 杜航：《社区服务的性质与资源配置机制研究》，载《法制与社会》2008 年第 6 期，第 207 页。

显的福利性特征。二是服务对象的福利性。社区服务的对象主要集中在社区中难以通过商业化服务来满足需求的特殊群体，包括老年人、残疾人、妇女儿童、城市农民工等，其目标是确保并维持社会特殊群体的基本生活。随着国家支持力度的加大和社会福利理念的转变，社区服务的对象将日益扩大到社区全体居民，服务的内容也将逐渐兼具物质性服务和精神性服务。三是服务资源的福利性。社区服务的资源主要来源于社区内的公共资源，如政府资助获得的资金、社区内已有的服务设施、社区志愿者的自愿劳动以及社会捐助的资金，从而能够实现社区服务将社会效益放在首位的目标。需要说明的是，虽然社区服务的本质特征是福利性，把社会效益摆在第一位，但并不是所有社区服务项目都应该是无偿的。由于政府财力和社会捐助有限，尤其是随着社区服务范围的扩大，为了保证社区服务的可持续发展，某些社区服务项目可以实行有偿服务，但应以低偿为主。[1]

群众性是社区服务的本质特征。主要表现在两个方面：一是依靠群众。社区服务具有资源福利性，其中包括社区居民的志愿服务劳动和社区居民捐助的资金，因此社区服务要求本社区的居民广泛参加，共同开发社区资源并实行民主管理，[2] 从而形成具有规模的志愿者服务队伍，让社区服务的资源和资金更加充足、具有可持续性。二是服务群众。社区服务旨在解决社区居民的实际困难，让广大社区居民得到实惠，从而提升社区居民的获得感。因此，社区服务的群众性就是从群众中来，到群众中去，让群众自己办理自己的事情。

互助性是社区服务的重要特征。社区服务在本质上就是组织发动社区成员开展互助服务，体现出我国“守望互助”的优良传统。社区居民群众既是社区服务的参与者，又是社区服务的受益者。在开展社区服务的过程中，发挥社区服务的互助特征，不仅能够提高居民对社区的认同感和归属感，同时能够填补政府或其他社会组织的服务空白，提高社会服务的水平和质量。因此，社区服务要充分发挥社区居民自我管理和自我服务的力量，真正做到社区居民“自己的事情由自己去办”。

社区服务的地域性主要是指社区服务所具有的“地域社会”的特征，主要体现在三点。一是服务范围的地域性。由于每个社区都具有明显的边界和区域，因此社区服务的目的是满足本社区的社会需求、解决本社区的社会问题，具有就近性、属地性的特征。二是服务对象的地域性。每个社区的服务对象都是本社区的社区成员，因此社区致力于为本社区成员提供多样性服务，满足本社区成员的需求。三是服务内容的地域性。社区服务的提供会受到社区自然环境、经济状况、文化环境以及社区内部人口状况、经济条件、文化认同等因素影响。在我国，社区服

---

〔1〕 郭安：《关于社区服务的涵义、功能和现有问题及对策》，载《中国劳动关系学院学报》2011 年第 2 期，第 92—97 页。

〔2〕 唐钧：《关于城市社区服务的理论思考》，载《中国社会科学》1992 年第 4 期，第 123—136 页。

务在城市依托街道和居民委员会、在农村依托乡镇和村民委员会展开，社区服务内容具有明显的地域性，因此在开展社区服务时要根据本社区的实际情况因地制宜。

社区服务具有综合性的特征，主要体现在三个方面。一是服务体系的综合性。当前，包括社区调查、服务项目决定、服务计划制订、服务内容宣传、服务项目组织实施、服务评估和总结等环节在内的社区服务体系成熟完善，自成一体。二是服务对象的综合性。随着社区居民需求的增长和社区服务体系的完善，社区服务的对象从社区特殊群体逐渐转变为社区全体居民，服务对象更加综合。三是服务内容的综合性。当前，社区服务的内容不仅包括面向社区特殊群体的福利服务，如社区老年人服务、社区未成年人服务、社区残疾人服务、社区优抚对象服务，还发展了面向全体居民的便民利民服务，包括一般家居生活服务、社区环境综合治理服务、社区医疗卫生服务和社区生活服务等。[1]

三、社区服务的功能与目标

（一）社区服务的功能

改革开放之后，城市管理模式经历了从单位制向社区制的转变，社区逐渐成为社会组织与管理的主角，承载着基层社会治理与社会稳定发展的重要功能。鉴于社区服务具有福利性、群众性、互助性、地域性、综合性等多重特征，社区服务的功能也是多样的，主要体现在社会保障、整合协调、稳定控制、经济发展和社会参与等方面。

1. 社会保障功能。社区服务的福利性特征决定了社区服务要保障社区特殊群体的基本生活，包括向老年人、残疾人、未成年人、农民工、下岗失业人员等特殊群体提供社区公共物品和服务。社区通过助老、助残、助困等各项服务，帮扶社会弱势群体，从而达到缓解社区矛盾、建设和谐社区的目的。保障功能是社区服务最基本的功能。

2. 整合协调功能。社区服务是一项需要统筹管理、全盘规划的活动，在向居民提供社区服务的过程中，同时能够实现整合协调的功能。一方面，整合了社区资源，包括上级政府拨付资金、社区自有的资金和场地、社区志愿者的劳动、其他社会组织捐赠的资金等，从而理顺社区的服务资源。另一方面，通过社区服务实现社区内部关系的整合，如干群关系、群众间关系、社区自治组织与社区其他组织的关系，进而提高社区服务的工作效率。

3. 稳定控制功能。社区服务不仅为社区特殊群体提供基本生活福利保障，同时致力于为全体居民提供便民利民服务，在很大程度上起到了缓解社会矛盾、稳

---

[1] 高桂贤、廖敏：《社区服务》，电子工业出版社 2015 年版，第 8—10 页。

定社会秩序的作用。主要体现在以下几个方面：一是做好针对弱势群体、优抚对象、失业人群等特殊群体的福利服务，有效减少了社会不稳定因素。二是社区服务对象和内容的综合化和全面化，让社区内出现的新问题和新纠纷能够得到及时解决，把不稳定因素消解在萌芽状态，防止社会矛盾扩大化。三是社区服务的互助性要求组织发动社区居民开展互助性服务，居民积极参与社区服务、互帮互助能够有效协调邻里关系，减少矛盾和纠纷。

4. 经济发展功能。社区服务不仅能够对社会的整合与稳定产生作用，还能对社会经济发展与转型产生不可忽视的作用。根据1993年民政部等十四部委联合颁布的《关于加快发展社区服务业的意见》，社区服务属于第三产业。由于社区已经成为社会细胞的缩影，以社区为载体发展起来的社区服务必将提供大量工作岗位，从而推动城市第三产业的发展，为城市经济结构转型、发展繁荣城市经济提供新的途径。[1]

5. 社会参与功能。社区服务的群众性和互助性功能要求广大社区居民参与到社区服务的过程中，居民的参与有利于激发社区居民的社会参与意识、提升社区居民的参与能力，带动社区服务的发展，促进社区服务的普及，并对整个社区的发展产生深刻影响。[2]

（二）社区服务的目标

受到定义、性质和功能的影响，并结合中国实际国情，社区服务的目标主要包括以下方面：一是建设功能齐全、符合居民需求的市、区（县）、街（镇）、居（村）社区服务网络，完善社区服务体系；二是实现社区服务对象的全面化，既能为特殊群体提供福利性服务，又能为广大居民提供方便优质的便民利民服务；三是社区服务内容要与时俱进、因地制宜，根据本社区居民的实际需求提供相应的服务；四是激发广大居民的参与积极性，社区服务互助互利的特征要求广大居民积极参与，因此要增加社区居民的互动机会，进而培养居民的社区归属感，形成守望互助的良好社会风尚。

四、社区服务的对象与内容

（一）社区服务的对象

社区服务对象是指社区服务面向的群体。社区服务内容的确定需要根据服务

---

〔1〕 冯桂平：《社区服务功能及实现的理论综述》，载《学理论》2011年第3期，第39—43页。

〔2〕 王来华：《论城市社区服务的基本特征和社会功能》，载《天津社会科学》1991年第5期，第93—96页。

对象的范围来划定，因此只有确定具体的社区服务人群，了解社区服务对象的特点和需求，才能精准地提供社区服务。在早期，社区服务的对象主要是残疾人、优抚对象和老年人等特殊群体，后来逐渐扩展到社区全体居民。

1. 特殊群体

特殊群体可以分为三类，包括弱势群体、优抚对象和边缘人群。

（1）弱势群体。弱势群体指的是由社会原因或者自身原因导致自身在经济、政治、文化以及心理上，处于弱势地位的一类特殊人群，包括老年人、残疾人、妇女、儿童、未成年人、精神病患者、失业者、最低保障对象等。

（2）优抚对象。优抚对象是指优抚工作特定的保障对象。优抚对象的相关优抚待遇有国家政策的相关规定，社区也要将优抚对象作为重要服务对象。在我国，优抚对象主要包括现役军人、残疾军人、复员军人、烈士遗属、因公牺牲军人遗属、病故军人遗属、现役军人家属等。

（3）边缘人群。边缘人群特指在市场竞争中无法通过自身努力有效实现自身价值和幸福诉求，同时被社会忽视或极少关注的特定群体，这一群体的边缘化表现在社会身份边缘化、经济生活边缘化、政治参与边缘化以及利益诉求边缘化，[1] 如农民工、外来人口等。

2. 社区全体居民

随着各级财政支持力度的加大和社会力量的参与，再加上居民对社区服务需求的增加，社区服务对象从社区特殊群体扩展到本社区的全体居民，社区服务被无差别地提供给本社区的居民。

（二）社区服务的内容

按照社区服务对象的分类以及提供的社区服务是否有偿，社区服务内容可分为纯福利性社区服务、志愿互助性社区服务以及便民利民性社区服务三大类。

1. 纯福利性社区服务

纯福利性社区服务是指社区面向特殊群体，即弱势群体、优抚对象和边缘人群，而提供的社区服务，这类服务一般是无偿性的，同时也是社区服务的重点。主要分为六类：（1）社区老年人服务。服务内容主要包括生活照料服务、医疗保健服务、文化娱乐服务、法律维权服务等。随着我国老龄化趋势的加重，发展社区养老成为社区服务最有潜力的发展内容。（2）社区残疾人服务。残疾人由于自身身体障碍，有更多样化的社区服务需求，可以提供生活照料服务、就业安置服

---

〔1〕 王华华：《从行政吸纳到政治吸纳：城市边缘群体实现幸福的应然路径》，载《学习与实践》2018 年第 4 期，第 99—107 页。

务、身体康复服务、文化娱乐服务等。(3) 社区妇女服务。社会观念的进步让女性权益日益得到重视，社区可以针对妇女提供权益保护服务、健康保健服务、婚姻家庭咨询服务等。(4) 社区未成年人服务。未成年人的成长关乎社会的未来发展，社区可以开发婴幼儿照料、课外看管、兴趣与特长培养、未成年人心理援助等服务项目，从社区层面为未成年人的健康成长保驾护航。(5) 社区优抚服务。社区优抚服务主要是针对社区内优抚对象开展的社区服务，帮助优抚对象解决住房、医疗、上学等实际问题，同时可以定期开展军民联谊活动。(6) 社区流动人口服务。随着我国经济的发展，流动人口成为社区服务的重要内容之一，有关流动人口的服务包括户籍管理、治安管理、住房管理等，在做好日常服务的过程中提升流动人口服务管理质效。

2. 志愿互助性社区服务

志愿互助性社区服务又称为邻里互助服务，主要是由社会志愿团体发起，同时与街道（乡镇）、居委会（村委会）建立志愿服务联系，为社区居民提供定时定点的服务。志愿互助性社区服务是面向社区全体居民的义务性服务或微偿性服务，[1] 如居委会兴办的修理、干洗等方便社区居民生活的服务，居民自发组织的法律咨询服务等，形式多样，内容丰富。

3. 便民利民性社区服务

便民利民性社区服务是为社区全体成员提供的社区性社会化服务，这种服务不区分服务对象，实行有偿性服务。由于便民利民性社区服务是面向社区全体居民的，因此它最能反映出社区一般居民生活需求，同时最能够衡量社区提供服务的水平和能力。这种类型的社区服务与一般居民的生活息息相关，可以分为四种：家居生活、社区环境综合治理、医疗卫生和社区生活服务。

第二节　社区服务的发展历程

一、社区服务的肇始与发展

（一）国外社区服务的发展背景

社区服务是以社区作为依托载体发展起来的。“社区”这一概念最早起源于西方学界，由德国社会学家斐迪南·滕尼斯（Ferdinand Tönnies，1855—1936）提出，他认为社区是由具有共同价值和信仰的同质人口组成的关系密切、守望相

---

[1] 陈喜强：《城市社区服务范畴新论》，载《广西社会科学》1993 年第 3 期，第 70—75 页。

助、富有人情味的社会生活共同体。[1] 20 世纪初，美国社会学家在使用“社区”一词时更多赋予其地域层面的含义。

社区服务起源于英国，这主要有以下两点原因：首先，英国社会存在着济贫的传统，有滋生社区服务发展的土壤。早在 17 世纪，西方社会便存在济贫制度。1601 年，在既有济贫规定的基础上，英国制定并颁布了英国历史上第一部专门的济贫法——《伊丽莎白济贫法》，对无业游民实行政府救济和强迫劳动。《伊丽莎白济贫法》的颁布实施标志着国家开始通过立法形式来介入济贫事务，这是社会保障发展史上的一个重要里程碑。1834 年，英国通过了“济贫法修正案”，即“新济贫法”，新济贫法认定社会救助属于公民的合法权利，国家对公民进行救助不是消极行动，而是一项积极的福利措施。通过立法，英国不仅强化了政府对社会救助的干预，同时培养了公民关于社会救助的权利意识，为社会服务的产生奠定了良好的社会基础。其次，是工业化和城市化发展的需要。19 世纪中后期，英国正处于第二次工业革命期间，工业化和城市化的迅猛发展带来了一系列亟须解决的社会问题，如迅速的城市化导致城市人口激增，社会治安、居住条件恶化，贫富差距拉大造成底层公民的失业和贫穷问题，这给当时英国的经济发展和社会稳定带来极大的挑战，在此背景下，由社区提供公共服务的思路应运而生。

（二）国外社区服务的发展历程

在济贫传统的影响和工业化、城市化发展的推动下，英国在 1869 年成立慈善组织会社，这是世界上第一个以济贫为主要功能的社区服务组织。慈善组织会社工作的具体运作是将伦敦市划分为若干区，从而将原本由政府主导的社会救助分配到每区建立的分支机构中。受英国影响，1877 年，美国在水牛城成立了第一个慈善组织会社。之后，英美各地又兴起了睦邻组织运动，在各地相继成立社区睦邻服务中心。虽然慈善组织会社和社区睦邻服务中心在性质和内容上与现代意义上的社区服务仍有不同，但是这种通过组织内成员志愿互助来创造更好生活条件的尝试，为之后社区服务的进一步发展奠定了实践基础。

20 世纪 30 年代，为解决经济大萧条带来的社会问题，西方国家纷纷完善社会保障制度，保障社会弱势群体的基本权利。之后，福利国家兴起，西方国家逐渐建立起与其自身特点相适应的社会福利制度，这不仅促进了公共服务的扩大，也不断推进社区公共服务迈向新阶段。

“二战”后，具有现代意义上的社区服务得到了发展。一方面是为了规避西

---

[1] 姜振华、胡鸿保：《社区概念发展的历程》，载《中国青年政治学院学报》2002 年第 4 期，第 121—124 页。

方国家在经济高速增长时出现的较为突出的社会问题，如失业问题、贫困问题、养老问题等；另一方面由于原有的公共服务体系无法满足民众日益增长的物质需求。在此背景下，亟须提供高质量且高效率的公共服务供给方式，因此，运用社区资源、发动社区自主力量来提供公共服务的构思应运而生。1951 年，联合国经济社会理事会通过了 390D 号议案，决定建立社区福利中心，并制订了社区福利中心计划，不久改名为社区发展计划，以达到推动全球经济和社会发展的目的。1954 年，建立联合国社会事务局社区发展组，在世界各地推进社区发展计划，并得到许多国家和地区政府的支持。1955 年，联合国提出希望通过社区发展来解决社会公共服务供给问题。随着联合国的积极倡议与推广，社区公共服务也受到了广大发展中国家的重视和支持。

20 世纪 50 年代，为减轻传统的“住院式照顾”带来的财政负担，同时兼顾对被照顾者的人文关怀，英国政府开始推行社区照顾的方式，即在本社区内由社区工作人员为被照顾者提供服务。随后，社区照顾便在英国各地得到普及。除了为老年人提供的社区照顾，英国还实施了“社区发展工程”，这项工程的推进和实施，不仅激活了以反贫困和社会排斥为目标的各类组织和社区行动，同时使社区服务拓展至医疗、教育、住房等各个领域。20 世纪 90 年代中后期，工党重新执政后，英国又实施了邻里复兴战略、社区战略等项目，使社区服务的实践和价值理念进一步发展和传播。另外，英国在推进社区服务的过程中，特别重视其法治化发展，如《儿童法案》《儿童支持法案》《全国健康服务及社区照顾法案》等，在法律层面确保社区服务的合法性。

从 20 世纪 50 年代开始，美国政府大力推行城市社区建设，并设立了诸多城市社区发展项目，如社会福利、医疗卫生、预防犯罪等。1965 年，美国政府实施“反贫困战争”政策，同时将公共部门承担的社区服务转移给非营利组织。1973 年，美国颁发了《国内志愿服务法案》，为社区服务的志愿参与提供法律保障。1993 年，《国家和社区服务信托法案》出台，全国性的社区服务协会成立，对美国全国所有的社区服务项目进行统一管理。[1] 目前，美国已经形成了完整的社区公共服务模式，在这一模式中政府、社区组织、非营利组织和社区居民等共同协作，提供社区公共服务。

此外，澳大利亚政府从 1983 年开始先后开展了“地方政府社区发展”“家庭和社区护理”等项目；德国在全国各大城市开展“邻里之家”活动，为社区中的儿童、青少年和老年人提供多种服务；法国积极发动社区居民参与社区服务活

---

〔1〕 韩央迪：《英美社区服务的发展模式及对我国的启示》，载《理论与改革》2010 年第 3 期，第 24—29 页。

动；日本针对社会弱势群体提供社区福利志愿服务，同时通过政府拨款、收费服务和募捐等方式保障社区服务的可持续性。

（三）总结国外社区服务的发展历程的特点

根据国外社区服务的发展背景、发展历程以及实践情况，可以发现社区服务的发展特点主要包括以下五个方面。

第一，社区服务的对象逐渐从社会弱势群体转向社区全体居民。国外社区服务起源于帮扶社会弱势群体的慈善服务，最开始只面向穷人、失业者等群体提供社区服务，随着社会经济的发展和民众需求的增加，社区服务作为一种全新的公共服务供给方式逐渐得到推广。由此，社区服务的对象不再只局限于社会弱势群体，普通的社区居民也成为社区服务的对象。

第二，社区服务供给形成了多主体合作的模式。政府不是社区服务供给的唯一来源，社区、居民以及其他社会力量都是社区服务的重要供给主体。这主要体现在两个方面：一是经费来源渠道的多元化。国外社区服务资金来源主要包括政府拨款以及个人和组织捐款，社区服务资金筹集形成了政府引导、社区动员、社会资本支持的模式。二是多方合作提供社区公共物品和服务。除了资金，社区服务的日常提供由政府、社区、社会其他组织共同负责，这样不仅减轻了政府的行政负担，而且激发了社会力量的创造力，推动高品质且符合社区服务需求的社区服务种类的开发，从而推动社区服务的多层次、多样化发展。

第三，重视与社区服务相关法律制度的建设。多主体合作提供社区服务的模式减轻了政府提供社区服务的行政负担，但并不意味着政府责任的淡化。公共服务多元主体供给的运作模式，要求政府必须担负起监督和指导的责任，为社区服务的目标、标准和原则制定相关的法律法规和体制机制，规范各个主体在社区服务提供过程中的行为，以保证社区服务的供给质量和运转效益，保障社区居民的公共权益。

第四，推动非营利组织的发展。非营利组织又被称作“第三部门”，是不以营利为目的、与经济组织和政府组织相区别的组织类型。非营利组织在社区服务中占有重要地位，具有填补服务空缺、培育社会资本、促进社区建设等作用。随着民众对公共服务需求的多元化，单纯依靠政府部门管理社区服务必将引发服务水平低下、效率不高等问题。利用非营利组织提供社区服务，对于健全社区服务体系、提升社区服务质量具有至关重要的作用。

第五，推动社区居民积极参与。从国外社区服务的发展历程来看，居民一直是社区服务的重要参与者。社区服务是在社区场域内为社区居民提供公共服务的一种模式，其本质上是互助互利的，需要广大居民的积极参与。社区成员的深度参与，不仅可以为社区服务的可持续发展提供动力，同时能够增强居民对社区的认同感和归属感。

二、我国社区服务的发展历程

（一）我国社区服务兴起的背景与原因

1. 社区服务兴起的背景

20世纪80年代中期，随着以国有企业改革为标志的中国经济体制的改革，原有的社会结构被解构，大批下岗工人丧失了“单位人”的身份。社会管理的职责由原先的单位还给社会，社区代替单位成为社会的基本组成单元。社区的发展为社区服务的兴起作出铺垫。[1]

除此之外，20世纪80年代中国社会出现了一些迫切需要解决的社会问题，包括就业问题、老龄化问题和城市化问题。首先，国企改革导致大批工人失业，这给社会就业带来冲击，也给社会治安带来巨大压力。其次，人口老龄化问题。1987年底，我国60岁以上老年人有8900万人，占我国当时总人口的8.3%，并在当时预测我国人口老龄化速度将比发达国家快一倍，需要提前应对老龄化问题。[2] 最后，改革开放后，我国城市化进程加快，城市人口迅速增加，群众的社会服务需求随之增长。在此背景下，社区服务应运而生。

2. 社区服务推广的缘由

基于当时的社会背景和亟须解决的问题，分析社会服务推广的缘由，主要有以下五个方面。

一是城市化和城市社区化的需要。20世纪80年代中期，随着经济改革开放的推进，城市化发展越来越明显。一方面，大批流动人口迅速向城市集中，城市规模及其管理的复杂程度在加速增长，这对于城市住宅、交通、教育、基础设施、社会服务等提出了新的要求，既有的公共服务的供给方式已经无法满足城市居民日益增长的公共服务需求。另一方面，随着国企改革的推进，社会治理的基本单元从单位转变为社区，社区承接从单位外放的服务功能，逐渐成为社会治理的重点，构建社区服务体系已成为必然趋势。

二是社会人口结构的变化。20世纪80年代中期以来，我国人口结构发生了变化，即人口老龄化的态势逐渐显现。根据调查资料显示，我国老龄人口在很多大城市的比例已超过其总人口的10%。[3] 中国已经步入老龄化社会的趋势，需

---

〔1〕 杨团：《社区公共服务论析》，华夏出版社2002年版，第12页。

〔2〕 王刚义、赵林峰、王德祥：《中国社区服务研究》，吉林大学出版社1990年版，第75—76页。

〔3〕 沈赓方、奚从清：《城市社区服务》，浙江大学出版社1989年版，第5页。

要解决老年人的社会保障问题。与此同时，政府和市场无力全部承担养老的重担，于是社区养老作为一种新的养老方式得到政府的支持。社区养老能够满足老年人居家的要求，又能整合社会资源解决老年人的实际困难，老龄化的不断加速对构建社区服务体系提出新的要求。

三是家庭服务功能的弱化。家庭服务功能弱化的原因在于，家庭结构呈现出小型化的趋势。据统计，1987 年我国城市居民家庭规模平均为 3.74 人，与之前的大家庭相比，家庭服务功能明显弱化。与此同时，老龄人口比例上升，进一步加重了家庭的负担。除了养老问题外，小型化的家庭在育儿、教育等方面的职能都得到了弱化。这就需要社会来承担传统家庭的职责，这为城市社区服务兴起提供了动力。

四是居民消费需求的转变。随着经济的发展和城市居民收入的增加，居民对于生活服务有了更高的需求，如参与卫生保健服务、享受文体服务等。但在当时，居委会的发展刚刚起步，组织程度不足，难以满足居民的这些需求。为弥补社会化服务的不足、实现居民对美好生活的追求，自上而下进行社区服务能够助推街道、居委会等基层组织的前期服务实践。[1]

五是对西方社区服务经验的借鉴。20 世纪 80 年代，我国对外开放，同时引进和吸收西方国家的先进经验和管理理念。当时西方国家的社区服务机构已经积累了丰富的管理经验，这对中国的社区服务发展起到了一定的引领作用。

（二）社区服务的发展阶段划分

根据政府政策及社区服务发展历程，将我国社区服务的发展过程划分为以下三个阶段。

1. 起步阶段：社区服务的产生与推广阶段（1987—1992 年）

在这一时期，改革开放政策刚刚开始实行，国家经济和社会正处于转型阶段。政府开始逐步恢复社区组织，并开始提供基本的社区服务。1986 年，民政部首次提出了开展社区服务的要求。1987 年，在大连召开的民政工作会议上首次正式提出社区服务的概念。同年 9 月，在武汉召开的全国城市社区服务工作座谈会，提出在部分城市开展社区服务试点工作，倡导向社会特殊群体提供社区服务，同时明确指出了社区服务工作的重点内容。在民政部的积极倡导下，天津市于 1989 年诞生了中国第一个社区服务志愿者协会，为本社区内的老人、残疾人提供生活帮助。同年，民政部在杭州召开了全国城市社区服务工作座谈会，明确提出“坚

---

〔1〕 万正艺：《城市社区公共服务的发展历程与变迁逻辑》，载《城市问题》2020 年第 4 期，第 33—39 页。

持社会福利社会办”的工作方向，为社区服务的未来发展指明方向。总体来看，在这一阶段，社区服务由民政部门推动实施，其工作重点是老年人、残疾人、烈士军属、困难户等社会特殊群体，同时形成了以街道和居委会为依托、动员社会力量和社区居民积极参与的服务网络。

但是，总的来看，这一时期的社区服务还存在一些问题：一是服务领域相对狭窄，社区服务是与社区治安、社区卫生、社区文化等相并列的，服务涉及面不广、水平不高、供给不足；二是服务质量难以保证，社区服务的机构设置和人员管理不够完善，缺少专业化的人才队伍。

2. 巩固阶段：社区服务的产业化发展阶段（1993—2005 年）

在这一时期，中国社区服务进入巩固与产业化发展阶段。一方面，政府出台了一系列政策，在鼓励社区组织发展的同时，将社区服务的职能下放给社区组织；另一方面，社区服务范围和对象不断扩大，社区服务在各地得到了实践与发展。

1993 年 8 月，民政部、国家计委、财政部等十四个部委联合颁布《关于加快发展社区服务业的意见》，明确将社区服务业划为第三产业，提出要统筹各方力量筹集发展资金，并建立无偿、低偿和有偿三种社区服务项目。该意见不仅将社区公共服务的政府力量由民政部主导变为多部门协调，同时正式提出要统筹社会各方面的力量，标志着中国的社区服务发展进入一个全新的阶段。1994 年底，民政部在上海召开全国社区服务经验交流会议，强调社区服务具有经济效益和社会效益双重属性，要将重点放在社会福利属性上，重申了社区服务的基本属性和原则，保证了社区服务的社会效益和福利属性。[1] 2000 年，民政部在《关于在全国推进城市社区建设的意见》中提出“四个面向”，将社区服务的对象扩大。除了国家政策的出台，各地积极推进社区服务设施建设，如文化娱乐设施、健身设施、医疗卫生设施、教育培训设施等，同时不断培育社区服务组织，逐渐形成了一个完整的社区服务网络。到 2005 年底，全国共有 573.8 万人成为社区服务从业人员，有 8656 个具有综合功能的社区服务中心，[2] 社区服务得到了巩固与发展。

总的来看，部门联合、产业化推进成为这一阶段社区公共服务发展的重点内容。一是从民政部主导转变为各部门协调负责，对于社区服务业重视程度得到了提高；二是将社区服务定义为第三产业，社区服务进入产业化阶段；三是提出“四个面向”，社区服务的对象得到了扩大。[3] 虽然国家大力强调社区服务的社

---

〔1〕 王国枫：《我国社区服务的科学定位》，载《黑龙江社会科学》2005 年第 1 期，第 113—116 页。

〔2〕 李学举：《一篇指导社区服务的重要文献》，载《中国民政》2006 年第 6 期，第 6—9 页。

〔3〕 李春：《我国城市社区公共服务模式的发展历程与启示》，载《理论导刊》2013 年第 2 期，第 26—28 页。

会福利属性，但是社区服务的产业化经营不能从根本上纠正其逐利的特征。

3. 全面发展阶段：社区服务的社会化发展阶段（2006 年至今）

在这一时期，社区服务全面发展，并朝着社会化的方向发展。政府购买服务、社会力量全面参与、社区居民积极参与成为这一阶段的突出特征。

2006 年，国务院发布《关于加强和改进社区服务工作的意见》，首次从国家法规层面对社区公共服务的发展进行规范化管理，其中提出要坚持社会化的基本原则，统筹各方力量，包括政府、社区居委会、民间组织、驻社区单位、企业及个人，充分发挥其在社区服务中的作用，从而建立起覆盖社区全体成员、服务主体多元、服务功能完善、服务质量和管理水平较高的社区服务体系。该意见的颁布实施标志着我国社区服务工作进入社会化阶段。[1] 2007 年 3 月，民政部出台《全国农村社区建设实验县（市、区）工作实施方案》，将农村社区服务建设作为重要内容之一，要求加快农村社区服务设施建设步伐。2011 年，国务院办公厅发布《关于印发社区服务体系建设规划（2011－2015 年）的通知》，提出未来五年要重点发展多层次、多样化的社区服务，大力发展便民利民服务和社区志愿服务，满足广大社区居民的服务需求。2017 年，党的十九大报告提出“推动社会治理重心向基层下移”，这意味着要把化解社会矛盾、维护社会秩序等重心下沉，[2] 社区服务作为社区治理的重要内容，需要发挥其维护社会稳定的作用。在实践层面，随着上海、广州等城市社区治理实践的发展，社区、社会组织、社会工作者三者之间的“三社联动”模式不断完善，催生了一批社区组织参与社区服务。

总体来看，在这一阶段，“三社联动”为社区服务的发展提供了新的方向，社区服务得到了全面、快速发展，社会化发展成为当下社区公共服务发展的主基调。政府在社区服务领域中发挥主导作用，社会力量积极参与社区服务，同时，随着社区居民自治成为社区服务的重要理念，居民参与社区服务的活跃度和主动性不断提高。

（三）总结不同阶段的发展特点

自 1987 年中国正式提出推行社区服务以来，社区服务在中国已有 30 多年的发展历程，其发展特点可以从服务主体、服务对象、服务模式等方面进行概括。

服务主体从政府包办转向社会化合作。在社区服务发展初期，无论是社区服务模式的建立运作，还是社区服务发展的资源汲取，都由政府发挥中坚力量，各地的街道与居委会根据资源状况提供社区服务。随着社区服务的普及和社会治理

---

〔1〕 刘燕、贾小波：《社区服务》，机械工业出版社 2022 年版，第 7—8 页。

〔2〕 郦正、蔡禾等：《“转型与发展：中国社会建设四十年”笔谈》，载《社会》2018 年第 6 期，第 1—90 页。

理念的转变，我国的社区服务向社会化方向发展。目前，虽然政府仍扮演着主导角色，但积极鼓励和支持社会力量参与社区服务，通过公共服务购买、社会组织管理等方式，促进社区服务的社会化发展，实现了“三社联动”的模式。

服务对象从特殊群体扩大到普通社区居民。与国外的发展历程相似，随着社会力量和社区居民的参与、居民对公共服务需求的增长，我国社区服务的对象也从弱势群体、优抚对象、边缘人群等特殊群体扩展到广大的普通社区居民。

服务模式从单一到多元。随着社会经济的发展和居民需求的不断提高，我国社区服务模式变得越来越多元化。一是服务主体的多元化，社会各方力量积极参与社区服务；二是服务内容的多元化，除了基本的公共服务设施，目前的社区服务还包括物业管理、社区卫生、文化娱乐、志愿服务等。服务模式的多元化趋势在全面发展阶段尤为突出。

总体而言，当前社区服务正朝着服务主体愈加多元、服务覆盖面逐渐扩大、服务质量不断提高的方向发展。

三、我国社区服务发展中面临的机遇与挑战

（一）当前社区服务发展中面临的机遇

改革开放以来，我国社区服务业已取得初步成效，服务体系持续完善，服务范围不断扩大，服务水平得到提升。当前，社会大环境的优化、非营利组织的崛起以及社区居民参与意识和能力的提升，为社区服务的可持续发展提供了新的发展机遇。

1. 国家政策持续支持。一直以来，我国政府高度重视社区服务业的发展，自20世纪90年代以来相继出台了一系列的政策文件。[1] 近年来，政府对社区服务业发展的支持力度不断加大，主要表现在以下三个方面：一是从国家高度规划社区服务的发展。2016年，民政部、中央组织部等部门联合发布《城乡社区服务体系建设规划（2016－2020年）》，统筹城乡社区服务体系建设；2021年，国务院办公厅《关于印发“十四五”城乡社区服务体系建设规划的通知》，从城乡社区服务格局、增加城乡社区服务供给、提升城乡社区服务效能等方面进行了全局性规划，给“十四五”期间的城乡社区服务发展指明了方向。二是中央和地方各级政府纷纷出台一系列财政资金、税收优惠等具体的扶持措施，为社区服务的发展提供了政策保障和物质基础。三是地方政府积极响应中央要求，努力为社区服务发展创造良好的政策环境，为社区居民提供高质量、高品质的公共服务。

---

[1] 李建伟、王伟进、黄金：《我国社区服务业的发展成效、问题与建议》，载《经济纵横》2021年第5期，第48—60页。

2. 社区服务需求的增加。主要表现在以下方面：一是人口老龄化程度加深。根据国家统计局公布的数据，2022 年我国60 岁以上的老年人口为28004 万人，占全国人口的19.8%。我国老龄化人口正在逐年增加，同时独生子女家庭的老年照护能力微弱，对社区服务提出了更高的要求，包括医疗保健需求、文化娱乐需求、住房需求等，这需要更专业化的服务人才和团队。二是社区居民对公共服务的需求日益多样化。随着社会经济的发展和生活水平的提高，居民对公共服务的需求呈全面增长趋势，公众需求日益个性化、多样化，为社区服务业带来了新的发展机遇。

3. 新兴技术在社区中的发展和应用。随着大数据时代进入人们的日常生活中，物联网、云计算、区块链等信息技术的应用正改变着社区治理的内容，[1] 建设智慧社区、推动 5G 进社区等工程的实施，推动了社区服务业的数字化转型。当前，"互联网+社区服务" 成为智慧社区服务的一个重要发展态势，其主要内容就是充分利用信息技术，构建大数据和信息处理平台，提高服务居民的能力，这改变了社区服务的传统模式。利用信息技术提供的手段和工具，能够推动社区服务的标准化和信息化，提高社区服务的效率和质量。利用互联网平台提供线上服务，如线上预约服务、线上提建议、线上监督等，增加了交互、互动的环节，能够更好地满足社区居民的需求。同时，先进的设备、技术，如专业护理、医疗服务等有利于促进社区服务的专业化发展。

（二）当前社区服务发展中面临的挑战

社区服务在实际发展中也会遇到挑战和困境，具体如下：

1. 非营利性组织、社团等第三部门力量发展不足。随着城市人口数量的增加和流动速度的加快，不同社区的居民对社区服务需求的类别、层次和质量等各不相同，[2] 居民对社区服务的需求日益多样化、个性化，为社区服务的精准化供给带来诸多挑战，如服务需求识别困境、服务规划制定风险。[3] 在这种背景下，非营利性组织、社团等第三部门在社区服务供给中的力量不可忽视。例如，在美国，庞大的非营利组织群体是社区服务的具体承担者，负责各种社区服务的提供

---

〔1〕 张艳国、朱士涛：《大数据融入智慧社区建设：时代价值与现实路径》，载《江汉论坛》2021 年第 11 期，第 117—124 页。

〔2〕 李春生：《大数据驱动社区公共服务精准化：问题面向、运行机制及其技术逻辑》，载《湖北社会科学》2021 年第 6 期，第 41—48 页。

〔3〕 张贵群：《社区服务精准化的实践困境与实现机制》，载《探索》2018 年第 6 期，第 146—153 页。

和管理。[1] 在我国，虽然PPP模式近年来在社区服务领域得到应用，但是不少地区的政府仍存在着“全能主义”的思想，存在着社区服务供给的一元化现象，社会力量参与社区服务的广度和深度还有待进一步发展加强。

2. 居民参与意识有待进一步提升。社区居民是社区自治的重要主体，居民参与是锻炼政治责任感和参与民主决策、实现自我管理的过程，是社区服务发展的重要组成部分，而当前社区居民参与意愿较低。一是社区共同利益尚未形成。共同利益是社区居民深度参与的关键，但由于部分居民“搭便车”现象的出现，居民对社区的依赖感和认同感并未普遍形成。二是居民诉求表达和反馈渠道不畅。一些居民对社区服务提供的服务质量、范围等问题缺乏反馈和诉求意愿，从而表现出对社区服务缺乏关注和自我积极性。三是社区自治组织权威性不够。部分社区自治组织因缺乏资源链接、动员组织的能力，在面对居民诉求时往往力不从心，导致其在居民心中的影响力、动员力减弱，进而导致社区居民参与社区治理的积极性不足。

3. 社区服务的专业化程度不够。多样化和个性化的居民需求为社区服务的专业化发展提供了新的要求，但仍存在以下不足：一是缺少专业人才。多数社区服务从业者培养体系不够完善，缺乏专业技能和业务知识，影响了社区服务的效率和效果。二是行业服务标准不统一。当前针对社区服务机构的管理较为分散，没有统一的服务评估和评价标准，导致服务质量参差不齐、服务水平有待提升。三是新兴技术应用不足。部分社区服务组织仍然沿用传统手段，信息技术手段没有进入实际应用阶段，难以最大限度满足居民多样化需求。社区服务专业化程度不足成为当前制约社区服务发展的重要因素。

总的来说，我国社区服务正面临巨大的机遇和挑战，需要政府、企业和社会组织共同努力，以提高社区服务的质量。

第三节　共建共治共享下的社区服务

2015年，党的十八届五中全会首次提出要“构建全民共建共享的社会治理格局”。2017年，党的十九大报告提出“打造共建共治共享的社会治理格局”。2022年，党的二十大报告提出“健全共建共治共享的社会治理制度”。共建共治共享的治理理念构建了以人民为中心，以均衡为导向，以提供公共服务为重点的社会

---

[1] 颜德如、孔庆茵：《我国社区服务的定位、国外经验借鉴及其完善的基本路径》，载《理论探讨》2018年第3期，第148—154页。

治理模式，[1] 为社区服务的发展指明新方向。

一、共建共治共享

（一）共建共治共享的内涵

由于传统的管理方式无法适应社会结构的转型升级，党的十八大以来，共建共治共享逐渐成为打造新时代社会治理格局的总要求。在当前，共建共治共享被赋予了新的内涵，即强调多主体参与、合作型治理以及共享发展成果，构建以人民为中心、以提供公共服务为目标的社会治理模式。

共建，即为共同建设，鼓励社会成员集思共创、群策构建社会治理体制，[2] 这是共建共治共享理念的基础，主要包括参与主体的多元化和建设对象的多样化。当前，社会问题的复杂性、社会需求的多样性和社会价值的共享性，要求社会治理实现政府、企业和社会力量共同努力，建设更美好的生活环境。为了发挥共建的作用，需要调动全体人民的创造力和聪明才智，加强政府和社会的合作，致力于社区治理和社会结构调整，从而能够满足人民对美好生活的向往，推进国家治理体系和治理能力现代化。

共治，是指多主体通力合作，共同参与治理社区中出现的各种社会问题。共治在本质上是权力的分配和使用问题，是共建共治共享的核心，也是实现共建共治共享的方式。近年来，随着我国社会发展水平和人们物质生活水平的提升，根据马斯洛需求理论，人们对于公共事务管理的意识得到增强，也更加重视公平以及社会价值的实现，因此要为人民群众参与社会共治创造条件。共治要求做到，发展社会多元主体的力量，包括党委、各级政府以及社会组织、企业、人民群众，补齐治理结构中的短板，在基层社会治理中发展基层自治能力。[3] 通过多元主体共治社会问题，增强社会凝聚力，共建和谐社会，实现社会治理和社会建设的共赢。

共享，即全体社会成员共同享有社会资源和治理成果，是共建共治共享的目标归属。基于共享的均等性、公共性、法定性、渐进性等特性，[4] 可以从以下三

---

[1] 江国华、刘文君：《习近平“共建共治共享”治理理念的理论释读》，载《求索》2018 年第 1 期，第 32—38 页。

[2] 江必新、王红霞：《论现代社会治理格局——共建共治共享的意蕴、基础与关键》，载《法学杂志》2019 年第 2 期，第 52—60 页。

[3] 马庆钰：《共建共治共享社会治理格局的意涵解读》，载《行政管理改革》2018 年第 3 期，第 34—38 页。

[4] 张国清：《作为共享的正义——兼论中国社会发展的不平衡问题》，载《浙江学刊》2018 年第 1 期，第 5—18 页。

个方面来具体理解“共享”的含义：从共享主体来看，全体社会成员不仅包括各级党委、政府和人民群众，还包括社会组织和市场主体；从共享内容来看，不仅是共享社会改革发展最终取得的物质成果，还是共享改革发展过程中的治理资源，共享社会的公共价值和公共精神；从共享过程来看，共享并不是简单的平均主义，而是治理过程中个体利益与公共利益的平衡。在社会治理过程中，充分发挥“共享”的作用，不仅能够明确社会治理的目标，而且能够促进社区内成员之间的相互帮助，凝聚社会共识，从而实现社区的和谐、稳定发展。

（二）共建共治共享的内在联系

共建、共治和共享是三个相互支持、相辅相成的理念，三者之间具有内在的逻辑性，是一个联系紧密的系统。具体来说，共治和共享蕴含在共建中，共建和共享也蕴含在共治中，共享是共建、共治的延续和目标。[1]

第一，共建是共治和共享的前提和基础。共同富裕是中国式现代化的重要特征，要实现这一目标，就必须解决好当前发展过程中不平衡和不充分问题，解决城乡发展差距、地区发展不均衡等问题。共建共治共享的实质内涵就是让全体社会成员共享我国经济发展成果，解决降低两极分化的问题，[2] 实现共同富裕。在社区治理实践中，应充分利用共建共治共享的理念，统筹政府、市场主体、社会组织等各方主体的力量，共建社区基础设施和公共服务，提高社区居民的生活质量和社区发展水平，从而能够为共治营造更好的社会环境，为共享提供良好的物质保障。

第二，共治为共建和共享提供实现的方式和途径。实现社会的共建和共享需要多元主体的共同参与，而共治则是连接共建和共享的关键环节。当前，随着社会组织和市场组织的崛起发展，以及各主体利益诉求的多样化，传统的以政府为主体的管理方式面临着前所未有的挑战，构建开放、有序、多元主体参与的治理机制，成为保障各主体参与权利、解决当前治理困境的重要解决途径。[3] 在社区层面，共治强调各主体的通力合作，即通过政府积极引导、社会组织和社区居民积极参与，利用社区议事、民主协商等方式，促进公共问题的化解和社区治理的提升，从而能够使共建的成果由社区居民共享。

---

〔1〕 朱新武、王明标：《共建共治共享的社会治理格局：理论阐释与体系构建》，载《新疆大学学报》（哲学·人文社会科学版）2018 年第 6 期，第 19—25 页。

〔2〕 王庆明：《共享发展与社会建设：一种社会结构的视角》，载《中国特色社会主义研究》2017 年第 5 期，第 75—79 页。

〔3〕 马庆钰：《共建共治共享社会治理格局的意涵解读》，载《行政管理改革》2018 年第 3 期，第 34—38 页。

第三，共享是共建与共治的动力和最终目标。利益是一切社会活动的根本动因，谋求利益虽然不是多元主体参与共建共治的唯一目标，但也是多元社会治理主体参与社会治理的重要因素之一。共享为共建共治提供了新的激励机制，激励多元主体参与到共建与共治中，同时为社会资源的合理分配提供新的方式，影响着治理过程中的价值选择，由于共享与“共同富裕”的要求高度契合，能够最大限度实现资源公平分配和社会效益最大化的目标。从社区角度来看，共享不仅能够激发社区居民、社区组织等主体参与社区治理，提高社区治理水平，同时通过各主体的主动参与，增强社区居民对本社区的认同感和归属感，从而提高社区凝聚力，促进社会和谐发展。

共建、共治和共享三者之间互相联系、互相推进、互为补充，为社会治理实践提供指导性的理念。共建共治是共享实现的基础，共享是共建共治的目标，共享的利益来源于共建共治的成果。共建共治共享为社区治理描绘了一幅蓝图，在未来的社区治理实践中，“共建共治共享”这一理念还需要掌握有效的社区治理策略和方法，激发社区居民的积极性和主动性，从而推动社区的可持续发展。

（三）为何需要共建共治共享

党的十八届五中全会提出“构建全民共建共享的社会治理格局”，从而推进社会治理精细化；党的十九大报告在此基础上进一步提出“打造共建共治共享的社会治理格局”。共建共治共享已经成为再造社会治理格局的新方向。对于共建共治共享的重视，不仅是对我国社会治理实践的回应，更体现出深厚的理论基础。

一是共建共治共享符合我国的实践发展要求。这主要体现在三个方面：首先，通过打造共建共治共享的社会治理格局，探索一条符合中国社会发展要求的道路，从而能够完善中国社会治理格局，打造富有中国特色的社会治理体系。其次，打造共建共治共享的社会治理格局，有助于破解当前我国社会治理动力不足、成本高成效低等问题，能够平衡好社会各方利益主体，从而能够缓解人民日益增长的美好生活需要和不平衡不充分的发展之间的矛盾。最后，我国实行基层群众自治制度，实行共建共治共享符合基层群众自治中的自我管理、自我教育、自我服务、自我监督的实际，同时能够为基层居民自治和村民自治注入新的活力，完善基层群众自治制度。

二是共建共治共享契合治理理论的预设。随着社会的发展，社会问题愈加复杂、社会需求愈加多样化，治理理论应运而生。治理理论强调多主体参与、协商合作、互动共赢，提出社会问题的解决和社会矛盾的消解需要政府、市场、社会等不同主体的参与和互动，从而能够最大限度消除社会分歧。[1] 由此可见治理理论的内核是合作，而共建共治共享正是对社会治理中“合作”的回应。传统的政府中心主义将政府视为解决社会问题的唯一主体，其他主体在这一理念下无法参与到社会问题的解决中，但是社会治理问题的复杂化带来传统的政府中心主义论的失效。正是在这种背景下，我国提出了共建共治共享的理念，符合当前治理理论的思想内核，能够凝聚社会各方力量共同解决社会纠纷、化解社会矛盾。

二、共建共治共享与社区服务的内在契合度

共建共治共享理念与当前社区服务的发展具有高度的契合。主要表现在以下方面：

第一，理论的契合度。协商民主理论、服务型政府理论、价值共享理论等都是社区服务的重要理论基础。协商民主理论认为，共识来自协商对话；服务型政府理论的内核是要求政府把为公众提供公共服务作为其行为导向；价值共享理论则认为社会价值应由其创造者共同分享。结合上文的基本概述，共建共治共享理念也包含了多元主体共同参与、以人民为中心、以公正为取向的价值理念。共建共治共享的理念与社区服务的理论基础具有密不可分的内在契合度。

第二，目标的一致性。共建的目标是通过共同建设公共服务设施，提高社区居民的生活质量和社区发展水平；共治的目标是解决社会问题、矛盾和冲突，为居民创造稳定和谐的居住环境；共享的目标是推动资源的合理利用，实现资源公平分配和公众福利最大化的目标。社区服务的目标是为社区内的居民提供优质的服务，如医疗、教育、文化、环境保护等。这正是共建共治共享的重要组成部分。因此，社区服务与共建共治共享的理念是高度一致的。

第三，社区服务的实现需要基于共建共治共享的理念。共建重视公共服务和公共资源的平衡配置和合理利用；共治强调公民参与、政府与居民的合作，充分发挥社区居民的主体作用，使社区治理得到改善、社会问题得到解决、社区服务水平得到提高；共享则强调资源共享的理念，让社区居民共同享有公共服务，不同地区之间、城乡之间的社区服务水平和服务质量更为均衡。因此，共建共治共享的理念便于社区服务的实现。

总的来说，“共建共治共享”与社区共同体的价值追求是一致的，即共建服务平台、共治社区事务、共享发展利益。[2] 因此，共建共治共享的理念与社区服

---

〔1〕 夏锦文：《共建共治共享的社会治理格局：理论构建与实践探索》，载《江苏社会科学》2018年第3期，第53—62页。

〔2〕 陈晓春、肖雪：《共建共治共享：中国城乡社区治理的理论逻辑与创新路径》，载《湖湘论坛》2018年第6期，第41—49页。

务的发展二者紧密相连，具有高度的内在契合。在未来的社区服务实践中，应当在共建共治共享的理念下，加强和改进社区服务机构，为社区服务发展构建新的发展规划。

三、共建共治共享对于社区服务发展的指导意义

当前，共建共治共享已成为社区治理的重要理念，因此其对于破解当前社区服务发展困局具有重要的指导意义。

第一，共建共治共享转变了社区服务发展的价值理念。在共建共治共享的指导下，社区服务发展的价值理念实现了从依附发展到共享发展的转变。在传统理念中，基层社会的发育和成长有赖于国家的“选择性培育”和“间接化控制”，因此在这种观念下我国基层社会处于“依附性成长”的状态。[1] 共建共治共享的理念要求多主体参与、共同享有，这就对基层社会治理格局产生了影响，也转变了传统的社区服务价值理念。在共建共治共享的理念下，基层政府要更加注重公共服务的供给主体、质量和水平，提倡社区服务的共享发展，做好便民惠民服务。社区物业管理公司等市场主体应主动承担起社会责任，通过提供社区服务获取利润的同时，也要注意社区服务的质量和种类是否能够满足居民的需求。社区居民也应积极参与社区志愿活动，在关注自身获得社区服务权利的同时，也要积极承担社会责任。

第二，共建共治共享创新了社区服务的发展目标。在共建共治共享的指导下，“共享”成为实现社区利益的终极目标。共建共治共享的理念就是要突破过去单向的利益分配机制，通过互助来实现利益的互惠。在这种理念的指导下，社区服务致力于搭建起一个链接和交换资源的平台，可以扩大个体的支持网络，实现社区服务的共享化目标。

第三，共建共治共享强化了社区服务以居民为中心的服务理念。共建共治共享的核心内容就是以人民为中心，动员广大群众的积极参与。因此，社区服务需要坚持以居民为中心的服务理念，根据居民需求和实际情况确定社区服务的种类和规模，不断提高社区服务的精准度和实效性。同时，积极推动社区志愿服务活动的开展，拓展参与渠道和参与形式，让更多居民能够参与到社区服务的供给环节。

共建共治共享理念的提出，为社区服务的发展指明了新的方向。在今后社区发展过程中，要强化社区服务的共建共治共享属性，激发居民群众的主体作用，

---

[1] 侯利文：《基层社会治理中的“国家与社会”：变迁、现状与反思》，载《华东理工大学学报》（社会科学版）2016 年第 4 期，第 9—16 页。

为社区治理和社区服务的协同发展趋势搭建坚实的基础。社区服务的发展道路仍很长，需要党和政府的坚强保障，社会组织、社会工作者、市场主体等社会力量的共同协作以及社区居民的深度参与。

第二章　社区服务主体

建设和完善“党建引领、政府负责、居（村）委会履职，社会组织、市场主体、居民群众有序参与”的社区服务主体新格局，增强城乡社区治理和服务能力，是时代发展和进步的必然要求。本章在阐析城乡社区服务主体多元化格局形成历程与结构构成的基础上，从共建共治共享角度，分析了社区服务主体格局的现状与问题，寻求构建社区服务主体新格局的对策思路。

第一节　社区服务主体新格局的形成过程

改革开放以来，随着社区制的兴起，城乡社区管理和服务体制改革驶入快车道。改革的核心是突破计划经济时代国家绝对主导的传统全能型管治体制，理顺政府、社会、市场在基层社区的关系，构建并持续完善多方主体参与、多元力量合作的现代社区服务体系，社区服务主体结构也由一元向多元转变。根据城乡社区管理和服务结构朝多元合作方向变革的重要节点，以及社区各类服务主体“进场”的时间表这两个维度，可把这一进程划分为如下三个阶段：一是社区服务主体多元化方向的初步确立，对应时间段约为1980年至1999年；二是社区服务主体多元化体系的全面建设，对应时间段约为2000年至2015年；三是自2016年至今形成的城乡统筹的社区服务主体新格局。前两个阶段的显著特征是，传统的城乡二元分割结构对城市社区服务体系和农村社区服务体系产生了一定的“路径依赖”，前者的发展与建设优先于后者，但随着城乡二元结构的逐步消解，二者自2016年以来逐步走向同构。

一、社区服务主体多元化方向的初步确立

改革开放之前，城市社会实行以单位制为主、街居制为辅的社会管理体制，在实现社会治理的同时，履行了社会福利供给的职能。其中，街道办事处的工作任务是办理市、市辖区有关居民工作的交办事项，指导居委会工作，反映居民的意见和要求。居委会填补了政府无法进入的角落和空白，同时发挥着重要的社会保障和服务执行功能。

20 世纪 80 年代以来，随着改革开放的不断深入，我国城市社会开始从单位制向社区制转型，“社区”“社区服务”概念逐步形成。1989 年，《中华人民共和国城市居民委员会组织法》出台，吸纳了“社区服务”的概念，规定“居民委员会应当开展便民利民的社区服务活动”，明确了居委会的社会属性及其作为社区服务之社会化主体的地位和法律责任，由此引发了居委会第一轮“去行政化”改革。此后，中央及城市政府一直在探索可行的、可持续的基层组织方式和资源调动方式及居民参与模式，以便建立一套有效的社区服务体系。社区服务主体不但包括民政部门、街道办、居民委员会，而且开始向所有社会力量扩散。

20 世纪 90 年代以后，随着农村劳动力转移规模加大、城市国有企事业单位改革的深入进行，“社区建设”试点改革应运而兴，国务院明确赋予民政部“指导社区服务管理工作，推动社区建设”的职能。其间，社区服务的对象从传统的民政福利对象扩展到全体居民，服务内容和范围不断扩展，社区服务业被国家划入第三产业发展的重点之一。[1] 民政部、国家计委、国家体改委等多部门首次发布关于加快发展社区服务业的政策文件，明确界定了社区服务业的内涵和外延，指出社区服务业的提供“以街道、镇和居民委员会的社区组织为依托”，充分发挥国家、集体、个人三者的积极性，不断壮大社区服务志愿者队伍和社会工作者队伍，依靠社会各方面力量兴办社区服务业。[2] 应该指出的是，社区服务业被划入第三产业之后，不少居委会下辖的社区服务站所开展的社区便民利民服务，通常是有偿性服务，尽管是低价服务，但也属于市场服务范畴。20 世纪 90 年代中后期，一些大城市的居委会及其社区服务站在服务实践中产生了某些负面影响，因此居委会被禁止经商，与第三产业创收彻底脱钩，其留下的空缺逐渐由个体户、企业等市场主体取代。[3]

随着“村改居”城市化进程及住房商品化改革，两种新型市场性社区服务主体也逐渐兴起，成为城市社区服务不可或缺的重要构成。一是社区股份合作公司。这是农村城市化、农民市民化进程中产生的新型经济组织，其对促进原农村社区经济发展和社会稳定发挥了积极作用，不但承担起促进经济发展、提供经济保障的功能，而且承担了大量的社区公共服务功能，如社区治安、环境卫生、社区文体、社区服务场所设施、原村民社会福利保障等。二是物业服务企业。这类经济组织率先兴起于深圳、广州、上海等南方城市，并逐渐向其他大城市推广，

---

〔1〕《中共中央 国务院关于加快发展第三产业的决定》(1992 年 6 月 16 日)。

〔2〕《民政部 国家计委 国家体改委 国家教委 财政部 人事部 劳动部 建设部 卫生部 国家体委 国家计生委 中国人民银行 国家税务总局 中国老龄委关于加快发展社区服务业的意见》(1993 年 8 月 27 日)。

〔3〕唐娟：《转型中国的基层选举民主发展研究》，格致出版社、上海人民出版社 2018 年版，第 239 页。

是城市住房商品化改革的产物。物业服务企业按照微利原则向住户收取管理服务费用，向小区居民提供小区公共设施养护管理、治安、消防、交通秩序、绿化、日常保洁和垃圾清理收集、家政及其他特约有偿便民服务。

与此同时，城市基层党组织建设从传统的“居委会党建”进入了“街道社区党建”阶段。1996年，中共中央组织部下发了新中国成立以来第一个关于城市街道党的工作的规定性文件，即《关于加强街道党的建设工作的意见》，对街道、社区党建工作提出明确要求，规定街道党委是街道各种组织和各项工作的领导核心，居民区党支部是居民区各种组织和各项工作的领导核心，由此开启了党建引领城乡社区建设、社区服务的新历程。

总之，到20世纪90年代，全国城市构建起以区、街两级社区服务中心和居委会下属社区服务站为主线、科层性与社会性相结合的城市社区服务组织体系，以企事业单位、城镇集体经济、民办企业及个体户构成的市场性社区服务主体网络，实现了城市基层管理和服务从行政化主体向社会化、市场化主体的初步转型，城市社区服务主体的多元性方向得以初显，其中居民委员会作为群众性基层组织和社区服务重要主体的地位得到强化，如图2-1所示。

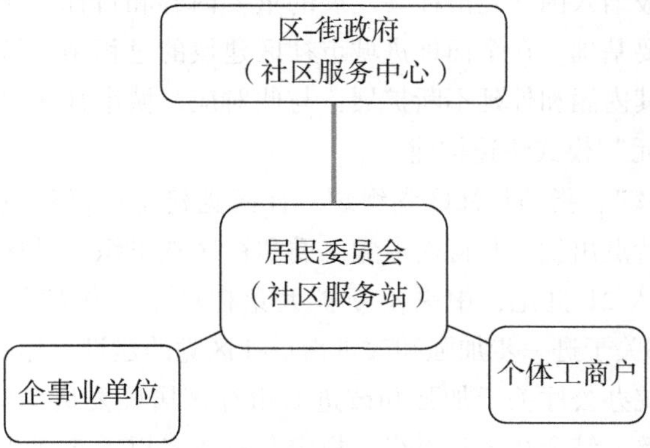

图2-1　20世纪90年代城市社区服务主体体系

在农村，改革开放前，国家通过农业合作社制、人民公社制和户籍制实现了对农村社会的有效整合，人民公社及其下的生产大队是农村基层经济生产、社会管理和公共服务的供给主体，各级党组织在基层农村起着领导核心作用。例如，人民公社时期的生产大队设党支部委员会，生产大队的负责人由生产大队党支部书记提名，生产队队长、副队长通常也由生产大队党支部决定。1978年召开的党的十一届三中全会启动了以家庭联产承包责任制为标志的农村经济体制改革，农村基层组织也发生了历史转型，全国重建“乡政村治”基层政权体制，到1985年底，全国范围内建立了9.5万个村委会，替代了生产大队成为全新的基础性权力共同体，也成为村庄经济发展和村民自我管理、自我教育、自我服务、自我监督的组织者，成为村庄公共服务的直接生产者。在此时期，不少地方探索了村级党支部选举改革，开始推行村党支部书记和村委会主任“一肩挑”，使党在农村最基层组织的负责人拥有了更广泛、更坚实的群众基础。

20 世纪 80 年代中后期，农村人口开始向城市快速流动，建构新型农村社区服务体系势在必行。90 年代，一些地方政府部门相继开始以推进农村社区生产服务和科技与信息服务、社区卫生服务、社区老年服务和社会保障服务、社区生活服务和文化娱乐服务等工作，下沉相关职能机构和工作人员。但总体上看，此时期农村社区服务与城市社区服务依然处于区隔状态，农村社区服务在主体和内容两个方面都具有碎片化特点，尚未形成体系。

二、社区服务主体多元化体系建设的全面推进

2000 年，中共中央办公厅、国务院办公厅转发《民政部关于在全国推进城市社区建设的意见》，标志着我国城市社区建设工作开始进入了规范化、系统化时代。随着“共建共治共享”理念的提出，全国城市社区建设迈入纵深、全面推进阶段。社区建设被纳入国家经济社会发展的重要内容和目标，成为加强社会管理和社会建设的重要基础。在全面推进城市社区建设的过程中，城市社区服务呈体系地快速发展，其内涵和外延不断扩展，与此对应，城市社区服务主体结构和体系朝向“一核多元”模式快速构建。

这里的“一核”，指的是社区党组织。社区党建是社区建设的首要内容，其要旨在于从社区特点出发，坚持街道党工委和社区党组织在社区各项事务中的领导核心地位。进入 21 世纪，中央不断扩大党在城市工作的覆盖面，相继出台《中共中央组织部关于进一步加强和改进街道社区党的建设工作的意见》《中共中央办公厅　国务院办公厅关于加强和改进城市社区居民委员会建设工作的意见》等文件，及时调整、健全社区党组织，规定凡有 3 名以上正式党员的社区，都要单独建立社区党组织，明确提出“社区党组织领导班子成员与社区居民委员会的党员成员可以交叉任职”，进一步完善以社区党组织为核心的城市社区组织体系。各地的实践探索进入了新阶段。到 2010 年，全国 6869 个城市街道建立了党组织，3.4 万个乡镇建立了党组织，全国 8.2 万个社区（居委会）建立了党组织，59.4 万个建制村建立了党组织，全国建制村、社区党组织覆盖面达 99.9%。[1]

到 2012 年以后，很多地方都明确提出了“双 80%”的指标，即社区党组织

---

〔1〕 中国社会科学院中国特色社会主义理论体系研究中心：《史诗般的辉煌巨变——90 年来中国共产党党员数量与结构的变化与发展》，载《光明日报》2011 年 07 月 05 日，https：//epaper.gmw.cn/gmrb/html/2011－07/05/nw.D110000gmrb_20110705_1－15.htm。

书记和社区居民委员会主任实行“一肩挑”的比例达到80%，社区党组织成员和社区居民委员会成员实行交叉任职的比例要达到80%。实际操作中，不少城市社区“两委”班子中“一肩挑”和交叉任职的比例都超过了80%，达到100%的也比比皆是，社区党组织的领导全面加强。

根据2004年出台的《中共中央组织部关于进一步加强和改进街道社区党的建设工作的意见》，社区党组织应把服务群众作为其重要任务，把群众满意不满意作为检验街道、社区党建工作的重要标准。其主要职责是：宣传和执行党的路线方针政策，宣传和执行党中央、上级党组织和本组织的决议，团结、组织干部和群众，努力完成社区各项任务；讨论决定本社区建设、管理中的重要问题；领导社区居民自治组织，支持和保证其依法充分行使职权，完善公开办事制度，推进社区居民自治；领导社区群众组织，支持和保证其依照各自的章程开展工作；联系群众、服务群众，宣传群众、教育群众，反映群众的意见和要求，化解社会矛盾，维护社会稳定；组织党员和群众参加社区建设；加强社区党组织自身建设，做好党员的教育管理和发展党员工作。

在加强社区党建工作的同时，社区服务主体多元化体系建设持续推进。2006年，国务院发布《关于加强和改进社区服务工作的意见》，将“坚持社会化”作为加强和改进社区服务工作的指导原则之一，强调要“发挥政府、社区居委会、民间组织、驻社区单位、企业及个人在社区服务中的作用”。再次明确了社区服务主体的多元化发展方向。2007年，国家发展改革委、民政部印发《“十一五”社区服务体系发展规划》，是第一部关于社区服务的专项规划。该规划提出以体制改革和机制创新为动力，建立健全社区服务组织体系，逐步引导社会各方参与和支持社区服务体系建设与发展；要求各地积极探索通过政府购买服务等多种形式，调动社会组织、志愿者组织开展社区服务的积极性，建设社区服务工作队伍。2007年7月，全国有75个区（县、市）和90个单位成为社会工作人才队伍建设试点地区和单位，社会工作机构迅速增加，社会工作人才队伍也不断壮大。截至2010年底，全国共有城市社区居民委员会成员43.9万人，社区公共服务从业人员105.9万人，507.6万社区居民注册为社区志愿者，成为推动社区建设和社区服务的重要力量。[1]

2011年，国务院办公厅印发《社区服务体系建设规划（2011－2015年）》，这是国家第二部社区服务建设规划。该规划在前期城市社区服务主体体系发展的基础上，重点强调要壮大社区服务从业队伍，建立一支以社区党组织和社区自治

---

〔1〕《国务院办公厅关于印发社区服务体系建设规划（2011－2015年）的通知》（2011年12月20日）。

组织成员为骨干，以社区专职工作人员为重点，以政府派驻人员、其他社区服务从业人员和社区志愿者为补充的社区服务人才队伍；同时继续鼓励社会组织参与社区服务，加大政府购买服务、设立项目资金、活动经费补贴等政策扶持力度，调动各类社会组织参与社区服务的积极性，大力培育社区服务性、公益性、互助性社会组织，发展并支持群团组织参与社区服务活动。规划明确提出推进社区志愿者注册登记制度，力争“十二五”期末，80%以上的社区党员和30%以上的社区居民参与社区志愿服务活动和每个社区拥有5个以上的社区社会组织的建设目标。从2013年起，民政部在全国范围内探索社区、社工、社会组织“三社联动”的社区治理和社区服务新模式。

到2015年底，全国共有10万个城市社区居民委员会、51.2万名成员，共有94424个社区居民委员会建立了党组织，覆盖率超过99%，共有66.2万个社会组织、734.8万名从业人员，共9.6万个社区志愿服务组织、近2000万名社区志愿者，此外共有36.1万个各类社区服务机构和设施，769.5万物业管理从业人员。[1] 这表明，城市社区服务主体“一核多元”结构体系已经建成。新世纪城市社区服务“一核多元”主体体系如图2－2所示。

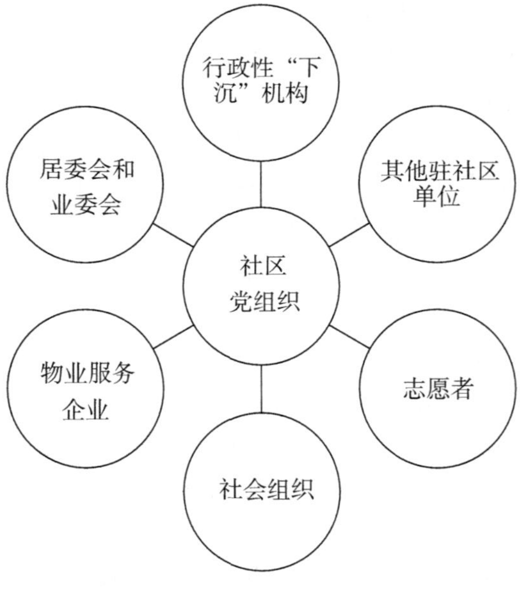

图2－2　新世纪城市社区服务“一核多元”主体体系

〔1〕《关于印发〈城乡社区服务体系建设规划（2016－2020年）〉的通知》（2016年10月28日）。

与城市社区建设运动相映生辉的是，农村社区建设也进入了快车道。2006年中共十六届六中全会强调："全面开展城市社区建设，积极推进农村社区建设，健全新型社区管理和服务体制，把社区建设成为管理有序、服务完善、文明祥和的社会生活共同体。"2007年民政部印发《全国农村社区建设实验县（市、区）工作实施方案》，先后在全国开展了农村社区建设实验、农村社区建设实验全覆盖等创建活动。全国农村社区建设实验县（市、区）承担的主要任务是推动农村社区管理体制和工作机制创新，推进公共服务、社区服务向农村延伸。在农村社区服务主体建构上，该方案要求在科学界定农村社区的区域范围、明确农村社区的定位的基础上，理顺乡镇政府、基层党组织与村民自治组织之间的关系，构建适应社会主义新农村建设需要的农村社区组织体系。具体包括：加强以村党组织为核心的村级组织配套建设，明确各级政府及其职能部门在农村社区建设中的职责和任务，引导农民在自愿的基础上建立各类社区民间组织和中介服务组织；推动开展农村社区互助服务，组织动员村民和社会各方面力量参与农村社区服务和社区建设活动，探索引导社会力量共同参与农村社区建设的有效机制；建设农村社区工作专业人员队伍，探索在农村社区配备社会工作人才队伍。2009年12月，《中共中央 国务院关于加大统筹城乡发展力度进一步夯实农业农村发展基础的若干意见》指出，要进一步完善符合国情的农村基层治理机制，开展农村社区建设创建活动，培育发展社区服务性、公益性、互助性社会组织。

2012年，党的十八大首次将推进"城乡社区治理"写入党的纲领性文件；此后党的十八届三中、四中全会相继提出要创新农村基层社会治理、提升农村公共服务水平，促进城乡一体化建设。2015年，中共中央办公厅、国务院办公厅印发《关于深入推进农村社区建设试点工作的指导意见》，这是中央层面出台的首个推进农村社区建设的政策文件，明确提出要畅通多元主体参与农村社区建设渠道，增强村民委员会和农村集体经济组织支持农村社区建设的能力，推动发展新型农村合作金融组织、新型农民合作经济组织和社会组织，通过购买服务、直接资助、以奖代补、公益创投等方式支持社区社会组织参与社区公共事务和公益事业，支持专业化社会服务组织到农村社区开展服务。这标志着，农村社区服务主体的"一核多元"体系建设开始加快进行。

到2015年底，全国农村已经基本建立了党委领导、政府负责、社会协同、公众参与的社会管理格局，增强了农村社区服务的活力和能力。其中，全国农村共有57.2万个建制村已建立党组织，建制村党组织覆盖率超过99%；共有村委会58.1万个，村民小组469.2万个，村委会成员229.7万人，成为农村社区服务的责任主体。[1] 同时，

---

〔1〕《关于印发〈城乡社区服务体系建设规划（2016－2020年）〉的通知》（2016年10月28日）。

农村基层出现了一些新型的服务性、公益性、互助性社会组织、专业合作组织和科技服务站等，全国依法登记的农村专业合作社已达28.9万个。农村社区志愿者组织发展迅速，志愿者注册人数达2900多万人，这些社会组织和社区志愿者成为推动农村民主管理的重要力量。而政府公共服务和社区自我服务的互动推进了新型农村社区服务体系建设。社区单位、社区民间组织、社区居民共同参与社区服务的局面正在形成。[1]

三、城乡统筹的社区服务主体新格局的形成

（一）政策背景

2016年以来，我国社区服务体系建设迎来了城乡统筹的新局面。民政部、中共中央组织部等十六部门联合印发了《城乡社区服务体系建设规划（2016－2020年）》，这是第三部社区服务体系发展规划，标志着中国的社区服务体系建设正式从城乡二元结构区隔转向并进入城乡统筹的新阶段。2017年，党的十九大报告中指出，中国特色社会主义进入新时代，我国社会主要矛盾已经转化为人民日益增长的美好生活需要和不平衡不充分的发展之间的矛盾。实现城乡社区一体化发展、融合发展，已经成为新时代中国基层治理现代化的必然要求。同年，中共中央、国务院印发《关于加强和完善城乡社区治理的意见》，提出了加强和完善城乡社区治理的总体要求、目标任务和保障措施。

2021年12月27日，国务院办公厅印发《“十四五”城乡社区服务体系建设规划》，明确了“十四五”时期推进城乡社区服务体系建设的指导思想、主要目标、重点任务、组织保障等。该规划以习近平新时代中国特色社会主义思想为指导，全面贯彻党的十九大和十九届历次全会精神，坚持和加强党的全面领导，坚持以人民为中心，以增进人民福祉为出发点和落脚点，以强化为民、便民、安民功能为重点，以不断满足人民高品质生活需求为目标，对“十四五”时期城乡社区服务体系建设作出全面部署。该规划提出，到2025年末，党建引领社区服务体系更加完善，服务主体和服务业态更加丰富。在服务主体上，该规划强调要强化政府在基本公共服务供给保障中的主体地位，调动社会组织、社会工作者、社区志愿者和社区公益慈善资源等社会力量，鼓励发挥市场主体作用，引导村（居）民广泛参与社区服务，构建多方参与格局。2022年，党的二十大报告提出，建设人人有责、人人尽责、人人享有的社会治理共同体。

---

[1] 陈荣卓、唐鸣：《农村基层治理能力与农村民主管理》，载《华中师范大学学报》（人文社会科学版）2014年第2期，第11—20页。

（二）全面强化“党建引领”主体地位

党的十八大以来，随着城市社会群体结构和社会组织架构的变化，街道和社区基层党建进入创新发展新阶段。党的十九大报告明确指出，“把企业、农村、机关、学校、科研院所、街道社区、社会组织等基层党组织建设成为宣传党的主张、贯彻党的决定、领导基层治理、团结动员群众、推动改革发展的坚强战斗堡垒”。2019 年 5 月，中共中央办公厅印发《关于加强和改进城市基层党的建设工作的意见》，要求增强街道社区党组织政治功能和战斗力，选优配强街道党（工）委书记、副书记，整体优化提升社区党组织带头人队伍；全面推行社区党组织书记通过法定程序担任社区居民委员会主任、“两委”班子成员交叉任职，推进在业主委员会中建立党组织，加强社区物业党建联建；确保社区党组织有资源有能力为群众服务等，要发挥社区党组织的主导作用。

截至 2021 年底，全国 8864 个街道办事处、29649 个乡镇、11.6 万个社区（居委会）、49.2 万个行政村已建立党组织，覆盖率均超过 99.9%。在城市社区，已经全面建立了党建引领下的社区居民委员会、业主委员会、物业服务企业、社会组织及其他驻社区单位协调运行机制，居民参与积极性被充分调动，形成了社区治理和社区服务的合力。在农村社区，2020 年 3 月中央全面依法治国委员会印发《关于加强法治乡村建设的意见》提出，全面推行村党组织书记通过法定程序担任村民委员会主任和村级集体经济组织、合作经济组织负责人，村“两委”班子成员应当交叉任职。2021 年，中共中央办公厅印发《关于向重点乡村持续选派驻村第一书记和工作队的意见》，各地完善持续选派驻村第一书记和工作队制度。自党的十八大以来，全国累计选派 25.5 万个驻村工作队、300 多万名第一书记和驻村干部。

（三）全面建设社区服务社会性主体体系

党的十九大报告明确指出，加强社区治理体系建设，推动社会治理重心向基层下移，发挥社会组织作用，实现政府治理和社会调节、居民自治良性互动。2017 年版《中华人民共和国民法总则》增设“特别法人”分类，赋予居委会、村委会基层群众性自治组织法人资格，保障居委会、村委会的社会属性。在全国 49.2 万个村委会和 11.6 万个城市居委会带领下，城乡居（村）民自治机制不断健全，居（村）民自我管理、自我服务、自我教育、自我监督意识和能力进一步增强，全国城乡社区工作者队伍社会化、职业化、专业化建设持续深化，社区“四岗十八级”职业体系全面建立，数量素质优化提升，薪酬待遇大幅提高，履职管理更加规范。

同时，社会组织、物业服务企业顺应城乡社区服务改革发展新形势和城乡居民新期待，在城乡社区广泛开展为民服务、公益慈善、邻里互助、文体娱乐和农村生产技术服务、物业服务和便民服务等活动。截至2022年底，全国基层群众性自治组织共计60.7万个，其中，村委会48.9万个，村民小组392.9万个，村委会成员215.4万人。全国共有社会组织89.1万个，全国持证社会工作者共计93.1万人。[1]

目前，党建引领、政府负责、居（村）委会履职，社会组织、市场主体、居民群众有序参与的城乡社区服务主体新格局已经形成。社会治理重心不断向基层下移，把更多资源、服务、管理下放到城乡社区，社区治理和服务已经成为推进国家治理体系和治理能力现代化的重要基础（如图2－3所示）。

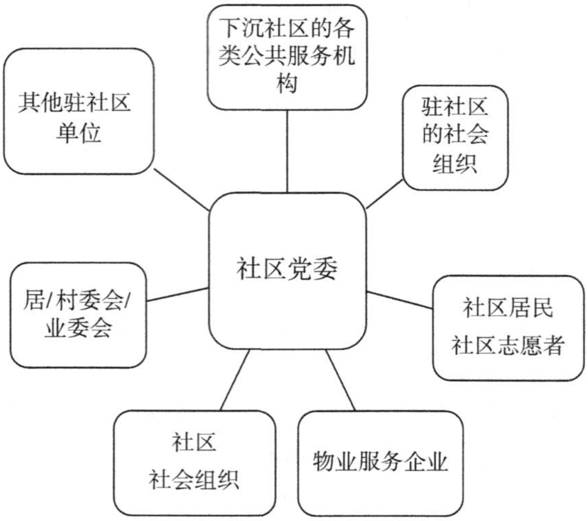

图2－3　当前城乡社区服务主体新格局

总之，经过几十年的推进和建设，全国城乡社区服务主体格局呈现出如下新的实践特点：一是党领导社区服务能力不断加强。村（社区）“两委”班子持续加强，村（社区）党组织书记和主任“一肩挑”比例逐步提高，党建引领社区服务体系建设的体制机制逐步完善。二是社区服务组织化能力不断提高。通过加强社区党建，整合基层行政和社会资源，依法有序组织居民群众参与社区服务，促进跨组织、跨界别治理资源的有机衔接和相互渗透，不断增强了社区服务的合力。三是社区服务专业化、职业化队伍不断壮大。社区工作者、社会工作专业人才、社区志愿者、物业服务人员等构成了当前城乡社区服务的重要主体，为城乡社区提供各类专业或综合性服务。

[1]《2022年民政事业发展统计公报》，https://www.mca.gov.cn/n156/n2679/c1662004999979995221/attr/306352.pdf。

第二节 社区服务主体新格局的现状描述

本部分根据覆盖江苏、浙江、河南、湖北、四川、陕西6个省共66个市、490个县、3003个社区的问卷调查数据，对当前城乡社区服务多元主体的现状和特征进行系统阐述与深入分析。其中涉及城市社区1309个、农村社区1676个有效样本，涉及多元主体参与社区服务的核心问题设计共有14个，其他相关的问题设计有7个。

一、“党建引领”：社区服务中的党组织

（一）社区党组织形式

目前，在全国城乡社区一级，党组织的形式包括社区党委、党总支、党支部三种。问卷显示（如图2－4所示），在1309个城市社区样本中，党委468个、占总数的35.8%，党总支359个、占总数的27.4%，党支部482个、占总数的36.8%；在1676个农村社区中，党委122个、占总数的7.3%，党总支471个、占总数的28.1%，党支部1079个、占总数的64.4%。显然，无论是城市社区还是农村社区，党支部形式所占比例都比较高，农村社区尤其明显。

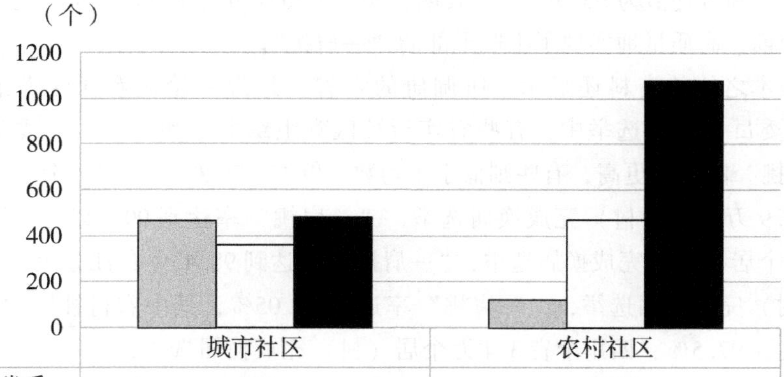

	城市社区	农村社区
■党委	468	122
□党总支	359	471
■党支部	482	1079

图2－4 城乡社区党组织形式

（二）社区党组织与居（村）委会班子交叉任职

近年来，城乡社区党组织与居（村）委会班子成员交叉任职，已经成为社区

治理结构的普遍性制度安排。在2020年至2021年全国村（居）组织换届选举中，各地都全面推行村“两委”主要负责人“一肩挑”，大幅提高村“两委”成员交叉任职比例。调研数据显示，样本社区“两委”交叉任职平均值为2.4人，中位值为2人。并且，城乡社区“两委”班子差异较小，都以1—3人交叉任职为最常见情形（如图2－5所示）。

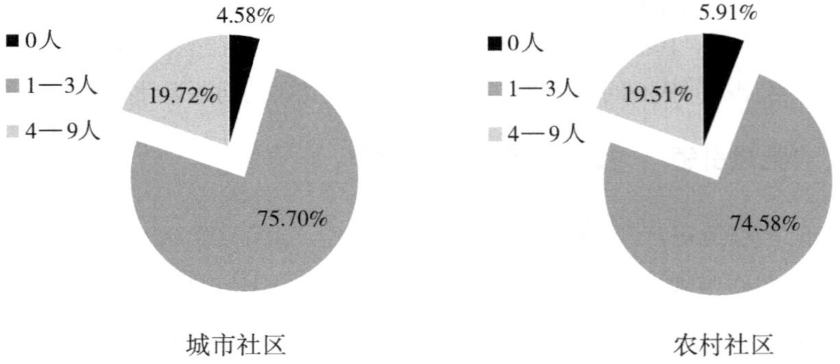

图2－5　城乡社区“两委”交叉任职人数

其中，社区党组织书记兼任居（村）委主任“一肩挑”的比例非常高。在城市社区，“两委”“一把手”“一肩挑”的情况占比95.7%，农村社区则为96.2%，两者均值为95.9%。这表明，2020—2021年全国村（居）组织换届选举，全面、高质量地实现了主职干部的“一肩挑”。

样本之外的资料还显示，所调研的六省在最近一轮城乡社区党组织和居（村）委员会换届选举中，有些省实行社区党组织书记和村（居）委员会主任“一肩挑”的比例更高，有些则低于平均数。例如，2020年至2021年，湖北全省共有2.9万个居（村）完成换届选举，“一肩挑”率达到99%以上；浙江全省2.4万个居（村）完成换届选举，“一肩挑”率达到98.43%；江苏全省2.1万个居（村）完成换届选举，“一肩挑”率达到96.05%，其中农村社区“一肩挑”比例达到97.5%；四川全省3.4万个居（村）完成换届选举，“一肩挑”率达到97.5%；河南全省5.2万个居（村）完成换届选举，“一肩挑”率达到99.70%；陕西全省2.0万个居（村）完成换届选举，“一肩挑”率达到94.3%。上述各省内，也均有不少地方实现了社区主要负责人100%“一肩挑”。

在城乡社区居（村）换届中大力推行“一肩挑”，是贯彻党中央决定的需要，是顺应时代发展的需要，是加强“头雁”队伍建设的需要。全面推行“一肩挑”有利于加强基层组织建设，强化党对城乡基层社会的全面领导，巩固党的执政基础，同时，有利于促进社区“两委”班子团结，增强凝聚力，提高工作效率，确保党的路线方针政策和决策部署贯彻落实的具体体现。

（三）社区党组织开展区域化党建情况

城乡社区开展区域化党建已经历了近20年时间，各地都程度不同地推动此项工作落地。目前城乡社区党组织开展区域化党建的模式主要有四种：一是吸纳模式，即吸纳辖区单位党组织的代表加入本社区党组织班子；二是共同行动，即社区党组织与辖区单位党组织共同开展共建共商共治共享和志愿服务活动；三是共同建设，即社区党组织与辖区单位党组织共同建立党建联席会议等制度；四是党员报到模式，即辖区单位在职党员到居（村）委会报到并参与本社区的治理服务工作。其中，模式二（73.7%）和模式四（82.5%）是城乡社区最常见的区域化党建方式，城市社区更倾向于采用模式二，农村社区更偏好模式四。

本次调研发现（如表2－1所示），六省的绝大多数城乡社区党组织均积极开展区域化党建工作，“没有开展”相关工作的社区只有118个，占总数的3.93%，其中城市社区的比例不到1%（0.92%），农村社区约为6.3%。吸纳了辖区单位党组织的代表参加本居（村）委会党组织班子的社区有1516个，占总数的50.48%，其中城市社区为50.0%，农村社区为46.1%；与辖区单位党组织共同开展共建共商共治共享和志愿服务活动的社区有2216个，占总数的73.79%，其中城市社区为88.8%，农村社区为62.0%；与辖区单位党组织建立了党建联席会议等制度的社区有1573个，占总数的52.38%，其中城市社区为62.2%，农村社区为41.5%；在职党员到居（村）委会报到并参与本居（村）委会治理服务的社区有2481个，占总数的82.62%，其中城市社区为87.2%，农村社区为78.9%；选择其他的有51个社区，占总数的1.70%。

表2－1　样本各省开展区域化党建情况

省份	江苏	浙江	河南	湖北	四川	陕西	总数
社区数	505	510	491	497	508	492	3003
1	2.57%	3.92%	7.54%	2.01%	3.94%	3.66%	3.93%
2	60.4%	45.29%	52.14%	55.13%	40.94%	49.19%	50.48%
3	83.17%	73.53%	72.30%	75.45%	70.67%	67.48%	73.79%
4	63.17%	49.02%	49.69%	55.53%	42.91%	54.07%	52.38%
5	82.18%	78.82%	85.13%	88.33%	82.48%	78.86%	82.62%
6	2.77%	0.78%	2.44%	1.81%	0.39%	2.03%	1.70%

注：1＝没有开展；2＝吸纳了辖区单位党组织的代表参加本居（村）委会党组织班子；3＝与辖区单位党组织共同开展共建共商共治共享和志愿服务活动；4＝与辖区单位党组织建立了党建联席会议等制度；5＝在职党员到居（村）委会报到并参与本居（村）委会治理服务；6＝其他。

江苏省共有505个社区参与问卷，其中没有开展区域化党建的有13个社区，占总数的2.57%；吸纳了辖区单位党组织的代表参加本居（村）委会党组织班子的社区有305个，占总数的60.40%；与辖区单位党组织共同开展共建共商共治共享和志愿服务活动的社区有420个，占总数的83.17%；与辖区单位党组织建立了党建联席会议等制度的社区有319个，占总数的63.17%；在职党员到居（村）委会报到并参与本居（村）委会治理服务的社区有415个，占总数的82.18%；选择其他的有14个社区，占总数的2.77%。

浙江省共有510个社区参与问卷，其中没有开展区域化党建的有20个社区，占总数的3.92%；吸纳了辖区单位党组织的代表参加本居（村）委会党组织班子的社区有231个，占总数的45.29%；与辖区单位党组织共同开展共建共商共治共享和志愿服务活动的社区有375个，占总数的73.53%；与辖区单位党组织建立了党建联席会议等制度的社区有250个，占总数的49.02%；在职党员到居（村）委会报到并参与本居（村）委会治理服务的社区有402个，占总数的78.82%；选择其他的有4个社区，占总数的0.78%。

河南省共有491个社区参与问卷，其中没有开展区域化党建的有37个社区，占总数的7.54%；吸纳了辖区单位党组织的代表参加本居（村）委会党组织班子的社区有256个，占总数的52.14%；与辖区单位党组织共同开展共建共商共治共享和志愿服务活动的社区有355个，占总数的72.30%；与辖区单位党组织建立了党建联席会议等制度的社区有244个，占总数的49.69%；在职党员到居（村）委会报到并参与本居（村）委会治理服务的社区有418个，占总数的85.13%；选择其他的有12个社区，占总数的2.44%。

湖北省共有497个社区参与问卷，其中没有开展区域化党建的有10个社区，占总数的2.01%；吸纳了辖区单位党组织的代表参加本（村）居委会党组织班子的社区有274个，占总数的55.13%；与辖区单位党组织共同开展共建共商共治共享和志愿服务活动的社区有375个，占总数的75.45%；与辖区单位党组织建立了党建联席会议等制度的社区有276个，占总数的55.53%；在职党员到居（村）委会报到并参与本居（村）委会治理服务的社区有439个，占总数的88.33%；选择其他的有9个社区，占总数的1.81%。

四川省共有508个社区参与问卷，其中没有开展区域化党建的有20个社区，占总数的3.94%；吸纳了辖区单位党组织的代表参加本居（村）委会党组织班子的社区有208个，占总数的40.94%；与辖区单位党组织共同开展共建共商共治共享和志愿服务活动的社区有359个，占总数的70.67%；与辖区单位党组织建立了党建联席会议等制度的社区有218个，占总数的42.91%；在职党员到居（村）委会报到并参与本居（村）委会治理服务的社区有419个，占总数的

82.48%；选择其他的有2个社区，占总数的0.39%。

陕西省共有492个社区参与问卷，其中没有开展区域化党建的有18个社区，占总数的3.66%；吸纳了辖区单位党组织的代表参加本居（村）委会党组织班子的社区有242个，占总数的49.19%；与辖区单位党组织共同开展共建共商共治共享和志愿服务活动的社区有332个，占总数的67.48%；与辖区单位党组织建立了党建联席会议等制度的社区有266个，占总数的54.07%；在职党员到居（村）委会报到并参与本居（村）委会治理服务的社区有388个，占总数的78.86%；选择其他的有10个社区，占总数的2.03%。

二、“政府负责”：社区服务中的基层政府

在城乡社区服务供给体系中，政府履行着主导功能，也是社区服务的“元”主体。由区、县、县级市政府及其职能部门（乡镇政府、街道办事处）构成的基层政府，是城乡社区服务供给的最重要的主体，广泛地参与社区治理与社区服务供给，同时还必须承担社区治理和服务的领导责任与监督责任。

截至2022年底，全国共有县级行政区划单位2843个，乡级行政区划单位38602个。[1] 本次抽查的样本六省中，县级行政区划单位共有735个、乡级行政区划单位共有9712个。其中，湖北省共有103个县级行政区划单位、1257个乡级行政区划单位；河南省共有157个县级行政区划单位、2453个乡级行政区划单位；浙江省共有90个县级行政区划单位、1364个乡级行政区划单位；江苏省共有95个县级行政区划单位、1337个乡级行政区划单位；陕西省共有107个县级行政区划单位、1313个乡级行政区划单位；四川省共有183个县级行政区划单位、1988个乡级行政区划单位。根据当前我国县级和乡级政府机构设置原则，县级党政、人大、政协以及群团等挂牌工作部门、直属机构一般在50个左右，最多不超过60个；乡级党政、人大、政协以及群团等挂牌工作部门、上级派出机构在10个左右。由此，样本六省城乡社区服务供给的基层政府主体总量在12万至13万之间。

此外，城乡社区还存在不少基层政府的延伸环节或“下沉单位”，即基层政府部门延伸至社区的工作机构或工作平台，如社区警务室、综治中心、党群服务中心、社区工作站等，各地不一而足。基层政府职能部门派驻力量进入社区，在社区中承担与该部门行政职能相关的管理与服务职责。这些下沉机构或平台，也是基层政府体系的构成部分或至少是其在社区的延伸末梢。

此外，一般认为，网格员队伍是社区网格化管理的执行者，一般通过政府向

---

〔1〕《2022年民政事业发展统计公报》，https：//www.mca.gov.cn/n156/n2679/c1662004999979995221/attr/306352.pdf。

保安公司购买服务，或者自行招募而组建，应纳入政府主体体系中。根据新华网2020年3月10日报道，全国仅城市中的网格员队伍人数已达450万，并渐呈专职化趋势。截至2022年底，江苏省在城乡设立网格10.5万个，网格员人数约24.65万；浙江省在城乡设置网格8.5万个、微网格45万个，网格员人数约33万；四川省在城乡设置网格12万个，网格员人数约30.8万；陕西省共设网格员人数31.2万；河南省共设网格员人数34.7万；湖北全省网格员人数约17万。

问卷结果显示，2021年，样本六省城乡实行网格化管理服务的社区共有2898个，占抽样社区总数的97.1%；没有实行网格化管理服务的社区仅有87个，占总体的2.9%。其中，城市社区中，实行网格化管理服务的社区有1286个，占总体的98.2%，没有实行网格化管理服务的社区有23个，占总体的1.8%；农村社区中，实行网格化管理服务的社区有1612个，占总体的96.2%，没有实行网格化管理服务的社区有64个，占总体的3.8%。

基层政府在社区服务供给中的职责主要体现在管理和指导居（村）工作、提供社区公共服务、推动社区政治经济社会文化建设。基层政府在管理和指导居（村）委会工作方面的职责事项主要体现在17个方面。不过，基层政府的上述职责，在城市社区和农村社区中履行情况有所差异（如表2－2所示）。

表2－2 基层政府参与城乡社区治理服务情况

事项	没有参与（%）		有些参与（%）		参与较多（%）		参与很多（%）		社区数量（个）	
	城市	农村	城市	农村	城市	农村	城市	农村	城市	农村
1	3.8	4.2	24.4	25.8	31.0	33.1	40.8	36.9	1309	1676
2	2.1	3.0	21.8	23.8	33.5	34.4	42.6	38.7		
3	1.5	1.6	19.1	14.7	32.8	35.7	46.7	48.0		
4	7.7	10.4	28.4	29.2	32.5	29.8	31.3	30.7		
5	10.8	13.0	30.2	27.7	27.0	29.5	32.1	29.8		
6	0.9	2.1	21.8	21.5	35.4	36.3	41.8	40.0		
7	0.7	1.3	17.3	17.3	35.0	34.4	47.1	47.0		
8	14.6	50.2	28.6	14.4	27.2	16.3	29.6	19.0		
9	1.7	1.9	18.9	16.2	35.6	30.7	43.9	51.1		
10	1.7	5.8	26.9	25.7	32.8	31.6	38.6	36.8		
11	1.3	2.4	20.1	21.4	32.2	32.6	46.4	43.6		
12	5.4	3.4	26.2	22.0	30.6	32.9	37.8	41.7		

续表

事项	没有参与（%）		有些参与（%）		参与较多（%）		参与很多（%）		社区数量（个）	
	城市	农村	城市	农村	城市	农村	城市	农村	城市	农村
13	5.2	9.6	28.9	28.0	30.2	29.7	35.8	32.7	1309	1676
14	3.4	13.9	25.2	24.6	30.9	28.9	40.5	32.6		
15	2.7	3.3	24.9	23.7	30.7	33.4	41.7	39.6		
16	2.4	4.1	25.8	24.1	30.6	33.8	41.2	38.2		
17	1.1	2.2	15.3	17.1	30.6	33.3	52.9	47.8		

注：1 = 改善本居（村）委会办公服务设施；2 = 推进本居（村）委会管理服务信息化建设；3 = 改善本居（村）委会人居环境；4 = 增加本居（村）委会工作经费；5 = 改善本居（村）委会干部报酬待遇；6 = 开展本居（村）委会法治宣传教育和法律服务；7 = 开展本居（村）委会维稳综治；8 = 开展本居（村）委会物业管理；9 = 开展本居（村）委会社会救助、扶贫工作；10 = 开展本居（村）委会志愿服务和慈善公益事业；11 = 推动本居（村）委会便民服务；12 = 推动本居（村）委会经济发展和就业；13 = 培育发展本居（村）委会社会组织和专业社会工作；14 = 推动各类机关团体企事业单位与本居（村）委会共驻共建共享；15 = 指导监督本居（村）委会制定修改居（村）民公约、居（村）民自治章程；16 = 推进本居（村）社区协商；17 = 推进本居（村）委会网格化管理服务。

总体而言，基层政府对城乡社区基础设施及信息化建设、人居环境、居（村）委会办公服务设施、社区干部报酬待遇、居（村）委会工作经费、社区民主协商、共驻共建、法治宣传教育和法律服务、维稳综治、居（村）规民约和自治章程等方面，都普遍参与进去；但在开展社区物业管理方面，城市基层政府参与较多；在促进社区经济发展方面，农村基层政府参与较多。

此外，城乡基层政府普遍对社区公共服务情况开展评估指导，从而履行政府监管职责。问卷显示，包括基层政府在内的上级单位对社区服务开展过评估的社区数，占城市社区总数的88.01%，占农村社区总数的84.49%（如图2－6所示）。

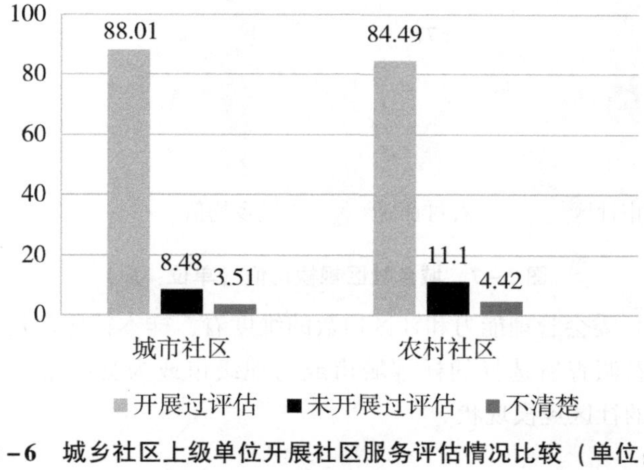

图2－6　城乡社区上级单位开展社区服务评估情况比较（单位：%）

三、群众自治组织：社区“两委”及其队伍

（一）社区规模

主体是相对于客体的。城乡社区中的居民、机构和单位，既构成了社区服务的主体，也是社区服务的对象或客体。社区空间、社区服务需求和供给，是影响社区规模的关键要素。社区规模是否合理，直接影响社区职能的发挥，规约社区服务主体，尤其是“两委”班子以及公共服务资源的配置。

问卷调查中，社区规模按照常住人口规模划分，分为大型社区（常住人口规模3万人以上）、中型社区（常住人口规模1万—3万人）和小型社区（常住人口规模1万人以下）。

2021年4月，国家发展改革委印发的《2021年新型城镇化和城乡融合发展重点任务》提出，根据常住人口规模优化街道社区设置和管辖范围。对上述6省的调查问卷显示，城市社区户数平均值为2493、人口均值为14418（其中户籍人口5277人、常住人口6770人、外来人口2371人），农村社区户数平均值为677、人口均值为4362（其中户籍人口2288人、常住人口1701人、外来人口373人），如图2－7所示。

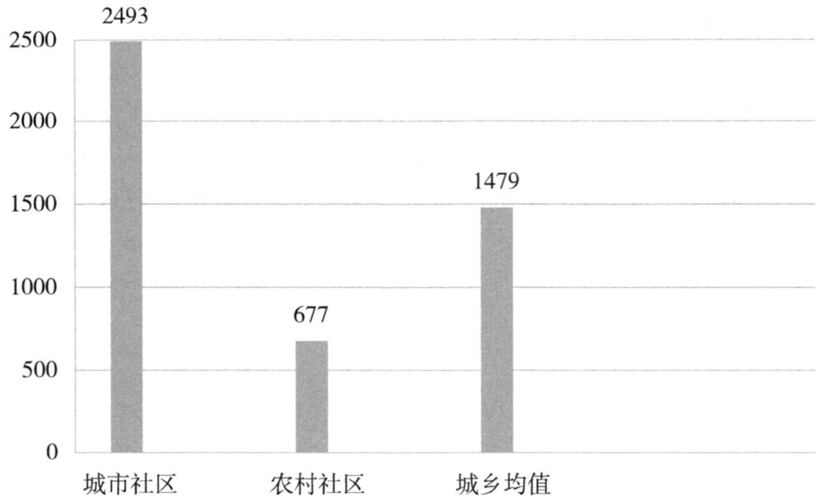

图2－7　城乡社区规模均值（单位：户）

从村（居）委会管理能力和社区户数的维度看，样本社区的规模是比较适宜的。不过，问卷调查所选择的样本城市或为地级市或为县级市，未必能反映特大、超大城市的社区规模现状。

（二）“两委”组织规模

问卷显示，城乡社区“两委”班子成员数的平均值为6.7，中位值为6，最小班子0人，最大班子21，标准差为2.1。考虑到社区平均户籍人口为3608人、平均常住人口为3928人，社区“两委”班子成员数占户籍人口的比例约为1.9‰，占常住人口的比例约为1.7‰。

城市社区“两委”班子成员比农村社区多1.3人，占常住人口的比例比农村社区低2.5‰。具体来说，城市社区“两委”班子约7.4人，占社区常住人口6770人的比例为1.1‰；农村社区“两委”班子约为6.1人，占社区常住人口1701人的比例为3.6‰。

2019年施行的《中国共产党农村基层组织工作条例》规定，村党支部一般设委员3—5名，村党总支部一般设委员5—7名，村党委一般设委员5—7名，最多不超过9名。有关城市社区党组织成员名额数量，各地在实际工作中一般参照下列范围掌握：党员在50人以上不足100人的党总支部委员会，委员名额为5—7人，最多不超过9人；党员在100人以上的党的基层委员会，委员名额一般为5—9人，最多不超过11人。2018年修正的《中华人民共和国村民委员会组织法》第六条规定：“村民委员会由主任、副主任和委员共三至七人组成。”同年修正的《中华人民共和国城市居民委员会组织法》第七条规定：“居民委员会由主任、副主任和委员共五至九人组成。”

根据上述相关法律法规规定，本次调查显示，城乡社区“两委”班子成员数值均符合法定要求，只有极个别情况下的“两委”班子成员超出规定的规模。

（三）性别构成

城乡社区“两委”班子成员中，男性成员平均值为3.8、中位值为4，约占班子成员总数的56.7%；[1]女性成员平均值为2.9、中位值为2，约占班子成员总数的43.3%。

城乡社区“两委”班子的性别差异较为明显。如图2-8所示，城市社区“两委”班子中女性居多，农村社区中男性居多，农村社区男性班子成员比例较城市社区高30个百分点。具体而言，城市社区的班子成员中，男性平均3人，约占班子成员总数的40.5%；女性平均4.4人，约占班子成员总数的59.5%。农村社区的班子成员中，男性平均4.3人，约占班子成员总数的70.5%；女性平均1.8人，约占班子成员总数的29.5%。

---

[1] 说明：该数据的计算方式是“男性班子成员平均数/班子成员平均数”，下同。

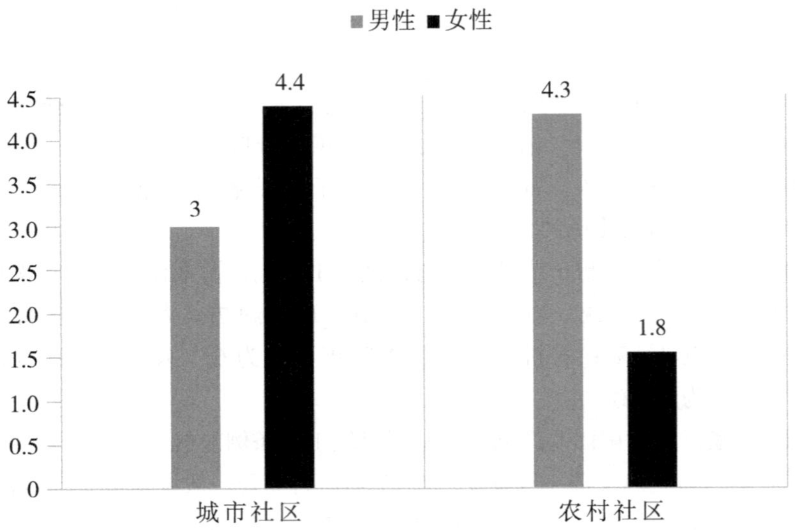

图 2－8　当前城乡社区“两委”班子成员性别构成（单位：人）

（四）年龄构成

城乡社区“两委”班子成员中，35 周岁以下成员数平均值为 1.7、中位值为 1，最少 0 人，最多 12 人；35—50 周岁成员人数平均值为 3.3，中位值为 3，最少 0 人，最多 40 人；50 周岁以上成员人数平均值为 1.8，中位值为 1，最少 0 人，最多 10 人。35—50 周岁成员占比最多，约占班子成员总数的 48.5%；35 周岁以下成员及 50 周岁以上成员占班子成员总数的比例分别约为 25.0% 和 26.5%。

城市社区“两委”班子成员中（如图 2－9 所示），35 周岁以下成员人数平均值为 2.2；35—50 周岁成员人数平均值为 3.9；50 周岁以上成员人数平均值为 1.4。农村社区“两委”班子成员中，35 周岁以下成员人数平均值为 1.3；35—50 周岁成员人数平均值为 2.8；50 周岁以上成员人数平均值为 2。

35—50 周岁成员在城市社区和农村社区中的最多人数差异明显，在城市社区中，35—50 周岁成员最多为 40 人，而在农村社区，35—50 周岁成员最多仅为 10 人，城市社区和农村社区最多人数差值为 30。

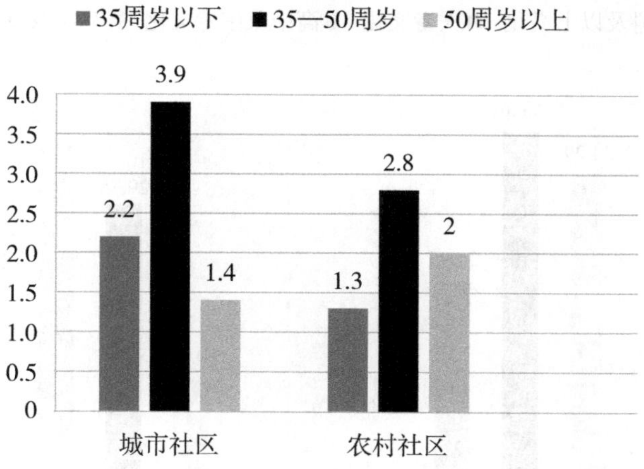

图 2－9　当前城乡社区“两委”班子成员年龄构成（单位：人）

（五）学历分布

城乡社区“两委”班子成员中，本科及以上文化成员人数平均值为 1.5，约占班子成员总数的 22.6%；大专文化成员人数平均值为 2.2，约占班子成员总数的 33.2%；高中及中专文化成员人数平均值为 2，约占班子成员总数的 30.2%；初中及以下文化成员人数平均值为 0.93，约占班子成员总数的 14%。

如图 2－10 所示，城市社区本科及以上文化、大专文化、高中及中专文化、初中及以下文化成员平均为 2.5 人、2.8 人、1.6 人、0.39 人，在班子成员总数中的占比分别约为 34.29%、38.40%、21.95% 和 5.36%，大专及以上文化成员分布较多，初中及以下文化成员分布最少；农村社区本科及以上文化、大专文化、高中及中专文化、初中及以下文化成员平均为 0.65 人、1.8 人、2.3 人、1.3 人，在班子成员总数中的占比分别为 10.74%、29.75%、38.02% 和 21.49%，大专文化、高中及中专文化成员分布较多，本科及以上文化成员分布最少。城市社区和农村社区班子成员学历相比，本科及以上文化成员占比高出农村社区本科及以上文化成员 23.55 个百分点，而初中及以下文化成员占比则低于农村初中及以下文化成员 16.13 个百分点，从中可见城市社区和农村社区班子成员学历差异明显。

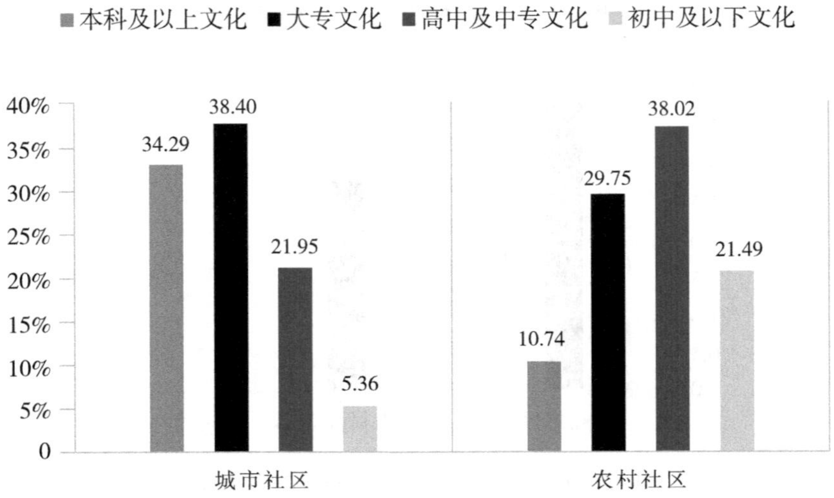

图 2-10 当前城乡社区"两委"班子成员学历分布

（六）政治面貌

城乡社区"两委"班子成员中，中共党员平均值为 5.3，中位值为 5，最少为 0 人，最多为 37 人。如图 2-11 所示，城市社区和农村社区相比，城市社区中共党员平均为 5.8 人，农村社区中共党员平均为 5 人。城市社区中中共党员最多为 19 人，远低于农村社区中共党员的 58 人。

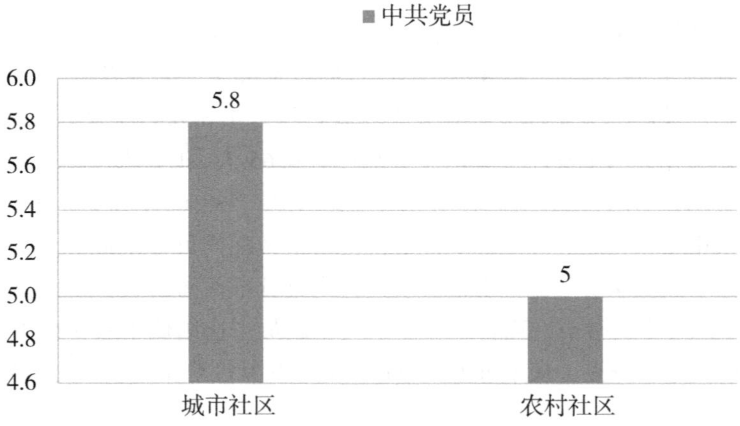

图 2-11 当前城乡社区"两委"班子成员政治面貌（单位：人）

（七）专业技能

专业技能方面，城乡社区"两委"班子成员中专职工作者平均值为 5.4，约占班子成员总数的83.85%；获得助理社工师证书的人平均值为0.76，约占班子成员总数的11.8%；获得社工师和高级社工师证书的人平均值为0.28，约占班子成员总数的4.3%。

如图2-12所示，城市社区和农村社区“两委”班子成员中，专职工作者占比最多，其中，城市社区“两委”班子成员中，专职工作者人数平均值为6.9，约占班子成员总数的76.58%；农村社区“两委”班子成员中，专职工作者人数平均值为4.2，约占班子成员总数的96.2%。

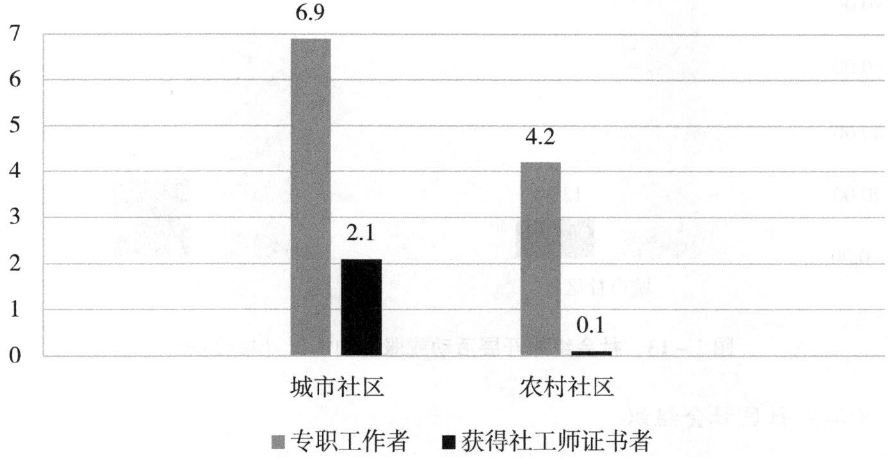

图2-12 当前城乡社区“两委”班子规模及成员专业技能（单位：人）

四、社会组织：社区服务中的“生产者”

最近十多年来，社会组织在城乡社区服务和基层治理中发挥着越来越重要的作用。目前，承担“生产”社区服务的社会组织可以划分为两类，一类为外来入驻社区的社会组织，另一类为社区自生的社会组织，即社区社会组织。

（一）社会组织总体情况

问卷显示，农村社区中拥有农民生产经营类、专业技术类合作社或协会等社会组织平均有3个，最少0个，最多80个。样本城乡社区中共有2405个社区在过去一年里有社会组织开展活动或服务，占样本总数的80.57%；有580个社区没有社会组织开展活动或服务，占样本总数的19.43%。如图2-13所示，城市社区有社会组织开展活动或服务的数目为1147个，占总数的87.62%；没有社会组织开展活动或服务的数目为162个，占总数的12.38%。农村社区有社会组织开展活动或服务的数目为1258个，占总数的75.06%；没有社会组织开展活动或服务的数目为 418 个，占总数的 24.94%。在有社会组织开展活动或服务方面，城市社区比农村社区占比高出 12.56 个百分点；没有社会组织开展活动或服务方面，农村社区比城市社区占比高出 12.56 个百分点。由此可见，社会组织在城市社区开展活动或服务的，所占比例比较高。

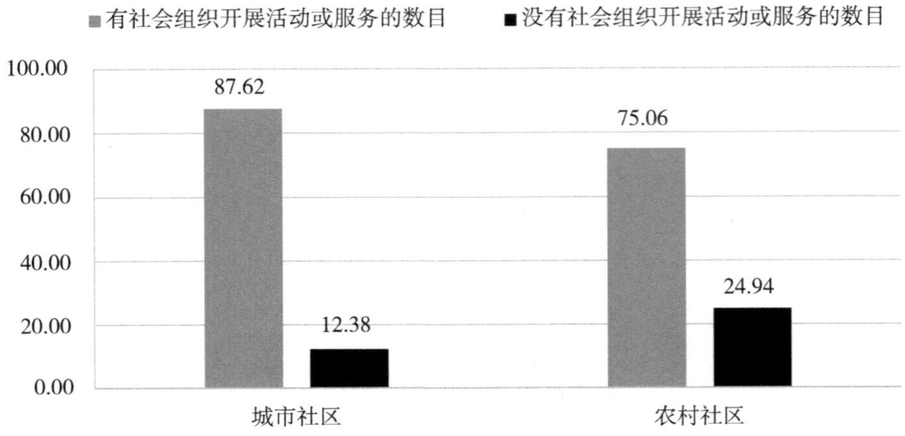

图 2-13　社会组织开展活动或服务的情况（单位：%）

（二）社区社会组织

就“社区社会组织”而言，问卷显示，样本社区中已有在民政部门登记注册并在近一年来开展过活动的社区社会组织数量平均值为 2.6，其中，社会团体数量平均值为 1.2，最多数为 68 个，民办非企业单位数量平均值为 0.6，最多数为 36 个，基金会数量平均值为 0.1，最多数为 6 个。没有登记注册但有备案社区社会组织数量最多的为 32 个，数量最少为 0 个。

在城乡差异上，无论是注册社区社会组织，还是备案社区社会组织数量差异明显。城市社区社会组织平均值为 3.6，而农村社区社会组织平均值仅为 1.6；城市社区有备案社区社会组织平均值为 2.5，农村社区有备案社区社会组织平均值为 0.75。其中，城乡社区中社会团体形式的社区社会组织差异最明显，城市社区社会团体最多数量为 68 个，农村社区社会团体最多数量仅为 23 个。

（三）外来社会组织

问卷显示，样本社区中，开展治理服务活动的外来社会组织平均值为 1，最少为 0 个，最多为 33 个。其中，城市社区外来社会组织平均值为 1.3，农村社区外来社会组织平均值为 0.8。城市社区中外来社会组织最多者达 33 个，农村社区中外来社会组织最多者仅有 15 个。

（四）社会组织参与社区服务的内容

调查显示，社会组织在城乡社区中开展多元化的服务活动，主要围绕慈善公益捐赠、群众性文体教育、经济发展与居（村）民就业、为老服务、托幼和青少年服务及调解、治安、维稳等方面展开服务，但服务内容存在城乡之别（如表2－3所示）。

表2－3 社会组织参与城市社区服务的内容

服务内容	社会组织参与此项服务的社区数（个）		占有社会组织开展活动的社区总数（%）	
	城市	农村	城市	农村
1	623	817	54.32	64.94
2	867	805	75.59	63.99
3	402	746	35.05	59.30
4	864	891	75.33	70.83
5	583	444	50.83	35.29
6	642	957	55.97	76.07
7	540	627	47.08	49.84
8	720	936	62.77	74.40
9	609	635	53.10	50.48
10	640	830	55.80	65.98
11	286	676	24.93	53.74
12	54	47	4.71	3.74

注：1＝慈善公益捐赠；2＝群众性文体教育；3＝经济发展与居（村）民就业；4＝为老服务；5＝托幼和青少年服务；6＝救助、扶贫；7＝居（村）民自我管理与服务；8＝调解、治安、维稳；9＝参与社区协调；10＝向居（村）“两委”反映群众诉求和建议；11＝婚丧嫁娶（红白事）；12＝其他。

社会组织在社区中开展服务活动，一般是通过政府购买专业社会工作岗位或项目的方式进行。问卷调查发现，2021年，有专业社会工作岗位或项目运营的城乡社区共有621个，占总数的20.8%；没有专业社会工作岗位或项目运营的社区有2364个，占总数的79.2%。其中，在城市社区中，有专业社会工作岗位或项目运营的社区有435个，占城市社区总数的33.23%，没有专业社会工作岗位或项目运营的社区有874个，占城市社区总数的66.77%。在农村社区中，有专业社会工作岗位或项目运营的社区有186个，占农村社区总数的11.1%，没有专业社会工作岗位或项目运营的社区有 1490 个，占农村社区总数的 88.9%。总的来说，农村社区中专业社会工作岗位或项目运营比较欠缺，说明社工尚未成为农村社区服务的主体力量。

五、社区志愿者队伍：社区服务的重要补充

问卷调查显示，有 76.4% 的样本社区开展过志愿服务。样本社区拥有注册登记或备案的志愿者组织平均值为 2.5，最少为 0 个，最多为 300 个；注册或登记的志愿者人数平均为 185 人，最少为 0 人，最多为 4650 人。不过，无论是注册登记或备案的志愿者组织还是注册或登记的志愿者人数，城市社区都比农村社区更多。城市社区注册登记或备案的志愿者组织平均值为 3.5，最多为 300 个；而农村社区注册登记或备案的志愿者组织平均值为 1.8，最多为 135 个。城市社区注册或登记的志愿者人数平均为 356 人，最多为 4650 人；而农村社区注册或登记的志愿者人数平均为 52 人，最多为 1700 人（见图 2－14）。

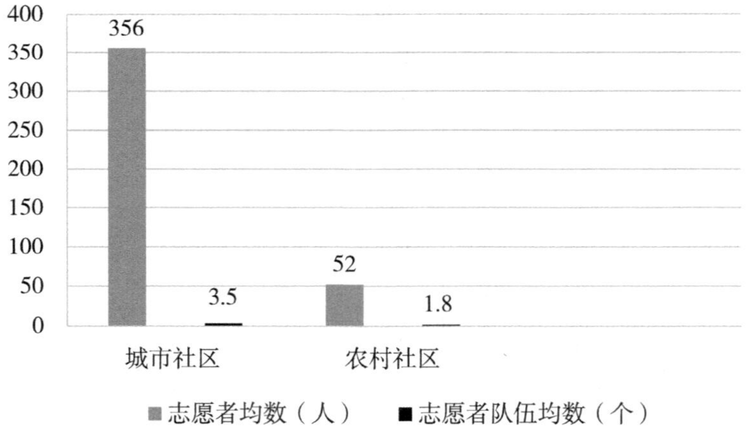

图 2－14　样本社区志愿者队伍建设情况

志愿者在样本社区开展的服务活动覆盖面较广，包括为老服务、妇女权益保护服务、青少年儿童服务、残疾人服务、调解治安安全服务、群众性文体教育活动、救助扶贫解困、政策宣传与咨询、环境保护和环境卫生、绿化美化环境、婚丧嫁娶、慈善公益募捐、疫情防控等。2021 年，样本城市社区中，在妇女权益保护服务、青少年儿童服务、救助扶贫解困、婚丧嫁娶（红白事）、慈善公益募捐领域的志愿服务活动次数平均为 1—5 次，为老服务、残疾人服务、调解治安安全服务、群众性文体教育活动、政策宣传与咨询、环境保护和环境卫生、绿化美化环境、疫情防控领域的志愿服务活动次数平均为 6 次。

志愿者在城乡社区不同的服务领域，人力配置情况略有不同。在城市社区

中，除了妇女权益保护服务、婚丧嫁娶领域中参与人次均数为11—30，其他领域的参与人次均数都较高，如疫情防控的平均参加总人次数是51，为老志愿服务、青少年儿童服务、残疾人服务、调解治安安全服务、群众性文体教育活动、救助扶贫解困、政策宣传与咨询、环境保护和环境卫生、绿化美化环境、慈善公益募捐的平均参加总人次数是31—50。但在农村社区中，政策宣传与咨询、环境保护和环境卫生、绿化美化环境、疫情防控的平均参加总人次数是31—50，为老志愿服务、妇女权益保护服务、青少年儿童服务、残疾人服务、调解治安安全服务、群众性文体教育活动、救助扶贫解困、婚丧嫁娶、慈善公益募捐的平均参加总人次数是11—30。

六、其他驻社区单位

其他驻社区单位，主要是指根据属地管理原则，驻扎在社区的机关、企业和事业单位，其中的事业单位通常是专业性资源的拥有者，诸如医院、学校、研究机构等。它们既是社区服务的对象，也是社区服务的重要提供者和社区服务网络的参与主体，凭借其在社区服务中的在地性、扎根性等特征，可以通过联合共建、契约共建等方式参与社区治理，有助于改善社区服务和治理生态，提高社区服务的专业化水平。城市社区中，各类机关团体事业单位平均为5.1个，各类企业平均为30.1个。农村社区各类机关团体事业单位平均为0.9个，各类企业平均为7.3个（见图2－15）。

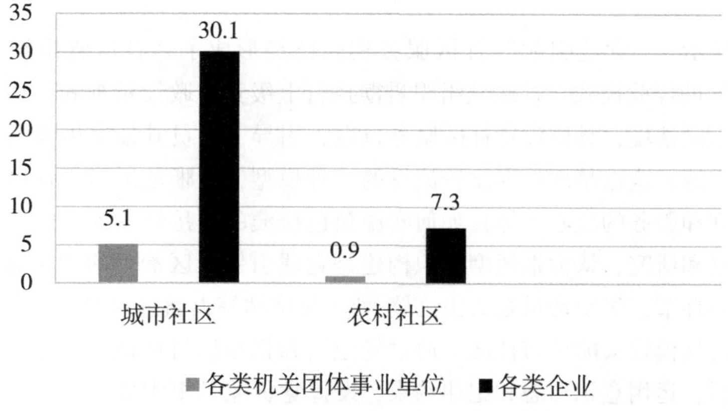

图2－15　城乡社区中驻社区单位均值数（单位：个）

第三节 社区服务主体新格局的总体特征

调查结果表明，当前城乡社区服务主体结构已经呈现多元化新格局，大致可以划分为三种力量：一是党政主体，包括党政机关、人民团体及其下沉社区的服务机构；二是社会主体，包括居（村）委会、业委会、社会组织、志愿者及其队伍、各类驻社区的公共事业单位；三是市场主体，包括物业服务企业、集体经济组织、其他驻社区的企业单位。各类主体在社区服务中发挥不同的职责和功能，呈现出明显的结构功能性总体特征。

一、作为社区服务核心主体的党组织

本次调研结果显示了六省城乡中“党建引领”社区善治和社区服务主体结构的量化性状，但对“党”在社区中的角色扮演、行动机制及其过程却需要从建构主义视角和质性研究方法予以解释。研究党建引领社区治理的视角和切入点多种多样，其中最重要的是基层政权建设的视角，这一视角聚焦党在社区治理和服务中的角色，强调基层党组织的组织引领、服务引领、基础引领，基层党组织作为基层治理体系中的“主心骨”“顶梁柱”，在加强和改进城乡社区治理如何发挥核心领导作用，如何统揽全局、协调各方，将党的政治优势、组织优势转化为治理效能。

调查显示，“党建引领”社区服务实践已经形成了“社区党组织在场－动员－服务”的经验模式。社区党组织贯彻执行上级党委政策精神和话语倡导，根据社区的不同情境，具体设置社区服务议题，引导、动员其他主体参与社区服务过程。相应地，这也是理论界比较流行的一种模型，清晰地解释了社区党组织作为社区治理和服务的核心主体是如何实施角色扮演的。岳经纶等人通过对浙江省个案的观察和研究，认为枢纽型组织构建是党建引领社区治理的逻辑起点，组织嵌入是核心环节，组织动员是必由之路。[1] 吴晓林等人通过对四川省个案的研究发现，针对规模较大的城市社区，通过党建引领把小区打造成治理单元，党组织进入小区后，运用意识形态和纪律约束，发挥党员兼具组织成员与居民双重身份的优势，撬动社区社会建设，降低了群众自治的组织成本。[2]

---

〔1〕 岳经纶、刘洋：《党建引领社区善治的逻辑——基于浙江省 N 街道的研究》，载《治理研究》2021 年第 5 期，第 59—69 页。

〔2〕 吴晓林、谢伊云：《强组织的低成本撬动：党建引领城市基层群众自治制度效能转化的机制》，载《广西师范大学学报》（哲学社会科学版）2021 年第 1 期，第 13—21 页。

湖北省近年来深化党建引领城乡基层治理，强调共同缔造，创新体制机制，突出群众主体，强化多元协同。首先，在全省统筹街道（乡镇）党政机构设置、职能配置和编制调配，跨层级向街道调剂1.1万多个行政编和事业编；选拔933名乡镇事业编制人员、优秀村党组织书记、到村任职过的选调生、第一书记、驻村工作队员“五方面人员”进入乡镇领导班子。加强村（社区）党组织对基层治理的领导。大力培养能够把群众组织起来的带头人队伍，实行城市社区党组织书记事业岗位管理，稳妥推进村（社区）党组织书记通过法定程序担任村（居）委会主任。完善村（社区）党组织对各类组织和各项工作领导机制，全面落实重大事项“四议两公开”制度，村（社区）各类组织负责人向党组织定期报告工作，健全纵向到底、横向到边的基层组织体系。完善“街道党工委（乡镇党委）—社区（村）党组织—网格党支部—楼栋（塆组）党小组—党员中心户”五级架构，以全覆盖的基层党组织为核心，组建333个街道“大工委”、3648个社区“大党委”，建立健全党员联户机制。其次，推动机关企事业单位党员干部常态下沉，把建强社区基层党组织作为机关党员干部下沉社区的重要内容，以党建为纽带推动资源、力量、服务下沉，省直机关组建了203支联系社区工作队，与社区保持经常联系，定期走访社区，参加社区“大党委”联席会议，协助解决社区治理难题。开展党员干部下基层“察民情、解民忧、暖民心”实践活动，全面建立“双报到、双报告”制度，落实“群众点单、社区派单、单位（党员）接单”机制，全省104万名党员干部到社区报到，参与治理、服务居民。持续向“五类重点村”选派驻村工作队1.2万支、驻村干部4.26万人。实施青年志愿服务社区计划，全省共981万名注册志愿者活跃在城乡治理一线。[1]

总之，各地涌现出的多样化“党建引领”社区服务实践形式，在社区空间内发挥党的全面领导、统揽全局、协调各方的作用，以党的组织力量将其他各类社区服务主体整合起来，实现了基层社会治理和社会服务力量的多样性和整体性的有机统一，不但将党的领导贯穿于城乡社区服务体系建设的全过程各方面，而且提升了基层党组织组织力，厚植了党的执政基础。

二、作为社区服务供给主导者的政府

毋庸置疑，在多元化的社区服务主体结构中，政府处于“元主体”的地位，具有权威优势、组织优势、政策优势和资源优势，发挥着主导作用。其以顶层设计和制度安排指导社区服务创新，以资源投入和赋能赋权促进其他主体参与，保

---

〔1〕鄂组轩：《湖北深化党建引领城乡基层治理　共建共治共享　同筑幸福家园》，载《中国组织人事报》2022年9月8日。

障社区服务供给，推进社区基础设施和发展条件的改善，而其他主体作为社区服务的“生产者”，仍然表现出对政府的较强的依赖性。

以社区服务的公共资源投入为例。虽然社区服务的出资方以及服务提供参与方越来越多元，但政府依然拥有最主要的地位、发挥最大的作用。从社区服务的出资方来看（如表 2－4 所示），政府出资占比 53.20%，居（村）委会占比 30.20%，其他主体的出资仅占比 16.60%；从服务提供参与方来看，由政府财政负担的社区工作者占比 35.90，驻社区单位中的不少单位是政府部门的衍生，或者由公共财政供养，两者叠加后占比 44.80%。此外，社会组织虽然是社区服务的参与者、生产者，但基本是通过政府购买服务而发挥作用，政府作为购买方，为社会组织的具体服务行为承担着行政责任。

表 2－4　社区服务支持主体情况

服务出资方（%）		提供服务参与方（%）	
政府职能部门	26.70	社区工作者	35.90
街道（乡镇）	26.50	社会组织	21.00
居（村）委会	30.20	驻社区单位	8.90
慈善捐赠	7.60	企业	6.30
业委会/物业管理委员会	2.10	社区志愿者	16.80
居（村）民自发	5.80	居（村）民	9.80
其他	1.10	其他	1.30
总计	100	总计	100

通过表 2－4 可以看出，无论是服务出资方中的政府，还是提供服务参与方中与政府相关的主体，在社区服务支持主体结构中都占据绝对优势，拥有强势主体地位。政府通过资金保障、规则约束、职责定位、人力培养等制度化举措，将党政机关、事业单位、群众自治组织、社会组织等力量统合起来，充分调动党政干部、社区工作者、社会工作者、志愿者和慈善资源等社会力量，引导市场力量，构建社区服务和社区治理的多方参与格局，形成了基层政权和社区的良性互动格局。

实践中，样本六省的政府系统也是如此运行的。例如，浙江省民政部门深入推进社区治理创新、社区服务提升等重点工作，推动组织体系向网格延伸覆盖，推动资源力量向街道（乡镇）和社区（村）下沉，多措并举为城乡社区赋能增效。为了破解社区优质公共服务供给不足等问题，浙江省各级政府制定基本公共服务清单，在城乡社区建立健全集党群服务中心、居民会客厅、居家养老服务中心、社区（村）儿童之家等于一体的社区服务矩阵，为居民提供文体、医卫、养老等“一站式”服务。截至2022年底，浙江全省依靠公共财政建成社区服务综合体约400个。[1] 再如，湖北省在全省城乡设立社区公共服务站，作为政府在社区层面的公共服务平台，承接政府延伸到社区的社会管理和公共服务职能。从2021年起，在全省乡镇、街道和社区推动社会工作服务站建设，2021年、2022年、2023年全省分别约有30%、50%、70%的街道（乡镇）建立社会工作服务站，计划到2024年实现全覆盖；同时逐步推动在社区（村）建立社会工作服务站（室）。[2] 省民政厅出台文件，强调要利用社会工作站服务平台，以民政服务对象为重点，广泛开展社会救助、社会事务、社区治理、养老服务、儿童福利等民政领域社会工作专业服务。又如，2020年，河南省社区工作者队伍中，由各县市区职能部门下沉、街道下派、县市区招聘、街道聘用的社区工作者，占全省城乡社区工作者总人数的27.34%。[3]

总之，政府是社区服务的参与者、支持者和保障者，作为社区服务的责任主体，在社区服务中发挥着重要作用，包括制定社区服务政策、搭建社区服务平台、设置社区服务目标、配置社区服务资源、建立社区服务合作关系、拉动社会和市场力量参与社区服务生产等。其中，基层政府不但履行社区服务的间接供给责任，还履行特定的社区服务的直接“生产”责任，如社区警察服务、执照或资格的审批服务、特殊弱势群体的兜底照顾服务、特定人群的监管服务、社区卫生服务等。

三、作为社区服务直接生产者的社会性主体

在社区服务主体结构中，社会性主体正日益成为社区服务的生力军。社会性主体分布广泛、数量众多，具有群众性、专业性、在地性等特点，包括各类社会组织、企业商业组织、义工队伍、社区居民等，是社区治理和服务的重要参与者，在社区服务和社区治理中发挥着重要作用。推动社区工作者队伍建设、公益社会组织发展、社会工作队伍建设、志愿服务队伍建设，吸引各类企事业单位、人民群众参与社区服务，是当前各地政府普遍采取的政策举措，充分彰显出社区服务和社区治理主体的开放性、多元性等时代特征。

---

[1] 《浙江为城乡社区赋能增效到今年底，全省将建成社区服务综合体不少于400个》，载《浙江日报》2022年6月29日。

[2] 湖北省民政厅：《解读〈湖北省民政厅关于促进乡镇（街道）社会工作发展的通知〉》。

[3] 刘旭阳：《河南省城市社区工作者队伍建设现状、问题与对策》，载《北京城市学院学报》2022年第1期，第8—13页。

（一）社区工作者队伍

居（村）委会及其社区工作者是社区服务和治理的内部性主体和正式力量，是社区治理和社区服务的最直接的依靠力量。无论是专职社区工作者，还是兼职社区工作者，均以社区工作和居民服务为职业，在社区服务中具有不可替代的地位和作用。问卷调查显示，样本六省社区群众自治组织和社区工作者队伍建设普遍情况良好，2020年至2021年城乡社区“两委”组织换届选举，均高度重视社区工作者作用的发挥、社区工作者能力的提高和社区工作者队伍的创建，把社区“两委”班子配强作为社区工作者队伍建设的首要原则，扩大选人视野，拓宽选人渠道，从现任优秀村干部中“留”、从致富带头人和退役军人中“选”、从外出务工能人和高校毕业生中“请”、从县乡机关事业单位“派”，一大批致富带富有项目、治理乡村有办法、服务群众有情怀的优秀党员进入社区“两委”班子。社区工作队伍进一步加强，干部队伍年龄结构、学历结构、来源结构进一步优化，班子整体功能、内在动能、运行效能进一步提升。

例如，湖北省推动落实每万城镇常住人口拥有社区工作者18人的要求，不断壮大社区工作力量，开展城乡社区“两委”换届后，全省社区“两委”班子负责人平均年龄分别降至44.3岁和42.9岁，大专以上学历分别提升至47.7%和88%。[1]江苏省城乡社区新一任“两委”班子成员大专以上学历分别占61.5%和79.8%，平均年龄分别为41.1岁和39.7岁，99.5%的村、99.9%的社区班子各有1名35岁以下年轻干部，在鼓励机关企事业单位人员下派任职的政策引导下，有10.6%的城乡社区书记为下派干部。[2]四川省共有34350个城乡社区，均圆满完成换届，新一届班子负责人平均年龄44.7岁，较上届下降1.8岁，中专及以上学历占84.3%，较上届提高34.7%，大专以上学历超过一半，83.1%的社区党组织书记担任集体经济组织负责人；此外，四川省城乡社区拓宽渠道物色人才，从优秀农民工、退役军人、返乡大学毕业生等6大类群体中选拔优秀人才13.3万名，新一届“两委”班子中，优秀农民工占40.7%，致富带头人占28.2%，退役军人占8.5%，返乡大学毕业生占6.7%。[3]河南省共有51785个城乡社区，全部完成换届选举工作，产生“两委”成员302740名。全省城乡社区新一届“两委”成员中本村致富能手、外出务工经商返乡人员、本乡本土大学毕业生、退役军人占比

---

〔1〕《下好“一盘棋”，办好群众事——湖北深化新时代党建引领城乡基层治理》，载《湖北日报》2022年6月29日。

〔2〕《风展旌旗谱新篇——江苏强化四个导向、高质量完成村（社区）“两委”换届》，载《江苏先锋》2021年4月17日。

〔3〕《四川高质量完成村（社区）“两委”换届》，载《中国组织人事报》2021年5月11日。

达到71.7%，成员平均年龄比换届前分别下降7.4岁和5.8岁，大专及以上学历分别上升10.4个百分点和7.5个百分点，以往“两委”班子成员年龄相对较大、构成相对单一等问题得到有效解决。[1]

（二）社会公益组织

各类社会组织，尤其是社工机构、社区公益基金会及其他各类互助性社区社会组织，已经成为社区民生服务不可或缺的基础性力量，甚至可以被视为支撑城乡社区公共服务质量的基础设施。其中，社工机构一般属于外来型社会组织，通过政府购买服务进驻社区，其专业性强，通过有效发挥社会工作者的专业服务优势，有效回应群众多样化需求，进一步完善社区服务体系和社会保障体系，全方位提升社区服务效能。社区公益基金会等社区社会组织往往属于社区内生型社会组织，是由社区居民发起成立，在城乡社区开展为民服务、公益慈善、邻里互助、文体娱乐和农村生产技术服务等活动的社会组织，具有挖掘本地公益慈善资源、解决本社区问题的优势，从而发挥公益慈善的第三次分配作用；其他内生型、草根性、组织化的社区社会组织，也代表着社区中的群众自治性力量，通过带动社区居民开展自治互助活动、文体娱乐活动等，吸引居民参与社区公共生活，和睦社区邻里关系，加强社区团结和信任。

近年来，为了持续壮大社区服务队伍，样本各省都大力促进社区社会组织发展，持续推动社会工作者队伍建设。例如，2023年初，湖北省启动实施社会组织建功先行区三年行动，在全省既有社区社会组织总数已达7.8万的基础上，继续大力培育社区社会组织，计划在2023年底突破10万，到2025年底突破15万，并实现县级社会组织孵化基地全覆盖，社会组织吸纳就业人数达40万，[2] 每万人拥有持证社会工作专业人才数量达20人。在推进社区社会组织发展的进程中，湖北省各级政府十分重视社区公益基金建设，推动建立乡镇（街道）级社区公益基金，并进一步激活社区资源。自2019年至2023年，全省共有17个市（州）、110个县（市、区）的村社激活村社互助基金2.06万支，占全省村社总和的80%；共发布村（社）慈善募捐项目9424个，累计筹集善款8亿多元，[3] 推动一大批基层基础设施建设、困难群体帮扶、基层社会治理、乡风文明建设等慈善项目相继落地实施。再如，浙江省也大力培育发展社区社会组织，明确重点培育

[1]《河南：聚力选优配强村（社区）“两委”班子上马奔跑干劲足》，载共产党员网，https://www.12371.cn/2021/05/24/ARTI1621824716866526.shtml。

[2] 李光正、田维虎：《湖北启动社会组织建功先行区三年行动》，载《湖北日报》2023年4月12日。

[3] 李光正、田维虎、任泉灵：《3万多家社会组织扎根荆楚越新局》，载《湖北日报》2023年5月26日。

发展自治类、平安类、服务类、文体类四类社区社会组织，截至2022年底，全省纳入备案管理的社区社会组织已经超24万个。

（三）社区志愿服务队伍

志愿者队伍是社区服务主体力量的重要构成和补充。通过壮大社区志愿者队伍，可以为居民参与社区治理和社区服务提供组织载体，从而有效弥补社区服务人力不足。截至2022年底，我国注册志愿者已逾2.3亿人，志愿队伍总数达135万个。其中，样本六省均为志愿服务发达地区，通过积极推动干部群众参与社区帮扶互助志愿服务活动、落实志愿者星级认定和激励制度等举措，实现了社区志愿服务队伍可持续发展，截至2021年底，六省注册志愿者均超1000万人。

针对上述“社”字头的社区服务主体，很多地方都探索以联动的方式将之凝聚在一起，形成了社区、社会组织、社会工作者“三社联动”机制。民政部在地方“三社联动”实践的基础上创新和发展，形成了以社区为平台、社会组织为载体、社会工作者为支撑、社区志愿者为依托、社会慈善资源为助推的新型社区治理机制，即“五社联动”。2021年4月，《中共中央 国务院关于加强基层治理体系和治理能力现代化建设的意见》明确指出，要“完善社会力量参与基层治理激励政策，创新社区与社会组织、社会工作者、社区志愿者、社会慈善资源的联动机制”。2022年10月，民政部、中央政法委等十部门联合印发《关于开展特殊困难老年人探访关爱服务的指导意见》，要求各地民政部门持续创新“五社联动”机制，进一步提高社区关爱服务质量。“五社联动”并非简单叠加，而是社区多元主体的资源共享、优势互补、分工协作、互相增益，合力推动社区共建共治共享。

（四）社区经济组织

社区经济组织也是城乡社区服务不可或缺的主体，主要包括城市社区中的物业公司、“农城化社区”的集体股份合作公司、农村集体经济组织。

其中，物业服务企业自20世纪80年代兴起，是城市住房制度改革的产物，已经历了40余年的发展。截至2021年8月，我国物业服务企业的数量达23.4万家，从业人员740余万人；全国物业管理相关公司达333万家，江苏省、浙江省、四川省、陕西省现存物业管理相关企业数量进入全国前10行列。其中，江苏省物业管理相关公司达43.81万家，浙江省为10.92万家，四川省为9.9万家，陕西省为9.2万家。[1] 河南省

---

〔1〕 徐兢：《物业管理行业将迎黄金时代?》，载《扬子晚报》2021年7月31日；舒桂林：《2020年全国物业行业收入达11800亿元 物业公司扎堆赴港上市》，载《深圳商报》2021年8月23日。

则有超过 2.9 万家从事物业管理行业的企业,[1] 湖北省共有物业企业 7541 家,管理和服务全省 32726 个物业小区。[2]

物业服务企业提供物业管理服务,即对房屋及配套的设施设备和相关场地进行维修、养护、管理,维护物业管理区域内的环境卫生、治安秩序、便民服务等的活动。近年来,不少地区物业服务企业承担了更广泛的社区服务责任。例如,中国物业管理协会曾联合中国经济信息社共同开展“新冠疫情对物业管理行业影响专项调查”,结果显示,89.99%的业主认为物业管理在社区新冠疫情联防联控体系中的作用“非常重要”。国家国民经济和社会发展《“十四五”规划纲要》中提到,把物业服务作为城市治理、社会治理的重要组成部分。《2021 年政府工作报告》鼓励物业服务企业加强公共文化服务,鼓励物业服务企业参与城市公共服务与治理,鼓励物业服务企业支持乡村振兴战略。

“农城化社区”或称“城中村”的集体经济组织也兴起于 20 世纪 80 年代,是农村城市化以后农村集体经济改革的产物,是农村集体经济从合作制向股份制转变的过渡性经济组织形态,属于“股份制”和“合作制”的结合,因而通常称为“股份合作公司”,大多在本质属性上依然是村级集体经济。例如,浙江省农村社区及城市化郊区的转制社区,存在各类不同的村级集体经济发展模式,包括资源开发型、物业经营型、资产盘活型、资本运营型、村庄经营型、产业发展型、生产服务型、村落建设型、土地股份合作型等,各类集体经济组织在社区服务中都承担着重要的公共服务责任,为社区道路及公共场所建设、社区治安及环境卫生、特殊群体社会保障、社区文体康乐等服务的开展保驾护航。

总体上,社会性主体在社区服务中具有分散性、一定的自主性和对政府较强的依赖性等特点,尤其是社会公益组织现阶段对政府的依附性最大。

第四节 社区服务主体新格局建设中存在的问题

本次调查显示,城乡社区服务主体新格局建设中尚存在一定的不足、问题和困难,主要体现在如下五个方面。

---

[1] 郝瑞铃:《物业行业火了?河南物业企业年新增注册量达 5 年前的两倍多》,载《河南商报》2021 年 5 月 26 日。

[2] 包东喜:《守护荆楚 3.2 万个家园 5 万余消防志愿者“敲门入户”防火查患》,载《湖北日报》2022 年 11 月 9 日。

一、社区服务主体结构不平衡

数据显示，社区服务主体结构中“强政弱社”现象依然存在。社区各项服务中，政府是最主要的服务购买/发起方及供给主体，无论是居（村）委会，还是社会组织，都高度依赖政府的资源支持，自身“造血”能力不足。例如，由政府购买/发起社区民政服务项目平均占比为83.10%，由社区居民或集体经济组织、其他社会或市场力量购买/发起的比例仅为16.90%；由政府购买/发起的社区便民服务项目平均占比为62.40%，由社区居民或集体经济组织、其他社会或市场力量购买/发起的比例仅为37.60%。社区安民服务经费来源也很单一化，平均超过80%的经费来源依赖政府财政。此外，城乡社区办公经费来源也主要是以政府拨款为主，其中城市社区办公经费来自政府拨款的比例为94.40%，农村社区为87.10%（如图2-16所示）。

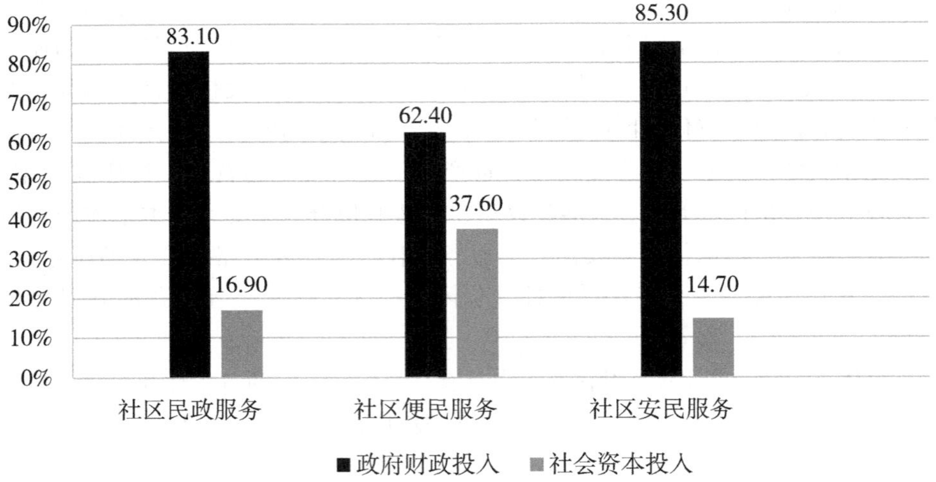

图2-16 社区服务经费来源

应该说，加大财政投入力度、扎实履行基本公共服务供给，是政府的基本职责。但社区中不少自治性、公益性甚至具有一定私益性的服务，也应该吸引社会资本参与，从而弥补政府投入不足，减轻政府负担。

从社区服务具体“生产”的角度看，社区服务生产主体分布不够平衡。以社区便民服务为例，便民服务经历了从突出商业性到突出社会性的过程，即使如此，便民服务的非垄断性特点、消费上带有的边界性表明，该服务最有效的供给主体应该是市场主体、社区居民和其他社会力量。调查数据显示，样本六省社区便民服务最主要的生产者是通过政府购买而进驻社区的社工机构及社会工作者，企业、居民、志愿者等市场、社会力量较少参与其投资和生产。社区民政服务、安民服务的生产者状况亦是如此，不但在制度安排、经费投入上高度依赖政府，而且具体的实施过程也高度依赖行政资源。

二、居（村）委会行政化程度过高

居（村）委会作为基层群众自治组织，长期以来存在行政化现象。城市社区服务的兴起在一定程度上促使居委会回归社会属性。但是调研发现，目前居委会行政化程度依然过高，主要表现为：社区诸多公共服务事务大多是政府职能部门业务的延伸，社区工作者的职责主要是完成上级部门交代的任务，承担了大量行政性事务，并纳入所属街道（乡镇）及上级党委、政府管理考核体系。为此社区工作者身兼多职现象比较严重，以方便相应上级对口职能线条，由此导致社区工作履职权责边界不清的现象。例如，调查显示，六省城乡社区中44%的网格员由社区工作者和村干部兼任，而有72.6%的受调查者反映网格员由享受报酬待遇的社区工作者或村干部担任。

三、社区服务主体城乡分布不平衡

多项社区服务在城乡社区之间供给情况的不平衡，一方面表明基本公共服务资源投入在城乡配置的不平衡，另一方面也体现出服务主体在城乡社区分布及其活力的不平衡，城市社区服务主体多元化程度大大高于农村社区。

首先，市场类社区服务主体在城市社区的分布比例高于农村社区。以物业服务企业为例。目前，物业服务企业兴起于城市，绝大部分也分布在城市。2020年，全国城乡物业管理覆盖率为69.3%。调研结果显示，样本六省中仅有21.7%的城市社区没有任何物业管理服务，但有86.1%的农村社区没有任何物业管理服务。其他各类企业在城乡的分布情况当然也存在很大差距。驻城市社区的各类企业均数为30.1个，农村社区各类企业均数为7.3个。

其次，社会性主体在城市社区的分布比例高于农村社区。例如，城市社区中有社会组织开展活动或服务占比87.6%，农村社区有社会组织开展活动或服务占比75.1%，尚有24.9%的农村社区没有社会组织提供过服务。无论是外来社会组织，还是内生型的社区社会组织，在农村社区中的数量都远远低于城市社区，均值差距达50%。社区志愿服务队伍建设情况也是如此。无论是志愿者组织还是志愿者人数，城市社区都高于农村社区。城市社区志愿者组织均值为3.5，农村社区为1.8；城市社区志愿者人数均值为356，农村社区仅为52。

上述社区服务主体除了在城乡的分布不平衡之外，在地区间分布也不平衡。社会组织在样本六省的分布就显示出明显的东西部差异。

四、社区服务队伍专业化程度尚低

样本六省城乡社区都建立了专职化的社区工作者队伍，但队伍职业化、专业化、制度化水平依然有待提高。当前存在的主要问题表现在如下方面。

一是专职社区工作者岗位社会认可度不高。社区工作者报酬待遇不高、身份认同感不强、职业发展体系不健全等问题比较突出。最新一次换届选举后，大批量的年轻社区工作者加入，但难以快速适应并融入社区。岗位认同和社会认可度不高，较难吸引和留住年轻的、专业的人员参与社区工作，队伍离职率较高、稳定性较差。

二是专职社区工作者职业化程度普遍不高。例如，河南省城乡社区中获得社会工作职业资格证书的仅占社区工作者总数的3.9%，绝大多数社区工作人员没有社工资格，缺乏专业的知识和管理经验，难以满足居民对养老、托幼、保健、娱乐、家政、青少年教育等方面日益多元的需求，影响居民的满意度。[1] 浙江省金华市的调查反映，新进专职社区工作者存在听取社情民意、排查矛盾纠纷、解决实际困难、服务群众能力不足等问题。还有学者构建了社区工作者胜任力模型，研究发现当下我国普遍存在社区工作者胜任力总体水平偏低、城乡社区工作者胜任力无显著差异、有社工师证书的社区工作者胜任力水平无显著优势等问题。[2]

三是专业社工在社区中的影响力不够广泛。本次调查显示，六省城乡社区中只有34.7%的居民表示接受过专业社工服务，社区社会工作者的影响力尚未普及。此外，社区社会工作者的专业能力和水平仍有待提升，六省城乡社区持证专业社会工作者中中级以上职业资格的人所占比例均比较少。

五、社区居民对社区服务的参与程度不足

社区居民既是社区服务的对象，也是共建共治共享和社区服务的主体。调查发现，社区居民主体意识不足，社区服务参与度不高，这体现在多个方面。

首先，在社区服务资金支持、组织发起和参与方面，无论是城市居民还是农村居民，自发集资购买、发起及参与提供社区服务项目的占比都很低。例如，在社区便民服务项目上，由居（村）民出资购买、发起组织的平均比例为6.8%，行动参与的平均比例为21.6%；在社区安民服务项目上，由居（村）民出资购

---

〔1〕 刘旭阳：《河南省城市社区工作者队伍建设现状、问题与对策》，载《北京城市学院学报》2022年第1期，第8—13页。

〔2〕 杨茜：《基于模型构建的社区工作者职业胜任力问题研究——以W县城乡社区工作者的调查为例》，载《社会科学辑刊》2023年第3期，第84—91页。

买、发起组织的平均比例为10.6%、行动参与的平均比例为20.7%。

社区居民主体意识不足不仅在社区服务的“共建”上有体现，在“共治”“共享”上也有体现。例如，在调查过程中，有5.5%的居（村）民对社区工作者考核评价办法实施情况“不清楚”；超过2/3的居民不关注小区业主委员会建设，有73.4%的居民对“是否认识业主委员会的成员”这一问题没有给予肯定回答。

其次，社区志愿者人才依然不足。在社区民政服务、便民服务、安民服务中，由社区志愿者作为服务提供或生产主体的比例都不足30%。尤其是在农村社区中，社区志愿服务人才缺乏现象较城市社区更为明显。既有的社区服务志愿者队伍中，绝大多数是由社区工作者、社工、网格员、经由社区干部动员的居民积极分子或驻社区单位硬性规定志愿服务社区的职工构成，社区居民自发参与的比例很低。

第五节　进一步完善社区服务主体新格局建设的对策建议

当前，面临中国特色社会主义新时代全然不同的经济社会环境和条件，需要进一步深化和完善社区服务主体体系，在党委引领、政府主导下，充分吸纳社会力量和市场力量，充分发挥城乡社区居民群众参与基层治理和社区服务的主动性和积极性。为此，今后应在以下几个方面有所突破。

第一，加强顶层设计，形成社区服务主体建设的法律体系。重点在于完善政策体系，填补制度盲点。在既有的指导城乡社区服务体系建设的各类法律法规、规章和其他规范性文件的基础上，当前应探索推动一系列有关社会性服务主体建设的立法进程，包括《社会组织法》《社会工作法》《志愿服务法》《社区工作者法》等，通过立法明确社会组织、社会工作者、志愿者、社区工作者在社区治理和社区服务中的地位、功能、责任和权利。

第二，坚持党政引导，强化社区群众自治组织的社会属性。坚持党委领导、政府主导，加强宏观指导，推动城乡社区居民自治体系的一体化建设，落实社区事务清单制度，强化社区群众自治组织的自治地位和社会属性，着眼于建立以基层群众自治为基础的国家基层治理战略、建立以社区服务为基础的基本公共服务战略，推动构建社区服务与国家公共服务相互贯通、相互赋权的基层治理和服务机制。

第三，选优配强队伍，打造坚强有力的健全社区工作者队伍。在确保“每万人配备18名专职社区工作者”基础上，建立健全专职社区工作者定期招聘、随缺随补、周转调剂的人员选聘机制，将政治素质过硬、群众基础好、服务本领强的社会人才选聘到专职社区工作者队伍。强化专职社区工作者后备骨干队伍建设，建立健全社区党组织书记后备人才库，培养一批能担重任、能解民忧、能带团队的后备人才，为社区建设增添活力。畅通社区工作者职业化发展渠道，丰富其事业发展和成长空间。

第四，激活共驻共建机制，创新驻区单位参与社区服务的有效途径。创新社区服务投资多元化渠道和回报制度，吸引企业、商户投资社区服务，使更多的社会资本成为政府投资的有效补充。健全企业社会责任制度、公益慈善捐赠制度，推动社区公益基金或公益基金会发展，鼓励利用社区资源解决社区问题、提供社区服务。增强居（村）民对社区的归属感和认同感，引导和鼓励优秀人才、高校毕业生到社区就业创业。大力发展社区社会组织和志愿者队伍，激活社会和市场各方力量，建构同心多圆的社区服务生态。

第三章　社区服务设施

社区服务设施是承载政府公共服务、社区自治服务、市场中介服务和居民互助服务的物质载体，是社会工作人员服务居民和居民参与社区事务的凭借工具。因此，完善社区综合服务设施是居民参与公共活动、享受公共服务的重要基石。

第一节　社区服务设施发展情况

党的十八大以来，我国城乡社区服务设施建设步伐加快，设施数量不断增加，覆盖面不断扩大：截至2021年底，社区综合服务设施覆盖率城市由82%提升到100%全覆盖、农村由31.8%上升到79.5%，分别增长18个百分点和47.7个百分点，以党群服务中心为基本阵地的城乡社区综合服务设施布局更加优化，促进了全国社区服务体系的建设与发展。但是面对“十四五”时期经济社会发展新形势、人民群众新期待、基层治理新任务，我国城乡社区服务设施建设仍存在一些短板和弱项，在供需匹配、质量提升和布局优化方面尚有不少突出问题有待解决，在托幼、上学、就医、养老等方面的服务质量和水平与群众期待仍有不小差距。

党的十九大报告提出，“打造共建共治共享的社会治理格局”。党的二十大报告强调“健全共建共治共享的社会治理制度，提升社会治理效能”。“共建共治共享”，既为完善社区基础设施和公共服务水平提出了新要求，也为实现这一要求指明了努力方向。国务院办公厅印发《“十四五”城乡社区服务体系建设规划》，明确了城乡社区综合服务设施覆盖率等5个方面的主要指标（如表3－1所示），确定了服务设施补短板工程3个重大工程（如表3－2所示），为社区服务设施建设在新阶段的新发展奠定行动指南。住房和城乡建设部办公厅、民政部办公厅联合发布《关于开展完整社区建设试点工作的通知》，聚焦群众关切的“一老一幼”设施建设，聚焦为民、便民、安民服务，切实发挥好试点先行、示范带动的作用，打造一批安全健康、设施完善、管理有序的完整社区样板，尽快补齐社区服务设施短板，全力改善人居环境，努力做到居民有需求、社区有服务。

表 3－1 “十四五”城乡社区服务体系建设主要目标（社区服务设施部分）

指标	2020 年基期值	2025 年目标值	指标属性
农村社区综合服务设施覆盖率	65.7%	80%	预期性
城市社区综合服务设施覆盖率	100%	100%	预期性
社区商业和综合服务设施面积占社区总建筑面积的比例	—	≥10%	预期性
每百户居民拥有社区综合服务设施面积	29.8 平方米	≥30 平方米	预期性
居民活动区域面积占社区综合服务设施总建筑面积比例	—	≥60%	预期性

表 3－2 “十四五”城乡社区综合服务设施补短板工程

工程类型	具体内容
村级综合服务设施提升工程	坚持农业农村优先发展，结合实施乡村建设行动，统筹利用现有资金渠道，整合利用村级组织活动场所等现有设施和场地，加快补齐农村社区综合服务设施短板，提升农村基础设施和公共服务水平
易地扶贫搬迁集中安置社区综合服务设施补短板工程	巩固拓展脱贫攻坚成果，统筹利用好现有资金渠道，支持易地扶贫搬迁集中安置社区扩建、新建综合服务设施，基本满足群众需要
完善城镇老旧小区社区服务设施	完善城市宜居宜业功能，因地制宜补齐城镇老旧小区社区服务设施短板，提升设施综合利用和社区服务水平

第二节 文献回顾

社区服务设施是指为了便利社区居民生活、满足居民身心健康发展需要、方便社区管理而建设的相关硬件服务设施和软件服务设施。[1] 社区服务设施有狭义和广义之分，狭义的社区服务设施是指由政府提供的、给居民或村民使用或享用的公共建筑或设备。广义的社区服务设施除上述狭义社区服务设施的含义之外，还增加了社会和市场这两个供给方，同时涵盖了在公共建筑或设施基础上衍生出

〔1〕 张大维：《社区公共服务设施规划研究与建设进展》，载《社会主义研究》2008 年第 2 期，第 141—146 页。

来的相关服务项目或活动。[1] 社区服务设施在服务性质、筹资主体、社会功能或管理属性等方面存在较大差异，常见分类方法是依据服务性质，将其划分为教育设施、医疗卫生设施、文化体育设施、商业服务设施、金融邮电设施、社区服务设施、行政设施和市政设施。在中国知网（CNKI）以“社区设施”为检索主题，剔除会议通知、新闻报道、会议综述、政策文件、书评等非研究性文献后，共检出学术文献953篇，文献时间跨度为1995—2023年，反映出学术界对这一领域相当可观的成果积累。从发表的年度趋势可以看出（如图3－1所示），自20世纪90年代以来，学界对于社区服务设施的研究和分析在过去近30年里持续稳步提升。

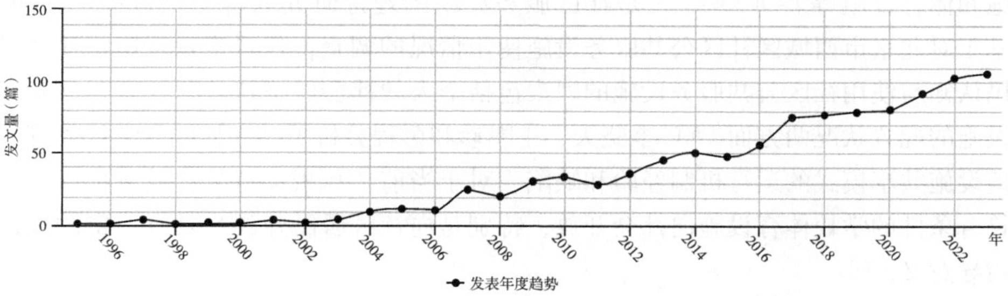

图3－1 中国知网（CNKI）以“社区设施”为检索主题的发文趋势

现代意义的社区服务于20世纪90年代开始兴起，因而这一时期学界对于社区服务设施的关注也处在起步阶段，且相关研究多为对社区服务设施的一般性讨论或展望。张学兵和沈荣芳认为，社区服务设施是社区建设的重要载体，其规划和建设要以人为中心，要坚持高起点。[2] 王子奇从空间覆盖面角度，将城市社区公共设施分为区域性公共设施和邻里性公共设施，并认为“免费使用”是城市社区公共设施的发展趋势。[3] 这些观点具有一定的前瞻性，与当前社区公共服务设施的发展定位不谋而合。此外，我国60岁以上老年人口在新世纪之交超过总人口的10%，标志着人口年龄结构开始进入老龄化阶段，老年服务设施也开始受到研究者的关注，相关文献围绕老年服务设施的现状不足及其解决方法，展开了基本讨论。[4]

---

〔1〕 周永根：《社区公共服务设施配置研究进展与展望》，载《长沙大学学报》2020年第3期，第101—106＋116页。

〔2〕 张学兵、沈荣芳：《论社区硬件设施的优化配置》，载《社会科学》1997年第4期，第57—60页。

〔3〕 王子奇：《都市社区公共设施的分类及发展趋势》，载《探索与争鸣》2004年第11期，第22—23页。

〔4〕 王岚、易中、姜忆南：《社区养老服务设施规划的探讨》，载《北方交通大学学报》2021年第2期，第107—110页。

不同于前一时期的一般性讨论或展望，学界对社区服务设施的讨论自2007年后逐渐呈现出三个特点：一是注重经验调查，通过对社区的实地调研以及居民的问卷调查，研究者就社区服务设施的现状问题、原因和优化对策展开论述。基于湖南省中部25个行政村的实证研究，吴博和卢爱国发现当前我国散居型农村社区公共服务设施建设存在供给短缺、配置失衡、布局失当和可及性低等问题。[1] 白梅指出，从规划与管理角度来看，社区公共服务设施存在四个方面问题：社区公共服务设施的权属分类不清、社区规划设计与管理水平有待提高、有关社区建设的法律政策有待完善和行业监管有待加强等。[2] 二是介绍欧美国家社区服务设施建设的发展历程及其对我国的经验启示，主要涉及美国的社区公园、养老服务设施和体育设施等。[3][4][5] 三是社区服务设施的理论研究取得一定进展。例如，基于对北京市西城区社区公共服务设施使用情况的调查，任晋锋发现影响社区居民认知与使用社区公共服务设施的因素包括个人的社会经济特征与社区公共服务设施的配置状况两方面。[6] 李骁天、王凯珍和彭程分析了城市社区与学校体育场地设施共享模式的运行机制经验和缺陷，对于当前"积极支持配合教育部门推动符合条件的学校体育设施向社会开放，特别是向社区居民开放"具有一定的理论指导意义。[7]

自2017年以来，学界对于社区服务设施的关注度显著提升，具体表现在刊发论文数量的迅速增加，占比达54.9%，而且研究主题进一步拓展深化。除了承继前一阶段的关注焦点，这一时期的显著特征是在技术层面对社区服务设施空间优化问题讨论日渐增多，相关研究突破了既有研究的局限，更精准地揭示不同人群对于社区服务设施的需求特征，进而为社区服务设施的配置优化提供科学依据。例如，王娟和杨贵庆选取上海市6个不同类型的高密度老龄化社区，基于网络分

---

〔1〕 吴博、卢爱国：《散居型农村社区公共服务设施建设的问题与对策——基于湘中25个行政村的实证研究》，载《湖南社会科学》2011年第3期，第105—108页。

〔2〕 白梅：《社区公共服务设施规划与管理若干问题的研究》，载《上海城市规划》2014年第5期，第114—118页。

〔3〕 刘雅莉、马溯川：《美国社区公共设施建设的几点讨论》，载《科学与管理》2008年第2期，第30—31页。

〔4〕 何文璐、张文亮：《"健康公民"的美国社区体育设施》，载《环球体育市场》2009年第4期，第24页。

〔5〕 严晓萍：《美国社区养老服务设施建设及启示》，载《社会保障研究》2009年第4期，第19—25页。

〔6〕 任晋锋：《影响社区公共服务设施认知及使用的因素——以北京市西城区为例》，载《城市问题》2012年第10期，第68—74页。

〔7〕 李骁天、王凯珍、彭程：《我国城市社区与学校体育场地设施共享模式研究》，载《体育文化导刊》2012年第10期，第70—73页。

析法计算社区服务设施步行可达性的评价指标。[1] 李敏等基于老年人步行能力差异的研究视角，选取上海市延吉社区中5种不同步行能力老年人，以及19种社区服务设施作为研究对象，对不同步行能力老年人对设施的重要性、使用频率、组合使用、步行可达性，以及服务项目的需求进行分析比较，探讨不同步行能力的老年人对社区服务设施的需求特征的差异。[2]

一、社区服务设施基本构成

按照民政部现行统计分类标准，结合我国社区服务对象的普遍性和特殊性，社区服务设施可分为综合服务机构和设施、养老服务机构和设施两大类：社区综合服务机构和设施是指面向全体城乡居民提供社区服务的机构和设施。原则上，城乡社区服务机构应能提供以公共服务为主体的综合性服务，城乡社区服务设施面积应能满足社区组织办公和社区综合服务所需，并配置多功能社区居民活动场所。在此基础上，可进一步根据社区居民的实际需求，重点强化若干类服务功能。根据服务功能侧重点的不同，社区综合服务机构和设施包括：一是社区服务指导中心，特指建立在县（区）层面以上的，对社区服务中心和服务站具有指导功能的社区服务类机构；二是社区服务中心，特指建设在乡、镇或街道层面，以“一站式”服务为特点的社区服务中心，由乡镇政府、街道办事处及社区组织依托社区服务中心，组织开展社区救助、社区治安、社区卫生和计划生育、就业服务和职业培训、社区环境和文化、教育、体育等公共服务；三是社区服务站，特指在社区层面，建设功能为社区居家养老服务，重点发展面向老年人及其家庭的商品递送、医疗保健、家庭保洁、日间照料、陪伴等服务的设施和综合性、多功能的社区服务站；四是社区专项服务机构和设施，特指独立于社区服务中心、社区服务站以外的，为居民提供各种（除养老以外的）专业社区服务的机构和设施，例如，社区儿童服务站、社区残疾人康复站、问题人群庇护站等（不含社区养老服务设施）。

另外，社区养老服务机构和设施是指主要以社区老年人为服务对象的社区服务机构和设施，其细分类别包括：一是未登记的特困人员救助供养机构，特指没有在编办或者民政部门登记，为农村特困供养老年人等提供24小时集中居住和收留抚养照料服务的设施，如没有登记注册的“农村敬老院”“五保之家”“托老所”“镇养老服务中心”“镇养老福利服务中心”等。二是全托服务社区养老服务

---

〔1〕王娟、杨贵庆：《社区分异视角下社区公共服务设施可达性评价研究——以上海市高密度老龄化社区为例》，载《住宅科技》2021年第1期，第26—32页。

〔2〕李敏、胡刚钰、黄建中：《上海市老年人社区服务设施需求特征研究——基于步行能力差异的视角》，载《上海城市规划》2017年第1期，第25—31页。

机构和设施，指在社区建立的、为社区老年人留宿照料服务（也可提供日间照料）的小型养老机构（一般10张床位以下）或者设施，如“社区老年养护中心”“老年社区托养照料中心”，需要特别说明的是，全托服务设施中的全托服务床位是指为老年人提供全日集中住宿和照料护理服务的床位。三是日间照料社区养老服务机构和设施，特指在社区建立的、为社区老年人提供日间照料服务的小型养老机构或者设施，如“社区老年中心”“老年社区日间照料中心”。四是社区互助型养老设施，特指依托村（居）委会举办的微型的五保村、五保家园、幸福院等互助型养老设施，没有专职服务人员、不是注册登记的独立机构，以相互帮助为主，提供少量床位，可以住宿，不以营利为目的，为老年人、残疾人、烈军属等社区居民提供互助养老服务的设施。五是其他社区养老服务设施，特指为本社区老年人提供助餐、助医、护理等服务，没有床位的社区养老服务设施，如“老年餐桌”。

二、我国社区服务设施发展历程

在正式面向全国范围铺开建设社区服务设施前，我国实际上经历了一段时期的探索和准备阶段。在1983年召开的第八次全国民政会议前后，民政部门开始酝酿城市社会福利工作改革，提出了结合国家和社会力量，采取多种形式兴办社会福利事业的新思路。在1984年召开的漳州会议上，“社会福利社会办”的指导思想得到进一步明确，并进而提出要使社会福利事业从单一的、封闭的国家包办的体制转变为国家、集体、个人一起办的体制；要面向社会，多渠道、多层次、多种形式地发展社会福利事业。1985年，民政部总结推广了上海市民政部门创造的市、区、街道、居委会“四个层次一条龙”的福利服务网络化经验，使城市社会福利事业开始深入社会基层。这些探索和准备工作，直接为社区服务体系的兴起提供了思想基础和实践经验。

在此基础上，民政部于1986年第一次提出了在城市开展以民政对象为服务主体的社区服务工作的要求，从此，“社区”这一概念逐渐为公众所知悉。1987年9月，民政部在武汉市召开了全国城市社区服务工作座谈会，明确了社区服务的基本内容、主要任务等，总结、交流了武汉、上海、北京、天津、常州等近20个大、中、小城市开展社区服务的经验。这次会议的召开，拉开了我国城市社区服务产生和兴起的序幕，自此以后，各地区社区服务机构迅速建立，社区服务的试点实践有目的、有计划、有步骤地进行。我国社区服务设施的筹建和推广最开始发生在上述时期，也正是从社区服务试点启动后的1988年，民政部门开始对全国社区服务设施建设情况进行年度性统计。对此，下面将基于《中国统计年鉴》《中国民政统计年鉴》记载的1988—2021年社区服务设施数据，对我国社区服务设施建设历程与现状进行分析。

（一）社区综合服务机构和设施、社区服务中心、便民利民网点建设情况（1988—2021 年）

在理解我国社区服务设施数量变动情况前，需要先了解我国基层社区自治组织及全国人口数量的整体变化趋势（如图 3—2 所示），一方面，1988 年至今，包括村委会、居委会在内的基层群众自治组织数量先于 20 世纪 90 年代中期有所增加，而后不断减少至近 60 万个；另一方面，根据“七普”数据，全国总人口呈稳步增长态势。

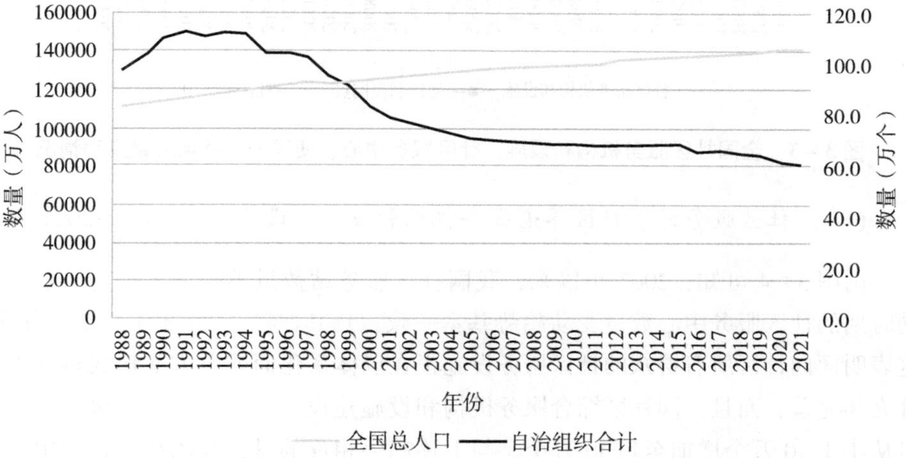

图 3－2 全国总人口和自治组织数量变动情况

如图 3－3 所示，自 1988 年以来，我国社区综合服务机构和设施总数波动上升，特别是在进入中国特色社会主义新时代后增速明显加快，并于 2021 年达到近 90 万个，累计增加近 8 倍。社区服务中心数量同样呈现增长态势，从 1993 年的 3711 个不断增加至 2021 年的 28892 个，可见无论是面向全人群的社区服务设施还是作为核心建设部分的社区服务中心，两者均在数量与规模上日趋完备。然而，与上述两者数量变化趋势不同，我国便民利民网点数量在波动中有所下滑，在 2004—2007 年达到高峰，于 2015 年回落至 24.9 万个，其可能的原因在于社会主义市场经济发展过程中所带来的服务行业兼并和集聚效应，使得各地规模较小且较为分散的便民服务网点被不断整合。不过，未来仍应当适度扩充并保证便民利民网点总体规模，特别是“乙类乙管”后让修鞋、配钥匙等“小修小补”规范有序回归百姓生活，推进便民生活圈建设，补齐便民服务设施短板，完善生活基本保障类业态和品质提升类业态，鼓励社区兴办商业性便民利民服务网点，吸引流动人口就近就便在社区灵活就业。

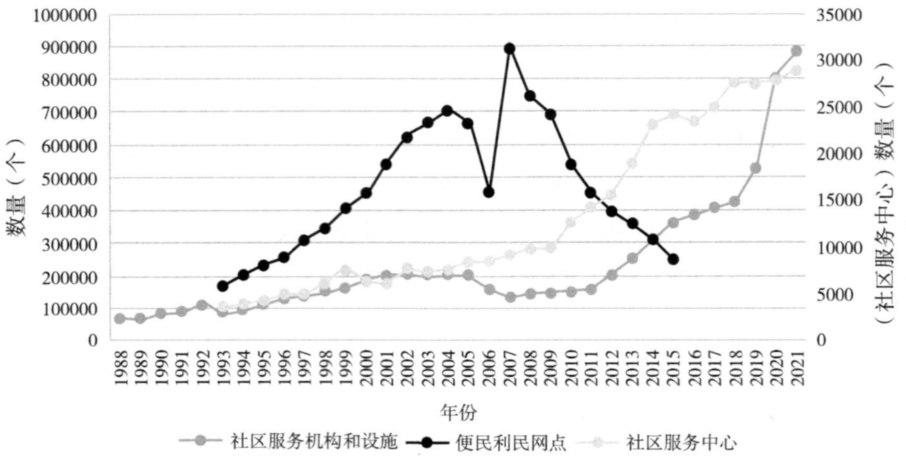

图 3 - 3　全国社区服务机构和设施、社区服务中心、便民利民网点数量变动情况

（二）社区服务站、社区养老服务机构和设施建设情况（2007—2021 年）

由图 3 - 4 可知，2007 年以来，我国社区服务站数量不断增加，这一趋势与同时期的社区服务中心数量变动趋势基本一致，且其速度于 2018 年后明显加快，这表明面向社区所有群众的社区服务设施正在以体系化而非单方面形式得到加快补充和完善，而且，同社区综合服务机构和设施建设一道，社区养老服务机构数量从小于 10 万个增加至超 30 万个。与上述趋势相反的是，我国社区指导中心数量从 2012 年的 809 个波动下降到 2021 年的 490 个，这可能是因为随着我国社区服务机构、设施的建设及其功能的完备化，已经逐步实现了社区基本服务的“从无到有”，指导筹建社区服务中心和服务站的需求相对减少。

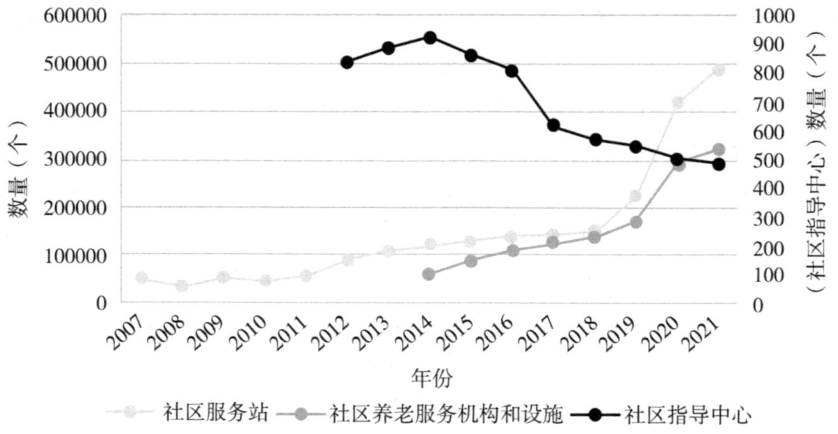

图 3 - 4　全国社区服务站、社区指导中心、社区养老服务机构和设施数量变动情况

（三）城乡社区综合服务设施覆盖情况（2010—2021 年）

根据民政部统计规范，城市（农村）社区综合服务设施覆盖率是指城市（农村）社区服务中心与城市（农村）社区服务站数量之和占当年期末居（村）委会数量的比重。如图 3－5 所示，2010 年后，我国城市和农村社区综合服务设施覆盖率均稳步提升，且城市覆盖率提升速度快于农村，当前城市已实现社区综合服务设施全覆盖。

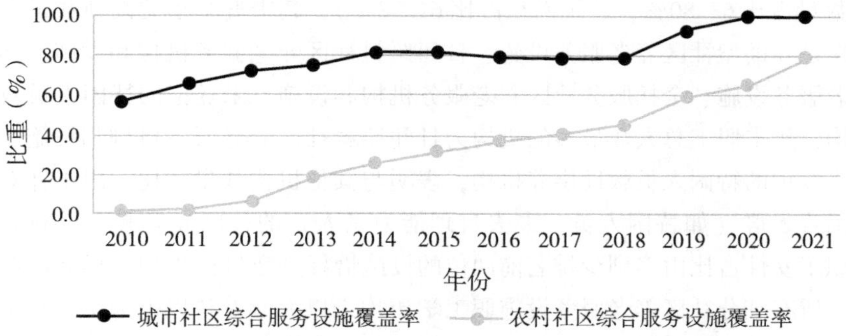

图 3－5　城乡社区综合服务设施覆盖率变动情况

三、我国社区服务设施发展现状

由于《中国民政统计年鉴》最新相关公开数据截至 2021 年，为此，以下将以 2021 年为时间节点，从两大类服务设施现状、社区养老服务设施运营现状以及各省城乡社区服务设施覆盖情况展开分析。

（一）社区综合服务、养老服务机构和设施现状

表 3－3 显示了 2021 年社区综合服务设施、养老服务机构及其细分类别的基本数量和占比情况。首先，社区综合服务机构和设施方面，以农村分布为主（71.30%），其中五个小类设施数量和年末职工总人数由大到小依次是社区服务站、社区服务中心、社区专项服务机构和设施、社区服务指导中心，形成了“社区基层多、县区上层少”的格局。在农村中占多数的细分设施仅有社区服务站（77.47%），职工主要为女性的设施为社区服务指导中心（52.57%），职工学历主要为大学专科及以上的设施是县（区）层面的社区服务指导中心（73.66%）、社区服务中心（57.84%），所有细分综合服务设施的职工具备助理社会工作师及以上资格的均小于 10%、年龄均以 46 岁以上中老年人为辅，以上结果说明社区服务设施的职工学历和职业资格平均水平有待提升。另外，若按服务功能对社区

服务中心、社区服务站进行划分，为居民提供便民办事服务的分别占 89.72%、87.08%，为居民提供活动场所服务的分别占 19.38%、21.27%，为居民提供便民信息服务的分别占 17.82%、20.58%，说明活动场所类和便民信息服务类设施建设有待加强。最后，从整体财政经营情况来看，按照企业会计制度财务指标计算，2021 年全国社区综合服务机构和设施营业收入 548.8 万元，费用合计 225.2 万元，其营业利润为 -53.8 万元，处于亏损状态。

其次，社区养老服务机构和设施方面，与社区综合服务设施一样仍以农村为主（数量占比 68.80%，建筑面积占比 61.78%），其中五个小类设施数量由大到小依次是互助型社区养老服务设施、日间照料社区养老服务机构和设施、其他社区养老服务设施、全托服务社区养老服务机构和设施、未登记的特困人员救助供养机构，年末职工总人数最多的机构为日间照料社区养老服务机构和设施、最少的为未登记的特困人员救助供养机构，表明与其他机构数量相比，用于针对性服务最困难人群（如特困人员、失去自理能力老人）的社区养老服务设施有待补强。职工女性占比由多到少排名前两位的设施恰好是数量由少到多排名前两位的设施。所有细分社区养老服务设施职工学历均未以大学专科以上为主、具备助理社会工作师及以上资格占比均小于 5%，未登记的特困人员救助供养机构、互助型社区养老服务设施以在农村分布为主（89.16%、90.48%）。

表 3-3　社区综合服务、养老服务建设基本情况（2021 年）

类别	机构设施总数（个）	农村占比（%）	年末职工总人数（人）	性别	学历	职业资格	年龄结构	建筑面积
				女性占比（%）	大学专科以上占比（%）	助理社会工作师及以上占比（%）	46 岁以上人数占比（%）	农村占比（%）
社区综合服务机构和设施	567077	71.30	2630723	34.55	33.27	3.91	38.38	66.01
社区服务指导中心	490	1.63	4651	52.57	73.66	8.17	21.69	0.66
社区服务中心	28892	44.79	221281	43.82	57.84	6.80	24.59	38.17
社区服务站	485964	77.47	2184588	33.58	30.50	3.38	40.47	70.86

续表

类别	机构设施总数（个）	农村占比（%）	年末职工总人数（人）	性别	学历	职业资格	年龄结构	建筑面积
				女性占比（%）	大学专科以上占比（%）	助理社会工作师及以上占比（%）	46 岁以上人数占比（%）	农村占比（%）
社区专项服务机构和设施	51731	28. 81	220203	34. 46	35. 24	6. 23	31. 92	33. 61
社区养老服务机构和设施	317695	68. 80	704135	38. 98	21. 20	3. 11	42. 67	61. 78
未登记的特困人员救助供养机构	3394	89. 16	17830	51. 28	19. 31	4. 75	44. 65	85. 06
全托服务社区养老服务机构和设施	17063	47. 20	88591	44. 11	26. 11	4. 42	34. 94	36. 98
日间照料社区养老服务机构和设施	117843	50. 18	324373	39. 00	26. 41	4. 04	38. 10	41. 82
互助型社区养老服务设施	147735	90. 48	236508	34. 97	12. 58	1. 14	49. 04	90. 73
其他社区养老服务设施	31660	46. 44	36833	46. 24	19. 84	3. 60	59. 66	40. 66

（二）社区养老服务设施运营现状

2021 年社区养老服务设施及其细分类别设施的基本运营情况如表 3－4 所示。从社区养老服务设施整体情况来看，所有床位、社区日间照料床位、社区全托服务床位数量均以在农村分布为主（66. 95%、65. 58%、70. 16%），这也使得所有社区养老服务设施的年末照料服务人数和社区养老服务人次数也主要分布在农村

(74.87%、50.77%)，表明当前社区养老服务设施分布已呈现出向老龄化程度较高、发展较为落后的农村地区倾斜的基本态势。从社区养老服务设施的各小类来看，具备床位数由多到少依次是互助型社区养老服务设施、日间照料社区养老服务机构和设施、全托服务社区养老服务机构和设施、未登记的特困人员救助供养机构，说明建设规模相对较少的养老服务设施也恰好是对照护人员、硬件配备要求更高，工作持续时间更长、照护需求满足难度更大的设施。日间照料社区养老服务机构和设施无论是在配备层面的社区日间照料床位、社区全托服务床位，还是在能力层面的年末全托照料服务人数、社区养老服务人次数均以在城市社区分布为主，与之相似且对应的是互助型社区养老服务设施在农村的分布和运营情况，表明城市与农村的主力社区养老设施的服务能力、对服务对象的依赖度等仍具有相当的差距。

表 3-4 社区养老服务运营基本情况（2021 年）

类别	床位数（个）	农村占比（%）	社区日间照料床位数（个）	农村占比（%）	社区全托服务床位数（个）	农村占比（%）	年末全托照料服务人数（人）	农村占比（%）	社区养老服务人次数（人次）	农村占比（%）
A	3123254	66.95	2188316	65.58	934938	70.16	354899	74.87	92650874	50.77
B	—	—	—	—	201389	87.50	72893	88.08	—	—
C	516144	38.93	124829	34.77	391315	40.26	128908	43.79	14717936	0.62
D	—	—	1077014	47.34	—	—	—	—	40616597	32.69
E	1328707	90.62	986473	89.39	342234	94.15	153098	94.75	26570019	90.08
F	—	—	—	—	—	—	—	—	10746222	39.42

注：表中类别 A、B、C、D、E、F 分别指代社区养老服务机构和设施、未登记的特困人员救助供养机构、全托服务社区养老服务机构和设施、日间照料社区养老服务机构和设施、互助型社区养老服务设施、其他社区养老服务设施。

另外，在所有 31660 个其他社区养老服务设施中，能够提供老年餐桌的有 8031 个，占 25.37%，能够服务 6264830 人次，占社区养老服务总人次的 58.30%。最后，从各类设施的财政运营情况来看，按照企业会计制度财务指标计算，作为总体的社区养老服务机构和设施与作为部分的全托服务社区养老服务机构和设施、日间照料社区养老服务机构和设施在 2021 年的营业收入分别为 14583.4 万元、13985.1 万元、598.3 万元，费用合计分别为 6734.8 万元、6436.3 万元、298.5 万元，营业利润分别为 -2360.6 万元、-2157.2 万元、-203.4 万元。说明各类社区养老服务设施的财政活动密度和强度需要配合现实需求进一步提升，且普遍亏损状况亟待改善扭转。

（三）各省城乡社区综合服务设施覆盖情况

2021 年我国 31 个省（自治区、直辖市）的城市（乡村）社区综合服务设施覆盖率如图 3 - 6 所示，可见大多数东部沿海省份和较少部分中西部内陆省份的城市（乡村）社区综合服务设施实现了全覆盖，其中，东部沿海的北京、福建、山东、广东，中部的湖南，东北的吉林，西部的贵州实现了城市和乡村的双料全覆盖。城市社区综合服务设施覆盖率由少到多排名前 6 位的省份分别是西藏（6.0%）、内蒙古（69.3%）、上海（69.8%）、四川（76.4%）、宁夏（77.3%）、广西（77.4%），农村社区综合服务设施覆盖率由少到多排名前 6 位的省份分别是西藏（0.1%）、内蒙古（5.3%）、陕西（8.4%）、广西（16.4%）、四川（18.6%）、甘肃（23.4%），可见在未来一段时间里，仍需继续深入补短板、强弱项，切实提高内陆省份，特别是经济社会发展相对滞后的西部省份、少数民族自治省份的城乡社区综合服务设施覆盖水平。

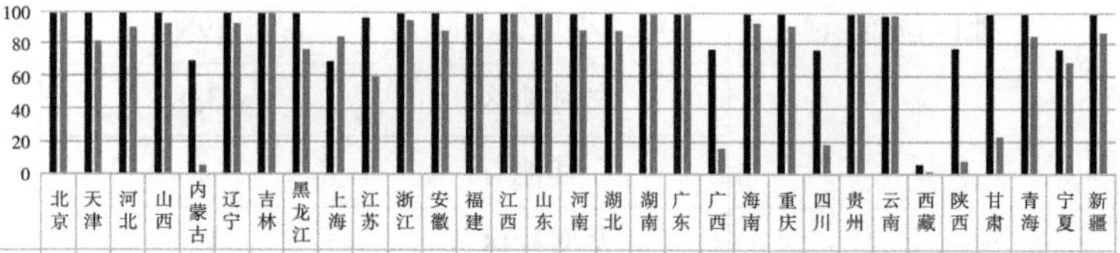

	北京	天津	河北	山西	内蒙古	辽宁	吉林	黑龙江	上海	江苏	浙江	安徽	福建	江西	山东	河南	湖北	湖南	广东	广西	海南	重庆	四川	贵州	云南	西藏	陕西	甘肃	青海	宁夏	新疆
■城市社区综合服务设施覆盖率（%）	100	97.8	100	100	69.3	100	100	100	69.8	95.8	100	100	100	100	100	100	100	100	100	77.4	100	100	76.4	100	97.7	6.0	78.0	100	100	77.3	100
■农村社区综合服务设施覆盖率（%）	100	81.4	90.3	92.6	5.3	92.1	100	76.5	84.5	60.1	95.0	88.4	100	99.9	100	89.0	88.1	100	100	16.4	93.6	91.5	18.6	100	97.7	0.1	8.4	23.4	85.7	69.4	88.0

图 3 - 6　地方城乡社区服务设施覆盖情况

第三节　抽样调查分析与结论

一、数据来源

数据来源于民政部政策研究中心组织的 2022 年“社会治理动态监测平台及深度观察点网络建设”项目，该项目包括社区服务现状综合访问社区问卷和居民问卷两部分。社区问卷部分以社区为单位，并由居（村）委会成员填写，共回收来自江苏（n = 505）、浙江（n = 510）、河南（n = 491）、湖北（n = 497）、四川（n = 508）和陕西（n = 492）六省的问卷 3003 份。有关社区的基本信息如表 3 - 5 所示。其中，社区规模按照常住人口规模划分，分为大型社区（常住人口规模 3 万人以上）、中型社区（常住人口规模 1 万—3 万人）和小型社区（常住人口规模 1 万人以下）；社区老龄化程度，按照常住人口中 60 周岁以上居民所占比重，将社区分为未老龄化社区（占比低于或等于 10%）、轻度老龄化社区（占比超过10%但低于或等于20%）、中度老龄化社区（占比超过20%但低于或等于30%）、重度老龄化社区（占比超过30%但低于或等于35%）和深度老龄化社区（占比超过35%）。居民问卷部分以每个社区为单位，根据抽样规则，抽取社区居民填写，共回收来自江苏、浙江、河南、湖北、四川和陕西六省的问卷7425份。

表3-5 社区基本情况

变量	分类	数量（个）	比重
社区类型	城市社区	1309	43.6%
	农村社区	1676	55.8%
	其他	18	0.5%
社区位置	城区（市内）	711	23.7%
	城乡接合部	652	21.7%
	小城镇	298	9.9%
	农村地区	1338	44.6%
	其他	4	0.1%
社区规模	大型社区	12	0.4%
	中型社区	270	9.0%
	小型社区	2721	90.6%
社区老龄化程度	深度老龄化	862	28.8%
	重度老龄化	270	9.0%
	中度老龄化	752	25.1%
	轻度老龄化	789	26.3%
	未老龄化	324	10.8%

二、社区服务设施建设的现状

（一）社区服务设施建设加快推进

完善的社区服务设施是居民参与公共活动、享受公共服务的重要基石。近些年来，各地纷纷围绕社区服务设施的配套标准、服务要求和管理规范等，制定出台规范性文件，通过建章立制，强化刚性约束和规范指导，全力加速推进社区服务设施建设，解决了长期以来因社区服务设施配套建设不足导致的公共服务难覆盖问题。

社区公共服务用房，是承担本社区公共服务、志愿互助服务、群众性活动等功能的重要场所。从社区综合性服务用房总建筑面积来看，城乡社区综合性用房建筑面积平均为1587.14平方米，每百户居民拥有综合性用房建筑面积平均为198.30平方米。从居民公共服务活动区域面积来看，城乡居民公共服务活动区域面积平均为930.66平方米，每百户居民拥有公共服务活动区域面积为111.64平方米。

在城乡社区中，面向一般人群公共服务需求的设施覆盖率相对较高，而针对老年人、残疾人等特殊人群的服务设施覆盖率相对较低。城乡社区中党员活动室、社区阅览室、文化活动中心、社区调解室和社区便民中心等设施的建有率达90%以上，茶馆等休闲场所、政务通用自助服务一体机、残疾人康复托养设施、社区（村）史馆和社区食堂等设施建有率低于40%。

（二）社区服务设施的民主协商覆盖率较高

在社区推行民主协商，不仅是实现基层治理现代化的重要方式之一，也是推动社区公共事务真正落地的有效方法。就社区服务设施开展民主协商，把居民反映强烈、迫切要求解决的实际困难问题和矛盾纠纷等作为协商主要内容，通过开展形式多样的协商活动，变“为民做主”为“由民做主”，能够妥善解决城乡居民普遍关心的热点和敏感问题。社区服务设施的建设、使用和管理等，涉及多元利益主体，因而极易出现“管理真空”“细节空白”“程序滞后”等问题。对包括社区服务设施在内的社区公共事项开展民主议事协商，有利于聚焦问题，提出方案，并达成共识，有效解决民意反映不充分，干群沟通不顺畅等难题，实现从“为民做主”到“由民做主”的转变，进一步提升居民的满意度和幸福指数。

社区服务现状综合访问社区问卷调查了城乡社区对部分公共事项的社区协商覆盖率情况，具体问题为“2021年，本社区（村）就哪些公共事项开展过社区协商?”并有“未发生此事项”“开展过协商”和“没有开展协商”三种回答。如图3－7所示，剔除“未发生此事项”和缺失作答后，计算相关公共事项的社区协商覆盖率，结果显示，98.5%的城乡社区在2021年就本社区公共设施建设问题开展过社区协商，在所调查的九类公共事项中社区协商有效覆盖率最高，某种程度上反映出社区服务设施成为当前社区民主协商的重要议题之一，且社区服务设施的民主协商覆盖率相对较高。

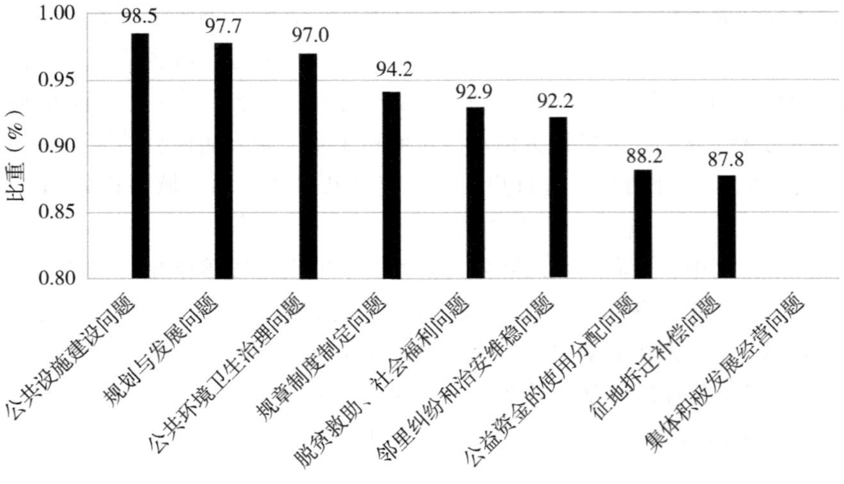

图3－7　部分公共事项的社区协商有效覆盖率

（三）居民生活服务的便利化程度不断提升

随着社区服务设施建设加快推进和有效覆盖，居民生活服务不断便利化，“家门口的便利”让日常消费需求在舒适的半径得到满足。调查数据显示（如图3－8所示），“一刻钟社区服务圈”基本实现：84%的城乡社区建成“一刻钟社区服务圈”，其中城市社区覆盖率为95.8%，农村社区覆盖率为74.6%。社区居民从居住地出发，在步行15分钟范围内，能够享受到方便、快捷、舒适的社区服务。“二公里宜居生活圈”逐步推进：63.04%的城乡社区建成“二公里宜居生活圈”，即在二公里范围内，实现公交出行、买菜及日用品、寄取邮件、幼儿教育和存取款等日常生活需求。

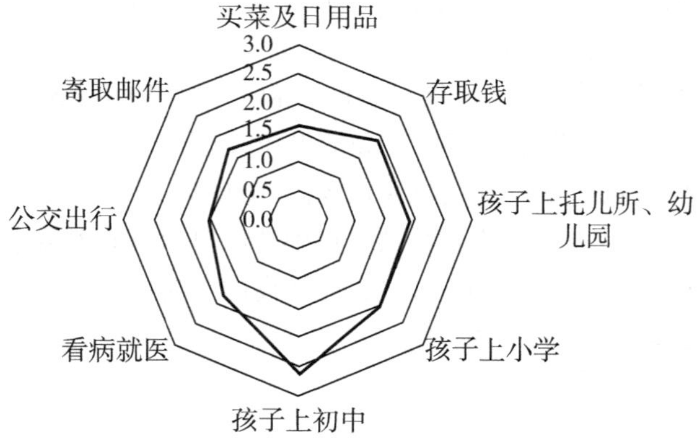

图3－8　社区服务便利情况

（四）居民对社区设施或服务的满意度总体表现良好

调查结果显示，居民对社区设施或服务的整体认可度较高，基层社区治理和服务成效显著。在本次调查中，城乡居民对本社区（村）的居住环境整体满意度达84.2%，其中“非常满意”的为46.0%，“比较满意”的为38.2%。88.2%的城乡居民认为本社区（村）生活方便，其中“非常方便”的为48.8%，“比较方便”的为39.4%。

哪些服务设施受居民认可？从数据来看，电力供应和清洁饮水的满意度最高。城乡居民对社区提供的设施或服务的整体满意程度从高到低分别是：电力供应、清洁饮水、社保办理、交通出行、环境卫生、排水防汛、日常购物、存钱取钱、看病就医、上学教育、网络接入、植被绿化和物流配送，整体满意度分别为91.2%、86.9%、84.9%、84.8%、83.9%、83.4%、83.1%、82.8%、82.2%、81.1%、81.0%、80.0%和80.0%。

三、社区服务设施建设的不足

（一）社区服务设施的城乡差异依然突出

当前社区服务设施的城乡差异依然突出。在城乡综合性服务用房总建筑面积层面，城市社区综合性服务用房总建筑面积平均为2015.19平方米，农村社区综合性服务用房总建筑面积平均为1252.30平方米，城乡差异没有统计学意义，但在每百户居民拥有综合性用房建筑平均面积这一指标上，城乡差异具有统计学意义，农村社区每百户居民拥有综合性用房建筑平均面积（232.90平方米），显著高于城市社区（154.64平方米）。在农村人口向城市迁移的大背景下，上述结果在一定程度上表明，城市社区综合性用房不足这一突出问题。从居民公共服务活动区域面积来看，城市社区平均为1343.73平方米，农村社区平均为597.72平方米，城乡之间差异显著——城市社区内公共服务活动区域面积高于农村社区，但从每百户居民拥有公共服务活动区域面积这一指标来看，城乡差异不显著，这也意味着虽然城市社区的公共服务设施在绝对量上多于农村社区，但受人数规模大的影响，这一“优势”被摊薄。

从社区服务设施的覆盖类别来看，城乡差异较为明显。在本次问卷调查的26项设施中（如表3-6所示），城市社区覆盖率最高的5项设施依次为党员活动室（96.18%）、社区便民中心（96.03%）、社区调解室（95.57%）、社区图书馆（94.88%）、文化活动中心（93.43%），覆盖率最低的5项设施依次为社区（村）史馆（19.48%）、社区食堂（23.99%）、政务通用自助服务一体机（35.91%）、残疾人康复托养设施（36.82%）和茶馆等休闲场所（46.37%）；农村社区覆盖率最高的5项设施依次为党员活动室（96.72%）、社区图书馆（93.74%）、文化活动中心（93.68%）、社区调解室（90.45%）和体育设施（88.84%），覆盖率最低的5项设施依次为社区食堂（14.26%）、残疾人康复托养设施（19.75%）、社区（村）史馆（20.47%）、政务通用自助服务一体机（22.26%）和茶馆等休闲场所（22.49%）。

表3－6　公共服务设施覆盖率情况

服务设施	城市社区	农村社区	总体情况
文化活动中心	93.43%	93.68%	93.57%
体育设施	88.39%	88.84%	88.64%
停车场	78.00%	70.23%	73.63%
党员活动室	96.18%	96.72%	96.48%
社区图书馆	94.88%	93.74%	94.24%
青少年活动中心	77.54%	52.21%	63.32%
社区卫生站	75.02%	82.46%	79.20%
幼儿园、小学教育资源配备	70.97%	35.56%	51.09%
老年人日间照料中心	65.09%	41.47%	51.83%
老年人活动中心	82.66%	71.24%	76.25%
社区便民中心	96.03%	86.28%	90.55%
社区社会工作室	74.94%	58.47%	65.70%
茶馆等休闲场所	46.37%	22.49%	32.96%
快递、物流等便民设施	78.30%	55.01%	65.23%
社区治安室	84.57%	71.06%	76.98%
社区调解室	95.57%	90.45%	92.70%
社区（村）史馆	19.48%	20.47%	20.03%
村民/市民学校	67.99%	26.61%	44.76%
流动人口服务站	61.19%	45.23%	52.23%
政务通用自助服务一体机	35.91%	22.26%	28.24%
计生服务室	77.08%	72.20%	74.34%
志愿者服务室	86.10%	67.84%	75.85%
残疾人康复托养设施	36.82%	19.75%	27.24%
应急避难场所	77.08%	65.21%	70.42%
社区食堂	23.99%	14.26%	18.53%
燃气供应管道	60.28%	27.63%	41.94%

（二）政府主导下多元主体参与社区服务及其设施的格局尚未形成

随着社会治理重心的下移，创新社会治理模式，改变过去由政府单一主体所主导的基层社会治理模式向多元主体共同参与的新型治理模式的转变，在实践中发挥包括社区党组织、基层政府、居民自治组织、社会组织和居民等在内的多主体共同参与社区治理的重要性也日益凸显。[1] 在多元主体参与的基层社会治理格局中，强调多元主体在政府的主导下实现“人人有责、人人尽责、人人享有”的治理目标，重视政府发挥多元治理的作用。基层政府在多元主体协同治理社区服务及其设施中发挥的主导作用体现在三个方面。参与改善本社区办公服务设施，参与推动本社区便民服务和参与推动各类机关团体企事业单位与本社区共驻共建共享。

基于本次调查的数据结果，基层政府主导下多元主体参与完善社区服务及其设施的格局尚未形成。从基层政府参与改善本社区办公服务设施的情况来看，“低参与”社区占比 29.2%，其中 4.0% 的社区为“没有参与”，25.2% 的社区为“有些参与”（如表 3－7 所示）。城乡社区办公服务设施是社区开展活动的主要阵地，也是社区联系群众、服务群众的重要窗口。推进社区办公服务设施标准化建设，大力实施老旧社区办公场地及服务设施提升改造，既能改善社区办公环境，也能促进群众办事更加方便快捷。从基层政府参与推动本社区便民服务的情况来看，“低参与”社区占比 22.7%，其中 1.9% 的社区为“没有参与”，20.8% 的社区为“有些参与”。便民服务主要涉及社区公共事业服务事项和商业服务事项两大类，前者可理解为基层政务服务，后者可理解为基层民生服务，二者均需发挥政府主导下的多元主体参与。从基层政府参与推动各类机关团体企事业单位与社区共驻共建共享来看，“低参与”社区占比 34.2%，其中 9.3% 的社区为“没有参与”，24.9% 的社区为“有些参与”。政府参与推动各类机关团体企事业单位与社区共驻共建共享，鼓励党政机关、企事业单位、学校、社会组织等有序向社区居民开放内部服务设施，有利于深入挖掘社会资源，弥补部分社区服务事项的不足，让居民共享相关服务资源。

表 3－7 基层政府参与社区服务的基本情况（n＝3003）

参与情况	没有参与	有些参与	参与较多	参与很多
改善社区办公服务设施	4.0%	25.2%	32.2%	38.6%
推进社区管理服务信息化建设	2.7%	22.9%	34.0%	40.4%

〔1〕 姚凤珠、张兴年：《城市社区多元主体参与社区治理机制问题》，载《知与行》2020 年第 4 期，第 154—160 页。

续表

参与情况	没有参与	有些参与	参与较多	参与很多
改善社区人居环境	1.5%	16.7%	34.4%	47.4%
增加社区工作经费	9.3%	28.9%	31.0%	30.9%
改善社区干部报酬待遇	12.2%	28.8%	28.3%	30.7%
开展社区法治宣传教育和法律服务	1.6%	21.7%	35.9%	40.8%
开展社区维稳综治	1.0%	17.2%	34.7%	47.0%
开展社区物业管理	34.6%	20.7%	21.1%	23.6%
开展社区社会救助、扶贫工作	1.8%	17.3%	33.0%	47.9%
开展社区志愿服务和慈善公益事业	4.1%	26.2%	32.2%	37.6%
推动本社区便民服务	1.9%	20.8%	32.4%	44.9%
推动社区经济发展和就业	4.4%	23.7%	31.9%	40.0%
培育发展社区社会组织和专业社会工作	7.7%	28.4%	30.0%	33.9%
推动各类机关团体企事业单位与社区共驻共建共享	9.3%	24.9%	29.8%	36.0%
指导监督社区修改居（村）民公约、居（村）民自治章程	3.1%	24.2%	32.2%	40.5%
推进社区村民主协商	3.4%	25.0%	32.4%	39.3%
推进社区网格化管理服务	1.7%	16.3%	32.2%	49.8%

（三）特殊人群的差异化需求有待重视

《“十四五”城乡社区服务体系建设规划》指出，提升城乡社区服务效能要“按照老年人、未成年人、残疾人优先的原则，优化社区综合服务设施空间布局，促进各类服务设施功能差异互补、内容衔接配套”。但调查结果显示，老年人和残疾人等特殊人群的差异化服务需求不能较好满足的问题仍然突出。首先，面向老年人的日间照料中心、养老驿站和康养中心等设施的整体覆盖率刚刚过半（51.83%），其中农村社区的覆盖率仅为41.47%，城市社区的覆盖率略高，达到65.09%。考虑到农村地区留守老人数量较多，以及城市地区人口老龄化问题，城乡社区的适老助老养老服务和设施，亟须进一步完善。而针对“社区适老化设施建设”的调查结果显示，52.5%的被调查居民表示本人或家人“比较需要”或“非常需要”这项社区服务设施，但在该部分人群中不足半数的被调查者（49.7%）表示其所在社区提供了社区适老化设施建设，进一步而言，46.1%的被调查者表示接受过社区适老化设施建设的服务，满意度（“比较满意”或“非常满意”）为89.1%。

其次，为残疾人提供康复托养等社区服务和设施，整体覆盖率偏低，仅为27.24%。从以残疾人为主要使用人群的无障碍设施来看，在“本人或家人比较或非常需要无障碍设施建设”的居民中，45%的受访者表示本社区没有此项设施或不清楚是否有此项设施，55%的受访者表示本社区有此项设施，但对此人群的进一步分析发现，仍有相当比重（16%）的受访者对于本社区的无障碍设施建设表示“很不满意”“不太满意”“一般”和“不清楚”。据悉，我国现有残疾人约8500万人，随着残疾人社区康复逐步纳入社区公共服务体系，鼓励和支持残疾人参加社区康复活动，融入社区生活，势在必行。在此背景下，如何进一步提升残疾人的社区公共服务水平和质量，值得深思。

（四）部分急切需求未能得到有效满足

急切需要反映的是为满足居民生活、工作或学习，所直接或必须在其社区实现的需要，但从调查数据结果来看，部分急切需求的有效满足情况仍有待改善（如表3－8所示）。一方面，相应服务或设施的供给未能有效满足居民需求。对于停车位、燃气供应、无障碍设施建设、新能源汽车供电设施和电动自行车充电设施，尽管对每一项需求的居民比重均达到五成及以上，但社区对于这些设施的建设情况却参差不齐、不尽如人意。其中表现较为突出的是新能源汽车供电设施，在有该设施需求的居民中，仅有27.8%的受访者表示其社区有新能源汽车供电设施。另一方面，所提供的服务或设施与居民期待仍有一定差距。以停车位为例，虽然在有停车位需求的居民中，75.1%的受访者表示其社区有该项服务或设施，但他们对于该项服务或设施的满意度仅为72.9%。

表3－8　部分急切需求的有效满足情况

服务内容	有需求居民	有相应设施供给	设施满意度
停车位	59.1%	75.1%	72.9%
燃气供应	76.2%	67.4%	87.8%
无障碍设施建设	56.4%	55.0%	84.0%
新能源汽车供电设施	50.0%	27.8%	82.6%
电动自行车充电设施	62.1%	47.9%	82.8%

第四节 社区服务设施建设的典型案例

近年来，各地因地制宜、创新实践，在社区服务设施建设中形成了一批具有借鉴意义的典型案例，值得探讨与推广。

一、北京："社区之家"推动驻区单位资源向社区居民开放共享

针对社区服务设施资源不足的问题，北京市在加强政府基本公共服务建设的同时，充分发挥首都优势，鼓励驻地党政机关、企事业单位向社区居民开放内部服务设施，共建"社区之家"，让社区居民共享食堂、停车场、文化健身设施等公共资源。"社区之家"创建活动，彰显了共建共治共享的理念，通过推动驻区单位资源向社区居民开放共享，提供便民服务，满足居民需求，缓解社区治理难题，不断提升居民群众的幸福感。

从 2017 年开始，北京市启动了"社区之家"创建活动，并连续三年列入市政府重要民生实事项目。按照《2018 年创建"社区之家"示范点实施方案》要求，北京市统筹文化、教育、邮政、体育等各类资源，通过项目化、社会化的运行方式，选取 2—3 项社区迫切需要、居民普遍受益、资源保障充分的合作共建项目，打造 32 个规范化建设示范点。截至 2021 年 12 月，32 个"社区之家"规范化示范点建设全部完成，全市累计创建"社区之家"608 个，推出一批"服务有资源、共建有机制、运行有规范、激励有保障、居民有获得"的"社区之家"品牌，形成和推广一批共建共享的典型经验，带动全市"社区之家"建设运营向更高质量发展，实现社区资源整合优化，进一步完善社区服务体系，服务居民水平不断提高，打造新时代具有首都特色的社区服务品牌。

二、上海：实施居家环境适老化改造工程，提升居家养老品质

作为全国最早进入人口老龄化且老龄化程度最深的城市之一，上海于 2019 年底在 5 个区的 6 个街道开展居家环境适老化改造试点，试点街道内凡 60 周岁以上老年人以家庭为单位均可申请，特殊人群还有相应补贴。2020 年底，试点范围扩大至全市 16 个区的 51 个街镇，建立了全市统一的工作平台和机制。2021 年 7 月，上海市民政局印发了《关于全面推进本市居家环境适老化改造工作的通知》，在全市范围内全面推开适老化改造，其中黄浦、徐汇、静安、长宁、虹口、杨浦、浦东、闵行等区实现街镇全覆盖，其他区根据实际需求和条件有序实施。截至 2021 年底，上海共完成 6868 户居家环境适老化改造。

在开展居家环境适老化改造工作中，上海秉持“共建共治共享”理念，坚持“政府主导、社会参与、市场运作”，通过“政府补贴一点、企业让利一点、家庭自负一点”的资金分担机制，对符合要求的困难老年人、无子女老年人、独居或纯老家庭老年人等，由福利彩票公益金给予一定的补贴。居家环境适老化改造的内容丰富，可选择性大，分为“基础产品服务包、专项产品服务包和个性化产品服务包”三类。“基础产品服务包”主要是满足老年人家庭基本适老化需求，包括安装抓杆类产品、燃气与火灾报警装置，对地面实施防滑处理等；“专项产品服务包”主要针对老年人普遍反映的“浴缸洗浴不安全”，提供“浴改淋”等服务。根据适老性、普遍性和多样性的原则，聚焦老年人安全、方便、健康等需求，目前，各相关平台运营方已形成了涵盖卫生间、厨房、客厅、卧室等七大日常生活场景的60余项200多种产品供老年人选择。而相关“产品包”的配置和组合方式将持续优化，在落实“改造清单精细化”要求的同时，逐步增加产品清单种类，丰富老年人选择。

三、江苏淮安：明确产权归属，实现社区养老服务设施“五统一”

针对城乡社区养老服务用房规划配建、移交验收、运营管理不到位问题，江苏省淮安市以第五批全国居家和社区养老服务改革试点为契机，由民政、住建、财政等六部门联合出台了《淮安市新建住宅区配套建设养老服务设施用房规划、建设、验收和交付管理实施办法》（以下简称《实施办法》），在全省率先探路新建住宅区配建养老服务用房“五统一”（统一规划配建、统一配建标准、统一产权归属、统一管理规范、统一监管评价）改革，有效破解社区居家养老服务项目建设空间不足难题。2022年全国居家和社区养老服务改革试点工作优秀案例名单公布，淮安市明确产权归属实现社区养老服务设施“五统一”入选。

《实施办法》明确“新建住宅区每百户配建不低于25平方米的养老服务设施用房”的建设面积标准。并统一产权归属，规定“新建住宅区项目建设单位取得项目所在地民政部门验收合格意见后60日内，按照土地出让合同约定将配套建设的养老服务用房产权，与所在县区民政部门一并申请该不动产转移登记，税务等部门按照有关规定，免征（收）养老服务用房契税、不动产登记费、公共维修基金等费用，所在县区民政部门无偿移交所在街道（乡镇）管理，归社区使用”，有效解决了小区配建养老服务设施用房建而不交的问题。文件实施以来，淮安市共参与121个新建小区规划方案审核，累计规划用房面积2.27万平方米，惠及6万户居民。

第五节 加快社区服务设施建设的对策建议

一、准确把握新时代社区服务设施建设的定位

近年来，各地积极开展社区服务设施建设，取得了较好的成效，但也存在一些定位认识不清晰的问题。对于社区服务设施建设应该统筹把握以下三个方面。

第一，社区服务设施建设应该立足城乡社区发展新阶段。社区服务设施建在社区，服务于社区居民，必然要顺应城乡社区发展新阶段。随着我国城乡社区迈入新发展阶段，一系列新挑战也接踵而来，其中“一老一小”是当前以及未来我国城乡社区面临的重大难题之一。第七次人口普查结果显示，我国60周岁及以上人口为26402万人（占18.70%），65周岁以上人口为19064万人（占13.50%）。随着我国进入老龄化社会，未来老年人数量逐步增多将是常态。“七普”调查还显示，受人口跨省流动等因素影响，我国老龄化水平存在明显的城乡差异：从全国看，农村60周岁、65周岁及以上老年人的比重分别为23.81%、17.72%，比城镇分别高出7.99个、6.61个百分点，城乡老龄化差距正在不断拉大，乡村老龄化程度更高、更严重。老年人口剧增，失能及半失能老年人的数量相当庞大，根据“七普”调查数据，全国失能、半失能老年人口超过4300万人。社区养老服务设施是老年人安享幸福晚年的重要保障，日益增多的老年人群体对社区服务设施提出了更高标准和要求。而在城市，社区人口密度高、居民构成复杂、服务要求高、供需难度较大的问题较为突出，如何提升社区服务质量和效能，一直是城市社区着力解决和改进的首要课题。

第二，社区服务设施建设应该根植城乡社区服务体系建设。社区服务设施是社区服务能力的物质基础和社区服务体系建设的重要内容，加强社区服务设施建设，对于进一步推进社区服务体系建设有着重要意义；社区服务体系建设，实则为建设社区服务设施提出了总体要求和目标任务，社区服务设施的建设、使用和管理应紧密围绕着社会服务体系建设而展开。国务院办公厅印发的《“十四五”城乡社区服务体系建设规划》指出，城乡社区服务体系是指党委统一领导、政府依法履责、社会多方参与，以社区（村）为基本单元，以社区（村）居民、驻区单位为对象，以各类社区服务设施为依托，以满足社区（村）居民生活需求、提高生活品质为目标，以公共服务、便民利民服务、志愿服务为主要内容的服务网络和运行机制。党的十八大以来，我国城乡社区服务体系建设取得了长足进展，但也存在社区服务设施不充分、不均衡的突出问题。社区服务设施短板不仅严重影响居民生活水平和生活质量，减弱居民的获得感、幸福感、安全感，还制约着

城乡社区服务体系的进一步完善。

第三，社区服务设施建设应该满足城乡居民日益增长的美好生活需要。党的十九大报告指出，我国社会矛盾已经转化为人民日益增长的美好生活需要和不平衡不充分的发展之间的矛盾，提出要不断满足人民日益增长的美好生活需要。人民美好生活需要日益广泛，不仅对物质文化生活提出了更高要求，而且在民主、法治、公平、正义、安全、环境等方面的要求日益增长，这些需要往往聚焦于社区，但与人民群众日益增长的公共服务需求相比，社区服务不足的问题仍然比较突出。社区的服务内容与水平关乎人民日益增长的美好生活需要，关乎人民群众获得感、幸福感、安全感。党中央、国务院高度重视城乡社区服务体系建设，要求强化社区为民、便民、安民功能，做到居民有需求、社区有服务，努力建设人民群众的幸福家园。社区服务设施的建设、使用和管理，应以满足人民的美好生活需要作为出发点和落脚点。

二、以“共建共治共享”拓展社区服务设施建设新局面

党的十九大报告提出“共建共治共享”的理念，明确要求“打造共建共治共享的社会治理格局”。党的十九届四中全会提出，“坚持和完善共建共治共享的社会治理制度”。党的二十大报告指出，“健全共建共治共享的社会治理制度，提升社会治理效能”。“共建共治共享”，既是对党的十八大以来社会治理经验的总结，也是对进一步加强和创新社会治理提出的新要求，充分体现了以人民为中心的发展思想。学术界对“共建共治共享”的基本内涵展开了解读和诠释，其基本共识是“共建共治共享”具有多元共治、全民参与、共同享有的三层意涵，[1]“共建”强调共同参与社会建设，“共治”强调共同参与社会治理，“共享”强调共同享有治理成果。[2]“共建共治共享”的核心要义与内在本质是以人民为中心，以人民为中心蕴含着人民主体、人民至上和人民目的深刻内涵，分别对应着共建、共治和共享的社会治理格局。[3]

社区服务设施是承载社区服务的物质基础，也是长期以来社区服务的痛点和难点。“共建共治共享”的理念为完善包括社区服务设施在内的社区服务体系建设开展提供了新的理论遵循，对社区服务设施的建设、运行以及目标取向指引了

---

〔1〕 刘燕妮：《“共建共治共享”社会治理的生成逻辑和制度优势》，载《重庆社会科学》2022 年第 1 期，第 68—80 页。

〔2〕 马庆钰：《共建共治共享社会治理格局的意涵解读》，载《行政管理改革》2018 年第 3 期，第 34—38 页。

〔3〕 朱新武、王明标：《共建共治共享的社会治理格局：理论阐释与体系构建》，载《新疆大学学报》（哲学·人文社会科学版）2018 年第 6 期，第 19—25 页。

方向。

第一，“共建”是完善社区服务设施的基础，旨在有效提高社区服务设施的供给能力。随着城镇化进程的不断推进，以及人口结构发生深刻变化，使得社区服务设施供给不足的问题日益凸显，这一问题特别集中体现在养老服务设施、托育服务设施等方面。社区服务设施的完善，不能仅靠政府，还需动员社会各界广泛参与。坚持“政府主导、多元参与”的基本原则，构建多方参与格局：发挥政府在规划制定、政策引导、资金投入、监督管理等方面的主导作用，确保社区服务设施的公益性和便民利民特点，增强社区服务可持续发展能力；鼓励发挥社会力量和市场主体的补充作用，积极引导社会力量和市场主体提供社区服务，发展社区生活性服务业；积极引导驻区单位向社区居民开放停车场地、文化体育设施等资源。

第二，“共治”是完善社区服务设施的关键，旨在积极促进社区服务设施的效益优化。从现实来看，社区服务设施除了要解决“有没有”的问题，还应重视“好不好”的问题，避免“重建设、轻管理”“有设施、无服务”“有服务、无品质”等现象。对于促进社区服务设施的效益优化，“共治”可以表现在以方便居民使用为导向的社区服务设施建设运营管理方面。一是加强对社区服务设施与服务项目开展情况及服务质量进行定期、不定期的满意度调查测评，筛选确定居民反映最突出、最强烈、最关心的问题，加强和改进相关工作；二是充分利用好现有设施资源，进行结构和功能调整，倡导一室多用，提高社区综合服务设施使用效率；三是推动社区服务设施“上网”，对社区服务设施的硬件状况、服务内容、开放时间等进行集成式网络互联，接受社会监督，方便居民“码上”查询、预约和使用，避免社区服务设施闲置。

第三，“共享”是完善社区服务设施的根本，旨在全方位确保社区服务设施的普惠性。社区服务设施作为为居民提供公共服务产品的社会公共资源，普惠性是它最明显的特点之一。“共享”，即共同享有社会治理成果，亦即完善社区服务设施的根本所在。社区服务设施的“共享”，就是让社区服务设施建设的成果更多更公平地惠及全体人民，现阶段具体体现在三方面。一是要以老年人、残疾人、未成年人、困难家庭等为重点，优先建设社区养老、托育、助残等服务设施，大力发展社区生活性服务业；二是把社区服务设施建设摆在城镇老旧小区改造的突出位置。随着城市快速发展，老旧小区公共服务和基础设施的滞后和不足逐渐暴露出来，直接影响到居民群众对美好幸福生活的追求，加之居民多为老年人和低收入家庭，车位、充电桩、5G（第五代移动通信技术）基站等新设施由于先天规划不足而难以落地；三是着力补齐农村地区社区服务设施短板，农村社区服务设施供给不足、现有设施利用率低等问题较为突出。

三、推进社区服务设施建设的具体举措

（一）分级分类推进社区服务设施建设，解决好“怎么建”的问题

我国城乡之间和社区之间差异巨大，不同水平之间的差异相互叠加，进而造成了社区公共服务需求呈多样化、多层次和多方面特征。此外，受社会属性特征和资源禀赋条件等因素的不同影响，社区公共服务分布不均衡也几乎是所有城市面临的共性问题。因此，必须分级分类（“城乡分级，社区分类”）推进社区服务设施建设，解决好“怎么建”的问题。在城乡差异背景下，重点在于引导各地相继结合实际做好不同类型社区的方案落实。由于历史和不同城市经济社会发展水平的原因，社区的类型复杂多样，不同类型社区之间在人口结构、人际关系、资源结构、文化积淀等方面的差异很大，因而需做好以下几方面工作：一是在结合理论成果和实践要求的基础上，制定不同类型社区的划分标准，及其社区服务设施的配套要求、预期指标和方法路径；二是面向全国范围开展社区公共服务与设施建设优秀案例推选活动，挖掘形成可复制、可推广、可借鉴的经验做法。

（二）从居民需求角度优化设施配置，解决好“建什么”的问题

社区服务设施是为居民提供公共服务产品的各种公共性、服务性设施，社区服务设施配置应该坚持以人为核心，把居民需求放在第一位。居民需求因人而异，因时而变，传统的“分级配套”和“千人指标”的公共服务供给方式并非一劳永逸。[1] 因此，从居民需求角度优化设施配置，可从以下几方面着手：一是将社区公共服务纳入开放的城市系统之中，[2] 利用社区周边资源，切实有效地服务社区居民，典型做法包括学校体育场地向社会开放、高校社团进社区等；二是按照《“十四五”城乡社区服务体系建设规划》提出的“老年人、未成年人、残疾人优先的原则”，优先开展社区养老、托育、康复等服务和实施；三是根据居民意见反馈结果，梳理出“急难愁盼”问题清单，切实有效满足居民的急切需求。

（三）政府主导下多元参与和协同运营，解决好“怎么用”的问题

社区服务设施不仅仅要“建好”，更在于“用好”。一是社区综合性服务用房预留一定的可调整空间，随时跟进居民诉求，定期开展基础设施意见总结会，征集居民需求满意度为导向，优化社区公共服务与设施建设；二是积极探索“社

---

〔1〕 刘玉亭、刘欢芳：《“大城镇”生活服务设施配置问题及其对策——以广州新塘镇为例》，载《城市发展研究》2014 年第 8 期，第 76—83 页。

〔2〕 徐晓燕：《城市社区公共服务设施区位性调研与对策分析》，载《合肥工业大学学报》（自然科学版）2010 年第 8 期，第 1218—1222 页。

区 + ”的公共服务模式，在居（村）委会的组织协调下，加强社区之间，以及社区与学校、医院和其他社会组织之间的互动联动，进一步丰富社区公共服务的形式和内涵，提升社区公共服务设施的利用率；三是推动社区公共服务设施入驻智慧社区平台，实现信息查询、故障报修、预约使用和意见反馈等便捷接入，给居民提供一站式社区公共服务；四是有条件的社区引入市场机制，通过租金优惠，利用社区闲置场地，开展课后延时辅导，发展社区托育服务等。

第四章　社区服务机制

社区服务是指在基层政府的政策指导和扶持下，以城区、街道、社区居委会为组织依托，充分调动社区力量，从而满足社区成员的利益需要而开展的各项服务活动，其功能在于满足社区内部需求、社会整合、社会参与和社会稳定。在我国社会转型发展的新形势新背景下，如何经由“共建共治共享”社区服务机制的优化调整，集聚并调动起多元力量的参与积极性，以形成社区治理合力，回应转型期社区治理和服务面临的现实难题，进而构建管理有序、服务完善、文明祥和的社区生活共同体，成为本章探讨的主要内容。

第一节　我国社区服务的发展历程

回顾我国社区服务的历史演进路径，可以发现“社区服务”始终是我国社会治理相关政策的重点。早在 1987 年，时任我国民政部部长的崔乃夫在大连民政工作座谈时提出了社区服务的概念。他指出，要在“政府的倡导下，发动社区成员开展互助性的社会服务活动，就地解决本地区的社会问题”。同年 9 月，民政部在武汉召开全国城市社区服务工作座谈会。该次座谈会提出了在我国部分城市开展社区服务试点工作，从而拉开了我国社区服务工作的序幕。1993 年 8 月，民政部联合国家计委等十四个部门共同发布《关于加快发展社区服务业的意见》，指出“要把社区服务业作为一项重要工作来抓”。2000 年，《民政部关于在全国推进城市社区建设的意见》指出：“推动社区建设，拓展社区服务，提高生活质量，已成为广大城市居民的迫切要求。”进入 21 世纪以来，随着我国城市化快速发展和社区建设事业的不断推进，社区服务成为我国政府推进社区建设的重点领域。为满足我国社区居民日益增长的美好生活需要和日趋多元化和多层次的社区服务需求，2006 年，国务院专门发布《关于加强和改进社区服务工作的意见》，对加强我国社区服务工作的基本思路和具体举措进行了谋划。2011 年，国务院办公厅印发《社区服务体系建设规划（2011－2015 年）》，明确指出社区服务体系是为满足社区居民的生活需求，是以公共服务、志愿服务、便民利民服务为构成内容，并以党委统一领导、政府主导支持、社会多元参与为基本特征的服务网络。2016年，民政部和中共中央组织部等单位牵头，联合印发《城乡社区服务体系建设规划（2016-2020年）》，为提升城乡社区服务能力，提高城乡居民生活水平，促进城乡一体发展，维护城乡基层和谐稳定提出了改革路径和政策举措。国务院办公厅印发《“十四五”城乡社区服务体系建设规划》，明确提出“十四五”时期要聚焦幼有所育、学有所教、病有所医、老有所养、弱有所扶和文体服务有保障，推动基本公共服务资源向村（社区）下沉。社区服务还经常出现在各级地方政府的政策文件中。由此可见，政府的重视和推动使得社区服务成为我国社会治理现代化面临的一项时代课题。

公共性始终是社区的本质属性，服务与参与是社区生活的关键要素，社区的存续离不开社区服务，建立并发展社区服务机制既是社区有效治理的现实基础，又是单位制向社区制、单位人向社区人转变的需要，更是我国城市化不断发展的必然要求。社区建设要与邻为善、以邻为伴。基于此，本章通过对问卷调查资料的梳理与分析，以当前社区服务的基本状况、问题挑战作为研究出发点，探讨完善社区服务统筹机制、网格化管理服务机制、即时响应机制、政府购买公共服务机制和评价激励机制的理论思路和现实路径，从而为社区治理现代化提供可资借鉴的决策参考。

第二节　我国社区服务机制的现状和问题

一、社区服务内容模糊，导致基层负担较重

当前，社区服务的范围和内容不明确，尚且与群众的需求和期望存在一定的差距，同时欠缺社区本身的特色和优势。具体表现：社区服务项目和内容过于单一、缺乏标准化和规范化，导致社区服务与居民的实际需求脱节或与社区的发展目标和规划不一致。

社区服务内容的模糊进一步增加基层治理的负担，一方面，社区工作人员无法明确社区工作目标和重点，难以制定合理的社区服务发展规划，降低了工作效率和质量；另一方面，造成社区工作人员与居民之间的信息对接障碍，导致居民的有效需求难以满足，降低了居民的参与度和认同感。此外，还有可能引发社区服务人员与上级部门之间的矛盾和冲突，如上级部门对社区服务的要求过高、过多、过频，或者对社区服务的考核评价不合理、不公正等，削弱了社区服务人员的积极性和主动性。

二、社区服务中的网格化管理欠缺专业性

从“网格”本身来看，一方面，网格划分标准和实际情况存在一定冲突，网格划分标准与社区实际情况存在出入，有些小区户数过多或过少，有些区域跨度大或小，导致网格划分不合理，增加了社区服务难度。另一方面，网格化存在“多网”现象，社区服务工作要求网格化管理，但各项工作划分标准不一样，各网格划分不能相统一，导致人、财、物等各种资源难以有效融合。

从“网格”从业人员来看，调查发现，当前44%的网格员由社区工作者和村干部兼任，而专门招聘的网格员仅占比26.4%，社会力量主要来自社区志愿者和村民骨干。社区工作者和村干部本身通常分管了多个条线的工作，再加上新增的网格化社会治理工作将导致基层工作人员压力过大，难以统筹兼顾。此外，由于激励机制不健全，网格员没有相应的奖励机制和待遇保障，居民对社区网格化管理缺乏认同和支持。

三、社区公共事务透明度有待提升，群众参与程度不深

当前，社区监督委员会已经广泛建立，但是各社区居委会的频率总体较低，可能导致社区居民无法及时获悉公共事务进展，再加上信息闭塞、渠道不畅等原因，居民往往无法实质性地参与社区公共事务，这不利于社区认同感的提升，也不利于居民监督评价的作用发挥。部分社区仍未实行以群众满意度占主要权重的社区工作者考核评价办法，甚至有小部分社区三年以上未开展居民社区服务居民满意度调查，容易造成社区服务与民众需要的脱节，不利于社区服务的有效开展。

此外，部分社区居民对社区公共事务的参与度不高，缺乏有效的表达渠道和监督机制，一些社区公共事务的决策和执行过程没有充分征求和反馈社区居民的意见和建议，也没有及时公开和公示相关信息，导致社区居民对社区公共事务缺乏了解和信任，不愿意或不敢参与。

四、社区服务方式方法落后，社区响应不够及时

当前，开展社区服务的方式方法日益朝向多元化方向发展，但是各社区发布和搜集信息仅仅局限于微信群，缺少对新兴信息传播形式和平台的利用，“一网通办”等社区认知程度仍旧较低，新技术尚未引发社区服务方式的变革，也没对居民生活、娱乐形式的变化及时做出响应和改进。

同时，社区市政配套设施短板凸显，不能有效保障居民的日常生活和安全，比如，一些社区停车位缺口较大，导致居民停车难、乱停乱放等问题；一些社区

无障碍设施不足，给残疾人、老年人等群体出行带来不便；一些老旧小区给排水、供电、供气、供热、通信等基础设施老化严重，存在安全隐患。此外，社区公共活动空间建设滞后，不能有效满足居民的休闲娱乐和社交需求。比如，一些社区公共绿地、社区公园、体育活动场地等不足或建设不规范，不能提供良好的休憩、观赏、生态、健身、娱乐等功能。

五、社区服务的市场参与不足

首先，社区服务的供给能力不足，供给水平不高，供给效率低，供需匹配性不强。例如，养老方面，养老机构床位空置率高、发展盈亏失衡、服务设施利用率低；居家社区养老服务的有效需求不足；社区日间照料中心床位利用率不高。其次，社区服务的非正式制度与正式制度之间存在张力，影响了社区市场服务的认同和选择。最后，社区服务的多元主体和多元业态发展不够充分，缺乏有效的激励机制。例如，物业企业开展居家社区养老服务即“物业＋养老”，是近年来养老服务领域实践创新的重要成果，但仍面临着政策支持不足、资金投入不够、人才培养不足、运营管理不规范等问题，多元主体参与居家社区养老服务供给运作模式仍需探索。

六、社区服务的公益氛围较弱

第一，社区服务的志愿者队伍不够壮大，缺乏专业化和持续性。目前，社区服务的志愿者主要由社区居民、社会组织、企业员工等组成，但总体数量不足、参与度不高、流动性较大。同时，社区服务的志愿者缺乏专业培训和指导，服务质量和效果难以保证。此外，社区服务的志愿者缺乏有效的激励和保障机制，如时间储蓄、权益保障、差异化奖励等，导致志愿者参与社区服务的积极性和可持续性不高。

第二，社区服务的公益项目不够丰富，缺乏创新和品牌。目前，社区服务的公益项目主要集中在养老、扶贫、环保、文化等领域，但内容较为单一，形式较为固定，缺乏针对性和吸引力。同时，社区服务的公益项目缺乏有效的资金支持和运营管理，难以形成规模效应和品牌效应。此外，社区服务的公益项目缺乏有效的评估和监督机制，难以反馈项目的效果和影响。

第三，社区服务的公益氛围不够浓厚，缺乏引导和培育。目前，社区居民对社区服务的认知度和参与度还不高，尤其是在农村地区，社区居民对社区服务的认同度和依赖度需要进一步提升。这与社区服务的宣传推广、消费教育、文化建设等方面有关。因此，需要加强对社区居民的引导和培育，提高他们对社区服务的认知度和参与度，形成良好的公益氛围和社会风尚。

第三节 完善我国社区服务机制的路径

一、落实社区服务内容清单机制

社区服务的内容清单是指社区为居民提供的各种服务项目和活动的目录，是社区服务体系建设的重要内容，也是社区服务的标准和保障。清单目录管理体系的建立，有助于帮助社区更好地了解居民的需求，规划和优化社区服务资源，提高社区服务的质量和效率，进而增强社区的凝聚力和活力，提升社区治理水平和居民满意度。当前，建设社区服务的内容清单机制，可以围绕以下两方面进行。

一是发布“基础性事项清单”。聚焦社区服务全口径，根据社区定位，发布包括健康管理、为老服务、文化活动、终身教育、体育建设、商业服务在内的基础性事项清单，同时，组织各地社区按照统一模板格式要求，逐项编制服务指南，并按照清单完善社区服务，提高社区服务的规范度。

二是发布“个性化事项清单”。依据基础性社区服务事项清单，进一步因地制宜，优化社区服务方式和内容。首先，引入网络信息平台，更好地识别、整合并响应社会需求。其次，以群众为导向，完善社区服务内容，建立起个性化政务服务事项清单，便于群众选择合适的渠道、方式办事，提高社区服务的精准度。

二、完善网格化管理服务机制

网格化管理服务是一种以居民社区为单位，由政府部门牵头组建专业队伍，以信息化技术手段为支撑，协调社会资源，提供全方位、多层次的社区管理和服务。网格化管理服务把社区细分成若干个网格，每个网格配备专业团队，通过信息化技术，实现对网格内居民的全方位、精细化管理，提高服务的针对性和实效性。

完善网格化管理服务机制，首先，需要根据地理空间和人口分布，优化网格单元，着力实现全覆盖、无缝隙的管理；其次，配备专业的网格员，明确网格员的职责和权力，实行分片包干、责任到人、设岗定责的工作机制，提高网格员的工作效率和质量；再次，建设高效的信息平台，利用现代信息技术，实现网格内外的信息采集、案卷建立、任务派遣、任务处理、处理反馈、核查结案、考核评价等工作流程的数字化管理；最后，鼓励居民以志愿者的身份加入网格化管理体系，积极为网格化工作建言献策，形成共建共治共享的社会治理共同体。

三、健全社区及时响应机制

社区及时响应机制是指社区服务部门和人员能够快速、有效地处理居民反映的各类诉求，提高服务质量和效率的工作机制。其目的在于增强社区服务的针对性、灵活性和便捷性，满足居民多样化、个性化的服务需求，增进居民的获得感、幸福感、安全感，实现社会和经济的可持续发展。要建设社区及时响应机制，可以从以下几方面入手。

首先，加强信息化建设，搭建线上社区服务供给平台（如“一网通办”平台），定时更新服务信息，宣传社区上门服务、线上心理咨询服务等内容，增强居民对线上平台公共服务提供的认知性，同时通过居民线上的诉求表达，加深服务供求端的双向联结。其次，基于社区内部不同类型主体的信息共享和整合，实现以“需求响应”为目标的协同治理，提升公共服务主体的回应性。最后，完善社区服务机制，全面推行“一窗”受理和“一站”办理，完善即时响应机制，推广接诉即办等基层经验，及时响应居民需求。

四、强化社区服务评价激励机制

社区服务评价激励机制是指通过对社区服务的质量、效果、满意度等进行评价，对优秀的社区服务主体和个人给予表彰、奖励、支持等，对不合格的社区服务主体和个人给予批评、整改、惩戒等，从而激发社区服务的积极性和创造性，提高社区服务的水平和品质的工作机制。强化社区服务评价激励机制，不仅有利于激发社区服务的创新活力，还能增强社区服务的参与度和影响力，形成共建共治共享的社会治理共同体。

首先，建立健全社区服务评价体系，构建包括政府、市场、社会、居民等多方参与的评价主体，形成包括自评、互评、第三方评价等多种方式的评价方法，建立包括质量、效果、满意度等多个维度的评价指标，确保社区服务评价的客观性和公正性。其次，建立健全社区服务激励机制，根据社区服务评价结果，对优秀的社区服务主体和个人给予荣誉表彰、经费支持、优先推荐等形式的奖励，对不合格的社区服务主体和个人给予通报批评、整改督促、责任追究等形式的惩戒，形成有利于提升社区服务水平和品质的正向激励和反向约束。最后，建立健全社区服务信息公开机制，及时公布社区服务标准、评价结果、激励措施等信息，接受社会监督和反馈，增强社区服务的透明度和公信力。

五、落实社区市场化服务机制

社区市场化服务机制是指通过市场竞争和激励手段，引导和支持社会力量参与社区服务，提高社区服务的供给效率和质量，满足居民多样化的服务需求的工作机制。建立健全社区市场化服务机制，可以充分发挥市场在资源配置中的决定性作用，调动社会力量参与社区服务，增加社区服务的供给量和供给效率，缓解政府和社区的财政压力和减轻服务负担，同时，有利于满足居民多元化、个性化的服务需求，提高社区服务的质量和水平。

首先，建立健全社区服务需求调查和评估机制，及时掌握居民对各类社区服务的需求变化和满意度，为市场化服务供给提供依据和指导。其次，建立健全社区服务市场准入和退出机制，明确市场化服务主体的资质条件、管理规范、信用记录等，规范市场化服务主体的行为和责任，促进市场化服务主体的优胜劣汰。最后，建立健全社区服务政府购买和补贴机制，根据居民需求和公共利益，合理确定政府购买或补贴的社区服务范围、标准、方式等，引导和支持市场化服务主体提供优质高效的社区服务。

六、优化社区公益性服务机制

社区公益性服务机制是指社区通过引入公益性社会组织，提供社区事务服务、社区卫生服务、社区社会事业服务、社区生活服务、社会福利服务、就业服务和救助服务等七大类主要服务，以满足社区居民的不同需求的工作机制。优化社区公益性服务机制，可以充分发挥公益性社会组织的专业优势和灵活性，提高社区服务的质量和效率，增加社区服务的供给多样性和活力，促进社区治理的创新和协同；同时，经过对公益性社会组织的资源整合和网络优势的利用，有利于拓宽社区服务的合作渠道和影响范围，增强社区凝聚力和向心力。

首先，发挥基层党组织在社区治理中的政治引领作用，将社区服务纳入基层党建工作之中，通过党建引领，将社区服务融入社区文明实践、生态环境保护和社区治理创新之中。发挥社区党员志愿者的模范带头作用，带动并影响更多的社区居民积极参与社区服务活动，壮大社区服务队伍。其次，建立健全志愿组织分类分级管理制度，对不同类型的志愿服务组织进行分类管理，促进社区服务组织的规范发展。再次，拓宽社区服务项目资助渠道，发动驻地企事业单位、社会机构等通过购买、委托、捐赠、资助等方式，支持社区服务项目的开展。设立专项社区服务项目发展资金，重点扶持和发展一批具有品牌效应或创新性的志愿服务项目。最后，实行差异化奖励措施，对提供志愿服务的社会组织、企业、个人等进行差异化奖励。

第五章　社区服务信息化

社区不仅是居民安居乐业的场所，也是基层社会长治久安的关键领域。社区服务涉及衣食住行等各个方面，包括公共设施建设、环境卫生维护、安全管理、金融、医疗、教育、文化等方面。为居民创造一个舒适、安全、方便的生活环境，满足社区居民的多元需求，是社区服务发展的落脚点。为提升社区治理水平、提高社区服务效率，社区服务信息化建设的作用和意义日渐凸显。社区服务信息化不仅是一种技术治理，更是对社区服务方式的升级与社区治理工具的迭代，是对服务对象和服务领域的信息化延伸。

第一节　社区服务信息化的性质与功能

提高社区公共服务能力、完善社区服务体系建设是公共事业发展的重要目标。信息化技术可以极大提高社区的服务效率，解决传统社区服务中流程烦琐、过程不透明、信息传达不及时等问题。

一、社区服务信息化的性质

社区服务信息化是指运用现代信息技术建立社区管理和信息服务网络，进行资源整合和开发利用，向居民提供全方位的信息服务，逐步满足社区居民个性化多样化需求，提高居民生活质量的过程，[1] 是我国城市社区组织结构变化与信息技术应用发展共同作用的结果。社区服务信息化的涵盖面比较广泛，具体来说，可以将其属性概括为技术、管理、政治、社会四个方面。

（一）技术属性

社区服务信息化的实现首先依赖于技术，技术支撑是基本的前提和硬件支

---

〔1〕 刘杰、鄢丹：《城市街道社区信息化系统工程研究》，载《同济大学学报》（社会科学版）2004年第4期，第9—15页。

撑，包括互联网技术、大数据技术、人工智能技术、物联网技术、区块链技术等。此外，还涉及以下问题：一是基础设施问题。社区服务信息化建设需要一定的基础设施支持，例如高速互联网、电脑、手机等设备。在一些经济欠发达的地区，基础设施建设相对滞后，在这样的条件下，社区服务信息化建设可能难以推广和使用。二是安全问题。在信息化时代，信息安全问题也成了社区服务信息化建设和使用的重要问题。由于社区服务所涉及的信息涉及个人隐私、财务信息、社保信息、就业信息、家庭信息等，因此必须采取相应的措施加以保护。三是信息标准化问题。社区服务信息化建设需要遵循一定的信息标准，这有助于提高信息的准确性和可靠性以及互通性，比如使用统一的网络信息平台、计算机端口等。然而，在社区服务信息化建设中，信息化服务主要由市场来提供，市场竞争中存在技术标准差异问题，不同的社区可能存在标准化方面的差异，这会导致信息不一致等问题，因此需要制定相应的标准并加以推广。

（二）管理属性

社区服务信息化不单纯是一项技术问题，还涉及公共管理领域的诸多关键问题，比如公共事务管理、公共服务供给以及信息化建设的制度设计、政策保障等，制度、政策与管理是社区服务信息化建设的“软件”保障。社区服务信息化建设需要协调和统筹方方面面的力量进行规划和管理，尤其涉及两个方面的问题。一是服务内容规范化问题。不同的社区服务内容可能有所差异，因此需要有针对性地制定行动规范，并进行适当的调整和完善。如果服务内容不规范，容易引起用户投诉，影响服务质量和社区服务信息化建设的推广。二是管理和协调问题。社区服务信息化建设需要一定的管理和协调工作，否则可能会出现管理混乱、协调不当的问题。因此，在社区建设中，需要建立一套完善的社区服务管理制度，并明确各项职责和任务，同时加强社区内部管理机构、业主委员会之间的协调和沟通。

（三）政治属性

社区服务信息化是政治、社会、经济、文化等多方面因素的综合表现，具有重要的政治属性。社区服务信息化需要政府根据社会和民众的不同需求和意愿，采取相应的政策和措施，保证社会和政治的稳定。一是增加政治参与的渠道和机会。社区服务信息化为广大市民提供了一个新的政治参与平台，增加了政治参与的渠道和机会。公众可以通过社区服务信息平台了解政府政策、提出建议和意见，参与社区事务的决策和执行过程，实现政治参与的普惠化。二是提高政治参与的效率和便捷性。社区服务信息化使得政治参与更加高效和便捷。公众可以通过社区服务信息平台实现线上参与，不受时间和地域的限制，节省了大量的时间和精力，提高政治参与效率。三是提升政府决策的科学性和民主性。社区服务信息化使得政府能够更加科学地制定政策和决策，政府可以借助社区服务信息平台征集公众意见和建议，加强与民众的沟通和互动，更贴近民意，更加公正和透明地进行决策。四是增加民众对政府的信任和支持。通过社区服务信息平台参与社区公共事务决策，公众可以更好地感知政府的工作和成效，感受到政府的关注和支持，进而增强对政府的信任和支持。综上所述，社区服务信息化的政治参与功能使得政府与民众之间的联系更加紧密和互动，提升了政治参与的效率和效果，有利于民主化的进程，并有助于增强政府的民主合法性和公信力。

（四）社会属性

社会属性主要体现在通过运用信息化工具或信息网络平台，构建社区治理网络，有助于加强居民与社区管理者以及政府之间的沟通与互动，培养社区居民的参与意识和自治意识，实现居民自我管理和社区自我建设的目标。一是建构社区治理网络。社区服务信息化可促进社区的民主化和参与化。在传统的社区管理中，居民的参与权利比较有限，但在信息化时代，居民可以通过网络平台与政府相互交流、沟通，参与社区建设和管理的决策过程，使政府和居民之间的互动能够更为密切和直接。二是增强社区的互助与合作。社区服务信息化作为社会服务的一种形式，也应当承担一定的社会责任，通过社区之间的互助与合作，让社区居民既成为享受服务的主体又成为提供服务的主体。在社区范围内成立自治组织，构建民主、平等和自愿的服务关系，为社区居民提供高质量、高效率、公正公平的服务，满足社区自我服务的需求。

二、社区服务信息化的功能

信息化已成为社区服务的必要手段和重要内容，旨在加强居民与管理者以及政府之间的沟通，实现信息资源的共享与互通，促进社区建设和社会发展。通过打造数字化社区服务平台，构建从服务需求到服务交付的全程信息化服务体系，进而提升社区管理和服务的效率与质量，提升社区发展水平，其具有三个方面的显著功能。

（一）居民信息管理功能

社区服务信息化系统可以对居民的个人信息进行管理，包括个人基本信息、社会关系、家庭信息、健康档案等。如此，居民可以随时随地查看和管理自己的信息，为社区服务提供更为准确、及时、便捷的数据支持，具体包括，一是居民信息采集。通过社区服务信息平台，采集居民的基本信息、联系方式、健康状况等信息，为社区居民提供个性化服务和管理。二是居民信息管理。社区服务信息平台可以对居民的信息进行管理和安全保护，通过对居民个人信息的分类整理，更好地满足居民不同方面的需求和服务要求。三是居民信息查询。居民可以通过社区服务信息平台查询自己的信息，并且可以自行更新或审核和修改个人信息，方便快捷。四是居民信息统计分析。社区服务信息平台可以对居民信息进行统计分析，通过分析数据得出相关结论，帮助社区管理部门制定决策和管理措施，提高社区服务和管理水平。五是居民信息保护。社区服务信息平台可以保护居民的个人信息不被泄露、滥用或篡改，对于居民的敏感信息，可以设置访问权限，限制未授权用户的访问。

（二）社区服务提供功能

社区信息化系统能够为社区用户提供智能化和便捷化的公共服务。具体包括：一是发布社区公告。社区服务信息化系统可以实现社区公告的及时发布，比如，社区的重要活动、物业维修等信息。社区居民可以通过 App、微信公众号等方式查看社区公告，以上不仅方便居民获取信息，也可以为社区管理提供更加高效的渠道。二是物业维修管理。社区服务信息化系统可以对物业维修进行管理，包括对报修、派工、维修进度等信息的查看等。居民可以通过专属 App 或者电话等方式进行报修，物业人员可以随时查看报修信息并及时处理，提供更加及时、高效的物业维护服务。三是社区医疗服务。社区服务信息化可以为社区医疗服务提供支持，包括预约挂号、健康管理、上门就诊等。社区居民可以通过 App 或者电话等方式预约挂号，实现医疗服务的智能化和便捷化。四是便民生活服务。社区服务信息化可以实现智能化的垃圾分类管理，通过扫码识别技术方法实现垃圾分类、收集等工作，减轻居民垃圾分类的负担。

（三）社区事务治理功能

社区服务信息化具有公共事务治理的功能。社区居民利用微信群、手机小程序、微博、论坛等，可以更加高效地开展社区内的公共事务治理，促进社区居民参与社区事务的决策和管理工作。一是强化公共事务信息公开。通过各种渠道公开社区治理事务，包括小视频、音频、电子海报等，使居民及时了解社区政策法规、重大项目资讯、资金使用情况等，更好地了解公共事务治理的过程和结果，推动社区的建设和发展。二是强化社区的公共安全保障。社区公共安全是社区和谐安宁和稳定的重要保障，利用信息化技术，可以实现对社区公共安全的实时监控和快速响应，提高社区的应急能力，有效预防和应对社区安全事件。比如，社区通过建立“安全应急系统”，以视频监控、实时档案记录、智能灯光等方式，提高社区治安和防范能力，确保社区居民的生命安全和财产安全。

第二节　社区服务信息化的政策演进与实践特征

社区服务信息化的政策与实践是相辅相成，相互影响的，制度政策为社区的服务信息化提供合法性基础和制度保障，与此同时，社区服务信息化的实践也在推动相关政策不断完善、改进和修正。

一、社区服务信息化的政策演进

（一）政策梳理

我国社区信息化的实践最早开始于20世纪90年代，民政部于2001年首次提出“社区信息化便民”工程这一概念。2006年4月，国务院出台《关于加强和改进社区服务工作的意见》，同年5月，由中共中央办公厅、国务院办公厅联合出台《2006—2020年国家信息化发展战略》，这是国家层面较早出台的关于国家信息化建设的政策文件，明确指出推进社区信息化建设，整合各类信息系统和资源，构建统一的社区信息平台，加强常住人口和流动人口的信息化管理，改善社区服务。为了解我国社区服务信息建设的来龙去脉，下面就涉及社区服务信息化相关内容的重要政策文件进行梳理，以便充分了解和把握社区服务信息化在不同时期的战略定位和建设要求。社区服务信息化政策文件与相关内容摘编如表5－1所示。

表5－1　社区服务信息化政策文件与相关内容摘编

时间	文件名称	发文单位	社区服务信息化相关内容
2006年4月	《关于加强和改进社区服务工作的意见》	国务院	梳理、整合各类服务热线、呼叫热线，建设社区信息化平台，提高社区公共服务的自动化、现代化水平
2006年5月	《2006—2020年国家信息化发展战略》	中共中央办公厅、国务院办公厅	整合各类信息系统和资源，构建统一的社区信息平台，加强常住人口和流动人口的信息化管理，改善社区服务
2009年11月	《关于进一步推进和谐社区建设工作的意见》	民政部	鼓励通过社区网站、呼叫热线、短信平台和有线数字电视平台等，为社区居民提供“一网式”“一线式”综合服务

续表

时间	文件名称	发文单位	社区服务信息化相关内容
2011年12月	《社区服务体系建设规划（2011－2015年）》	国务院办公厅	推进社区服务信息化建设。改善社区信息基础设施。推广适合社区居民需求的信息化手段，提高居民信息技术运用能力
2012年7月	《国家基本公共服务体系“十二五”规划》	国务院	促进以基层为重点的基本公共服务网络，设施标准化和服务规范化、专业化、信息化水平建设
2013年10月	《关于推进社区公共服务综合信息平台建设的指导意见》	民政部、国家发展和改革委员会、工业和信息化部等	建设社区公共服务信息系统；整合社区公共服务信息资源；完善社区公共服务综合信息平台规划布局；加强社区公共服务综合信息平台运行管理
2016年12月	《城乡社区服务体系建设规划（2016－2020年）》	民政部、发展改革委等十六部门联合印发	加强城乡社区服务信息化建设。一是构建城乡社区公共服务综合信息平台。二是推进智慧社区建设
2021年4月	《关于加强基层治理体系和治理能力现代化建设的意见》	中共中央、国务院	加强基层智慧治理能力建设。市、县级政府要将乡镇（街道）、村（社区）纳入信息化建设规划，健全基层智慧治理标准体系，推广智能感知等技术
2021年12月	《“十四五”城乡社区服务体系建设规划》	国务院办公厅	加快社区服务数字化建设。充分发挥全国一体化政务服务平台作用，加快部署政务通用自助服务一体机，完善村（社区）政务自助便民服务网络布局
2022年5月	《关于深入推进智慧社区建设的意见》	民政部、中央政法委、中央网信办、发展改革委、工业和信息化部等	整治指尖上的形式主义，精简社区业务应用系统，整合重复的办公类、管理类App。完善统一采集、制表、报送机制，推动数据共享，为社区信息赋能，完善乡镇（街道）与部门政务信息系统数据资源共享交换机制

资料来源：根据政策文件整理自制。

（二）发展阶段

通过对国家层面出台的有关社区服务信息化相关政策文件的梳理发现，社区服务信息化在不同时期、不同发展阶段，国家对其具体实践有不同的指导意见和实施方针要求。总体来看，社区服务信息化的政策演进经历了社区信息化、社区服务信息化、社区服务数字化三个不同阶段。

1. 社区信息化阶段。这一阶段主要以社区办公服务的信息化为主要目标，最早出台的文件是国务院颁布的《关于加强和改进社区服务工作的意见》，其中提到了梳理、整合各类服务热线、呼叫热线，形成社区公共资源共享机制。建设社区信息化平台，提高社区公共服务的自动化、现代化水平的内容。紧随其后，《2006—2020 年国家信息化发展战略》文件出台。其基本背景是，20 世纪 90 年代以来，信息技术不断创新，信息产业持续发展，信息网络广泛普及，信息化成为全球经济社会发展的显著特征，并逐步向一场全方位的社会变革演进。进入 21 世纪，信息化对经济社会发展的影响更加深刻。广泛应用、高度渗透的信息技术正孕育着新的重大突破。由此党中央提出国家信息化发展战略规划，旨在充分利用信息技术，推动各行业、产业信息化，转变政府职能、提高行政效率、扩大信息公开，推进政务协同。在社区信息化方面，主要任务是整合各类信息系统和资源，构建统一的社区信息平台，加强常住人口和流动人口的信息化管理，改善社区服务。可以看到，这一时期在社区信息化层面，主要目的在于通过利用信息化手段和工具来加强管理，尤其是对于社区人口的管理和统计，方便政府管理。2009 年 11 月，民政部出台《关于进一步推进和谐社区建设工作的意见》，鼓励通过社区网站、呼叫热线、短信平台和有线数字电视平台、电子阅览室、信息服务自助终端，为社区居民提供“一网式”“一线式”综合服务，主要目标是运用现代信息技术在有条件的地方可实行社区网格化管理，提升社区管理的现代化水平，推进和谐社区建设。

2. 社区服务信息化阶段。这一阶段的主要目标是以社区为基本单元，建设社区服务体系。以满足社区居民生活需求、提高社区居民生活质量。2011 年，《社区服务体系建设规划（2011 - 2015 年）》文件指出，要通过信息化工具整合社区就业、社保、低保、卫生、计生、文化、培训等公共服务信息，发展面向社区居民的“一站式”服务，主要涉及四个方面。一是加大社区服务基础设施建设投入力度，综合考虑服务人群和覆盖半径，逐步建立起以社区综合服务设施为依托、专项服务设施为补充、服务网点为配套、社区信息平台为支持的社区服务设施网络。二是合理布局社区服务设施网络，按照人口规模适度、服务管理方便、资源配置有效、功能相对齐全、社区居民自愿的要求，合理确定社区服务设施的数量、选址布局、建设方式，避免重复建设。三是完善社区服务设施功能，代办代理公共服务事项，保障各项公共服务覆盖到社区全体居民，采集汇总社区基础信息，办理社会管理和公共服务事项。四是推进社区信息化建设，改善社区信息基础设施，加快推进宽带接入，推广适合社区居民需求的信息化手段，提高居民信息技术运用能力，尤其发挥社区综合信息平台在基层政府、企业、社区组织和居民之间的沟通交流作用，方便社区居民，增进社区和谐，改善社区管理，维护社区安全。可以看到，该文件对社区服务信息化的建设目标、内容、要求以及重点等进行了全面详尽的规划，是一部较为全面的引领性文件。2013 年，民政部等部门出台了《关于推进社区公共服务综合信息平台建设的指导意见》，对推进社区公共服务综合信息平台建设提出了总体要求，重点从四个方面推进：（1）建设社区公共服务信息系统；（2）整合社区公共服务信息资源；（3）完善社区公共服务综合信息平台规划布局；（4）加强社区公共服务综合信息平台运行管理，大力发展各类信息服务载体和信息服务终端，为社区居民提供"一网式""一线式"的综合服务。

3. 社区服务数字化阶段。这一阶段主要以打造社区多元化数字服务场景、提高社区数字服务效能为主要目标。国务院办公厅颁布《"十四五"城乡社区服务体系建设规划》文件，其中第五节专门指出关于加快社区服务数字化建设的内容，第十三条关于提高数字化政务服务效能的内容提出：充分发挥全国一体化政务服务平台作用，推动"互联网＋政务服务"向乡镇（街道）、村（社区）延伸覆盖；加快部署政务通用自助服务一体机，完善村（社区）政务自助便民服务网络布局；充分依托已有设施，鼓励多方参与建设开发智慧社区信息系统和简便应用软件，增加政务服务事项网上受理、办理数量和种类；推动政务服务平台、社区感知设施、家庭终端和城乡安全风险监测预警系统建设及互联互通，发展实时监测、智能预警、应急救援救护和智慧养老等社区惠民服务应用；深化全国基层政权建设和社区治理信息系统、中国智慧社区服务网推广应用，拓展社区服务功能，组织开展在线服务评价工作。第十四条关于构筑美好数字服务新场景的要求指出：开发社区协商议事、政务服务办理、养老、家政、卫生、托育等网上服务项目应用，推动社区物业设备设施、安防等智能化改造升级；推进数字社区服务圈、智慧家庭建设，促进社区家庭联动智慧服务生活圈发展；大力发展社区电子商务，探索推动无人物流配送进社区；推动"互联网＋"与社区服务的深度融合，逐步构建服务便捷、管理精细、设施智能、环境宜居、私密安全的智慧社区。由以上可以看到，随着互联网技术的普及、基础设施建设的日臻完善、新型技术应用的不断成熟，社区建设和社区服务向着智慧化、智能化的方向迈进，更加多元和丰富的数字应用场景被不断开发。

二、社区服务信息化的实践特征

随着信息技术的不断发展，社区服务信息化已成为全社会关注的焦点。就目前社区服务信息化的实践特征来看，主要呈现以下四方面特征：一是经济发达地区的城市社区服务平台建设逐渐普及，城市政府推动建设了社区服务平台，如杭州市的"数字社区"，北京市的"共享社区"以及上海市的"社区云"等平台，居民可以通过这些平台获取社区服务信息，提出问题、参与互动，社区卫生服务站也建设了信息化平台，居民可以通过手机 App（手机端应用程序）预约挂号、取药等。二是以社区为基础的公共服务事项在线办理逐渐成为常态，如电子营业执照、居住证、交通违法查询等公共服务都可以在线办理，为社区居民节约了办理成本。通过互联网技术，社区服务可以更加广泛地覆盖居民群体，提供更加便捷的服务方式。例如，通过移动端 App，可以实现在线提交服务申请、查询服务进展等功能。三是智慧社区建设日益深入。随着人工智能、物联网等技术的应用与发展，社区也开始向智能化方向发展，如智能门禁、自动化停车系统、智慧垃圾分类系统等，在提高居民生活质量的同时，方便了社区管理。此外，通过建立社区综合信息管理系统，可以实现服务管理、资产管理、安全管理、人事管理等方面的信息整合，提高管理效率和精细化管理。四是“互联网＋社工”让社区服务更便捷。信息化技术能够实现差异化需求的精准供给，在此基础上，社工服务也逐渐转向网络平台，居民可以通过微信、App 进行在线咨询，及时解决问题。社区管理部门也可以随时随地了解居民的需求，进行有针对性的社区服务，增加服务的精细化和个性化。

第三节　社区服务信息化的发展现状

目前来看，社区服务信息化水平在东部、中部、西部地区之间存在发展差异，城市社区与农村社区也存在较大差异。本小节主要从“社区（村）通过哪些智能化、信息化方式开展相关社区服务”“社区（村）实现社区政务服务‘一网通办’（一体化在线政务服务平台，群众可以办理不同领域的事项）情况”“社区（村）在办公服务过程中使用计算机网络信息管理平台的情况（计算机网络信息管理平台指用于处理各类办公服务事项的计算机系统、软件和终端，例如网格化管理信息平台、社保管理平台、低保管理平台、人口信息管理平台等）”“社区（村）在办公服务过程中使用计算机网络信息管理平台之间是否能够共享互通信息情况”“社区（村）是否存在多个部门要求重复报送统计数据的情况”五个方面展开对社区服务信息化发展现状的具体分析。

一、社会服务信息化的总体情况

（一）社区（村）使用信息化方式开展社区服务情况

就调查数据来看，首先，城乡社区基本实现了社区服务信息化，0.13% 的城乡社区未实现运用智能化和信息化方式开展社区服务。其次，城乡社区在智能化或信息化方式选择上有着明显的差异，其中居民微信群的使用占比最高，占

97.50%；手机短信使用占比排第二，占75.49%；App使用占比排第三，占68.07%；微信公众号使用占比排第四，占61.11%。而对于微博、电子邮件和网上论坛的使用率不高，分别仅有8.82%、13.95%和7.29%的人使用。特别需要指出的是，社区综合政务服务自助机和社区专属管理系统作为社区服务信息化的主要标志和外在体现，对其的使用率却很低，其中社区综合政务服务自助机使用占比为25.61%，社区专属管理系统使用占比为21.08%。除以上主要内容之外，还需要注意的是，有1.40%的社区在使用自主购买的社区信息化服务（如邻礼通、钉钉、雨花数字社区平台、雪亮工程、一接就办投诉平台、科普E站等），其中有个别社区使用LED（发光二极管）宣传屏、印发彩页入户、社区喇叭广播、走访入户等传统方式。综上可见，城乡社区服务信息化方式虽然基本实现，但仍以微信群和手机短信为代表的传统通信方式为主，而对于以社区综合政务服务平台、社区专属管理系统为代表的现代新型技术应用还处于较低水平。具体如图5-1所示。

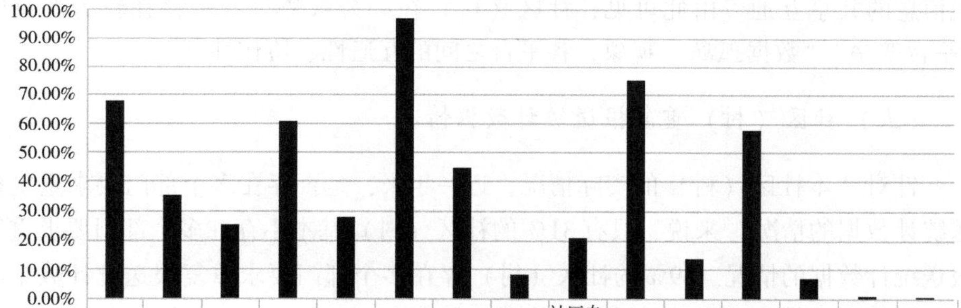

	App	官方网站	综合政务服务自助机	微信公众号	视频号/直播/短视频	居民微信群	居民QQ群	微博	社区专属管理系统（如安保系统）	手机短信	电子邮件	热线电话	网上论坛	其他	没有使用过
■总体水平	68.07%	35.53%	25.61%	61.11%	28.14%	97.50%	45.22%	8.82%	21.08%	75.49%	13.95%	58.04%	7.29%	1.40%	0.13%

图5-1 社区（村）通过信息化开展社区服务情况

（二）社区（村）实现政务服务“一网通办”程度

调查样本中59%的社区（村）实现了政务服务的“一网通办”（一体化在线政务服务平台，群众可以办理不同领域的事项），41%的社区（村）未能实现政务服务的“一网通办”。综合来看，就社区层面而言，政务服务“一网通办”还没有实现全覆盖，说明政务服务“一网通办”水平还比较低。

（三）社区（村）使用网络信息管理平台情况

就“社区（村）在办公服务过程中使用计算机网络信息管理平台的情况”而

言，呈现出明显差异。其一，就是否使用计算机网络信息管理平台而言，10% 的社区（村）在办公服务过程中没有使用计算机网络信息管理平台，90% 的社区（村）有在使用计算机网络信息管理平台，这说明网络信息管理平台在社区（村）层面的应用程度较高，但未实现全覆盖。其二，就使用计算机网络信息管理平台的情况而言，18% 的社区（村）只使用一个平台，72% 的社区（村）同时使用多个平台。这说明，在社区（村）办公服务过程中同时使用多个计算机网络信息管理平台的情况较为普遍。

（四）社区（村）信息管理平台共享互通信息程度

就“社区（村）在办公服务过程中使用计算机网络信息管理平台及网络信息管理平台之间共享互通信息的程度”而言，只有 25% 的社区（村）使用的计算机网络信息管理平台能够实现所有平台间信息的共享互通，60% 的社区（村）部分平台之间能够实现信息的共享互通，15% 的社区（村）使用的平台之间都不能实现信息的共享互通。由此可见，社区（村）在办公服务过程中存在较为严重的“平台壁垒”“数据孤岛”现象，各平台之间的互通性、协作性不足。

（五）社区（村）重复报送统计数据情况

针对“本社区（村）的实际情况，近一年来，是否存在多个部门要求重复报送统计数据的情况”来说，只有 31% 的社区（村）基本不存在多个部门要求重复报送统计数据的情况。69% 的社区（村）存在多个部门要求重复报送统计数据的情况，其中，23% 的社区（村）该情况比较严重，46% 的社区（村）虽然存在但不严重。由此说明，社区（村）一级面临着较大的基本信息统计、收集的工作压力，而且存在多个部门要求重复报送统计数据的现象，以上反映出网络信息管理平台之间没有实现数据的流通与共享，存在平台建设碎片化、平台独立化运作等现象，各平台之间的技术壁垒没有打通，社区（村）服务信息化反而增加了基层的工作负担。

二、城市社区与农村社区信息化方式使用情况比较

（一）城市社区与农村社区使用信息化方式开展社区服务情况比较

就“不同社区类型（城市社区与农村社区）的服务信息化方式”而言，城市社区与农村社区存在差异，城市社区 100% 实现了通过智能化、信息化方式开展社区服务，而农村社区中还有 0.24% 的社区没有实现。但城市社区与农村社区在使用方式选择上并没有明显的差异，不管是城市社区还是农村社区，使用程度最高的均是居民微信群，城市占比为 98.62%，农村占比为 96.60%；使用程度排第

二的是手机短信，城市占比为74.41%，农村占比为76.25%；使用程度排第三的是App，城市占比为64.32%，农村占比为70.94%。就社区综合政务服务自助机使用而言，城市社区（28.65%）高于农村社区（23.21%）。就社区专属管理系统的使用而言，城市社区（22.00%）高于农村社区（20.41%）。虽然在二者的使用上城市社区均高于农村社区，但使用程度和水平均不高。具体如图5-2所示。

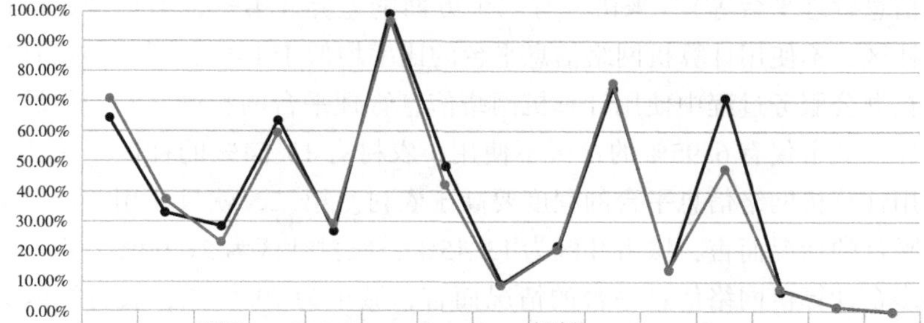

	App	官方网站	综合政务服务自助机	微信公众号	视频号/直播/短视频	居民微信群	居民QQ群	微博	社区专属管理系统（如安保系统）	手机短信	电子邮件	热线电话	网上论坛	其他	没有使用过
城市社区（居委会）	64.32%	33.08%	28.65%	63.48%	26.74%	98.62%	48.59%	9.24%	22.00%	74.41%	14.29%	71.05%	6.65%	1.60%	0.00%
农村社区（村委会）	70.94%	37.41%	23.21%	59.25%	29.30%	96.60%	42.54%	8.41%	20.41%	76.25%	13.48%	47.79%	7.82%	1.25%	0.24%

图5-2　不同社区类型与服务信息化方式情况

（二）城市社区与农村社区政务服务“一网通办”程度比较

就“政务服务中‘一网通办’情况”而言，城市社区与农村社区均不同程度实现了或未能实现“一网通办”，其中城市社区“一网通办”的实现率达到61.04%，未实现率达到38.96%。农村社区“一网通办”的实现率达到57.28%，未实现率达到42.72%。在实现“一网通办”程度上，城市社区高于农村社区，但二者差距并不是特别大。具体如图5-3所示。

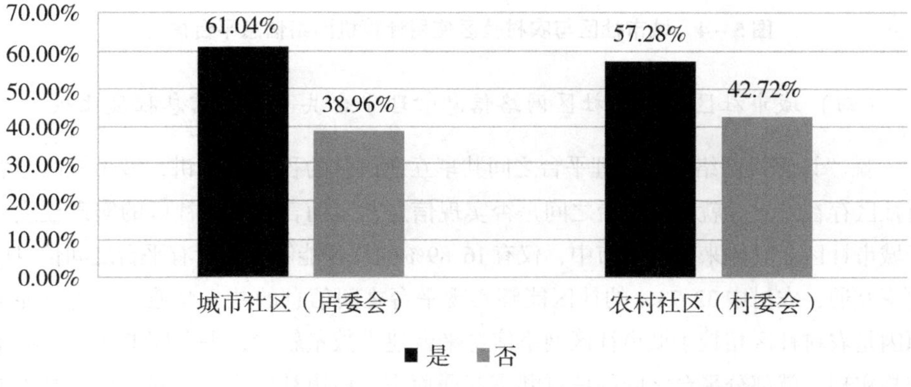

图5-3　城市社区与农村社区“一网通办”实现情况

（三）城市社区与农村社区使用网络信息管理平台情况比较

就“城市社区与农村社区在办公服务过程中使用计算机网络信息管理平台的总体情况（计算机网络信息管理平台指用于处理各类办公服务事项的计算机系统、软件和终端，例如网格化管理信息平台、社保管理平台、低保管理平台、人口信息管理平台等）”来讲，有三个方面的差异。第一，不管是城市社区还是农村社区，不使用计算机网络信息平台的比率均低于14%，说明城市社区与农村社区在办公服务过程中使用计算机网络信息管理平台的程度较高。但城市与农村有差异，城市仅有6.95%的社区不使用，农村有13.54%的社区不使用，城市社区使用计算机网络信息平台的程度要高于农村。第二，就只使用一个计算机网络信息平台的情况而言，城市社区为13.45%，农村社区为21.00%。第三，就同时使用多个计算机网络信息平台的情况而言，城市为79.60%，农村社区为65.46%。城市社区高于农村社区。具体如图5－4所示。

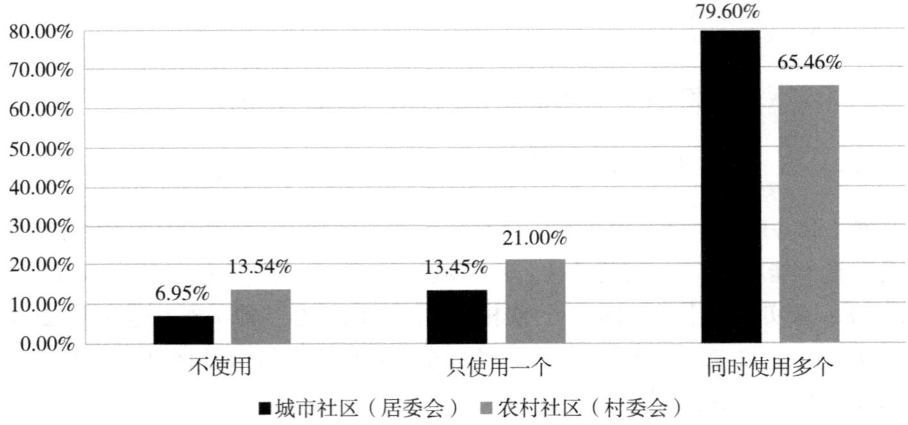

图5－4　城市社区与农村社区使用计算机网络信息平台情况

（四）城市社区与农村社区网络信息管理平台共享互通信息程度比较

就“计算机网络信息管理平台之间共享互通信息的程度”来讲，城市社区与农村社区存在差异。就信息平台之间是否实现信息共享而言，农村社区的实现程度高于城市社区。具体来讲，城市中，仅有16.89%的社区能够实现所有平台之间信息的共享互通，农村中32.73%的社区能够实现平台之间信息的共享互通。一个可能的原因是农村社区相较于城市社区网络信息平台建设数量较少，平台间的协作互通更容易实现。就部分平台之间的信息共享互通而言，城市社区高于农村社区，其中城市社区实现程度达到62.86%，农村社区实现程度达到58.25%。就所有平台之间都不能实现信息的共享互通而言，城市社区高于农村社区，其中城市社区达到20.25%，农村社区仅有9.02%。如前所述，城市社区在信息化建设过程中可能使用数量更多的网络信息平台，平台之间的技术壁垒更多、数据共享和业务协作更难，进而导致平台之间的信息共享互通难以实现。具体如图5－5所示。

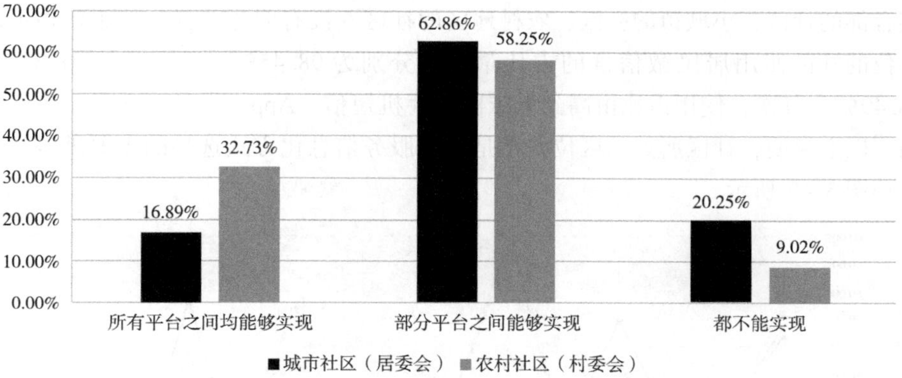

图5－5　城市社区与农村社区网络信息平台之间信息共享互通情况

（五）城市社区与农村社区重复报送统计数据情况比较

就“近一年来是否存在多个部门要求重复报送统计数据的情况”来讲，城市社区与农村社区存在不同程度重复报送统计数据的现象，二者有较大差异。具体来看，第一，城市中29.80%的社区存在并且比较严重，农村中16.98%的社区存在并且比较严重，其中，城市社区的严重程度高于农村社区。第二，城市中49.84%的社区存在不同程度重复报送统计数据的情况，农村中43.62%的社区存在重复报送的情况，城市社区高于农村社区。第三，城市中，20.36%的社区基本不存在重复报送统计数据的情况，而农村中，39.40%的社区基本不存在重复报送统计数据的情况，农村社区高于城市社区。总体来看，不管是城市社区还是农村社区，多个部门要求重复报送统计数据是普遍现象。具体如图5－6所示。

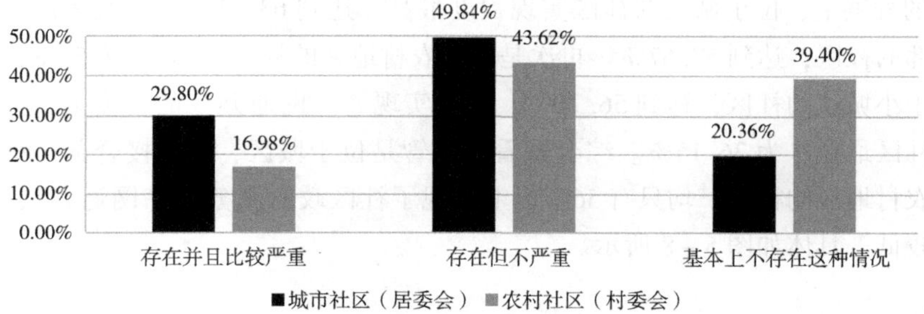

图5－6　城市社区与农村社区重复报送统计数据情况

三、社区（村）所处位置与信息化服务差异情况比较

（一）社区（村）所处位置使用信息化方式开展社区服务情况比较

就“社区（村）所处不同位置的服务信息化方式”而言，城区的社区、城乡接合部的社区、小城镇的社区、农村地区的社区并没有明显差异。处于四种不同区位的社区使用居民微信群的占比最高，分别为 98.45%、98.62%、97.32%、96.49%。其次，使用占比由高到低依次为手机短信、App、微信公众号、热线电话。以上说明，社区所处的区位并不是影响服务信息化方式选择的主要因素，具体如图 5－7 所示。

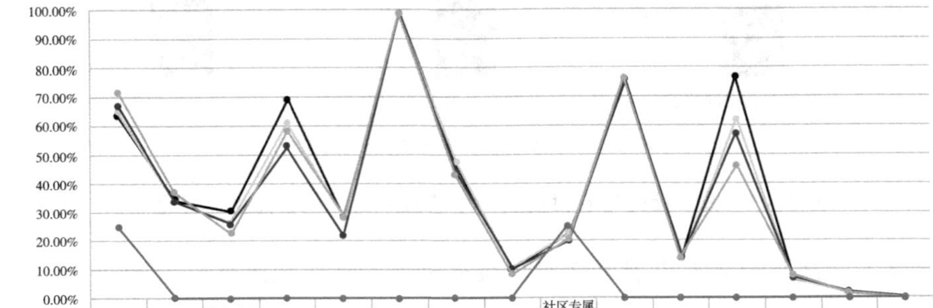

	App	官方网站	综合政务服务自助机	微信公众号	视频号/直播/短视频	居民微信群	居民QQ群	微博	社区专属管理系统（如安保系统）	手机短信	电子邮件	热线电话	网上论坛	其他	没有使用过
城区	64.14%	34.18%	30.38%	69.48%	27.99%	98.45%	47.68%	9.42%	22.22%	74.26%	14.63%	76.51%	7.31%	1.69%	0.00%
城乡接合部	65.49%	33.74%	26.69%	61.35%	28.68%	98.62%	47.70%	9.20%	21.32%	76.53%	13.80%	62.27%	6.44%	1.07%	0.15%
小城镇	67.11%	34.23%	25.50%	53.69%	21.81%	97.32%	44.63%	9.06%	19.80%	73.83%	14.77%	57.38%	6.04%	2.35%	0.00%
农村地区	71.75%	37.44%	22.65%	58.37%	29.45%	96.49%	42.97%	8.30%	20.63%	75.93%	13.53%	46.19%	8.00%	1.20%	0.22%
其他	25.00%	0.25%	0.00%	0.00%	0.00%	0.00%	0.00%	0.00%	25.00%	0.00%	0.00%	0.00%	0.00%	0.00%	0.00%

图 5－7　社区（村）所处位置使用信息化方式开展社区服务情况

（二）社区（村）所处位置政务服务“一网通办”程度比较

就“所在不同区位的社区是否实现政务服务‘一网通办’”而言，城区、城乡接合部、小城镇、农村地区的差距并不是特别大。具体来看，在实现“一网通办”的程度上，位于城区的社区实现程度最高，达到 63.85%。其次是位于城乡接合部的社区，达到 57.67%。再次是位于农村地区的社区，达到 57.55%，最后是位于小城镇的社区，达到 56.71%。在未实现“一网通办”的程度上，位于城区的社区最低，为 36.15%。综合来看，不管是位于城区、城乡接合部、小城镇还是农村地区的社区，均只有 56% 以上实现了社区政府服务“一网通办”，水平还比较低。具体如图 5－8 所示。

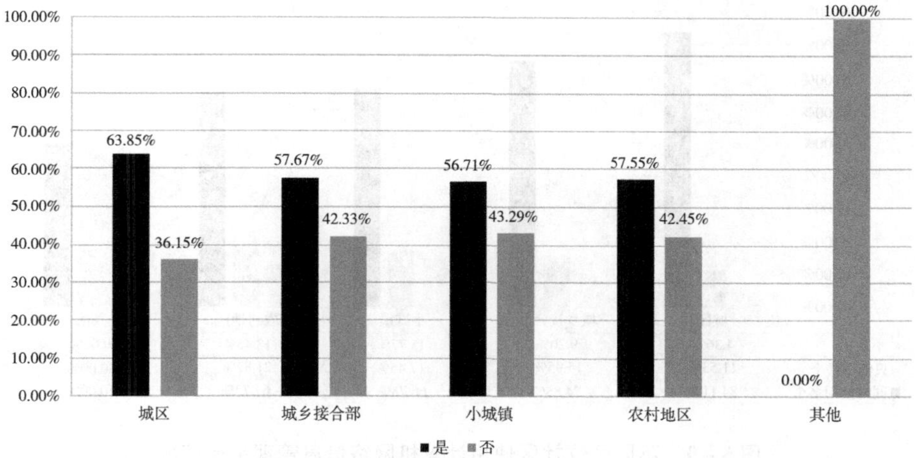

图 5-8　不同区位社区实现政务服务“一网通办”情况

（三）社区（村）所处位置使用网络信息管理平台情况比较

就“处于不同区位的社区在办公服务过程中使用计算机网络信息管理平台的情况”而言，四个不同区位的社区存在明显差异。具体来看，第一，关于不使用网络信息管理平台的情况。位于城区的社区最低，仅有4.36%，其次是位于城乡接合部的社区，为9.20%，再次是位于农村的社区，为13.45%，最后是位于小城镇的社区，为15.77%。第二，关于只使用一个网络信息管理平台的情况。位于城区的社区为11.53%，城乡接合部的社区为15.95%，小城镇的社区为17.45%，农村地区的社区为21.82%。第三，关于同时使用多个网络信息管理平台的情况。城区社区最高，达到84.11%，其次是城乡接合部社区，达到74.85%，小城镇社区为66.78%，农村地区的社区为64.73%。综合来看，位于四个不同区位的社区64%以上都存在同时使用多个网络信息管理平台的情况，城区最高。具体如图5-9所示。

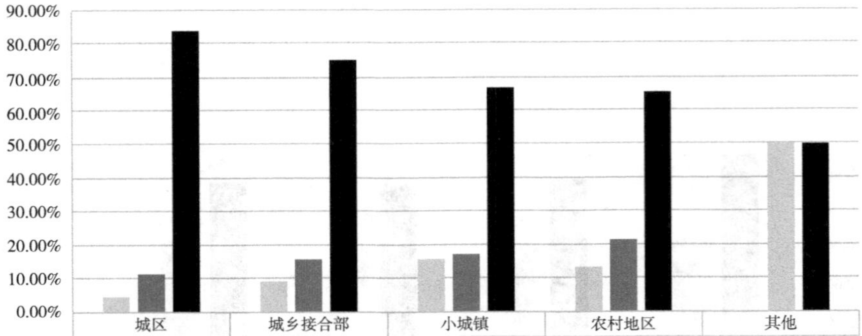

	城区	城乡接合部	小城镇	农村地区	其他
不使用	4.36%	9.20%	15.77%	13.45%	0.00%
只使用一个	11.53%	15.95%	17.45%	21.82%	50.00%
同时使用多个	84.11%	74.85%	66.78%	64.73%	50.00%

图 5－9　不同区位社区使用计算机网络信息管理平台情况

（四）社区（村）所处位置网络信息管理平台共享互通信息情况比较

就“所处不同区位社区在办公服务计算机网络信息管理平台是否能够共享互通信息的情况”而言，所处四个区位的社区存在较为明显的差异。具体来看，第一，关于所有平台之间均能够实现信息共享互通的情况，农村地区的社区实现程度最高，为 33.37%。城乡接合部的社区为 24.80%。小城镇社区为 19.60%。最低的是城区的社区，仅为 14.88%。一个可能的原因是城区社区在信息化服务建设中有更多的资源投入，因而发展速度快，基础设施建设水平较高，初期信息管理平台的数量、类型繁多，不同平台之间的协作成本高，反而不利于实现信息的共享互通。而农村地区的社区服务信息化建设由于资源投入较少，数量和类型较为单一，平台之间的共享互通更容易实现。第二，关于部分平台之间能够实现信息的共享互通情况，城区、城乡接合部、小城镇、农村地区的差距很小，四个区位的社区 57% 以上的社区能够实现部分平台信息的共享互通。第三，关于所有平台都不能实现信息共享互通的情况，城区最高，为 23.75%，小城镇为 16.58%，城乡接合部为 11.88%，农村地区仅为 9.12%。具体如图 5－10 所示。

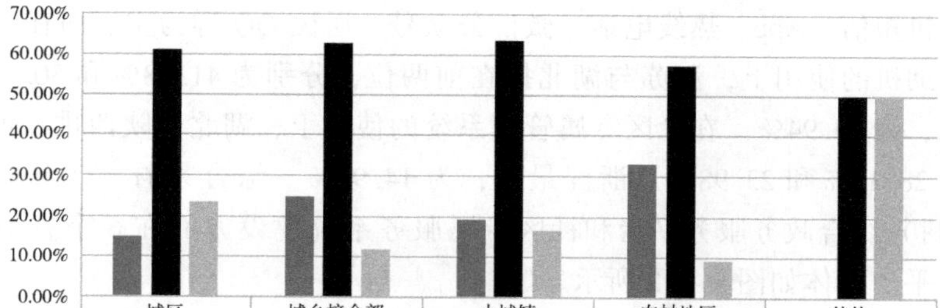

	城区	城乡接合部	小城镇	农村地区	其他
所有平台之间均能够实现	14.88%	24.80%	19.60%	33.37%	0.00%
部分平台之间能够实现	61.37%	63.32%	63.82%	57.51%	50.00%
都不能实现	23.75%	11.88%	16.58%	9.12%	50.00%

图 5－10　不同区位社区使用计算机网络信息管理平台情况

（五）社区（村）所处位置重复报送统计数据情况比较

就“所处不同区位社区是否存在多个部门要求重复报送统计数据的情况”而言，所处四个区位的社区存在差异。具体来看，第一，关于存在并且比较严重的情况，位于城区的社区占比最高，达到 34.12%，城乡接合部达到 25.17%，小城镇为 20.72%，农村地区的社区最低，为 15.54%。第二，关于存在但不严重的情况，小城镇最高，为 51.79%，城乡接合部为 49.83%，城区为 48.68%，农村地区为 42.31%。第三，关于基本不存在多个部门要求重复报送统计数据的情况，城区最低，为 17.20%。农村地区最高，达到 42.15%。具体如图 5－11 所示。

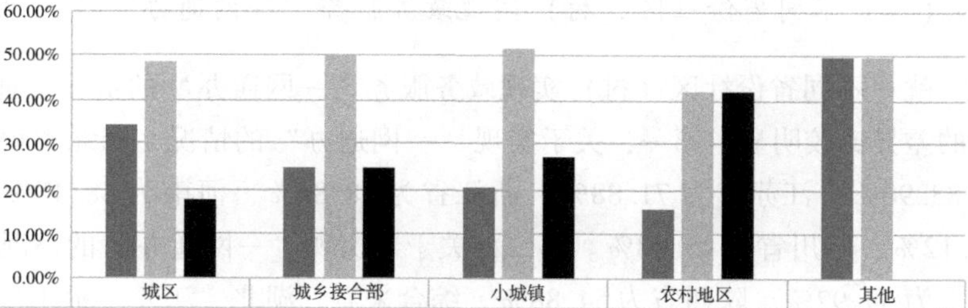

	城区	城乡接合部	小城镇	农村地区	其他
存在并且比较严重	34.12%	25.17%	20.72%	15.54%	50.00%
存在但不严重	48.68%	49.83%	51.79%	42.31%	50.00%
基本上不存在这种情况	17.20%	25.00%	27.49%	42.15%	0.00%

图 5－11　不同区位社区重复报送统计数据情况

四、不同省份社区（村）服务信息化差异情况比较

（一）不同省份社区（村）使用信息化方式开展社区服务情况比较

不同省份的社区（村）在服务信息化方式上并无明显差异，具体来看，江苏、浙江、河南、湖北、四川、陕西 6 个省份使用信息化的方式以居民微信群、

手机短信、App、热线电话、微信公众号、居民 QQ 群为主。而在综合政务服务自助机的使用上，江苏与湖北排在前两位，分别为 41.98% 和 30.78%。四川最低，为 15.94%。在社区专属管理系统的使用上，湖北和陕西排在前两位，分别为 28.17% 和 23.98%。浙江最低，为 14.90%。综合来看，江苏、湖北在社区（村）综合政务服务平台和社区专属服务系统建设方面在 6 个省份中处于领先水平。具体如图 5－12 所示。

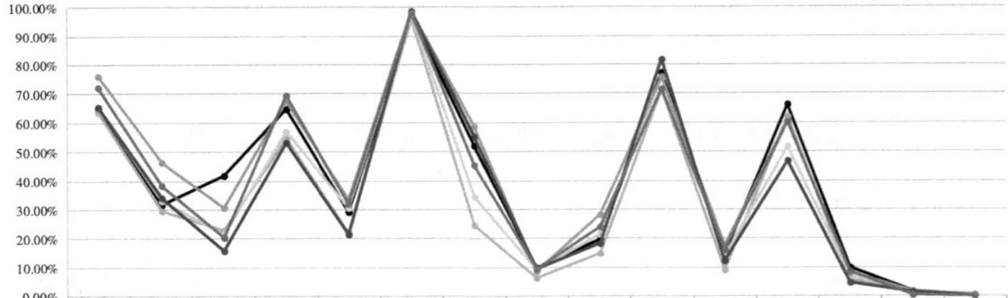

	App	官方网站	综合政务服务自助机	微信公众号	视频号/直播/短视频	居民微信群	居民QQ群	微博	社区专属管理系统（如安保系统）	手机短信	电子邮件	热线电话	网上论坛	其他	没有使用过
江苏	65.15%	31.68%	41.98%	64.95%	29.31%	96.83%	52.28%	9.90%	19.80%	77.23%	14.65%	66.14%	9.90%	1.78%	0.00%
浙江	63.92%	29.61%	22.94%	54.71%	21.96%	95.88%	24.71%	6.27%	14.90%	71.37%	9.22%	61.96%	5.69%	1.76%	0.00%
河南	65.58%	32.99%	21.38%	57.03%	30.75%	97.15%	34.62%	9.16%	21.38%	75.36%	14.26%	51.93%	7.13%	1.43%	0.61%
湖北	76.06%	46.48%	30.78%	67.61%	33.60%	98.59%	58.95%	8.85%	28.17%	75.65%	17.51%	60.76%	8.05%	1.61%	0.20%
四川	65.55%	34.25%	15.94%	53.35%	21.65%	98.62%	55.31%	9.45%	18.50%	81.69%	12.20%	47.05%	4.53%	1.38%	0.00%
陕西	72.36%	38.41%	20.53%	69.31%	31.91%	97.97%	45.53%	9.35%	23.98%	71.54%	16.06%	60.37%	8.54%	0.41%	0.00%

图 5－12　不同省份社区（村）使用信息化方式开展社区服务情况

（二）不同省份社区（村）实现政务服务“一网通办”情况比较

就“不同省份社区（村）实现政务服务‘一网通办’的情况”而言，6 个省份的差异比较明显。第一，关于实现“一网通办”的情况，湖北省程度最高，达到 83.90%，江苏省为 71.88%。浙江省为 58.82%，河南为 48.47%，陕西省为 45.12%，四川省为 45.08%。第二，关于未实现“一网通办”的情况，四川省最高，为 54.92%，陕西省为 54.88%。综合来看，湖北、江苏、浙江 3 个省份实现“一网通办”的社区（村）大于未实现“一网通办”的社区（村）。而四川、陕西、河南 3 个省份实现“一网通办”的社区（村）小于未实现“一网通办”的社区（村）。具体如图 5－13 所示。

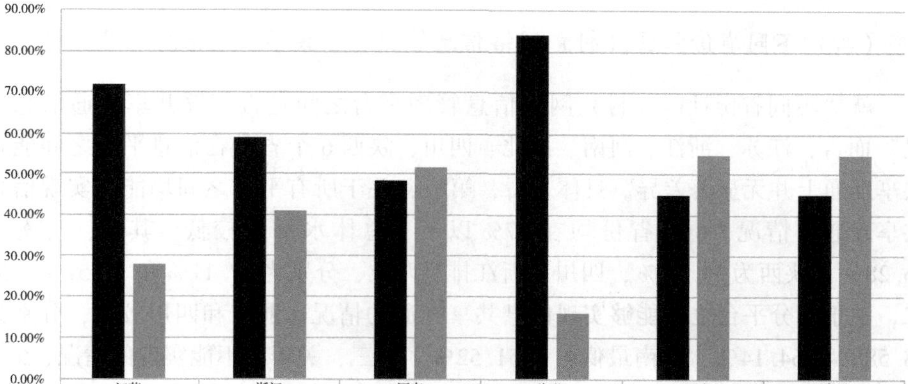

	江苏	浙江	河南	湖北	四川	陕西
■是	71.88%	58.82%	48.47%	83.90%	45.08%	45.12%
■否	28.12%	41.18%	51.53%	16.10%	54.92%	54.88%

图 5－13　不同省份实现政务服务“一网通办”情况

（三）不同省份社区（村）使用计算机网络信息管理平台情况比较

就“不同省份社区（村）在办公服务过程中使用计算机网络信息管理平台的情况”而言，江苏、浙江、河南、湖北、四川、陕西 6 个省份均有不同程度的同时使用多个平台、只使用一个平台、不使用平台三种情况。具体来说，第一，关于不使用信息管理平台的情况，四川省最高，达到 19.88%，江苏和湖北较低，分别为 5.15% 和 3.62%。第二，关于只使用一个平台的情况，6 个省份的差距不是很大，平均在 17.6% 左右。第三，关于同时使用多个信息管理平台的情况，江苏省最高，达到 81.78%，湖北省达到 81.29%，浙江省达到 71.76%。四川省最低，但也达到 59.84%。总体来看，6 个省份的社区（村）同时使用多个信息管理平台的情况较为普遍。具体如图 5－14 所示。

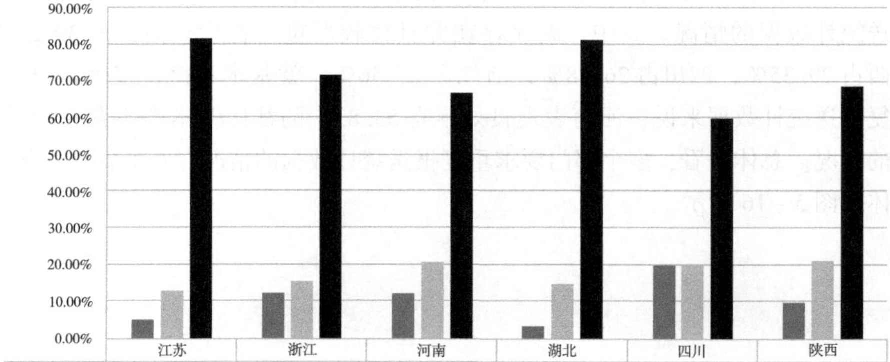

	江苏	浙江	河南	湖北	四川	陕西
■不使用	5.15%	12.55%	12.22%	3.62%	19.88%	9.96%
■只使用一个	13.07%	15.69%	20.98%	15.09%	20.28%	21.34%
■同时使用多个	81.78%	71.76%	66.80%	81.29%	59.84%	68.70%

图 5－14　不同省份社区（村）使用计算机网络信息管理平台情况

（四）不同省份社区（村）网络信息管理平台共享互通信息情况比较

就“不同省份社区（村）网络信息管理平台之间是否能够共享互通信息情况”而言，江苏、浙江、河南、湖北、四川、陕西6个省份在信息平台之间能否共享互通上并无显著差异。具体来看，第一，关于所有平台之间均能够实现信息共享互通的情况，6个省份均在37%以下，总体水平比较低。其中，河南为36.28%，陕西为31.95%，四川和浙江排后两位，分别为17.11%和15.57%。第二，关于部分平台之间能够实现信息共享互通的情况，浙江和四川较高，分别为68.58%和64.14%，河南最低，为51.52%。第三，关于都不能实现的情况，6个省份差距不是很大，平均在14.7%左右。具体如图5－15所示。

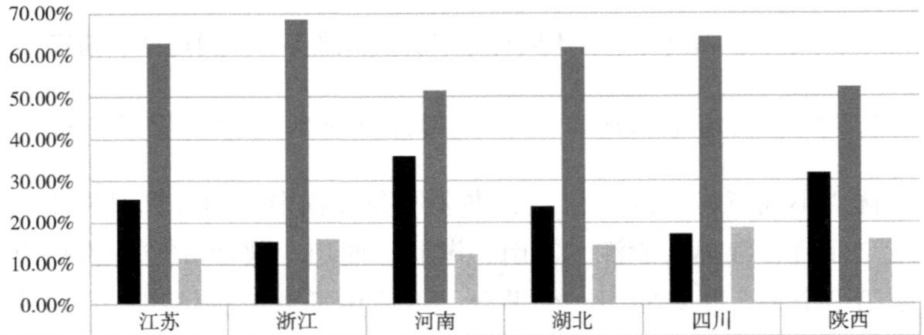

	江苏	浙江	河南	湖北	四川	陕西
■所有平台之间均能够实现	25.67%	15.57%	36.28%	23.76%	17.11%	31.95%
■部分平台之间能够实现	62.95%	68.58%	51.52%	61.88%	64.14%	52.37%
■都不能实现	11.38%	15.85%	12.20%	14.36%	18.75%	15.68%

图5－15　不同省份社区（村）网络信息平台之间共享互通信息情况

（五）不同省份社区（村）重复报送统计数据情况比较

江苏、浙江、河南、湖北、四川、陕西6个省份普遍存在多个部门要求重复报送统计数据的情况。其中，湖北存在并且比较严重的程度较高，占30.27%。陕西占29.35%，四川占26.78%，浙江占25.56%。就基本不存在多个部门要求重复报送统计数据来说，河南表现良好，有53.83%的社区基本上不存在报送数据的情况。总体来看，多个部门要求重复报送统计数据的情况在6个省份均存在。具体如图5－16所示。

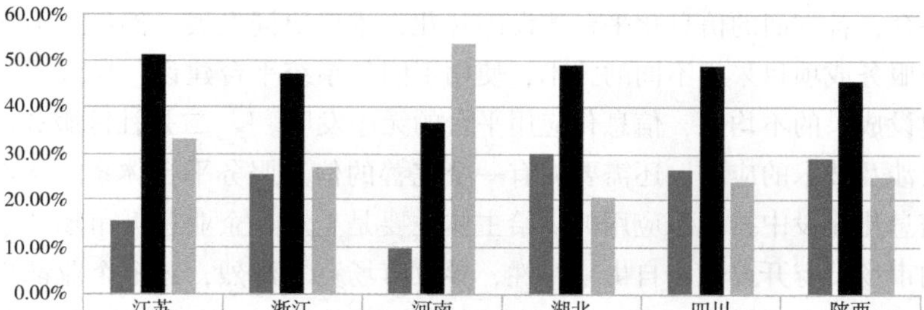

	江苏	浙江	河南	湖北	四川	陕西
存在并且比较严重	15.66%	25.56%	9.74%	30.27%	26.78%	29.35%
存在但不严重	51.36%	47.09%	36.43%	49.06%	48.89%	45.37%
基本上不存在这种情况	32.98%	27.35%	53.83%	20.67%	24.33%	25.28%

图 5－16　不同省份社区（村）重复报送统计数据情况

第四节　社区服务信息化存在的主要问题

我国社区服务信息化工程经过多年的建设和推进，社区基础设施逐步改善，信息化水平不断提升，面向业务协同的信息化应用水平、面向社会公众的便民服务能力取得较大的进步。但是，社区信息化建设中还存在不少突出问题，制约着未来社区服务信息化的高质量发展。结合调研情况，发现目前存在以下方面的突出问题。

一、制度政策层面：缺乏统一规划与统筹推进

当前国家层面和各级政府层面虽然出台了社区服务信息化建设相关政策文件，但没有就其中关键环节的技术问题、管理运营问题、条块协同问题、多层级间政府的协作问题作出明确说明，并没有就建设、运营、管理中涉及的职责体系问题进行界定，也并未进行统一规划和统筹推进。这使得各级政府在具体实施和推进过程中“各自为政”进行信息化建设，其造成的结果是社区服务平台建设碎片化或者造成社区服务平台的重复建设等浪费资源的情况。

（一）缺乏统一规划，社区服务平台建设碎片化

由于缺乏统筹推进，社区信息化平台建设碎片化问题突出。一是社区服务信息化建设的参与主体较多，社区在信息化建设的初始阶段，包括政府在内的各个主体就相关管理、运营、建设、维护、购买服务等问题未能进行统筹规划，提前谋划。遵循着“摸着石头过河”和“走一步看一步”的原则，由此造成各方面信息化建设工作的互相独立和自我发展的情况。由于缺少信息化建设的统一规划和

整合，各方面的信息化平台建设碎片化，难以协同发展。例如，不同的社区就统一服务或项目采用不同的技术，使用不同的系统平台建设，导致了各地区信息化建设成果的不均衡，信息化应用平台的无序发展。[1] 二是社区服务信息化建设不仅涉及技术的应用，还需要拥有一个完善的信息服务平台体系。然而，社区服务信息化建设中技术与应用的供给主体主要是企业，企业遵循市场竞争原则，互联网市场具有开放性和自由度特性，导致市场竞争激烈，每个企业都想要通过自己的平台来吸引和挽留用户。很多平台开发缺乏长远的发展规划，只关注短期利益，采取了“见什么做什么”的策略，对于用户真正的需求缺乏深入挖掘和理解，这种模式导致了平台建设的碎片化，难以形成统一的行业标准和规范。

（二）缺乏统筹推进，信息化平台重复建设

受条块分割体制影响，条线部门和职能部门在信息化建设的决策过程中时常受传统行政理念的影响，或者需要考虑部门利益。一是多层级行政体系与条块关系使得社区服务信息化建设缺乏整体性的统筹推进，在此过程中出现平台重复建设的情况。二是决策者并没有真正从公民的需求出发，而是从方便自己部门内部办公角度出发来推进信息建设。[2] 不同的部门建设跟自身业务相关的信息平台，建设分散，导致系统重复建设，不仅费时费钱费力，还加剧部门间信息鸿沟，在推进一体化政务服务体系时不利于采取集体行动。缺乏统筹规划使得政府重电子轻应用，忽视应用系统的建设拓展，使得本末关系倒置，个别花巨资购买硬件设备实用性并不强，由此造成“电子”大于“政务”的现象。

二、机制运行层面：信息化平台存在壁垒，数据孤岛现象严重

（一）信息服务平台不兼容，数据“聚、通、用”程度低

社区信息化平台之间不兼容，“聚、通、用”实现程度低等问题，这些严重阻碍了社区服务信息化建设的进展。一是平台供应商之间利益竞争激烈。在信息化建设过程中，平台供应商都希望自己的平台能够得到广泛的应用，以扩大市场份额和获得更多的收益。[3] 为此，他们通常会采取封闭式开发的策略，通过限制与其他平台的互联互通，使得居民只能在特定的平台上使用服务。这就导致平台之间不兼容的情况。二是平台之间缺乏有效的沟通机制。在信息化建设过程中，

---

〔1〕 陈荣卓、刘亚楠：《城市社区治理信息化的技术偏好与适应性变革——基于“第三批全国社区治理与服务创新实验区”的多案例分析》，载《社会主义研究》2019 年第 4 期，第 112—120 页。

〔2〕 李焱：《中国社区信息化及其系统结构的框架研究》，载《电子政务》2012 年第 5 期，第 91—95 页。

〔3〕 石庆波、黄其松：《我国政府数据聚通用的难点与优化路径——以贵阳市为例》，载《电子政务》2022 年第 3 期，第 88—100 页。

各个平台之间往往缺乏直接沟通的机会。这导致使用不同平台的用户之间无法进行有效的交流和互动，很难形成有效的社区服务网络。同时，由于缺乏有效的沟通机制，平台之间也很难进行及时的升级和改进，使得数据的“聚、通、用”实现程度低。三是平台之间技术标准不同。不同的平台往往采用不同的技术标准和协议，导致互联互通困难。在一个社区中，由于不同的平台使用的技术标准不同，居民无法通过一个统一的入口来访问所有的社区服务，需要对多个平台进行注册和登录，影响了社区服务的用户体验。四是平台之间缺乏有效的协同机制。难以实现数据和信息的动态协同，很难保证数据的准确性和一致性，这就使平台之间出现了数据重复、数据不一致等问题，严重削弱了社区服务信息化建设的效果。

（二）各信息平台之间数据重复录入，形成“数据孤岛”

数据重复录入是指在社区服务信息平台上，相同的内容被多次录入，导致一个信息存在多个位置，降低信息的可靠性以及可用性。这种问题往往由于数据管理相对混乱和不规范的数据录入方式。数据重复录入不仅浪费了管理员的时间和精力，而且会使得数据结构杂乱无章，发生严重的错误。这些错误构成了数据孤岛，使得数据的整合和分析极其困难。[1] 一是由于缺乏统筹推进，各个部门以及社区均按照自身的实际需要购买信息平台，在满足自身事务管理与居民个性化需求的同时，也因数据的存储、定义、评价标准不一带来数据交互共享不畅，致使数据孤岛林立。数据孤岛的出现为跨部门的合作共治带来不便，数据的重复采集输入增加了投入成本，降低了数据利用效率，也为跨区域的互通共享造成障碍。二是各地区数据化系统建设标准不一、运营方式各异，数据库之间缺乏关联性和兼容性，为提取一定范围内的数据信息和分析结果造成困难，增加了跨地区数据合作的沟通成本。[2] 数据应用的基础在于数据信息的精准与共享，数据孤岛使得各管理部门在数据资源上不能共享互鉴，数据应用上不能关联互助，造成效率的损耗和合作的阻隔，严重制约了数据库的效能发挥，逐渐成为信息化建设的瓶颈。

三、空间区域层面：东中西部发展不均衡，城乡发展不平衡

（一）东中西部发展不均衡问题突出

东中西部地区在信息化基础设施建设方面存在明显差异。东部地区的信息化基础设施建设相对完善，在城市化和工业化进程中先发制人，投入较大、发展速

---

〔1〕 赵金旭、孟天广：《技术赋能：区块链如何重塑治理结构与模式》，载《当代世界与社会主义》2019 年第 3 期，第 187—194 页。

〔2〕 李国青、李毅：《我国智慧社区建设的困境与出路》，载《广州大学学报》（社会科学版）2015 年第 2 期，第 67—71 页。

度较快。而中部与西部地区则存在基础设施建设不足的问题，资源投入远不及东部地区，在社区服务信息化建设中，东部地区具有明显优势。一是在社区服务信息化应用的程度方面，东部地区居民的信息素养相对较高、信息需求相对较大，社区服务信息化设施得到了广泛应用。与此相比，西部地区的居民对信息的接触相对较少、需求相对较低，社区服务信息化应用的水平也相对较低。因此，在社区服务信息化建设中，东部地区的应用程度更高。二是与东部地区相比，西部地区由于在经济、教育和文化发展等方面相对滞后，一些传统习惯和思维模式仍然具有较强的影响力，社区服务信息化建设面临较大的困难，相应的社区服务也较为落后。

（二）城乡发展不平衡问题突出

城市和农村在信息技术应用能力上存在巨大差距。由于资源分配不均，城市在信息化建设方面更具优势。一是城市地区拥有更先进的通信、网络基础设施和更高的网络普及率，而农村地区则缺乏先进的应用环境和技术设施，城市和农村在社区服务信息化建设的起点不同，面临的挑战和问题也不同。二是城市与农村的行政管理体系差异在一定程度上拉大了社区服务信息化建设的城乡差距。城市的行政管理机构通常具有更严密的组织架构、更高效的管理模式，而农村行政管理体系普遍存在管理体制落后、人员素质不高等问题，导致城市与农村在管理水平上存在巨大差异，进一步限制了农村地区的信息化建设。

四、供需使用层面：服务需求的多样性与信息化建设不匹配

社区服务信息化涉及范围广泛，不同居民群体的需求各不相同。一是老年人对养老服务的需求较大，而年轻人则更关注教育、娱乐等方面的服务。然而，在社区服务信息化建设的实际过程中，差异化、多样化的弹性需求与信息化建设刚性内容目标难以完全兼容，使得部分群体的差异化需求不能得到很好的满足。[1]二是当前社区服务信息化的供给主体主要是政府，而需求主体是社区居民。以格式化、标准化的任务分配、指标下达、资源分配等方式提供的服务并没有很好地与社区居民的需求相匹配，社区处于被安排和被给予的境地，居民的使用主体性地位缺失，突出表现为，社区服务信息化与居民的生产实践、生活实践脱节，一些设施与服务项目闲置，利用效率不高，出现信息平台或设施项目“供而不用”的现象。调研发现，一些社区的数字政务服务（显示屏）通常闲置、数字图书馆

---

〔1〕毛佩瑾、李春艳：《新时代智慧社区建设：发展脉络、现实困境与优化路径》，载《东南学术》2023 年第 3 期，第 138—151 页。

经常关闭，花费巨额资金建造的信息化工程成为装饰社区、基层政府的“门面”工程，成效大打折扣。三是社区服务所要覆盖的区域也不尽相同。在城市的不同区域或街道，社区服务的重点也有所不同。因此，社区服务信息化建设需要满足不同居民和区域的需求，提供多元化的服务，然而，在现实情况中这种工作往往面临很大的困难和挑战。

五、个体操作层面：存在数字鸿沟，信息化设施使用水平低

数字鸿沟突出表现为设施设备使用能力之间的差异，由于社区居民文化程度不同，数字素养有差异，在信息化设施使用上往往存在不同程度的操作技能障碍。[1] 高技术门槛的设施对于技术娴熟或高数字素养的人群来说使用较为容易，而对于老年人来说，使用难度较高。一是数字鸿沟表现为信息获取能力的差异。针对不同的服务需求，社区信息化设施提供了各种类型的信息服务，如教育、医疗、消费、文化等。但信息化设施的信息涵盖面和使用方式并不适合所有人，这便形成了信息获取的数字鸿沟。二是数字鸿沟表现为信息交流的差异。社区信息化设施的使用还包括了信息交流，如互动沟通、社区治理、民主协商等。但社区居民间的社会关系多种多样，交流方式、需求等也各不相同，这就造成了信息交流中的数字鸿沟。一些特定的信息要在特定的 App 上或系统中获取，一些观点或看法要通过特定的信息化渠道传播，但对于包括老年人在内的弱势群体，他们可能无法去表达意见以及获取信息。以上两个方面的数字鸿沟使得部分社区居民对信息化设施的使用水平低。

六、参与主体层面：以政府为主，参与主体单一

当前社区服务信息化建设的一个问题是参与主体单一，社会与企业以及居民参与不足。社区服务信息化建设的参与主体通常是政府，政府负责规划、组织实施和监督社区服务的开展，因此政府在社区服务信息化建设中发挥着重要作用。一是部分地区的社区普遍存在一种认知偏差，认为政府应该包揽一切服务的供给，使得政府机制成为服务的主要甚至唯一模式，市场主体、社会组织的参与性、协同性不足，没有形成以政府为主体的“一核多元”的供给格局。二是市场主体、社会主体参与社区服务信息化建设的动力不足，社区服务信息化仍然以政府购买和社会化运营管理两种方式为主，赞助活动、捐赠产品等其他方式仍较为少见，多元主体参与社区服务信息化资源供给的广度和深度十分有限。

---

[1] 邱泽奇、张樹沁、刘世定、许英康：《从数字鸿沟到红利差异——互联网资本的视角》，载《中国社会科学》2016 年第 10 期，第 93—115 页。

第五节 社区服务信息化的推进思路与发展建议

一、价值层面：坚持以人为本，为民所用

社区服务信息化建设应从社区居民的实际需求出发，丰富服务项目，强调以人为本，注重社区的人文因素建设。首先，要充分发挥社区信息化的服务优势，整合社区事务服务与生活求助服务系统平台，实现受理方式的多样化。网站和系统建设方面要充分结合电子政务和电子商务的功能，一方面开展事务类和政务类的项目，另一方面要满足居民的精神文化需要，提供生活咨询、休闲娱乐、家庭医疗、天气和环境等多种服务项目，调动居民参与热情，真正实现虚实结合、良性互动、便民利民，使社区氛围和居住环境更加和谐健康。其次，针对当前社区服务信息化供给中需求与供给的结构失衡，需要将自上而下的供给侧主导模式转向自下而上的需求侧主导模式。构建社区居民的信息需求的反馈体系，根据其具体需求，使得信息化服务供给具有更强的针对性和有效性，增强社区居民的主体意识，实现供需衔接与服务效能的最大化。

二、制度层面：强化顶层设计，加强统筹规划

社区信息化建设要从全局出发，加强统一规划、统一协调。打破部门、单位之间的界限，调动各方面的积极性，搞好部门间的协作，至少要在市（县、区）一级政府强化统筹规划，整合各方资源，实现数据共享，避免信息化平台建设的“碎片化”。[1] 一是信息化主管部门与社区工作部门要加强沟通，共同编制覆盖全区的信息化规划，避免出现一哄而上、重复投资、盲目建设和互不兼容的现象。二是要协调好多层级政府之间的关系以及“条”“块”之间的关系，社区信息化涉及面宽，内容多，必然存在一个从何下手、如何操作的问题。社区信息化是面向基层社区组织的，其工作更多的是综合性事务，强调“块”上的工作，政府部门原有的“条块分割、各自为政”的管理模式并不利于社区工作的开展，更不利于社区信息化工作的推进和深化。“以块为主、条块结合”的建设模式有机地整合了纵向联系的行政体系和横向联系的自治组织，能够有效提高政府整合社区资源和行政资源的能力，对实现政府职能转变、城市管理重心下移和提高城市

---

〔1〕 王伟玲：《我国数字政府顶层设计的理念辨析与实践指向》，载《行政管理改革》2021年第6期，第40—50页。

管理效率都具有重大作用。[1] 三是整合、撤并及归类叫法不同、做法不同、包装不同但功能相同的社区基础设施、网络系统和各类 App，以县（区）为统一单元推进社区信息化工程建设。

三、政策层面：健全政策法规，制定制度性标准

各级地方政府要规范信息化建设中的建设标准，建立健全政策法规和信息安全体系。标准问题涉及数据标准，又涉及管理与服务标准。数据标准包括数据采集的基本要素、数据的来源、数据采集的方法及要求等，标准统一有利于各地系统间的融会贯通；管理与服务的标准包括社区管理与服务的范围、内容、深入的程度以及如何将管理与服务有机结合等问题。[2] 一是健全制度标准。加快制定全国社区公共服务综合信息平台建设标准，规范社区公共服务综合信息平台设施建设、技术支撑、运行管理和监督考核，切实提高社区公共服务综合信息平台建设的质量。研究制定全国社区公共服务标准体系，规范社区公共服务项目、服务流程、服务方式、服务质量和服务评价，切实提高服务社区居民的能力和水平。建立健全社区公共服务综合信息平台居民满意度评价体系，推动社区信息化建设健康快速发展。二是营造公平公正、健康有序、与国内乃至国际先进水平或惯例接轨的社区信息化发展环境，制定并落实各项安全保障措施和防范机制，确保信息系统工程的可靠性，引导信息工作向规范化方向发展。

四、实践层面：培育市场、社会组织多元主体参与

社区服务信息化的建设与推进是一个整体的系统性工程，政府要汇聚多种主体力量，不断推进供给主体的协同治理模式，使公共服务供给主体从政府单方供给的伞状结构向多元主体协同供给的网状结构转型升级。一是政府要做好营商环境服务，通过主动搭建管理服务平台，引入竞争机制和市场机制，激发其他供给主体活力，吸引企业有效参与到社区服务信息化基础设施建设和数字化服务当中去，开发和供给多样化的、与社区居民实际需求相适应的服务，科学合理刺激和引导社区居民的信息化应用需求。二是政府可以通过社会链接资源，尝试动员社会组织参与到社区服务信息化建设工作当中，形成政府与社会组织合作生产公共服务的格局，使政府力量与市场力量的不足得到有效的补充。三是政府主管部门要积极利用社区信息化建设的成果和手段，引导社区居民积极参与民主协商及社

---

〔1〕 中共江苏省委统战部　苏科创新战略研究院联合课题组：《大统战工作格局下信息化建设协同治理模式研究》，载《江苏省社会主义学院学报》2021 年第 6 期，第 4—11 页。

〔2〕 何军：《智慧城市顶层设计与推进举措研究——以智慧南京顶层设计主要思路及发展策略为例》，载《城市发展研究》2013 年第 7 期，第 72—76 页。

区自治，形成社区意识和公益精神，培育“人人为我，我为人人”的良好社会风气风尚，打造社区共建共治共享的格局。

五、技能层面：培养居民数字素养，提升信息化设施使用技能

社区可以通过与社会组织合作，通过引进具有较高数字素养和数字使用技能人员，在社区进行宣传，指导居民使用信息化设施，在此过程中培养居民的信息化设施使用意识，提高信息化设施的使用技能，逐渐开发社区中的人力资源。一是通过在日常生活实践中的数字化技术运用和数字生活感知，改变了居民传统生产方式和生活方式。二是基层政府与社区可以通过定期举办数字化技术学习班，培养一批“技术能人”，以技术能人带动其他人的方式进一步提升其他居民的信息化设施使用技能。尤其是在社区公共事务治理的数字化实践中重视居民的参与，通过数字化技术塑造新型治理空间，重建社区治理共同体。三是鼓励和引导社区居民建立技术学习兴趣班，尤其帮助老年人和其他弱势群体，通过帮扶学习、相互带动，分层次、分阶段地提升社区居民对信息化设施的使用技能水平。

第六章　社区公共服务

社区公共服务是指在政府引导下，利用各方面资源在社区提供的公共服务，其目的在于弥补市场机制缺陷，维护社区居民和驻区单位的公共利益，提高社区居民的生活质量和幸福感，促进社区的和谐稳定。本章着眼于共建共治共享视角，在阐明社区公共服务内涵、脉络及框架的基础上，利用问卷、调查资料等，尝试揭示社区公共服务（包括但不限于民政服务）的现状和问题，提出优化社区公共服务的对策建议，为改善城乡社区公共服务提供有益借鉴。

第一节　社区公共服务的内涵解析

本节围绕社区公共服务的内涵及意义、其在国内外的发展历程作出解析，试图厘清共建共治共享视角下的社区公共服务供给逻辑，作为本章前置性的基础支撑。

一、社区公共服务的内涵及意义

（一）概念解析

“社区”一词来源于拉丁语，意思是共同的事物和密切的伙伴关系，1887 年由德国社会学家滕尼斯首次引入社会学界。在我国，作为学术概念的“社区”源自英文的“community”，20 世纪 20 年代引入国内被翻译成“人群”，后由费孝通等社会学前辈翻译为“社区”，沿用至今，并逐步延展出社区公共服务等具体内涵。

学术界普遍认为，社区公共服务是“在政府的领导与支持之下，由政府、社会以及市场合力，为满足社区居民、社区范围内各单位及其他组织的广泛需求所提供的各项服务”，该定义强调要发挥政府、社会和市场三方的作用，并明确了服务的对象是社区居民和社区范围内的单位或其他机构。该定义强调社区公共服务的公共属性，其重要内涵在于，公共服务不是单纯由提供主体来界定，而是由其提供目的来界定，目的是满足社区的公共需求。社区公共服务和社区公共物品既有联系又有区别，社区公共物品是社区公共服务的物质载体，侧重于有形的物品、设施供给，而社区公共服务强调无形服务的“有效递送”，更侧重通过服务供给提升居民获得感。

社区公共服务的品质对居民的满意度、幸福感和安全感有重要影响。概而言之，社区公共服务是各服务供给主体为满足社区居民、驻社区单位以及其他机构的共性需求，提供的具有非排他性和非竞争性的服务。社区公共服务可以由政府提供，也可以由其他主体提供。在共建共治共享视角下，我们更加关注政府与其他多元主体提供社区公共服务的形态和合作机制。

（二）社区公共服务的意义

社区公共服务的价值和意义，可以从三个不同的主体性角度加以认识。

第一，社区公共服务是政府实现公共管理职能的重要载体。社区公共服务具有公共性，体现着政府行使公共权力的合法性。社区公共利益是社区公共服务的最终目的，必然要求社会及其公共舆论对其进行广泛的监督，具有运作过程的公开性与广泛参与性。

第二，社区公共服务是基层社会治理的重要组成部分。社区公共服务是基层党组织服务功能发挥的重要空间，通过运用包括政府在内的多种力量向社区居民提供民生保障、矛盾化解、文化体育等方面的服务，以满足居民的基本需求，提高居民的生活质量。社区公共服务是社会治理体系中最基础、最广泛、最直接的服务。

第三，社区公共服务是全面建成社会主义现代化强国的重要基础。社区公共服务的完善有助于改善居民的生活质量，增强居民的获得感和幸福感，促进社会和谐稳定，有助于推动城乡、区域协调发展，促进经济发展和社会进步。

（三）社区公共服务的表现形式

在现代社会中，社区公共服务发挥着至关重要的作用，为居民提供了各种必要的支持和便利，根据服务内容和功能可以将社区公共服务分为社区教育、医疗、养老、文化娱乐、环境卫生、社会福利、社区安全、就业、法律和居民自治等方面的内容。在回应人民群众对美好生活向往的过程中，社区公共服务的内涵将不断扩展。

二、社区公共服务在国内外的发展历程

（一）我国社区公共服务的发展历程

我国社区公共服务的发展历程可以上溯到 20 世纪 80 年代，当时我国开始推行城市社区建设，社区公共服务随之发展起来。根据不同阶段社区建设的内容及

特点，可将社区公共服务发展的历程分为四个阶段。

1. 民政部门推动，社区自主供给阶段（1987—1992 年）

我国从 20 世纪 80 年代中期开始使用的是“社区服务”这个概念。1987 年 9 月民政部在武汉召开全国城市社区服务工作座谈会，会议决定在全国部分城市进行社区服务试点工作。1989 年在杭州召开的全国城市社区服务经验交流会上，明确了社区服务的工作方针和推广任务。这一阶段社区公共服务处于普及和推广初期，在概念理解、内容界定、提供方式、资金筹措等方面处于摸索和调整阶段。社区公共服务主要由民政部门负责引导和推动，以街道办事处和居民委员会为基础架构，动员社会各方面的力量，依赖民众的广泛参与，从而构建一个多样化而又适应性强的网络体系。

截至 1992 年末，国内超过七成的街道已经着手推广社区公共服务项目。在这一阶段，可以观察到三个鲜明的特点：一是社区公共服务范围较窄，以传统民政对象服务以及社区便民、利民服务为核心。二是政府投入比较节制。这一阶段重视提升社区的自治服务能力，在社区公共服务的实施方面，社会力量的投入和居民之间的相互帮助起到了非常重要的作用。由于受到财政预算的限制，政府能够提供的经费支持是有限的，绝大多数社区公共服务项目由社区自行启动和管理，服务规模较小，通常专注于提供日常生活便利网点。三是强化街道办事处和居民委员会在社区公共服务领域的自主管理能力。充分发挥街道办事处和居民委员会在社区公共服务建设中的核心作用，鼓励各地因地制宜地开展相关探索。

2. 部门协同、产业化发展阶段（1993—2005 年）

在这一阶段，部门间的协同合作和产业化的推动已经成为社区公共服务发展的鲜明特点。在国务院各相关部门的联合努力下，受益于社区公共服务的人群和服务覆盖的领域正逐步拓宽；依托于产业化进程的发展动力，社区公共服务已经逐渐脱离了以往的小规模运作模式，转而发展成具有规模效应的服务设施与网络体系，展现出更广泛的影响力和覆盖范围。

1993 年 8 月，民政部联同国家计委、财政部以及其他 11 个部门联合颁布了《关于加快发展社区服务业的意见》，提出坚持福利服务与经营服务、无偿服务与有偿服务相结合的原则，立足民政，向社会开放，要以社区服务中心为依托，逐步把民政主要业务纳入其中，建立社区居民生活服务系列、养老服务系列、残疾人服务系列、优抚对象服务系列、社会行政事业服务系列等，推动整个社区服务的总体水平向更高层次发展。2000 年，民政部发布《关于在全国推进城市社区建设的意见》，明确要加强大中城市的社区服务中心、社区服务站的建设，加强面向老年人、儿童、残疾人、社会贫困户、优抚对象的社会救助和福利服务，加强面向下岗职工的再就业服务和社会保障社会化服务，要坚持社会化、产业化的发展方向。截至2005年，全国已建立8656个综合性社区服务中心，从事社区服务的工作人员数量增至573.8万人。2006年底，社区服务行业为118.3万名下岗职工提供了就业机会。社区公共服务从传统的民政服务对象拓展到社区安全、社区卫生等领域，开始向更加全面和深入的社会服务体系转变。社区公共服务吸引了更多的专业社会组织及志愿者参与，并逐步融入普通居民的日常生活，成为社区生活不可或缺的一部分。

3. “三社联动”、社会化发展阶段（2006—2020年）

这一阶段的社区公共服务主要以“三社联动”和社会化发展为主旋律。2006年发布的《国务院关于加强和改进社区服务工作的意见》强调以人为本，倡导社会化原则，要求充分利用政府、社区居委会、民间组织、驻社区单位和企业以及个人在社区服务中的积极作用，优先解决居民最为关注和迫切需要的问题。该文件强调了建构一个包括社会保障、就业支持、医疗卫生、紧急救助、计划生育、教学资源、文化活动、体育发展、流动人口监管以及安全保障在内的综合性公共服务体系的重要性。同时，积极支持社会组织的参与，并发挥居民委员会在社区服务中的重要作用。在此基础上，民政部从2015年开始逐步实施“三社联动”工作模式，这一模式依托社区平台，以社会组织为核心，以社会工作专业人才作为支持力量。2017年6月，中共中央、国务院共同颁布《关于加强和完善城乡社区治理的意见》，对城乡社区治理工作进行了具体规划，重申了以人为本的发展理念，并将居民的服务和福祉作为城乡社区治理工作的基点和目标。该意见指出，为了适应城乡发展的一体化以及公共服务平等化的新要求，必须促进城乡之间公共资源的均等分配。此外，文件特别提出三个要点：一是推进社区、社会组织、社会工作者之间的协同合作，注重提升社区组织对于居民需求的把握能力、对服务项目的策划能力以及鼓励社会力量参与的综合能力。二是构建跨城乡的综合社区公共服务网络，加快城乡社区公共服务体系建设，健全城乡社区服务机构，编制城乡社区公共服务指导目录，做好与城乡社区居民利益密切相关的劳动就业、社会保障、卫生计生、教育事业、社会服务、住房保障、文化体育、公共安全、公共法律服务、调解仲裁等公共服务事项。[1] 三是促进社区综合服务设施建设，确保逐步扩展到所有城乡社区。所有面向社区居民提供的公共和志愿服务，包括专业的社会工作服务，都应默认由城乡社区综合服务设施负责，除非国家有特别规定。为了提升城乡社区综合服务设施的使用效率，应创新其运营机制，结合居民集体协商管理和社会组织委托经营的方法。党的十九大报告进一步

---

〔1〕《中共中央 国务院关于加强和完善城乡社区治理的意见》，载《中华人民共和国国务院公报》2017年第18期，第6—11页。

提出要“发挥社会组织作用，实现政府治理和社会调节、居民自治良性互动”。

在包括上海、苏州、南京、广州和北京在内的多个城市，社区公共服务的提供已经经历了一系列调整与优化。社区服务体系正在见证居委会、社会组织、社会工作者之间协同关系的不断深化，这种合作演变成一个相互扶持的社区模式。为了鼓励社会力量投入到社区服务中，政府采取了一系列措施，如服务外包、公益性风险投资、资金注入以及税收优惠等，以促进和吸引更多社会组织的参与。在早期阶段，这些社会组织依靠政府的资源和权力开展社区服务，更倾向于满足政府设定的量化目标，但这样的服务对于提升居民的实际生活体验并未产生预期的显著影响。随着“三社联动”机制对社区架构进行重塑和优化，越来越多的社会组织在社区层面自觉响应居民的服务需求，积极参与社区公共服务。社区居委会借助政策、体制和资金的支持，不断提升其自治能力和业务水平。随着社区服务的不断进步，社会组织、社会工作者以及居民委员会彼此之间形成了一种互助合作的伙伴关系，它们通过增强能力、整合资源和共享技术知识，共同推进了社区服务的专业发展、协作效率和社会参与度。这一阶段社区公共服务的演变体现在几个关键方面。首先，社区公共服务更注重增进公共福祉，不再仅仅被视为一个独立的产业。这种转变反映了社区公共服务保障公平和提高效率的新趋势。其次，政府不断通过制定政策、提供财政支援以及建立制度框架等措施，鼓励社区公共服务向社会化转型，企图突破以往社区建设中政府主导的单一格局。在这个转型期，依托于“三社联动”的模式，社会组织与社工人员不断提高社会参与度，为其在社区公共服务中的作用提供积极支撑。最后，服务方式的演进，由原来的满足居民需求向组织居民和赋能居民方向发展。过去，社区公共服务主要围绕福利救助原则，通过量化指标来提高居民生活的质量和水平。在社会化的发展轨迹中，社区公共服务着力提升居民的参与度和主体性。居民们逐步被吸引进社区服务的多个环节，包括需求的确认、项目的提出、服务的实施、评价的参与以及监督与反馈的全程。

4. “五社联动”、均等化发展阶段（2021 年至今）

2021 年 4 月，中共中央、国务院颁布《关于加强基层治理体系和治理能力现代化建设的意见》明确提出“完善社会力量参与基层治理激励政策，创新社区与社会组织、社会工作者、社区志愿者、社会慈善资源的联动机制”[1]，促进基本公共服务均等化要求将“五社联动”模式嵌入基层民生保障工作，创新城乡社区公共服务供给方式，为社区公共服务赋能，推动社区基层公共服务精准化、精细

---

〔1〕 郭伟和：《“五社联动”：政府购买服务从“竞标”转向“授权”的实际行动》，载《中国社会工作》2022 年第 33 期，第 8 页。

化、专业化。[1] 另外，持续推进城乡基本公共服务均等化，构建优质均衡的公共服务体系。

党的十八大以来，我国社区公共服务的发展逐步从基本公共服务向高质量、均等化、多元化的方向发展，特别是强调社会力量参与的重要性，以进一步满足人民群众日益增长的美好生活需要。总体来看，我国社区公共服务的发展呈现五个特点。

一是以人民为中心。始终强调以人民为中心，确保最广泛的人民群众的根本利益得到实现和维护。致力于把城乡社区建设成为和谐、有序、绿色、创新、包容的共同体。

二是公共服务均等化。党的十九大报告强调“加快推进基本公共服务均等化”。党的二十大报告进一步强调健全基本公共服务体系，提升公共服务水平，增强均衡性和可及性，扎实推进共同富裕。

三是完善社会保障体系。突出社会保障体系作为民众安居乐业的保障网和社会稳定的关键支柱的作用，着眼于建立全民覆盖、城乡统筹、公平一致、安全有序、可持续发展的多层次社会保障体系。此外，致力于促进基本养老保险全国统筹制度的发展，完善全国统一的基本养老保险体系，并推动建设多层级、多支柱的养老保险体系。扩大社会保险覆盖面，促进多层次医疗保障有序衔接，加快完善全国统一的社会保险公共服务平台，健全分层分类的社会救助体系。

四是完善基层民主制度。致力于完善基层民主制度，积极推进基层民主发展，完善由基层党组织引导的群众自治机制，加强基层组织的建设，提升城乡社区居民在自我管理、自我服务、自我教育及自我监督方面的能力与成效。

五是提升社会治理效能。强调健全共建共治共享的社会治理制度，加快推进市域社会治理现代化，提高市域社会治理能力，建设人人有责、人人尽责、人人享有的社会治理共同体。

（二）国外社区公共服务的发展历程

国外并不直接使用“社区公共服务”这个概念，在西方语境中，对社区公共服务的界定尚无统一标准。根据研究的不同重点，学者们常用不同的术语予以描述，例如“社会福利服务”（Social Welfare Service）、“社区工作”（Community Work）等。在19世纪末期，西方国家开始对社区概念进行探讨。在西方社会快速工业化的背景下，滕尼斯提出了建立在“共同价值观”之上的“社会生活共同体”的理念，这个理念后来成了“社区”这一术语的理论起点。至于公共服务的

---

[1] 张来明、刘理晖：《新中国社会治理的理论与实践》，载《管理世界》2022年第1期，第20—35页。

学术讨论，则源于新公共管理的思潮，其起源可以追溯至经济学中公共物品理念的发展。莱昂·狄骥（Léon Duguit）是最早对公共服务进行系统阐释的学者之一，他认为公共服务是一类需政府监管且有利于社会凝聚的活动。

1. 私营部门主导供给（19 世纪至 20 世纪初）

西方国家社区公共服务的发展历程是一个漫长的过程。19 世纪末 20 世纪初，欧美国家开始关注社区公共服务的发展。在这个时期，社区公共服务的提供主要由慈善机构和教会组织负责。例如，教会组织会提供教育、医疗和福利服务，以满足社区成员的需求。20 世纪初，欧洲国家开始建立社区中心，为居民提供各种服务，如儿童托管、老年人照顾、文化活动等。在美国，社区公共服务的发展始于 20 世纪初，当时的美国政府开始建立社区卫生中心、社区图书馆、社区学校等公共服务设施。20 世纪 30 年代，美国政府开始实行新政，大力推进社会保障事业的发展。

2. 增强政府主导，加强社会福利投入（20 世纪初至 20 世纪中叶）

第二次世界大战之后，欧美国家开始建立现代社区公共服务体系。这一时期，国家在社区公共服务领域发挥了更加重要的作用。在英国，1948 年通过了国家医疗保健法案，建立了国民医疗服务体系，为社区提供免费医疗服务。美国在 20 世纪 60 年代推出了“战争对贫困”的政策，旨在改善社区的低收入群体的生活状况。这一政策推动了社区发展项目和福利计划的建立。这一阶段欧美国家增强了中央政府控制能力，推行公共事业国有化。加强对社会福利事业投资，根据官方数据显示，英国在社会福利方面的开支从 1951 年的大约 20.74 亿英镑跃升至 1983 年的 685 亿英镑，增幅达到了 27 倍。[1] 与此同时，美国政府的公共服务职责显著扩张，触及经济和社会生活的广泛领域，涵盖社会保障、基础设施建设、公共事业、环境保护、医疗保健以及基础教育等。美国实施覆盖全国的公共工程项目和社会救援计划，不仅增强了联邦政府对州政府和地方政府的指导和控制，同时加强了其对公共服务提供的管理。这些社会福利计划在帮助民众度过经济衰退时期，如大萧条等紧急情况，起到了关键的支持作用。

3. 减轻政府压力，引入第三部门（20 世纪中叶至 20 世纪末）

在 20 世纪的八九十年代期间，受新自由主义政策的影响，英国政府显著削弱了其在公共服务方面的财政支出，并助推了公共领域向私营化转变的趋势。这种策略的实施结果是，政府在社区服务这一块的财政支持大幅缩水。尽管如此，一个由社会组织牵头的社区发展新模式逐渐获得了普遍的接受并不断扩散。在政策

---

〔1〕 周学荣：《英国公共服务改革及其启示》，载《国家行政学院学报》2010 年第 6 期，第 34—39 页。

方面，英国政府有意识地缩减了其在日常管理事务中的直接介入，保留了关键的财政支出，并增强了中央政府的监督职能。同时，英国政府还鼓励非政府机构在福利服务的提供方面扮演更活跃的角色，从而有效地促进了社会各界的积极参与和创新动力。

在同一时期的美国，里根总统于 1981 年开始致力于公共服务的市场化改革。随后，进入 20 世纪 90 年代的布什和克林顿政府继续实施以市场为导向的“企业家政府”模式改革。在这个阶段，美国的公共服务体系改革主要聚焦于市场化的服务供应，政府转移了许多服务职责给私营和非营利部门，强调顾客导向的服务模式，并有效地减轻了政府各级的财政负担。

4. 强调多元主体供给和服务多样性（21 世纪初至今）

欧美国家对社区公共服务的发展关注度进一步提高，特别是在社会福利、教育和环境保护方面。许多国家开始注重社区的可持续发展和社区参与。社区居民被视为公共政策制定和项目实施的重要参与者。数字技术的发展也为社区公共服务的提供和管理带来了新的机遇，例如在线社区平台和数字化服务的推出。

近年来，社区公共服务的发展趋势包括更加注重社区的多元性和包容性。社区公共服务的提供需要更好地满足不同群体的需求，包括移民、残障人士和少数族裔群体。社区公共服务也开始更加关注可持续发展和环境问题，推动可再生能源的采用和减少碳排放，以减轻对环境的影响。社区公共服务的数字化和智能化发展也日益重要。通过信息技术的应用，社区居民可以更方便地获取服务、参与决策和交流意见。

社区公共服务的融合和整合成为一个重要的趋势。不同部门和机构之间的合作和协调变得更加紧密，以提供更全面、高效的服务。例如，社会服务、健康保健和教育部门之间的合作，以提供综合的社区支持和干预措施。社区公共服务也开始更加注重预防和早期干预，通过提供诸如早期教育、促进健康和社会支助等服务，社区可以预防问题产生并改善其居民的生活质量。社区公共服务的发展也受到财政压力和资源限制的影响。政府和机构需要在有限的资源下，寻求更有效的投资和合作模式，以确保社区公共服务的可持续性。

三、共建共治共享视角下的社区公共服务供给框架

党的十九大报告中首次提出了“打造共建共治共享的社会治理格局”，同时强调“加强社区治理体系建设，推动社会治理重心向基层下移，发挥社会组织作用，实现政府治理和社会调节、居民自治良性互动”。“共建共治共享”强调多主体的参与、资源的相互依赖、行动网络的构建、成果共享等内容。

（一）参与动机

各个主体参与的动机既影响着社区公共服务共建共治共享的进程，也影响着共建共治共享的成效。在服务供给权责分类上，公共服务主要由基本公共服务与普惠性非基本公共服务两大类构成。基本公共服务要求实现目标人群全覆盖、服务全达标、投入有保障，实现均等化享有和便利可及，政府是基本公共服务保障的责任主体，同时，引导市场主体和公益性社会组织补充供给。包容性非基本公共服务，是指能从更高层面满足市民需要，价格适中，符合多数市民需要的服务。市场主体与公益性社会机构为其主要力量。另外，为实现公民追求多元化、个性化，付费享受高端公共服务的目标，政府应该通过制定规则来改善营商环境以保障相关行业规范可持续发展。

公共服务供给的底层逻辑是“政府+社会组织与企业+公民”的共建共治共享机制，本节从政府角度、社会组织与企业、公民个人角度做出审视。

首先，从政府角度看，缓解供需矛盾、最大化满足社区居民多样性与个性化需求、实现有限公共服务资源最优供给是政府促进社区公共服务共建共治共享发展的首要动因。社区公共服务作为社区建设的重要内容，政府应发挥主导作用，使所有居民都能分享社区建设与发展的成果，以实现社会公平正义最大化为目标。政府联合社会组织、企业、居民共同参与社区公共服务提供，不仅能促进公共服务资源共享、责任共担，获得居民足够信任，还能改善社区公共服务绩效从而提升合法性。[1]

其次，从社会组织与企业角度看，公共服务关乎国家安全和国计民生，为此市场主体、社会组织等社区公共服务的参与方，需秉持强烈的社会责任意识和社会效益导向。在公共服务保障领域，社会组织是公共服务供给的重要力量之一。社会组织是一种社会力量，其参与社区公共服务主要有提供专业服务、提高组织声誉、扩大组织规模等动因。社会组织应肩负起政府职能转移、应对公民需求、提倡公共精神、社区共同体意识等责任，对社区内各种资源进行整合利用，以谋求社区公众利益最大化。对于企业来说，在社区活动的动机主要是通过为社区提供商业服务获取经济利益。企业借助社区丰富的资源获取经济利益的同时，也能通过提供公共服务来提升自身的品牌形象。

最后，从公民个人角度看，公民个人参与公共服务活动的动机主要有三种：理性动机、规范动机、情感动机。理性动机是指个体功利上的考量与追求，规范动机是指个体对于社会、国家或者公共利益所应承担和履行的职责与义务，情

---

〔1〕 汪辉勇：《公共价值含义》，载《广东社会科学》2008年第5期，第56—61页。

感动机是指个体所产生的愉快情感体验，公共利益及公共事业都与该情感体验存在因果联系。从理性动机来看，居民的主要活动仅限于单位和家庭。只有社区公共服务直接关系到居民自身利益，普通居民才会积极参与到社区公共服务共建共治共享中来；否则居民对社区公共服务参与度不高。从情感动机来看，有少部分居民受到情感的影响，由于热爱社区、热心社区公共事务而主动参与到社区公共服务提供中，并成为社区公共服务提供主体。在规范动机视角下，公务员与社区工作者介入社区公共服务在一定程度上出于其公共利益与公共服务投入。

（二）实现过程

中国政府在社区建设中不断推动社区治理方式由政府管理向协商共治转变、社区服务内容由政务向居务转变、社区参与由被动向主动转变、社区联结由松散向紧密转变。

1. 党委领导。中共中央、国务院颁布《关于加强基层治理体系和治理能力现代化建设的意见》提到，坚持党对基层治理的全面领导，把党的领导贯穿基层治理全过程、各方面。向基层放权赋能，减轻基层负担。坚持共建共治共享，建设人人有责、人人尽责、人人享有的基层治理共同体。加强党的基层组织建设，健全基层治理党的领导体制，构建党委领导、党政统筹、简约高效的乡镇（街道）管理体制，完善党建引领的社会参与制度。从国家宏观上看，党组织掌握着城市基层社会的主导权力，通过对基层社会的政治领导、组织领导和思想领导，实现城市基层社会的一体化。在社区公共服务进程中，就组织关系而言，社区党委和社区居委会之间的关系表现为领导和被领导关系，而社区党委书记则处于社区工作领导核心；就社区党委与其他社区主体之间的关系而言，社区党委是通过融合、吸纳等方式把社会力量凝聚到党组织身边。从社区党组织本身力量角度来看，党组织延伸至社区的倾向越来越显著，以组织对外延伸来强化党组织整合能力、整合社会力量与资源、引领社区公共服务共建共治共享实践、提升社区公共服务供给能力，同时强化城市基层政治权力。

2. 多元参与。多元主体参与是社区公共服务的重要组成部分。社区各种力量积极参与社区建设，能够促进社区事务的协商解决走向精细化、专业化。一是社区协商。搭建民主协商平台，拓展民主协商主体，制定协商议事规则，提高居民参与能力。协商是为了产生决策，在此过程中，强调公民参与的重要性，旨在解决社区公共服务过程中“公民参与不足”的问题。社区公共服务供给过程作为一个集体选择过程，迫切需要社区居民的参与。通过需求方的有效反馈，供给方可以提供更好的服务，满足居民的需求。同时构建多元监督机制确保社区协商议事效果。二是合作供给。合作供给就是以社区内部需求为动力，通过政府、社会组织、企业和居民各主体之间密切联系，取长补短，有效地整合社区公共服务资源，提高社区公共服务水平来满足社区居民各种服务需求的供给方式。[1] 在社区公共服务供给中，既有党委、政府的领导和支持，也有社区、社会组织、企业和公民的共建共治。在社区公共服务供给中，合作供给的内在动力在于社区的需求。在必要时，要选择社会上的专业组织或者企业介入和工作，并且需要政府乃至其他社会力量在资源和技术上给予扶持。

3. 成果共享。共享主要包括主体、客体和共享方式三个基本要素。共享的主体是人，共享的客体是物、服务或价值。从主体来看，在社区公共服务中，社区党委、居委会、社会组织、企业和居民应共同在合作供给中创造价值，进而共享价值和服务效果，促进社区各项事业全面发展。从服务接受对象来看，作为社区共同体的社区全体居民都拥有享受服务供给的权利。从客体来看，社区公共服务共享的客体应该是居民多样化的需求。为了达成这一目标，应该不断扩展服务内容，不仅要做好物质上的保障工作，还要关注精神上的需求。居民不仅有共享公共资源、公共服务、公共利益的权利，还要共同创造社区精神，分享社区价值。不仅要做好老弱病残等居民的公共服务，还要让社区公共服务覆盖到更大范围的居民。从共享的方式来看，还要处理好共享过程中的公平关系，要保障所有居民都可以平等共享公共服务的成果。

（三）效果评估

1. 多元主体参与的广度与深度。社区公共服务绩效考核是社区公共服务共建共治共享机制的重要环节。共建共治共享社区公共服务是多元主体共同参与社区公共服务供给，让全体社区居民共享成果。社区公共服务应促进多元主体的深度参与，政府、市场与社会对社区公共服务供给是否进行了明确分工，社区居民的参与意愿与能力是否增强，这些均是评价社区公共服务成效的重要标志。没有多主体对社区公共服务供给的合理参与，社区居民的参与意愿与能力不强，社区公共服务共建共治共享目标也不可能完全达成。

2. 社区公共服务供给的数量和质量。社区公共服务提供是否符合居民需求，公共服务提供内容是否充分，能否考虑社区各群体特别是社区弱势群体利益诉求，提供制度是否规范有效，提供信息是否公开透明以及反馈及时。

3. 社区公共服务共享的公平性。社区公共服务共享的公平性不仅包括参与权

---

[1] 李友梅、肖瑛、黄晓春：《当代中国社会建设的公共性困境及其超越》，载《中国社会科学》2012 年第 4 期，第 125—139 页。

的公平性，还包括共享公共服务成果的公平性，即社区居民有参与社区事务的权利，有同等的机会享受社区公共服务。

（四）影响因素

1. 主体因素。社区公共服务的能力体现渗透到社区公共服务的各个环节，紧密连接。因此，在操作过程中，需要明确每个参与者的角色和定位，履行各自的职责。在主体层面上，各个主体资源配置能力存在差异，资源配置能力对社区公共服务供给主动性与领导力产生直接影响。主体参与能力与素养还会对社区公共服务的供给质量与成效产生直接影响。

2. 制度因素。一是社区的正式制度，它包括由政府及有关部门制定的法律法规和由社区居委会、行业委员会、物业管理公司等制定的与具体对象相适应的有关制度规范及各类社会组织内正式制度等。二是社区的非正式体系，也就是社会公认的价值观、伦理道德、道德观念和风俗习惯等。制度决定了多主体参与的范围，决定了多主体合作的规则和规范，也决定了最终的服务结果应符合社会的公共价值和价值观念。

3. 技术因素。一方面，技术使公共资源的分配更加均衡。随着科学技术的不断发展，社区公共服务提供者可以依靠先进的技术来搭建相关平台，整合各种分散的资源，简化管理流程，拓宽社区间沟通渠道，减少居民获取公共服务的时间和空间限制，降低社区公共服务中的人力物力成本消耗。同时智慧社区的建设有利于营造社区参与文化，增强社区认同感，缓解行政部门公共服务供给压力和激发社区主体治理参与热情，更能消除外部供给和内部需求间信息鸿沟。另一方面，加强人员素质培训，建设一支高素质的服务队伍，社区公共服务的过程离不开专业技术和管理人才的培养。现代化信息技术背景下的社区公共服务呈现标准化、精细化等特点，因而亟须更为专业、素质更高的人才团队支撑。培养更专业的社会组织以及更具专业技术和素养的社会工作人员，才能进一步满足居民多样化、深层次的需求。

第二节　共建共治共享视角下社区公共服务的客观状态与主观感受

基于前述内涵研讨与框架分析，本研究形成了基于学理支撑的社区公共服务整体认知。为更好地探查共建共治共享视角下社区公共服务的客观状态与主观感受，本节立足于在江苏、浙江、河南、湖北、四川、陕西六个省开展的“社区服务现状综合访问社区问卷”中社区（村）负责人填写的参与调研的社区（村）基本情况和社区（村）有关民政服务情况，村居民填写的对社区社会保障和服务的需求、接受或满意程度调查数据，以及对社区养老服务的需求、接受或满意程度调查数据，从实证层面描述和比较城乡社区公共服务情况，形成基于实证导向的共建共治共享视角下社区公共服务的客观状态与主观感受。

一、参与调研的社区（村）基本情况

（一）本社区（村）户籍人口中，领取最低生活保障的户数

如图6－1所示，参加调研的六省社区（村）户籍人口中，领取最低生活保障户数较多的是四川和陕西，次之是河南、湖北和江苏，浙江最少。该组数据与六省的经济社会发展程度呈现一定的相关性。

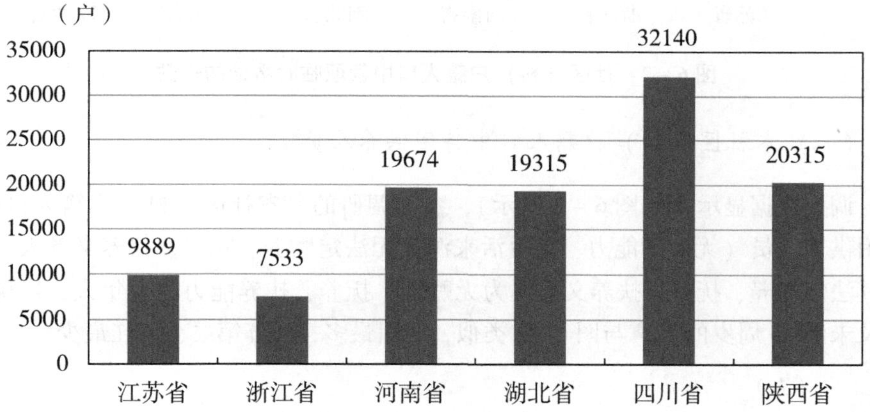

图6－1　社区（村）户籍人口中领取最低生活保障的户数

（二）本社区（村）户籍人口中领取临时救助的户数

调查发现（如图6－2所示），参加调研的六省社区（村）户籍人口中，领取临时救助户数最多的仍在四川，浙江最少。值得关注的是，江苏不仅高于陕西，还高于河南和湖北，位居第二。

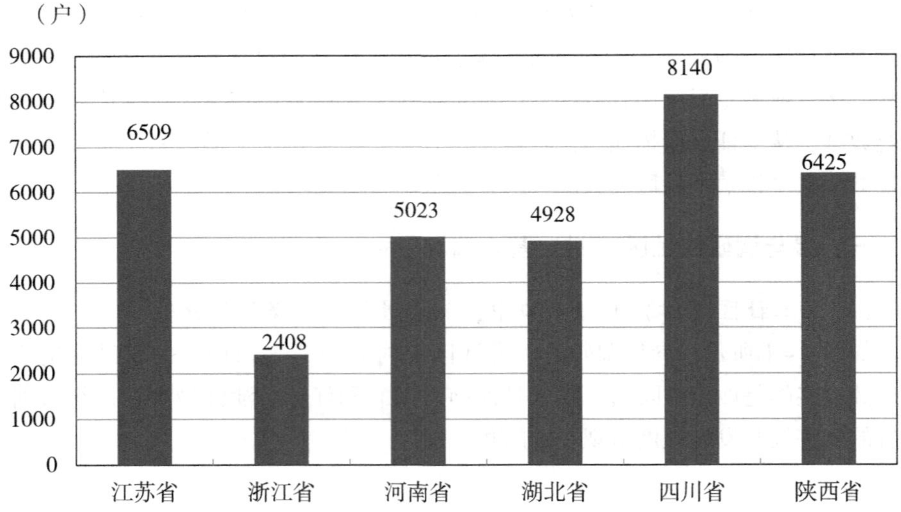

图6－2　社区（村）户籍人口中领取临时救助的户数

（三）本社区（村）户籍人口中特困供养人员

调查数据显示（如图6－3所示），参加调研的六省社区（村）户籍人口中，特困供养人员（无劳动能力、无生活来源且无法定赡养、抚养、扶养义务人，或者其法定赡养、抚养、扶养义务人为无赡养、抚养、扶养能力的老年人、残疾人以及未满16周岁的人）与图6－2类似，四川最多，江苏第二，浙江最少。

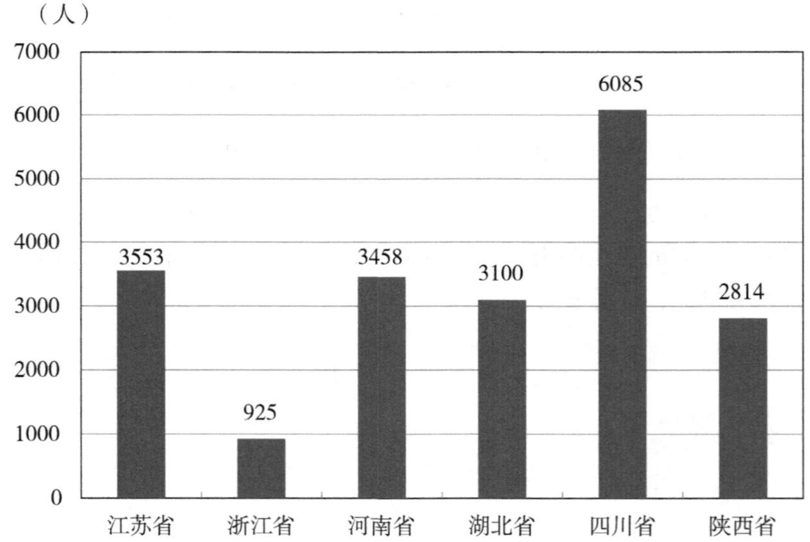

图6－3　社区（村）户籍人口中特困供养人员人数

（四）本社区（村）户籍人口中残疾人人数

调查显示（如图6－4所示），参加调研的六省社区（村）户籍人口中，四川残疾人人数最多，其次是湖北、陕西、江苏，浙江相对较少，河南最少。

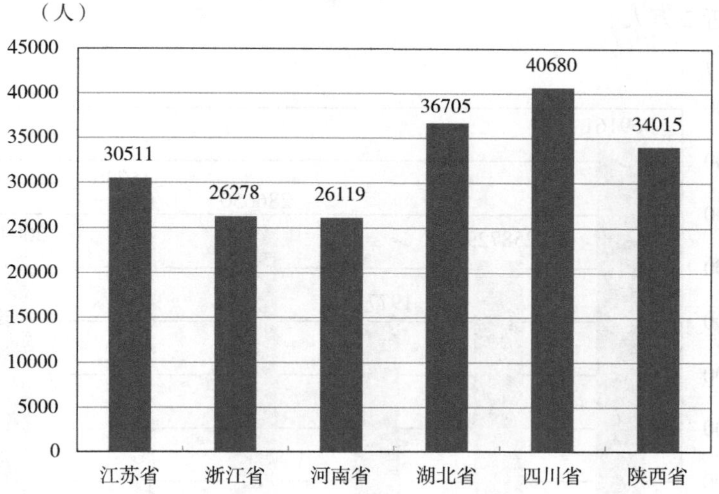

图6－4　社区（村）户籍人口中残疾人人数

（五）本社区（村）户籍人口中“低保”人口人数

调查显示（如图6－5所示），参加调研的六省社区（村）户籍人口中，“低保”人口人数四川最多，浙江最少，陕西和湖北均在3万人以上。

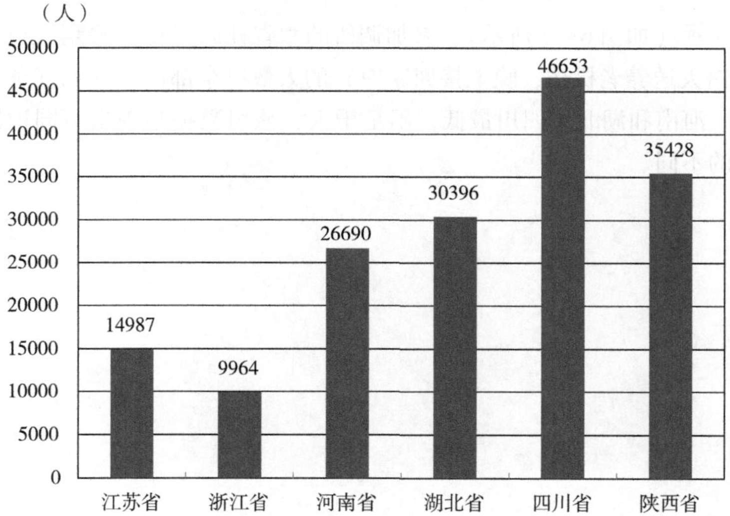

图6－5　社区（村）户籍人口中“低保”人口人数

（六）本社区（村）户籍人口中65周岁及以上老年人口

调查显示（如图6－6所示），参加调研的六省社区（村）户籍人口中，65周岁及以上老年人口人数以江苏和四川较多，其次是湖北、陕西和浙江，河南最少，但也近2万人。

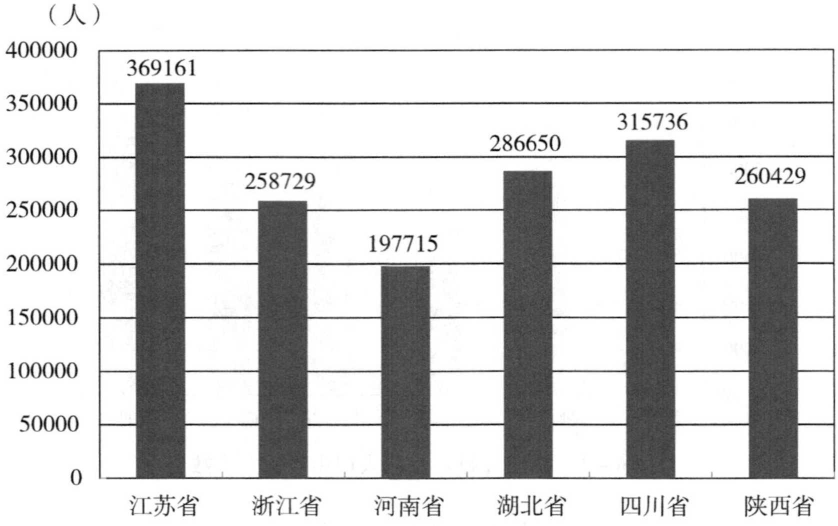

图6－6　社区（村）户籍人口中65周岁及以上老年人口人数

（七）本社区（村）户籍人口中社区日间照料人数

调查显示（如图6－7所示），参加调研的六省社区（村）户籍人口中社区日间照料（白天送养老机构，晚上接回家中）的人数以东部的浙江和江苏较多，其次是陕西、河南和湖北，四川最低，不足千人，该组数据呈现出不同地区和省份养老方式的不同。

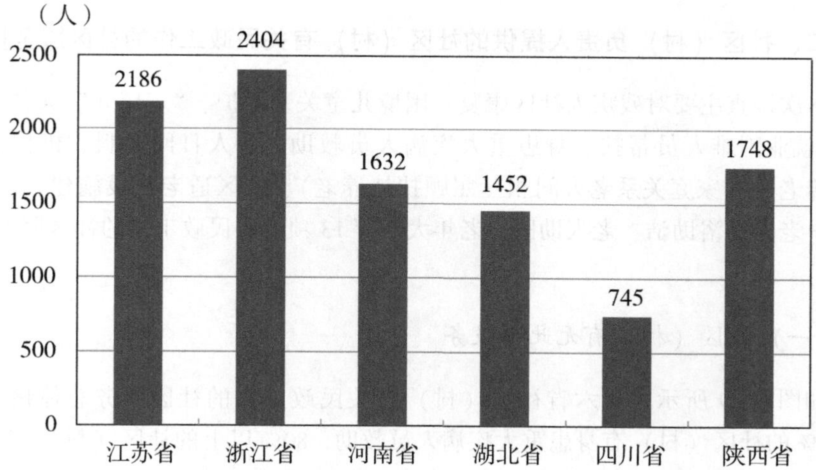

图 6－7　社区（村）户籍人口中社区日间照料（白天送养老机构，晚上接回家中）人数

（八）本社区（村）户籍人口中机构集中托养服务人数

调查显示（如图 6－8 所示），参加调研的六省社区（村）户籍人口中，机构集中托养服务人数以浙江和四川较多，湖北、江苏、陕西次之，河南最少，仅 807 人。

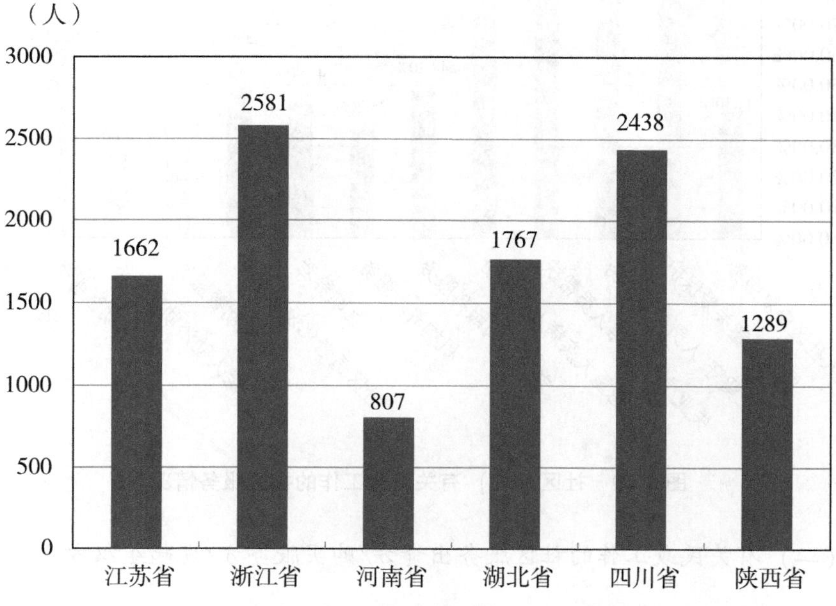

图 6－8　社区（村）户籍人口中机构集中托养服务人数

二、社区（村）负责人提供的社区（村）有关民政工作的社区服务情况

本次调查主要对残疾人社区康复、困境儿童关爱保护、“三留守”人员关爱、失业/就业困难人员帮扶、身患重大疾病人员救助、老人日间照料、机构养老、互助养老（非家庭关系老人间相互照顾扶持养老）、社区适老化设施建设、老人助餐、老人助浴助洁、老人助医、老年大学等13项有关民政工作的社区服务进行调查。

（一）社区（村）有无此项服务

如图6－9所示，从六省社区（村）有关民政工作的社区服务总体情况看，92.80%的社区（村）有身患重大疾病人员救助，80%以上的社区（村）有失业/就业困难人员帮扶、困境儿童关爱保护和“三留守”人员关爱服务，62.30%的社区（村）有老人助医服务，54.90%的社区（村）有社区适老化设施建设。有老人日间照料服务、互助养老、残疾人社区康复服务、机构养老服务、老人助餐服务、老人助浴助洁服务、老年大学的社区（村）占比不足50%，其中老人助浴助洁和助餐服务均不到30%，老年大学最少，仅16.00%。

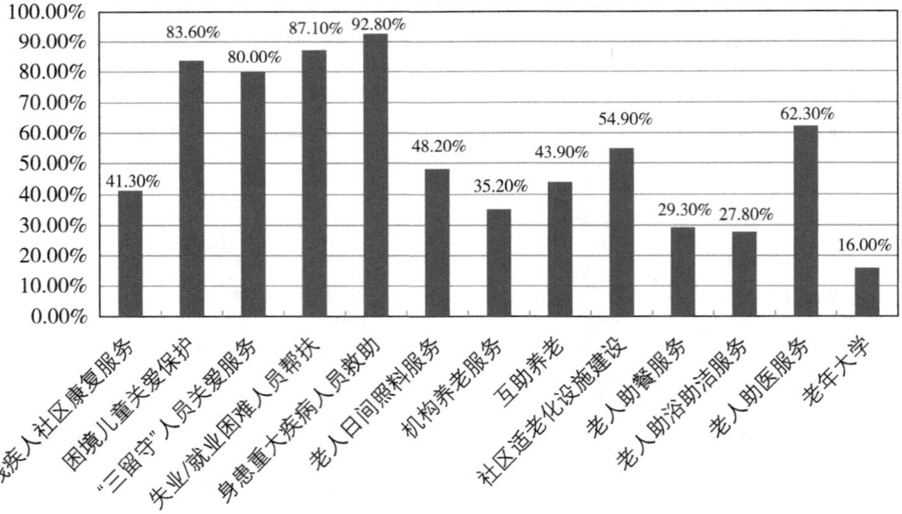

图6－9　社区（村）有关民政工作的社区服务情况

（二）有关民政工作的社区服务出资方/购买服务方/发起组织方

如图6－10所示，在本次调查的13项社区服务中，一方面，职能部门、街道（乡镇）、居（村）委会作为出资方/购买服务方/发起组织方的服务占主要部分，

且主要集中于“三留守”人员关爱服务、失业/就业困难人员帮扶、困境儿童关爱保护、身患重大疾病人员救助、老人助医、社区适老化设施建设。同时，在老人助餐、助洁助浴和老年大学的占比均低。但也有明显的差异，一是居（村）委会作为出资方/购买服务方/发起组织方，仅在残疾人社区康复服务、身患重大疾病人员救助、机构养老服务和老年大学四项服务中的占比略低于（不到5%）职能部门和街道（乡镇），其余9项服务均处于绝对领先地位。二是职能部门仅在身患重大疾病人员救助、残疾人社区康复服务两方面服务中略高于街道（乡镇）和居（村）委会。

另一方面，慈善捐赠、居（村）民自发、业主委员会/物业管理委员会也发挥了一定作用。慈善捐赠作为出资方/购买服务方/发起组织方，在困境儿童关爱保护、身患重大疾病人员救助这两项社区服务中占比均高于20%，在“三留守”人员关爱服务的占比达16.50%，在失业/就业困难人员帮扶和残疾人社区康复服务中的占比接近10%，在社区适老化设施建设、老人日间照料服务、互助养老和机构养老的占比也在5%—7%。居（村）民自发在互助养老出资方/购买服务方/发起组织方占比高达17.50%，仅次于居（村）委会，但高于职能部门，名列第二。在困境儿童关爱保护、“三留守”人员关爱服务、身患重大疾病人员救助的出资方/购买服务方/发起组织方占比也在10%左右，在失业/就业困难人员帮扶、老人助医服务、老人日间照料服务三项占比均高于6%，呈现出重要的补充作用。业主委员会/物业管理委员会在困境儿童关爱保护、“三留守”人员关爱服务、互助养老、社区适老化设施建设、身患重大疾病人员救助的社区公共服务中出资方/购买服务方/发起组织方占比均高于3%。

以上调查结果显示，我国在社区服务项目的出资/购买/发起方面，政府部门依然占据着主导地位，但是社会力量已经在社区公共服务中有相当的投入和关注度，多方参与的结构初步呈现。

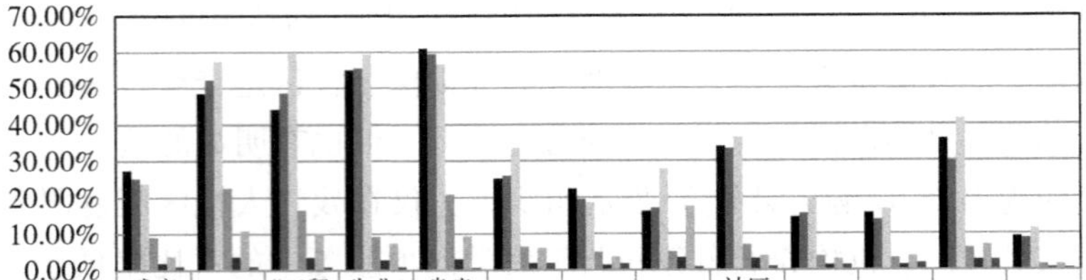

	残疾人社区康复服务	困境儿童关爱保护	“三留守”人员关爱服务	失业/就业困难人员帮扶	身患重大疾病人员救助	老人日间照料服务	机构养老服务	互助养老	社区适老化设施建设	老人助餐服务	老人助浴助洁服务	老人助医服务	老年大学
■职能部门	27.50%	48.60%	44.20%	55.10%	61.00%	25.20%	22.30%	16.20%	34.00%	14.50%	15.60%	36.00%	9.30%
■街道（乡镇）	25.20%	52.30%	48.70%	55.60%	59.50%	26.00%	19.50%	17.00%	33.40%	15.50%	13.70%	30.00%	8.70%
■居（村）委会	23.80%	57.50%	59.90%	59.40%	56.70%	33.70%	18.60%	27.80%	36.40%	20.00%	16.60%	41.60%	11.40%
■慈善捐赠	9.10%	22.60%	16.50%	9.30%	20.80%	6.50%	5.00%	5.20%	7.00%	3.80%	3.40%	6.00%	1.60%
■业主委员会/物业管理委员会	1.90%	3.70%	3.60%	2.90%	3.10%	2.00%	1.50%	3.50%	3.20%	1.40%	1.40%	2.80%	0.70%
■居（村）民自发	3.80%	10.90%	10.10%	7.50%	9.40%	6.10%	3.70%	17.50%	4.00%	3.10%	3.90%	7.00%	1.60%
■其他	1.00%	1.10%	0.90%	0.90%	0.70%	1.90%	1.80%	0.90%	1.00%	1.50%	1.90%	2.90%	0.50%

图 6－10　社区（村）有关民政工作的社区服务出资方/购买服务方/发起组织方情况

（三）提供服务参与方

如图 6－11 所示，在本次调查的 13 项社区服务项目中，社区工作者在各项服务的提供参与均居首位，社会组织是仅次于社区工作者的第二大提供服务参与方，尤其是在身患重大疾病人员救助、困境儿童关爱保护、失业/就业困难人员帮扶和“三留守”人员关爱服务的提供参与分别占 42.80%、40.30%、37.70%、35.60%。社区志愿者在困境儿童关爱保护、“三留守”人员关爱服务的占比分别达 37.10% 和 36.20%，身患重大疾病人员救助、老人助医、失业/就业困难人员帮扶服务的占比均高于 20%。驻社区单位则主要参与身患重大疾病人员救助、失业/就业困难人员帮扶、困境儿童关爱保护、“三留守”人员关爱服务的提供，占比均接近 20%，居（村）民主要参与互助养老、“三留守”人员关爱服务、困境儿童关爱保护、身患重大疾病人员救助的提供，占比接近 20%，失业/就业困难人员帮扶、老人助医服务、老人日间照料服务、社区适老化设施建设、残疾人社区康复服务的参与占比也在 10% 左右。

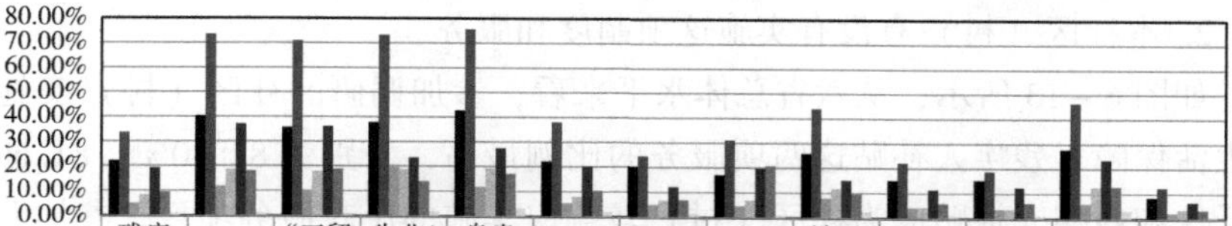

	残疾人社区康复服务	困境儿童关爱保护	“三留守”人员关爱服务	失业/就业困难人员帮扶	身患重大疾病人员救助	老人日间照料服务	机构养老服务	互助养老	社区适老化设施建设	老人助餐服务	老人助浴助洁服务	老人助医服务	老年大学
■社会组织	22.10%	40.30%	35.60%	37.70%	42.80%	22.20%	20.30%	17.10%	25.70%	15.20%	15.40%	27.80%	8.60%
■社区工作者	33.60%	73.60%	71.00%	73.30%	75.70%	38.10%	24.50%	31.10%	44.10%	22.20%	18.80%	46.50%	12.50%
■企业	5.20%	11.90%	10.20%	20.50%	11.90%	5.50%	5.20%	4.70%	8.10%	4.30%	3.60%	6.00%	2.30%
■驻社区单位	8.30%	18.60%	17.90%	18.90%	19.20%	7.90%	6.70%	6.90%	11.60%	4.40%	3.70%	12.60%	3.60%
■社区志愿者	19.30%	37.10%	36.20%	23.50%	27.30%	20.20%	12.20%	19.90%	15.20%	11.50%	12.40%	23.50%	6.60%
■居（村）民	9.50%	18.10%	18.70%	14.10%	17.20%	10.40%	6.90%	20.70%	9.60%	5.90%	6.30%	12.80%	3.50%
■其他	0.90%	1.30%	1.00%	2.10%	3.40%	1.70%	1.60%	0.90%	2.50%	1.10%	1.00%	3.30%	0.60%

图 6－11　社区（村）有关民政工作的社区服务提供服务参与方情况

三、居民对社区民政服务的需求、接受或满意程度调查

（一）居民对下列保障和服务的需求、接受和满意程度调查

1. 居民本人或家人需求程度调查

如图 6－12 所示，从六省总体需求水平来看，居民本人或家人对社区民政服务的需求水平大致可以分为两类，一是对身患重大疾病人员救助、居民最低生活保障、失业/就业困难人员帮扶、临时救助这四项需求最高，均高于 30%，依次为 38. 60%、37. 60%、35. 50%、34. 40%。二是对“三留守”人员关爱服务、困境儿童关爱保护、特困人员供养、残疾人补贴、残疾人社区康复服务这五项需求相对低一些，依次为 26. 90%、25. 20%、24. 10%、23. 40%、23. 30%。

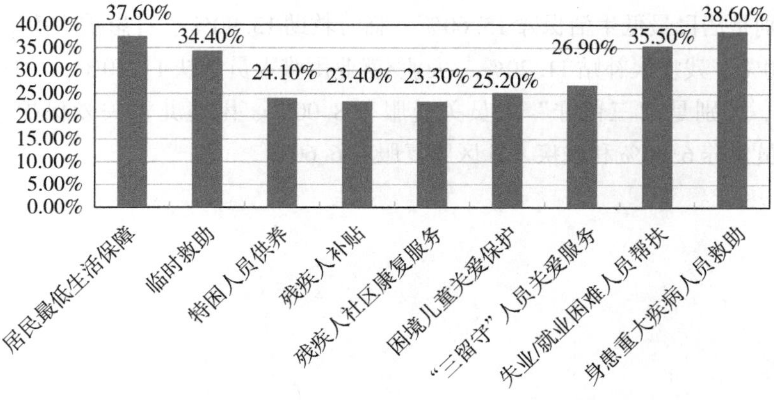

图 6－12　社区（村）居民本人或家人对社区民政服务的需求

2. 本社区（村）有没有实施这项制度和服务

如图6－13所示，从六省总体水平来看，参加调研的社区（村）实施居民最低生活保障、残疾人补贴这两项服务的比例最高，分别为82.40%、81.60%，说明低保和残疾人补贴成为社区（村）较普遍实施的民政服务项目。参加调研的社区（村）实施临时救助、身患重大疾病人员救助、特困人员供养、失业/就业困难人员帮扶这四项服务的比例较高，依次为78.30%、76.80%、75.90%、71.80%，实施困境儿童关爱保护、“三留守”人员关爱服务、残疾人社区康复服务这三项服务的比例最低，依次为68.50%、68.20%、59.60%。

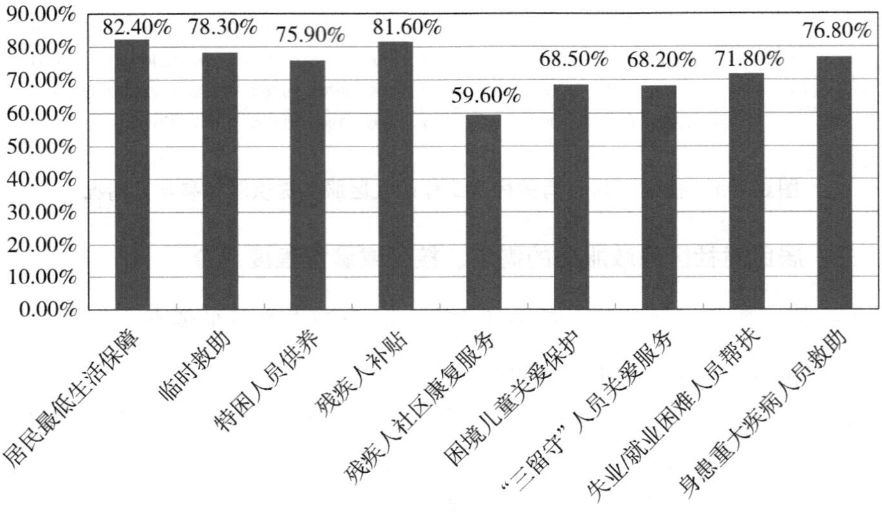

图6－13　社区（村）有没有实施这项制度和服务

3. 社区（村）居民本人或家人是否接受过这项制度和服务

如图6－14所示，六省社区居（村）民本人或家人接受过民政服务项目的前五项分别是居民最低生活保障15.60%、临时救助13.90%、身患重大疾病人员救助12.10%、残疾人补贴11.20%、失业/就业困难人员帮扶11.20%，后四位均低于10%，分别是“三留守”人员关爱服务8.00%、困境儿童关爱保护6.90%、特困人员供养6.80%和残疾人社区康复服务6.60%。

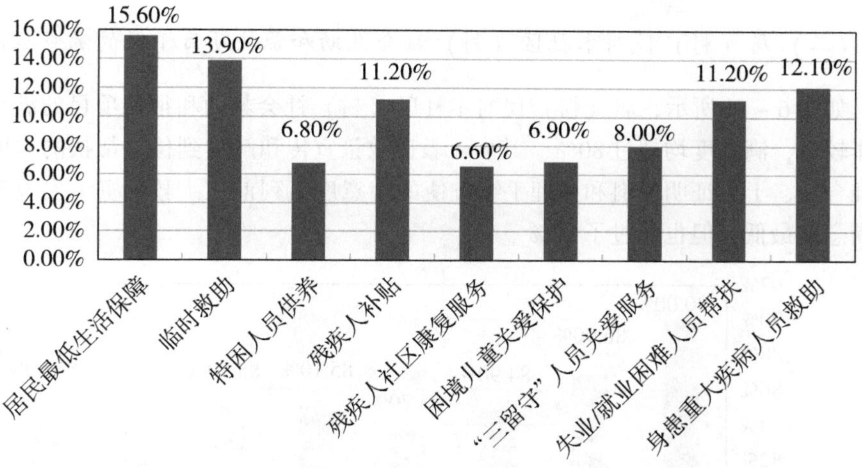

图6－14　社区（村）居民本人或家人是否接受过这项制度和服务

4. 居（村）民对服务的评价

如图6－15所示，居（村）民对社区各项民政服务项目的满意度很高，均超过96%。其中，残疾人社区康复服务、临时救助、身患重大疾病人员救助三项服务满意度均高于98%，困境儿童关爱服务和失业/就业困难人员帮扶满意度达到98%。残疾人补贴的满意度最低，但也接近97%。

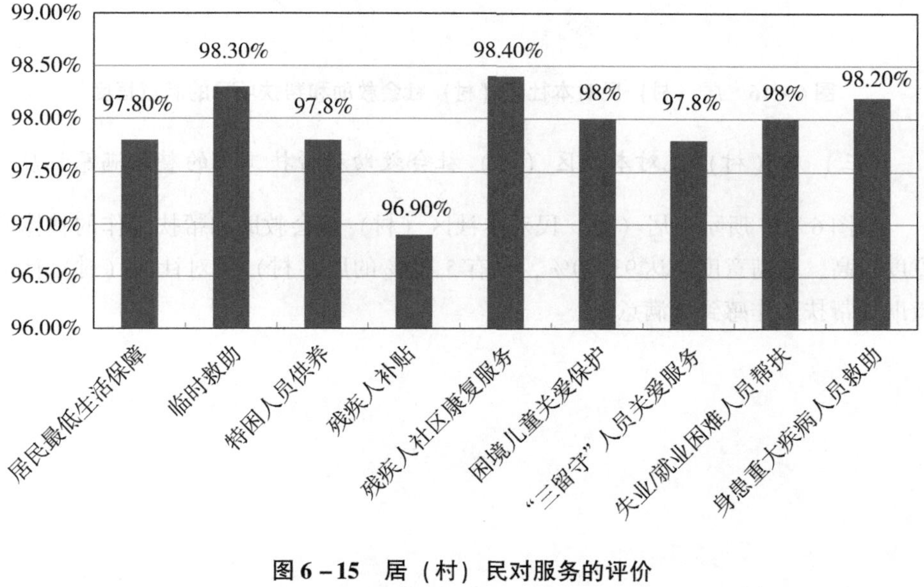

图6－15　居（村）民对服务的评价

（二）居（村）民对本社区（村）社会救助和帮扶项目情况的满意程度

如图6－16所示，居（村）民对本社区（村）社会救助和帮扶项目的满意度整体较高，满意度均超过80%。其中，救助政策宣传和解读到位、帮扶的力度和标准合适、上交证明材料和办理手续方便的满意度名列前三。救助资金发放及时的满意度最低，但也超过了82%。

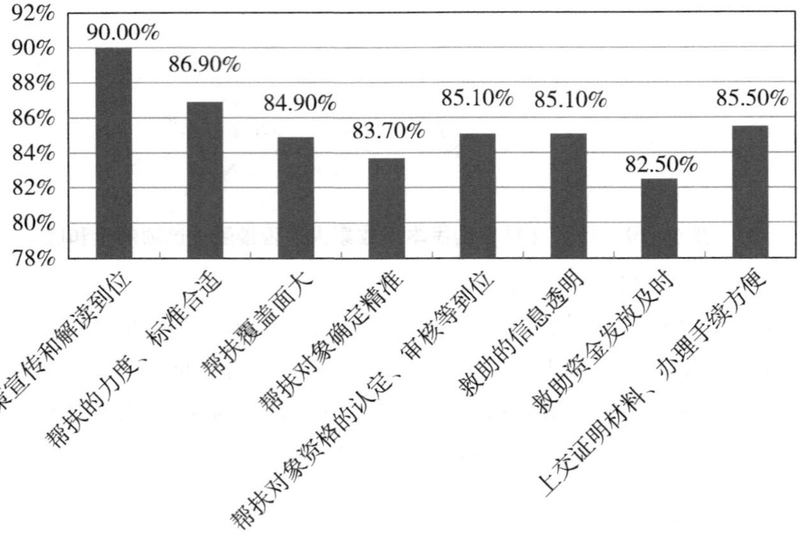

图6－16　居（村）民对本社区（村）社会救助和帮扶项目的满意程度

（三）居（村）民对本社区（村）社会救助和帮扶工作的整体满意程度

如图6－17所示，居（村）民对本社区（村）社会救助和帮扶工作的整体满意度较高，其满意度高达93.40%，只有5.20%的居（村）民对社区（村）社会救助和帮扶工作感到不满意。

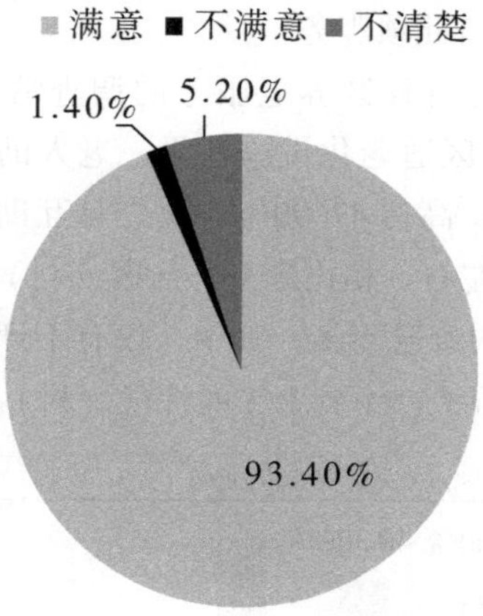

图 6-17　居（村）民对本社区（村）社会救助和帮扶工作的满意程度

（四）居民对社区养老服务的需求、接受或满意程度调查

1. 居（村）民本人或家人对社区养老服务的需求程度调查

如图 6-18 所示，六省居民对社区适老化设施建设、老人助医服务和养老助残卡、居家养老服务这四项社区养老服务的需求最高，依次为 52.50%、47.60%、47.60%、43.50%。对日间照料服务、机构养老服务、互助养老、老人助餐服务、老人助浴助洁服务、老年大学这六项社区养老服务的需求差异不大，其中，对日间照料服务的需求最低。

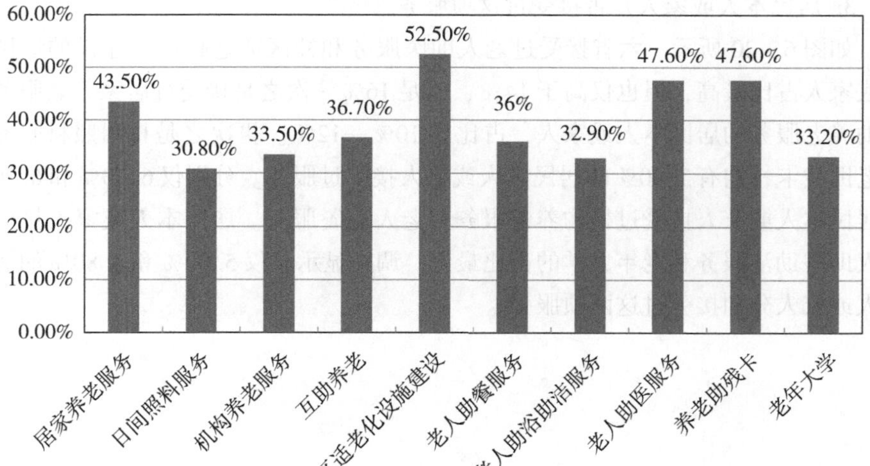

图 6-18　居（村）民本人或家人对社区养老服务的需求程度

2. 本社区（村）有没有此项服务

如图 6－19 所示，从六省社区养老服务的调查情况来看，接受调研的社区（村）有居家养老服务、社区适老化设施建设、老人助医服务的最多，其中实施居家养老服务的社区（村）高达 47.90%。次之是互助养老、机构养老服务和日间照料服务，占比在 40% 左右。相比之下，社区（村）拥有老年大学、老人助浴助洁服务、老人助餐服务的普遍不多，其中，仅有不到 1/3 的社区（村）有老人助餐服务和老人助浴助洁服务，不到 1/5 的社区（村）有老年大学。

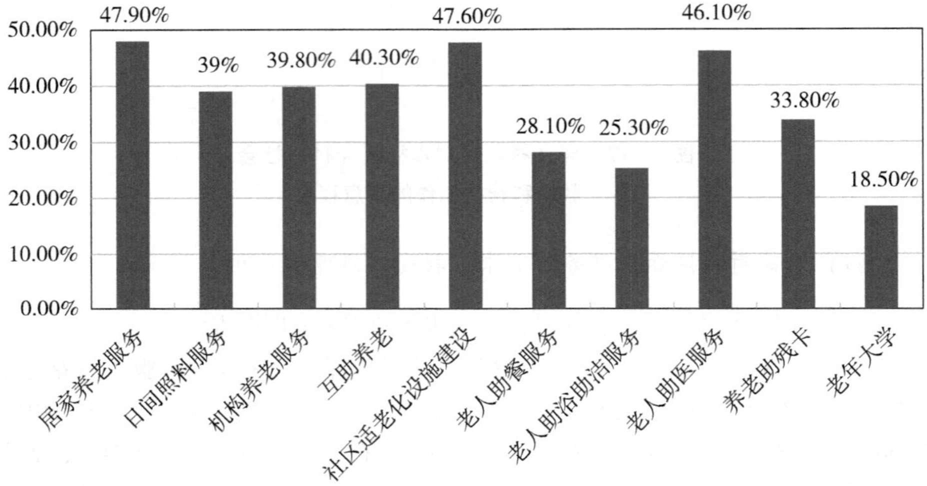

图 6－19 社区（村）有没有此项服务

3. 居民本人或家人是否接受过这项服务

如图 6－20 所示，六省接受过老人助医服务和社区适老化设施建设的居民本人或家人占比最高，但也仅高于 14%，不足 16%。次之是接受过居家养老服务和互助养老服务的居民本人或家人，占比在 10%—12%。再次之是日间照料服务和养老助残卡，均有 7.90% 的居民本人或家人接受过服务。分别仅 6.40% 和 6.20% 的居民本人或家人接受过机构养老服务和老人助餐服务。居民本人或家人接受过老人助浴助洁服务和老年大学的占比最低。调查显示，仅 5.00% 和 4.80% 的居民本人或家人分别接受过这两项服务。

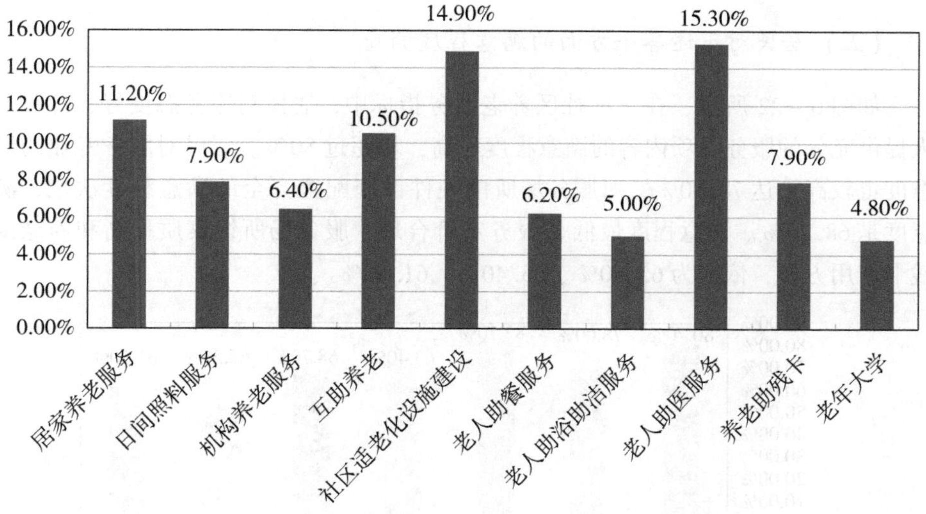

图 6－20　居民本人或家人有没有接受过这项服务

4. 居民对此项服务的评价

如图 6－21 所示，在 10 项社区养老服务中，居民对老人助医服务的满意度最高，达 99.10%，其次是对日间照料服务、互助养老和社区适老化设施建设的满意度较高，均在 98.70% 以上。再次是对机构养老服务、养老助残卡、老年大学的满意度，均达 98.30%。居民对老人助餐服务的满意度也较高，达 98.00%。居民对居家养老服务、老人助浴助洁服务的满意度较低。

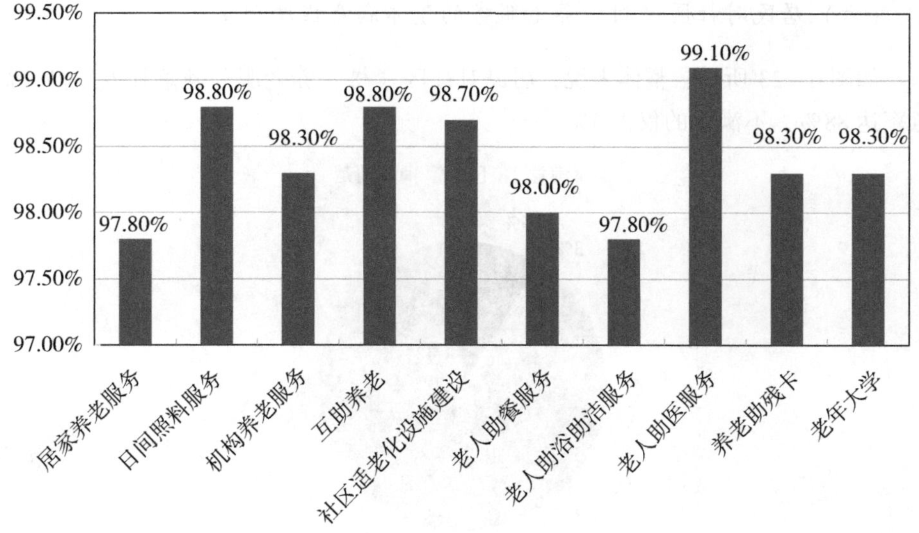

图 6－21　居民对此项服务的评价

（五）居民对下述各个方面的满意程度调查

如图6-22所示，在7项社区养老服务指标中，居民对服务态度好、针对老人提供充分的服务两项内容的满意程度最高，均超过80%。居民对服务专业的满意度也较高，达78.00%，对服务场所内硬件设施配置齐全的满意程度次之，满意度是68.70%。满意程度最低是服务定价合理、服务场所饭菜质量高和养老助残卡使用方便，依次为65.50%、63.40%、61.50%。

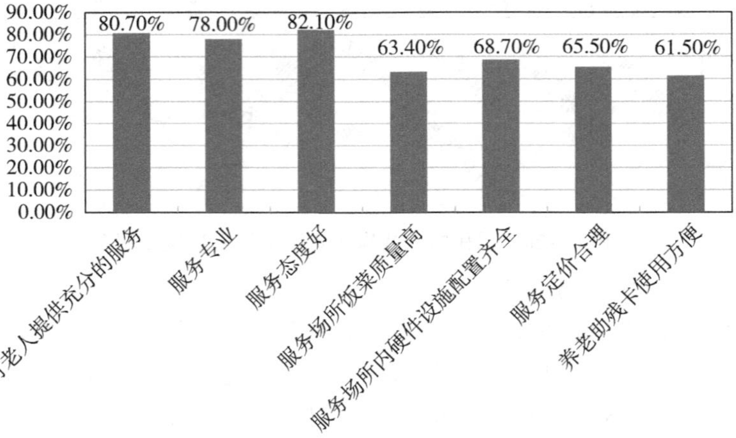

图6-22　居民对各项服务的满意程度

（六）居民对社区（村）养老服务的整体满意程度调查

如图6-23所示，整体来说，居民对社区（村）养老服务满意程度较高，满意率达88%，不满意的仅占3%。

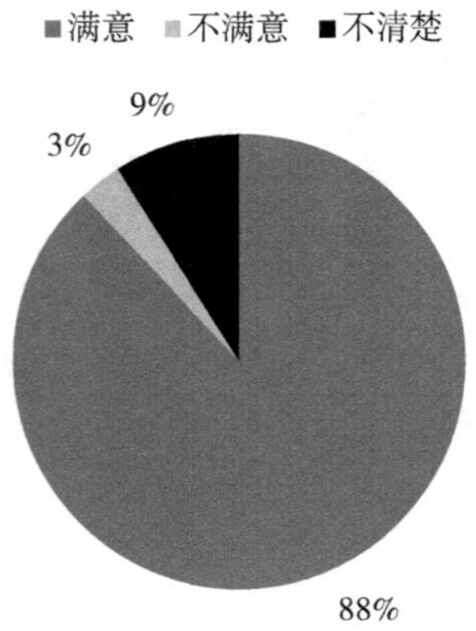

图6-23　居民对社区（村）养老服务的满意程度

第三节　共建共治共享视角下社区公共服务存在的问题

一、服务供给与需求的吻合度需进一步提高

（一）社会救助和帮扶项目与居民需求有错位

9项保障和服务的调查表明，居民本人或家人对重疾、低保、失业、临时救助的需求最高。但在具体实施方面，需求排第一的重疾排到第四，需求排第二的居民最低生活保障排第一，需求排第三的失业排到第六。在居民本人或家人是否接受过服务方面，需求排第一的身患重大疾病人员救助排到第三，需求排第二的居民最低生活保障占比第一，需求排第三的失业/就业困难人员帮扶排第五，需求排第四的临时救助排到第二，需求排第七的残疾补贴排到第四。

（二）养老服务与居民需求有错位

10项养老服务的调查表明，居民本人或家人对社区适老化设施建设、老人助医服务、养老助残卡和居家养老服务这四项社区养老服务的需求最高，对日间照料服务的需求最低。但在服务实施方面，需求第四的居家养老服务排第一，需求第一和第二的社区适老化设施建设和老人助医服务居第二和第三位，需求排第三的养老助残卡的提供排在第七。在居民本人或家人是否接受过服务方面，需求第一和第二的社区适老化设施建设和助医服务分别占第二和第一，居家养老服务和互助养老排第三和第四，养老助残卡排第六。

二、服务共享的公平性需进一步提升

（一）城乡服务共享的公平性有差距

调查表明，农村社区无论是对民政服务、社会保障和服务还是养老服务的需求，均高于城市社区（老年大学的需求除外）。但是，目前城市社区享有的13项民政服务水平均高于农村社区。其中，城乡社区享有民政服务差距最大的前五位分别是社区适老化设施建设、老人日间照料、老年大学、老人助餐、机构养老，城市社区分别比农村社区高出23.38%、23.18%、23.12%、22.76%、12.75%。另外，城市社区享有的10项养老服务水平也均高于城市社区，其中老年大学高于农村社区20%。从居民对社区各项民政服务项目评价的城乡比较看，城市居民的满意度全部高于农村居民，其中，城市居民对特困人员供养和残疾人社区康复服

务的满意度达到100%。从居民对社区（村）养老服务满意程度的城乡比较看，城市居民对养老服务的满意度高于农村居民。

（二）地区服务共享的公平性有差距

调查发现，中部地区的湖北和河南无论是对社会保障和服务还是对养老服务的需求，以及居民本人或家人实际接受的民政服务项目、社会保障和服务、养老服务，总体均高于东部和西部省份。东部地区的浙江和江苏的社区（村）在社区适老化设施建设、老年大学和助医方面，以及拥有的社区养老服务明显高于中西部地区。西部省份仅在社会保障和服务实施方面高于中东部，但在居民本人或家人接受相应服务方面，除特困人员供养高于东部外，其他全部低于东部和中部。从居民对社区各项民政服务项目评价的地区比较看，中部地区的湖北和河南的居民对低保、临时救助、特困人员供养、困境儿童关爱保护、“三留守”人员关爱服务、失业/就业困难人员帮扶、身患重大疾病人员救助的评价均高于东部和西部，西部地区的四川和陕西的居民对特困人员供养、残疾人补贴、困境儿童关爱保护的评价最低，均低于东部和中部。

三、社会参与的广度和深度需进一步强化

（一）居（村）委会是民政服务最重要的提供主体

数据分析表明，在13项社区民政服务中，居（村）委会作为出资方/购买服务方/发起组织方，在“三留守”人员关爱服务、失业/就业困难人员帮扶、困境儿童关爱保护、老人助医、社区适老化设施建设、老人日间照料、互助养老、老人助餐、老年大学等方面的十项服务均高于职能部门和街道（乡镇），处于领先地位。

（二）职能部门和街道（乡镇）的参与度较高

在本次调查的13项社区民政服务出资方/购买服务方/发起组织方中，职能部门和街道（乡镇）是仅次于居（村）委会的重要主体。其中，职能部门仅在残疾人社区康复、身患重大疾病人员救助和机构养老服务等三方面的服务高于居（村）委会，但在困境儿童关爱保护、“三留守”人员关爱服务、失业/就业困难人员帮扶、老人日间照料、互助养老、老人助餐等六方面既低于居（村）委会，也低于街道（乡镇）。街道（乡镇）则在社区适老化设施建设、老人助浴助洁、老人助医、老年大学等四方面的服务既低于居（村）委会，也低于职能部门。

（三）慈善捐赠和居（村）民发挥了重要的补充作用

慈善捐赠作为出资方/购买服务方/发起组织方，在困境儿童关爱保护、身患

重大疾病人员救助这两项社区服务中占比均高于20%，在“三留守”人员关爱服务的占比达16.50%，在失业/就业困难人员帮扶和残疾人社区康复服务中的占比接近10%。居（村）民自发在互助养老出资方/购买服务方/发起组织方占比高达17.50%，仅次于居（村）委会，但高于职能部门，名列第二。在困境儿童关爱保护、“三留守”人员关爱服务、身患重大疾病人员救助的出资方/购买服务方/发起组织方占比也在10%左右，呈现出重要的补充作用。

（四）社区工作者、社会组织和社区志愿者是重要的提供服务参与方

在本次调查的13项社区服务项目中，社区工作者在各项服务的提供参与均居首位，社会组织和社区志愿者是仅次于社区工作者的第二、第三提供服务参与方。数据分析还发现，在驻社区单位发挥积极作用的同时，居（村）民在互助养老、“三留守”人员关爱服务、困境儿童关爱保护等方面的服务参与接近20%，在失业/就业困难人员帮扶、老人助医服务、老人日间照料服务、社区适老化设施建设、残疾人社区康复服务的参与占比也在10%左右。

第四节　共建共治共享视角下提升社区公共服务的对策建议

一、进一步提升社区公共服务与需求的吻合度

（一）巩固规模

社区公共服务是夯实国家治理体系、提高人民生活品质的重要基础。“十三五”以来，六省92.80%的社区（村）享有身患重大疾病人员救助，80%以上的社区（村）有失业/就业困难人员帮扶、困境儿童关爱保护、“三留守”人员关爱服务、居民最低生活保障、残疾人补贴，62.30%的社区（村）有老人助医服务，54.90%的社区（村）有社区适老化设施建设，这是我国社区公共服务取得的来之不易的成绩，必须加以巩固，并在此基础上谋求新的提升。

（二）优化结构

根据六省的需求调查，结合国家“十四五”城乡社区服务体系建设规划，建议下一步聚焦幼有所育、学有所教、病有所医、老有所养、弱有所扶和文体服务有保障，在社会保障和服务方面重点强化身患重大疾病人员救助、居民最低生活保障、失业/就业困难人员帮扶、临时救助服务，在社区养老服务方面重点强化

社区适老化设施建设、老人助医、养老助残卡、居家养老服务，着力提升城乡社区卫生和医疗保障服务能力，扩大社区文化、体育、科普等公共服务供给，特别是加大农村社区老年大学的建设力度。同时，加强婚姻家庭文化服务，增加农村社区基本公共服务供给，重点加强脱贫村和易地扶贫搬迁集中安置社区的教育、卫生、就业、社保、养老、社会救助、未成年人保护、环境保护等公共服务资源配置。

（三）提高质量

调查显示，93.4%的居民对社会救助和帮扶工作表示满意，88%的居民对社区（村）养老服务表示满意，80%以上的居民对社会救助和帮扶项目表示满意。下一步，要努力提高社区公共服务的质量，特别是提高养老服务的专业性，配置齐全养老服务场所内硬件设施，确保养老服务定价合理，提高服务场所饭菜质量，让养老助残卡使用更便捷。

二、进一步提高社区公共服务共享的公平性

（一）提高城乡共享的公平性

享有基本公共服务是公民的基本权利，保障人人享有基本公共服务是政府的基本职责。推进社区公共服务城乡衔接、要素共享、互通互融，推动社区基本公共服务城乡统筹是“十四五”城乡社区服务体系建设规划的重要要求。据六省的调查结果，13项社区服务项目、9项民政服务中的3项、10项社区养老服务，城市社区的供给率均高于农村社区。因此，需要科学把握城乡社区公共服务的发展差异，尽力而为、量力而行，增加农村社区教育、医疗、养老、文化等服务供给，重点推进身患重大疾病人员救助、失业/就业困难人员帮扶、社区适老化设施建设、老人助医、居家养老等社区公共服务，全方位提升城乡社区共享公共服务的水平，促进公共服务资源向基层延伸，向农村覆盖。

（二）提高区域共享的公平性

推动区域基本公共服务缩小差距，促进社区公共服务资源向边远地区和生活困难群众倾斜，是“十四五”公共服务规划的重要要求。数据显示，困境儿童关爱保护、老人日间照料服务、互助养老、社区适老化设施建设、老人助餐服务、老人助医服务、老年大学、机构养老服务以及养老助残卡，西部地区的供给率均低于东、中部地区。因此，需要在尊重区域养老文化的基础上，综合考虑居民人均消费支出或人均可支配收入等因素，完善和落实社区社会救助和保障标准与物价上涨挂钩的联动机制，优化社区基本公共服务对象认定制度，完善最低生活保

障家庭、最低生活保障边缘家庭、特困人员认定办法，加大财政转移支付向特殊类型地区特别是西部地区的倾斜力度，推进西部地区社区基本公共服务体系建设，缩小地区差距。

三、进一步强化社会多元参与的广度和深度

（一）更好发挥政府作用

坚持将党的领导贯穿于城乡社区公共服务体系建设的全过程各方面，强化政府在社区基本公共服务供给保障中的主体地位，积极回应群众对社区公共服务的新期待新需求，努力做到群众有需求、社区有服务。当前特别需要强化政府对社区公共服务发展不平衡不充分问题的认识，努力缩小区域间、城乡间、人群间的社区基本公共服务差距，提高其均等化水平。

（二）进一步构建多方参与格局

充分调动社会组织、社区工作者、社区志愿者等社会力量，引导市场力量，有效链接慈善资源，重点加强城乡社区智慧养老、托育、教育、医疗等领域的公共服务供给，特别是引导专业化养老服务机构进社区、进家庭，允许养老机构依法依规设立多个服务网点，实现规模化、连锁化、品牌化运营。

第七章　社区便民服务

社区便民服务是以“为民、便民、利民”为服务宗旨，面向社区全体居民开展的服务，是与社区居民联系最密切、最能体现社区一般居民生活需求，同时最能反映社区经济广度和深度的服务。党的二十大报告指出，要健全共建共治共享的社会治理制度，提升社会治理效能。随着我国经济社会的不断发展，人民对美好生活的需求日渐多元。社区便民服务在回应社区居民多层次、多样化需求，提升社区服务水平中扮演着越来越重要的角色。

第一节　社区便民服务的内涵

一、社区便民服务的概念解析

2006年4月，国务院发布的《关于加强和改进社区服务工作的意见》对社区便民服务内容作了初步说明，即“鼓励和支持各类组织、企业和个人开展社区服务业务。鼓励相关企业通过连锁经营提供购物、餐饮、家政服务、洗衣、维修、再生资源回收、中介等社区服务。利用现代信息技术、物流配送平台帮助社区内中小企业，实现服务模式创新，推动社区商业体系建设”[1]。国务院办公厅印发《“十四五”城乡社区服务体系建设规划》，提出要进一步强化社区便民服务功能，并对其内容做出了新的调整和界定，明确提出引导市场、社会力量发展社区托育、养老等服务业态；推动物流配送、快递、再生资源回收网点设施辐射；鼓励发展社区物业、维修、家政、餐饮、零售、美容美发等生活性服务业；支持相关企业在村（社区）设置服务网点，满足居民多样化需求；依托村级综合服务设施、供销合作社等强化农村地区农产品收购、农资供应等服务供给。

社区便民服务是“利民惠民”的基础，是发展民生经济、实施民生工程、打造民生政府的必然要求，社区便民服务的好坏关系到社区居民的生活质量及幸福

[1] 吴潇、李彤玥：《村镇社区便民服务系统的规划设计框架研究》，载《城市与区域规划研究》2015年第2期，第100—111页。

指数。新时代人民日益增长的美好生活需要和不平衡不充分的发展之间的矛盾要求我们以人民群众需求为导向，创新社区便民服务提供方式，更新服务理念、优化服务过程、完善服务体系，增强社区便民服务供给的针对性和有效性，使社区便民服务供给与人民群众个性化、差异化、多样化的需求更加匹配，让社区便民服务给人民群众带来更多获得感、幸福感、安全感。

二、人口结构演变与城乡社区便民服务需求

新的时期，以国家发改委、民政部制定《社区服务体系建设规划（2011－2015年）》《城乡社区服务体系建设规划（2016－2020年）》等一系列规划实施为标志，我国城乡社区便民服务依托社区工作服务站、社区服务中心、乡镇便民服务中心等逐步规范发展，社区便民服务散、乱、差的状况逐步得到改善。截至2021年底，全国共有社区综合服务机构和设施56.7万个，其中2020年城市社区综合服务设施覆盖率达到100%，2021年农村社区综合服务设施覆盖率达到79.5%。[1] 五年间，城市、农村社区综合服务设施覆盖率分别提升了21.4%和38.6%（如图7－1所示）。

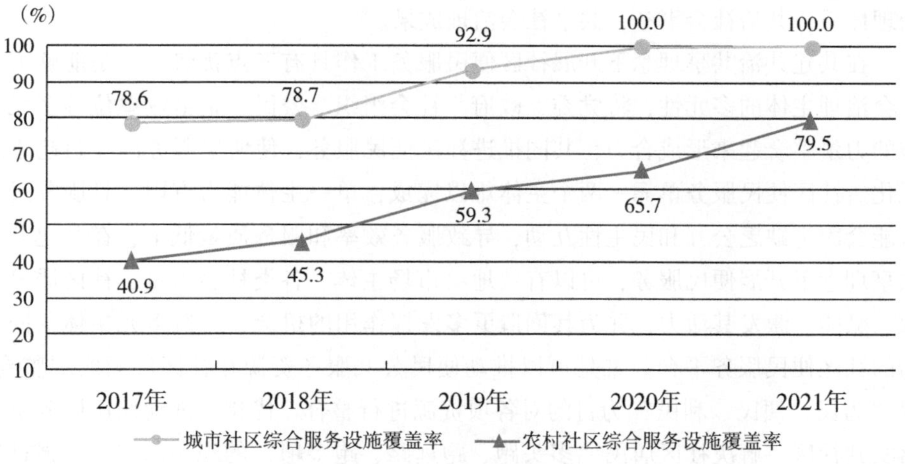

图7－1　城乡综合服务设施覆盖率

然而，我们也要注意到，随着经济社会的发展，社区人口结构也发生了结构性转变，对社区便民服务提出了新的要求。第七次人口普查数据显示，中国人口发展呈现人口老龄化、家庭规模小型化的特征，在城镇化的流动性背景下，城乡人口流动和迁徙带来了新的社区服务需求。一是2020年我国60岁以上老龄人口

---

〔1〕《2021年民政事业发展统计公报》，载民政部官网，https：//images3.mca.gov.cn/www2017/file/202208/2021mzsyfztjgb.pdf。

达2.6亿人，占总人口的18.7%，[1] 老龄人口抚养需求显著增加，社区便民服务的适老化需求凸显；二是2020年家庭户户均人口2.62人，比2010年的3.10人减少0.48，[2] 家庭户结构整体呈现出家庭规模小型化，家庭功能明显弱化，针对家庭支持的社区便民服务越来越重要；三是2020年人口普查人户分离人口达到4.9亿人，占全国人口的34.9%，十年间增长了89%，流动人口规模达到近3.8亿人，占总人口的26.6%，十年增长了近70%，农村劳动力人口数减少、老龄人口比例增加。面向农村留守人群和残疾人的便民服务的内容和重要性都发生了变化。[3]

三、共建共治共享视角下的社区便民服务

党的十九大报告提出"打造共建共治共享的社会治理格局"，进一步明确了加强和创新新时代社会治理的方向和要求，鲜明体现以人民为中心的发展思想。"共建"重在强调社会建设需由全体社会成员共同参与，"共治"着重强调社会治理中的共同参与，充分发挥人民群众的参与权，而"共享"则强调治理成果要人民共同享有。共建共治共享是社会多元主体各元素之间通过结构性整合共建社会治理体系，共治社会事务，共享社会治理成果。

在共建共治共享理念下开展社区便民服务工作具有三点优势。一是能够突出社会治理主体的多元性，将党委、政府、社会组织、公民、企事业单位等多元主体的力量整合起来形成合力，共同推进社区便民服务，使便民服务的项目趋于多元化。社区便民服务单靠一两个主体难以完成，单一主体能力有限，且服务过程可能会因为缺乏公开和民主性互动，导致服务效率和服务质量低下，在共建共治共享理念下开展便民服务，可以有效地给市场主体、各类社会力量、社区居民放权、赋能，激发其活力，并为其创造更多发挥作用的机会，打造多元主体共同参与的社区便民服务平台。二是可以推动便民公共服务资源在社区层面实现整合。以"为民、便民、利民"为目的对各项资源进行整合、优化，推动便民服务事项落实到社区，解决社区居民"多头跑、跑远路、跑多趟"的现实问题，增强社区居民的获得感和幸福感，同时，可以借助社区便民服务平台搭建社会利益分配体系，实现党委、政府、群众、企业等社会多元主体的利益最大化。三是能够加强

---

〔1〕《我国60岁以上老人占总人口18.7%》，载央视网，https://news.sina.com.cn/c/2021-10-14/doc-iktzqtyu1418500.shtml。

〔2〕《平均每个家庭户的人口为2.62人　比2010年的3.10人减少0.48人》，载央广网，https://news.sina.com.cn/c/2021-05-11/doc-ikmxzfmm1747137.shtml。

〔3〕焦若水：《家的复归与赋权：农村社会工作整合发展的文化基础》，载《甘肃社会科学》2021年第2期，第104—111页。

社会治理成果的共享性，社会治理的最终目的是增进人民的福祉，满足人民日益增长的美好生活需要，让所有参与主体都有机会共同分享社会治理发展的成果，增强其获得感和幸福感。共建共治共享视角下的社区便民服务可以让社区共建共治的成果更公平、公正、便捷地惠及社区居民，满足社区居民多层次、多样化需求，实现全体居民共享社区发展成果的美好愿景。

第二节 社区便民服务发展现状

国家统计局社情民意调查中心在民政部政策研究中心委托下，于2022年在江苏、浙江、河南、湖北、四川、陕西6个省份组织实施大型入户调查，共收集数据3003份。本次调查对社区便民服务项目提供内容、社区内可办理的政务服务及公共服务、社区便民服务项目的出资/购买/组织发起、社区便民服务的提供参与情况、社区物业服务等方面进行调查。

一、社区便民服务基本服务项目

本次调查主要对［社区（村）级］文体娱乐活动、阅览室/图书馆、就业技能培训、就业信息提供、家政服务、少儿托管看管、社区慈善捐赠服务、退役军人服务/双拥优抚、体育健身场地/设施、健康知识普及宣讲、心理健康咨询与疏导、社区儿童保健、社区全科门诊治疗、免疫接种、慢性病防治等15项社区便民服务项目进行调查。

（一）社区便民服务项目提供情况

1. 社区便民服务项目全国总体提供情况

从全国总体水平来看（如图7-2所示），退役军人服务/双拥优抚、阅览室/图书馆、健康知识普及宣讲、［社区（村）级］文体娱乐活动、体育健身场地/设施、就业信息提供六项社区便民服务的提供率较高，提供率依次为96.4%、96.1%、94.9%、93.7%、91.1%、89.7%。心理健康咨询与疏导、就业技能培训、慢性病防治、免疫接种、社区慈善捐赠服务、社区儿童保健六项社区便民服务的提供率处于50%—80%，依次为76.0%、74.5%、72.4%、69.0%、65.2%、52.7%。社区全科门诊治疗、家政服务、少儿托管看管三项社区便民服务的提供率均低于50%，依次为45.8%、35.4%、27.8%。

总之，社区在退役军人服务、社区阅览室、文体娱乐服务、体育健身设施、健康知识宣讲、就业服务等方面的便民服务提供较充足，而在医疗服务、家政服务、少儿托管方面的便民服务提供较为欠缺。可见全国社区便民服务以基础文娱、就业信息、双拥优抚和场地建设等服务为主，更贴近居民生活的医疗、家政和托管服务还有待继续在社区内拓展。

2. 社区便民服务项目提供情况城乡对比

从社区便民服务的城乡对比来看（如图 7－2 所示），阅览室/图书馆、体育健身场地/设施两项社区便民服务的农村社区提供率高于城市社区（差异无统计学意义）。其余社区便民服务，城市社区的提供率均显著高于农村社区（$P < 0.05$）。

其中家政服务、少儿托管看管、心理健康咨询与疏导、社区慈善捐赠服务、社区儿童保健、社区全科门诊治疗六项便民服务，城市社区的提供率远高于农村社区（超过 10%），具体分别高于农村社区 22.6%、21.8%、18.0%、15.7%、13.4%、10.3%。免疫接种、就业技能培训、健康知识普及宣讲、就业信息提供、慢性病防治、退役军人服务/双拥优抚、［社区（村）级］文体娱乐活动七项便民服务，城市社区的提供率略高于农村社区，高出幅度在 3.3%—7.0% 之间浮动，具体分别高于农村社区 7.0%、5.4%、5.4%、5.1%、4.4%、3.8%、3.3%。

总之，城乡社区只在阅览室/图书馆、体育健身场地/设施两项便民服务上不存在显著差距。在其他社区便民服务上仍然呈现出显著的城乡分布不均衡特征，农村社区便民服务提供整体差于城市社区，尤其是在医疗保健服务、少儿托管服务和家政服务等社区居民高度关注关切的服务上，农村社区便民服务还需要大力增强。

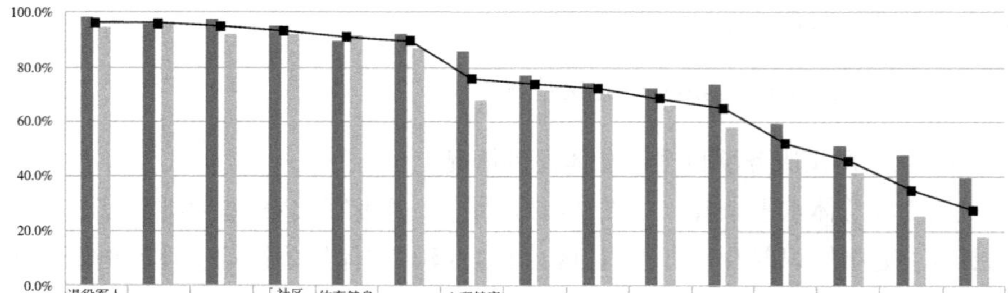

	退役军人服务/双拥优抚	阅览室/图书馆	健康知识普及宣讲	［社区（村）级］文体娱乐活动	体育健身场地/设施	就业信息提供	心理健康咨询与疏导	就业技能培训	慢性病防治	免疫接种	社区慈善捐赠服务	社区儿童保健	社区全科门诊治疗	家政服务	少儿托管看管
城市社区	98.5%	95.6%	97.9%	95.5%	90.2%	92.5%	86.1%	77.5%	74.8%	72.9%	74.0%	60.3%	51.7%	48.1%	40.1%
农村社区	94.7%	96.5%	92.5%	92.2%	91.8%	87.4%	68.1%	72.1%	70.4%	65.9%	58.3%	46.9%	41.4%	25.5%	18.3%
平均水平	96.4%	96.1%	94.9%	93.7%	91.1%	89.7%	76.0%	74.5%	72.4%	69.0%	65.2%	52.7%	45.8%	35.4%	27.8%

图 7－2　社区便民服务项目提供情况城乡对比

3. 社区便民服务项目提供情况地区对比

根据国家统计局网站统计制度和分类标准，全国分为东部、中部、西部和东北地区四个经济带。在本次调查分析中，江苏、浙江属于东部地区，河南、湖北属于中部地区，四川、陕西属于西部地区。从我国东、中、西部地区社区便民服务的对比结果来看（如图7－3所示），东、中、西部地区在退役军人服务/双拥优抚、健康知识普及宣讲、[社区（村）级]文体娱乐活动这三项社区便民服务提供方面无显著差异，在其余社区便民服务提供方面存在显著差异（$P<0.05$）。其中，阅览室/图书馆、就业信息提供、就业技能培训、免疫接种四项便民服务，东部地区提供率显著低于中、西部地区，中、西部地区提供率无显著差异；体育健身场地/设施、心理健康咨询与疏导、社区慈善捐赠服务、社区儿童保健、社区全科门诊治疗、家政服务六项便民服务，西部地区提供率显著低于中、东部地区，中、东部地区提供率无显著差异；慢性病防治服务，中部地区提供率显著高于西、东部地区；少儿托管看管服务，中部地区提供率显著高于东、西部地区，东部地区提供率又显著低于西部地区。

总之，除退役军人服务/双拥优抚、健康知识普及宣讲、[社区（村）级]文体娱乐活动三项社区便民服务，其他便民服务在我国东、中、西部地区分布不均衡。西部地区在社区慈善服务、医疗保健服务、家政服务、少儿托管看管等服务提供仍滞后于中、东部地区。

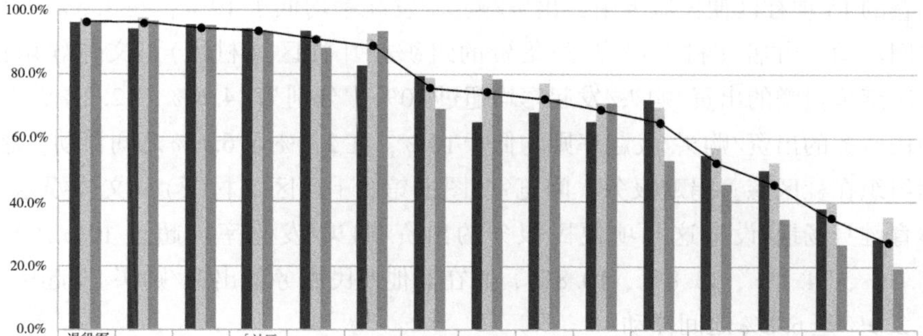

	退役军人服务/双拥优抚	阅览室/图书馆	健康知识普及宣讲	[社区（村）级]文体娱乐活动	体育健身场地/设施	就业信息提供	心理健康咨询与疏导	就业技能培训	慢性病防治	免疫接种	社区慈善捐赠服务	社区儿童保健	社区全科门诊治疗	家政服务	少儿托管看管
东部地区	95.7%	94.2%	95.5%	94.3%	93.6%	82.8%	80.4%	65.1%	68.2%	65.4%	72.5%	55.3%	50.0%	38.4%	28.7%
中部地区	97.3%	97.5%	94.3%	93.5%	92.0%	92.9%	78.5%	80.2%	77.0%	71.0%	69.8%	57.4%	52.8%	40.7%	35.8%
西部地区	96.3%	96.7%	94.9%	93.3%	87.8%	93.5%	69.0%	78.5%	72.0%	70.6%	53.3%	45.6%	34.6%	27.1%	19.0%
平均水平	96.4%	96.1%	94.9%	93.7%	91.1%	89.7%	76.0%	74.5%	72.4%	69.0%	65.2%	52.7%	45.8%	35.4%	27.8%

图7－3　社区便民服务项目提供情况地区对比

（二）社区便民服务出资/购买/发起情况

1. 社区便民服务出资/购买/发起全国总体情况

从社区便民服务出资/购买/发起情况来看（如图7－4所示），在本次调查的15项社区便民服务中，职能部门、街道（乡镇）、居（村）委会在各项服务的出资、购买、发起中占据主导地位。职能部门在退役军人服务/双拥优抚、就业信息提供、健康知识普及宣讲、体育健身场地/设施、慢性病防治、就业技能培训、免疫接种等便民服务中出资/购买/发起率较高，均超过 50%，分别为 61.4%、60.8%、56.7%、53.4%、53.4%、53.2%、50.6%。街道（乡镇）在退役军人服务/双拥优抚、就业信息提供、健康知识普及宣讲、[社区（村级）] 文体娱乐活动、阅览室/图书馆、体育健身场地/设施六项便民服务中出资/购买/发起率较高，均超过 50%，分别为 65.4%、58.6%、55.8%、54.8%、53.2%、51.2%。居（村）委会在健康知识普及宣讲、阅览室/图书馆、退役军人服务/双拥优抚、[社区（村级）] 文体娱乐活动、体育健身场地/设施、就业信息提供、心理健康咨询与疏导等便民服务中出资/购买/发起率较高，均超过 50%，分别为 76.9%、75.0%、72.9%、72.0%、68.3%、64.5%、60.2%。然而，职能部门、街道（乡镇）、居（村）委会在社区全科门诊治疗、家政服务、少儿托管看管等便民服务中的出资/购买/发起率均较低，在 14.1% 至 31.6% 之间浮动。

值得注意的是，本次调查显示，通过业主委员会/物业管理委员会、居（村）民自发/集资、其他居（村）民自治组织以及社会力量（慈善捐赠组织）出资/购买/发起的社区便民服务所占比例很小。其中，业主委员会/物业管理委员会在所调查的 15 项社区便民服务中，出资/购买/发起率均低于 10%，在 1.5% 至 6.3% 之间浮动。由居（村）民自发/集资的组织在 [社区（村级）] 文体娱乐活动、社区慈善捐赠的出资/购买/发起率均超过 10%，分别为 14.6%、12.2%，在其他便民服务的出资/购买/发起率则均低于 10%，在 2.4% 至 6.6% 之间浮动。慈善捐赠组织在社区慈善捐赠服务、阅览室/图书馆、[社区（村级）] 文体娱乐活动、体育健身场地/设施这几项便民服务的出资/购买/发起率均超过 10%，分别为 26.0%、14.1%、13.8%、10.8%，而在其他便民服务的出资/购买/发起率较低，在 2.9% 至 6.8% 之间浮动。

在社区便民服务的发展及建设过程中，居民及群众参与不仅是服务发展的基础和重要保障，也是完善社区便民服务体系，推动社区居民成为社区服务主体的根本性问题。本次调查的数据显示，在社区便民服务的出资/购买/发起中，政府部门 [职能部门、街道（乡镇）、居（村）委会] 仍然占据主导地位，提供建设和运营经费，拥有绝大多数便民服务的管理决策权，而慈善捐赠组织、业主委员会/物业管理委员会等其他类型的居（村）民自治组织发挥的作用较小，说明我国目前社区便民服务主体多元化、社区化程度不高，社区公众的参与度较低，需要逐步改变社区便民服务依赖政府主导提供的结构性问题。

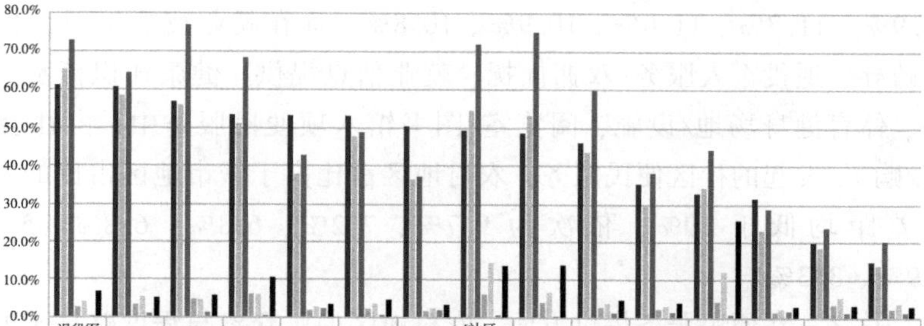

	退役军人服务/双拥优抚	就业信息提供	健康知识普及宣讲	体育健身场地/设施	慢性病防治	就业技能培训	免疫接种	[社区（村）级] 文体娱乐活动	阅览室/图书馆	心理健康咨询与疏导	社区儿童保健	社区慈善捐赠服务	社区全科门诊治疗	家政服务	少儿托管看管
■职能部门	61.4%	60.8%	56.7%	53.4%	53.4%	53.2%	50.6%	49.5%	48.6%	46.3%	35.6%	32.9%	31.6%	20.2%	14.9%
■街道（乡镇）	65.4%	58.6%	55.8%	51.2%	37.8%	47.9%	36.7%	54.8%	53.2%	43.9%	30.1%	34.5%	23.2%	18.7%	14.1%
■居（村）委会	72.9%	64.5%	76.9%	68.3%	43.1%	49.1%	37.2%	72.0%	75.0%	60.2%	38.4%	44.4%	28.7%	24.0%	20.4%
■业主委员会/物业管理委员会	2.7%	3.5%	4.8%	6.2%	2.0%	2.4%	1.8%	6.3%	4.2%	2.8%	2.3%	4.4%	1.5%	3.6%	2.3%
■居（村）民自发/集资	4.1%	5.4%	4.7%	6.1%	2.7%	3.7%	2.5%	14.6%	6.6%	4.0%	3.2%	12.2%	2.4%	5.4%	3.9%
■其他（请注明）	0.4%	1.1%	1.2%	0.5%	2.5%	0.7%	2.2%	0.8%	0.6%	1.3%	1.6%	0.9%	2.0%	1.5%	1.3%
■慈善捐赠组织	6.8%	5.0%	5.8%	10.8%	3.6%	4.9%	3.4%	13.8%	14.1%	4.7%	4.2%	26.0%	3.1%	3.4%	2.9%

图 7－4 社区便民服务出资/购买/发起情况

2. 社区便民服务出资/购买/发起情况城乡对比

从社区便民服务出资/购买/发起城乡对比来看（如图 7－5 所示），无论是城市还是农村，由政府力量主导出资/购买/发起的社区便民服务占比均远高于由社会力量主导出资/购买/发起的社区便民服务。此外，城市由政府主导出资/购买/发起的社区便民服务比例高于农村。其中，在少儿托管看管、家政服务、心理健康咨询与疏导、社区儿童保健、社区全科门诊治疗、社区慈善捐赠服务六项便民服务中，城市社区中由政府主导出资/购买/发起的社区便民服务的占比要远高于农村社区，两者差距均超过 10%，依次为 30.5%、26.5%、16.4%、15.7%、12.7%、12.4%。而在就业技能培训、免疫接种、退役军人服务/双拥优抚、健康知识普及宣讲、就业信息提供、慢性病防治、［社区（村）级］文体娱乐活动、阅览室/图书馆、体育健身场地/设施等便民服务中，城市社区和农村地区由政府主导出资/购买/发起的社区便民服务的占比差别较小，两者差距均低于 10%，依次为 9.0%、8.6%、8.2%、7.8%、7.5%、6.4%、6.1%、5.1%、4.8%。然而，在农村地区由社会力量主导出资/购买/发起的社区便民服务要高于城市地区由社会力量主导出资/购买/发起的社区便民服务。

本次调查显示，除社区慈善捐赠服务及［社区（村）级］文体娱乐活动两项便民服务，城市社区中由社会力量主导出资/购买/发起的占比较高，在所调查的其他便民服务中，城市社区中由社会力量主导出资/购买/发起社区便民服务占比均低于农村社区。其中，在社区全科门诊治疗、免疫接种、社区儿童保健、慢性病防治、少儿托管看管五项便民服务项目中，农村地区由社会力量主导出资/购买/发起的社区便民服务的占比远高于城市地区，两者差距均超过 10%，依次为

15.9%、11.7%、11.0%、10.9%、10.8%。而在就业技能培训、心理健康咨询与疏导、退役军人服务/双拥优抚、就业信息提供、健康知识普及宣讲、家政服务、体育健身场地/设施、阅览室/图书馆八项便民服务中，由社会力量主导出资/购买/发起的社区便民服务，农村地区占比高于城市地区占比的差别较小，两者差距均低于10%，依次为9.7%、7.2%、6.8%、6.8%、5.7%、5.0%、3.9%、3.3%。

总之，在便民服务提供方面，农村地区的民众参与程度略高于城市地区，但总体而言，不管是在农村地区还是城市地区，由社会力量主导出资/购买/发起的社区便民均较少，社区居民的自治程度不够高，社区公众在社区治理中的参与度不高，便民服务主要依赖政府提供。

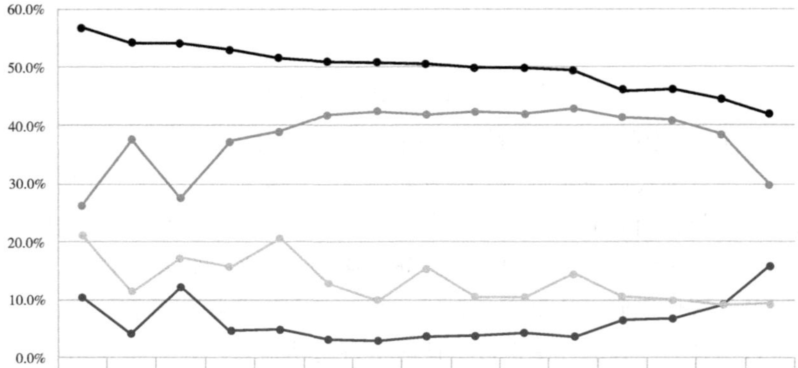

	少儿托管看管	心理健康咨询与疏导	家政服务	社区儿童保健	社区全科门诊治疗	就业技能培训	退役军人服务/双拥优抚	免疫接种	就业信息提供	健康知识普及宣讲	慢性病防治	体育健身场地/设施	阅览室/图书馆	[社区(村)级]文体娱乐活动	社区慈善捐赠服务
政府主导城市地区	56.8%	54.4%	54.2%	53.1%	51.6%	51.0%	50.9%	50.6%	50.0%	49.9%	49.5%	46.4%	46.3%	44.7%	42.2%
政府主导农村地区	26.3%	37.9%	27.7%	37.4%	38.9%	42.0%	42.7%	42.0%	42.5%	42.1%	43.1%	41.6%	41.2%	38.6%	29.8%
社会力量城市地区	10.4%	4.2%	12.3%	4.9%	4.8%	3.2%	3.1%	3.8%	3.8%	4.4%	3.8%	6.6%	6.8%	9.1%	15.8%
社会力量农村地区	21.2%	11.4%	17.3%	15.9%	20.7%	12.9%	9.9%	15.5%	10.6%	10.1%	14.7%	10.5%	10.1%	9.0%	9.4%

图7-5 社区便民服务出资/购买/发起情况城乡对比

3. 社区便民服务出资/购买/发起情况的区域比较

从社区便民服务出资/购买/发起情况的区域比较来看（如图7-6所示），由政府力量主导出资/购买/发起的便民服务，仅在［社区（村）级］文体娱乐活动、体育健身场地/设施、心理健康咨询与疏导、社区慈善捐赠服务四项服务中，东部地区由政府力量出资/购买/发起的占比略高于中部地区，依次高出0.1%、0.1%、0.6%、2.3%。其余政府力量主导出资/购买/发起的便民服务，中部地区均高于东部及西部地区，且中、西部地区差距要大于中、东部地区差距。中、东部地区相比，在就业技能培训、就业信息提供、慢性病防治、社区全科门诊治疗、免疫接种五项便民服务中，中部地区由政府力量出资/购买/发起的比例比东部地区高出较多，高出幅度在2.2%至6.4%之间浮动，高出依次为6.4%、5.6%、4.1%、2.9%、2.2%。中、西部地区相比，在少儿托管看管、家政服务、社区全科门诊治疗、社区儿童保健、社区慈善捐赠服务、心理健康咨询与疏导、慢性病防治、体育健身场地/设施、免疫接种等九项便民服务中，中部地区由政府力量出资/购买/发起的比例比西部地区高出较多，高出幅度在2.5%至17.2%之间浮动，高出比例依次为17.2%、13.2%、12.8%、7.4%、7.3%、5.0%、3.9%、3.3%、2.5%。

在由社会力量主导出资/购买/发起的便民服务中，中部地区所占比例均高于东、西部地区，东、西部地区比例差别不大，不超过1.2%。在少儿托管看管、家政服务、社区慈善捐赠服务、［社区（村）级］文体娱乐活动、阅览室/图书馆、社区儿童保健六项便民服务中，中部地区由社会力量出资/购买/发起的比例比东部地区高出较多，高出幅度在2.2%至3.6%之间浮动，高出比例依次为3.6%、3.1%、3.1%、2.8%、2.4%、2.2%。在社区慈善捐赠服务、少儿托管看管、家政服务、社区儿童保健四项便民服务中，中部地区由社会力量出资/购买/发起的比例比西部地区高出较多，高出幅度在2.3%至4.2%之间浮动，高出比例依次为4.2%、3.8%、2.6%、2.3%。

总体而言，政府力量主导和社会力量主导出资/购买/发起的社区便民服务，中部地区发展水平总体高于东、西部地区，东、西部地区发展水平差距不明显。从中部地区和东、西部地区分别比较来看，中、东部地区社区便民服务的出资/购买/发起由政府力量主导和社会力量主导的差距较小，中部地区在就业服务和医疗健康保健服务两方面由政府力量主导出资/购买/发起的所占比例高于东部地区，由政府力量主导出资/购买/发起的其他社区便民服务所占比例中、东部地区持平；由社会力量主导出资/购买/发起的社区便民服务，中部地区所占比例均高于东部地区。中、西部地区社区便民服务的出资/购买/发起由政府力量主导和社会力量主导的差距较大，主要体现为由政府力量主导出资/购买/发起的家政服务、少儿托管服务、医疗健康保健服务、慈善捐赠服务等方面中部地区所占比例显著高于西部地区；由社会力量主导出资/购买/发起的社区便民服务，中部地区所占比例与东、西部地区的差别不大。虽然总体上我国社区便民服务主要由政府力量主导出资/购买/发起，但东、中、西部存在差异，中部地区社区便民服务的出资/购买/发起的主体总体上较东、西部地区更多元，政府力量和社会力量参与社区便民服务均较多于东、西部地区。

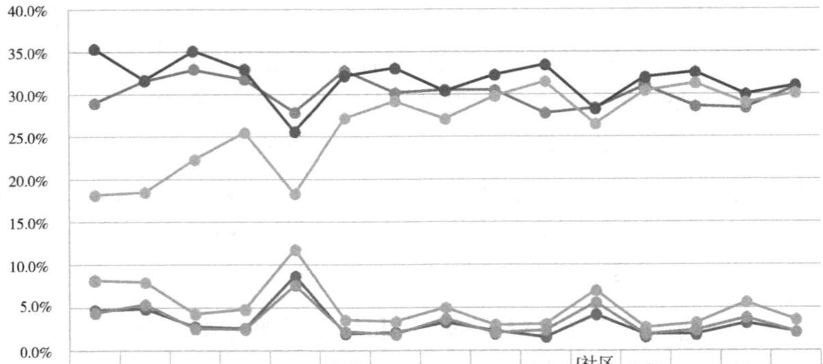

	少儿托管看管	家政服务	社区全科门诊治疗	社区儿童保健	社区慈善捐赠服务	心理健康咨询与疏导	慢性病防治	体育健身场地/设施	免疫接种	就业技能培训	[社区（村）级]文体娱乐活动	退役军人服务/双拥优抚	就业信息提供	阅览室/图书馆	健康知识普及宣讲
政府主导 东部地区	29.0%	31.6%	32.9%	31.8%	27.9%	32.8%	30.2%	30.5%	30.5%	27.8%	28.4%	31.0%	28.6%	28.4%	30.8%
政府主导 中部地区	35.4%	31.7%	35.1%	32.9%	25.6%	32.2%	33.1%	30.4%	32.3%	33.5%	28.3%	32.0%	32.6%	30.0%	31.0%
政府主导 西部地区	18.2%	18.5%	22.3%	25.5%	18.3%	27.2%	29.2%	27.1%	29.8%	31.5%	26.5%	30.4%	31.3%	29.0%	30.1%
社会力量 东部地区	4.7%	4.9%	2.8%	2.6%	8.7%	2.0%	2.1%	3.3%	2.3%	1.6%	4.2%	1.9%	1.9%	3.2%	2.2%
社会力量 中部地区	8.2%	8.0%	4.3%	4.8%	11.8%	3.6%	3.4%	5.0%	3.0%	3.1%	7.0%	2.7%	3.2%	5.6%	3.6%
社会力量 西部地区	4.4%	5.4%	2.6%	2.5%	7.6%	2.2%	1.9%	3.7%	2.1%	2.4%	5.6%	1.9%	2.4%	3.8%	2.2%

图 7－6　社区便民服务出资/购买/发起区域对比

（三）社区便民服务提供参与情况

随着国内经济的快速发展及人民生活水平的不断提高，社区居民需求的多元化与差异化程度日益增加，激活社区便民服务的多元主体参与，满足社区居民个性化、多元化需求变得日益重要。

本次调查数据显示（如图 7－7 所示），在所调查的 15 项社区便民服务中，社区工作者（含“两委”成员和其他社区工作者）在各项服务的提供中占比最高，其中在阅览室/图书馆、退役军人服务/双拥优抚、健康知识普及宣讲、［社区（村）级］文体娱乐活动、体育健身场地/设施、就业信息提供、心理健康咨询与疏导、就业技能培训、慢性病防治、社区慈善捐赠服务十项便民服务的提供占比均超过 50%，分别为 84.3%、84.2%、81.1%、80.5%、77.1%、72.5%、64.1%、59.4%、51.8%、50.5%。社会组织在社区便民服务的提供占比仅次于社区工作者。

总体来看，社区工作者是我国社区便民服务的主要承担者。可见我国社区便民服务主要是由政府部门主导并承担的。而社会组织、社区志愿者、居（村）民、企业等社会力量在社区便民服务中的参与度不够高，社会力量参与社区便民服务的潜力还有巨大空间。

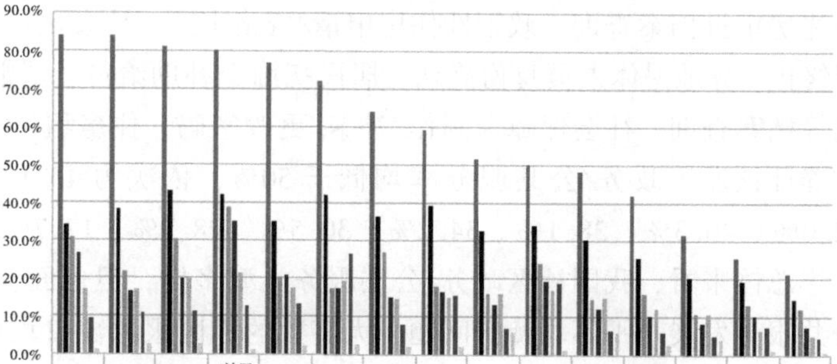

	阅览室/图书馆	退役军人服务/双拥优抚	健康知识普及宣讲	[社区（村）级]文体娱乐活动	体育健身场地/设施，	就业信息提供	心理健康咨询与疏导	就业技能培训	慢性病防治	社区慈善捐赠服务	免疫接种	社区儿童保健	社区全科门诊治疗	家政服务	少儿托管看管
■ 社区工作者(含“两委”成员和其他社区工作者)	84.3%	84.2%	81.1%	80.5%	77.1%	72.5%	64.1%	59.4%	51.8%	50.5%	48.4%	42.4%	31.6%	25.4%	21.5%
■ 社会组织	34.3%	38.4%	43.2%	42.4%	34.9%	42.2%	36.3%	39.2%	32.7%	34.0%	30.4%	25.7%	20.5%	19.3%	14.7%
■ 社区志愿者	30.8%	21.6%	30.4%	38.8%	20.1%	17.6%	26.9%	17.7%	16.2%	24.1%	14.8%	15.9%	10.7%	13.1%	12.3%
■ 居（村）民	26.7%	16.6%	19.6%	35.2%	21.0%	17.6%	14.9%	16.6%	13.0%	19.5%	12.0%	10.2%	8.3%	10.1%	7.4%
■ 驻社区单位	17.1%	16.8%	19.8%	21.4%	17.3%	19.5%	14.5%	15.2%	15.8%	16.8%	14.9%	12.0%	10.7%	6.5%	5.0%
■ 企业	9.3%	10.9%	11.2%	12.8%	13.3%	26.6%	8.0%	15.6%	6.8%	18.7%	6.6%	6.1%	5.2%	7.5%	4.5%
■ 其他	1.4%	2.5%	2.7%	1.2%	2.3%	2.6%	2.1%	2.3%	6.2%	1.3%	6.0%	2.8%	4.1%	1.4%	1.0%

图 7－7 社区便民服务提供参与情况

二、社区政务/公共服务

（一）社区内可办理的政务/公共服务全国整体状况

社区政务/公共服务是社区便民服务的重要组成部分。本次调查对城乡基本养老保险参保相关手续、医保参保/变更登记/缴费/个人医保账户清算、临时救助对象认定/救助金给付、低保对象/特困人员认定/救助供养金给付、老年人优待证办理/高龄津贴发放等 27 项政务/公共服务进行调查。

从全国社区内可办理的政务/公共服务整体情况来看（如图 7－8 所示），在城乡基本养老保险参保相关手续、医保参保/变更登记/缴费/个人医保账户清算、临时救助对象认定/救助金给付、低保对象/特困人员认定/救助供养金给付、老年人优待证办理/高龄津贴发放、困难家庭子女大学生/高中生资助、生育服务证明/生育证/再生育许可/生育保险、计生家庭特别扶助金/独生子女证、就业培训/就业指导、信访投诉受理、残疾证办理/生活/护理补贴/康复救助、失业登记/就业困难人员认定/补贴申领、兵役登记/复员军人生活补助、流动人口婚育证明、低收入家庭住房补贴办理、就业创业证申领/小额贷款受理等政务/公共服务，社区内提供率均超过 50%，依次为：89.4%、81.5%、79.2%、78.5%、77.9%、74.8%、74.2%、74.1%、71.4%、70.5%、69.8%、67.4%、64.5%、64.2%、52.1%、51.0%。

在缴纳水电气费、农村危房改造/农村宅基地审批、农村承包地确权登记/农民建房审批档案查询、政策性住房申请/资格审查、社会化管理退休人员养老及医保终止、异地退休人员身份确认、居民抚恤金补助给付、婚姻登记/工伤/知青/兵役等档案查询、社会保障卡制作/补卡/更改密码、住房租赁合同网签备案、犬类准养证核发等政务/公共服务率均低于50%，依次为46.1%、45.3%、42.4%、42.0%、40.3%、38.1%、34.2%、30.5%、28.7%、17.7%、12.1%。

总体来看，我国社区政务/公共服务类型多样，但也面临服务体系不够完善、公共服务发展水平不均衡等问题，大多数的社区服务窗口均可办理养老保险、医疗保险、低保、临时救助、残疾康复及救助、失业登记等基本政务服务/公共服务，但社保卡维护、住房租赁合同网签备案、犬类准养证核发等服务供给不足问题较为突出。

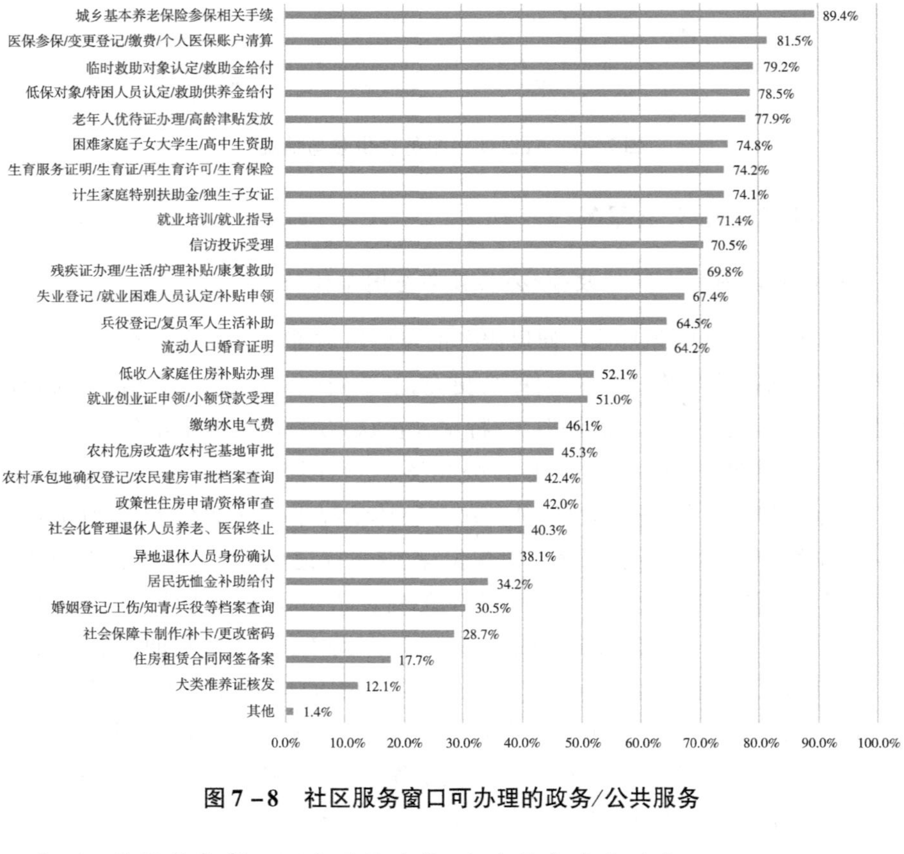

图7-8　社区服务窗口可办理的政务/公共服务

（二）社区服务窗口可办理的政务/公共服务城乡对比

通过对社区服务窗口可办理的政务/公共服务进行城乡对比发现（如图7-9所示），在所调查的27项社区服务窗口可办理的政务/公共服务中，城市社区可办理服务比农村社区多。其中在政策性住房申请/资格审查、失业登记/就业困难人员认定/补贴申领、低收入家庭住房补贴办理、异地退休人员身份确认、社会化管理退休人员养老及医保终止、残疾证办理/生活/护理补贴/康复救助、计生家庭特别扶助金/独生子女证、信访投诉受理、兵役登记/复员军人生活补助、低保对象/特困人员认定/救助供养金给付、生育服务证明/生育证/再生育许可/生育保险、老年人优待证办理/高龄津贴发放等十二项政务/公共服务中，城市社区可办理服务的社区比例比农村社区可办理服务的社区比例高出较多，均高出超过10%，高出幅度在11.7%至23.6%之间浮动，依次高出23.6%、20.6%、20.2%、18.7%、16.4%、16.0%、15.8%、15.8%、14.5%、12.6%、11.9%、11.7%。在流动人口婚育证明、就业培训/就业指导、临时救助对象认定/救助金给付、困难家庭子女大学生/高中生资助、犬类准养证核发、就业创业证申领/小额贷款受理、居民抚恤金补助给付、住房租赁合同网签备案、医保参保/变更登记/缴费/个人医保账户清算、社会保障卡制作/补卡/更改密码、婚姻登记/工伤/知青/兵役等档案查询等十一项政务/公共服务中，城市社区可办理服务的社区比例比农村社区可办理服务的社区比例高出较少，均低于10%，高出幅度在2.8%至8.8%之间浮动，依次高出8.8%、8.8%、8.0%、8.0%、6.2%、4.1%、4.0%、3.8%、3.6%、3.3%、2.8%。仅在城乡基本养老保险参保相关手续、缴纳水电气费、农村承包地确权登记/农民建房审批档案查询、农村危房改造/农村宅基地审批四项政务/公共服务中，农村社区可办理服务的社区比例高于城市社区可办理服务的社区，依次高出1.6%、16.7%、39.0%、42.8%。

总之，我国在政务/公共服务向社区服务窗口下沉建设上取得显著成效，但仍然面临城乡发展不平衡的挑战，农村社区居民不出社区，在社区内可获得的政务/公共服务相较于城市社区居民更为短缺。

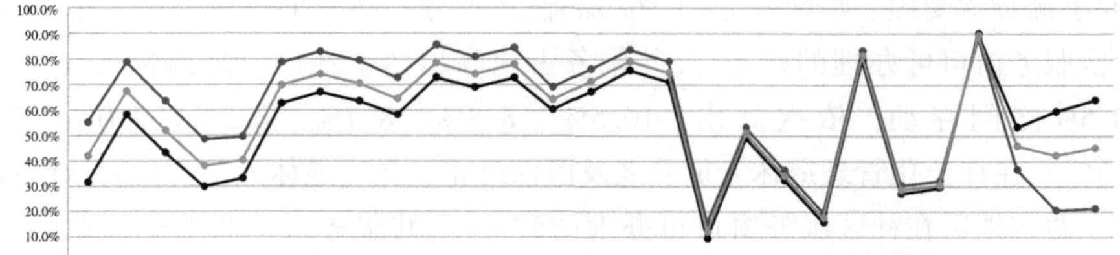

	政策性住房申请/资格审查	失业登记/就业困难人员认定/补贴申领	低收入家庭住房补贴办理	异地退休人员身份确认	社会化管理退休人员养老、医保终止	残疾证办理/生活/护理补贴/康复救助	计生家庭特别扶助金/独生子女证	信访投诉受理	兵役登记/复员军人生活补助	低保对象/特困人员认定/救助供养金给付	生育服务证明/生育证/再生育许可/生育保险	老年人优待证办理/高龄津贴发放	流动人口婚育证明	就业培训/就业指导
城市地区	55.2%	78.8%	63.6%	48.6%	49.6%	78.7%	82.9%	79.4%	72.7%	85.5%	80.9%	84.4%	69.1%	76.2%
农村地区	31.6%	58.2%	43.4%	29.9%	33.2%	62.7%	67.1%	63.6%	58.2%	72.9%	69.0%	72.7%	60.3%	67.4%
全国平均水平	42.0%	67.4%	52.1%	38.1%	40.3%	69.8%	74.1%	70.5%	64.5%	78.5%	74.2%	77.9%	64.2%	71.4%

	临时救助对象认定/救助金给付	困难家庭子女大学生/高中生资助	犬类准养证核发	就业创业证申领/小额贷款受理	居民抚恤金补助给付	住房租赁合同网签备案	医保参保/变更登记/缴费/个人医保账户清算	社会保障卡制作/补卡/更改密码	婚姻登记/工伤/知青/兵役等档案查询	城乡基本养老保险参保相关手续	缴纳水电气费	农村承包地确权登记/农民建房审批档案查询	农村危房改造/农村宅基地审批
城市地区	83.7%	79.2%	15.6%	53.3%	36.5%	19.7%	83.4%	30.5%	32.2%	88.5%	36.8%	20.6%	21.3%
农村地区	75.7%	71.2%	9.4%	49.2%	32.5%	15.9%	79.8%	27.2%	29.4%	90.1%	53.5%	59.6%	64.1%
全国平均水平	79.2%	74.8%	12.1%	51.0%	34.2%	17.7%	81.5%	28.7%	30.5%	89.4%	46.1%	42.4%	45.3%

图7-9 社区服务窗口可办理的政务/公共服务城乡对比

(三) 社区服务窗口可办理的政务/公共服务地区对比

通过对社区服务窗口可办理的政务/公共服务进行地区对比后发现（如图7-10所示），在所调查的27项社区服务窗口可办理的政务/公共服务中，中部地区社区中可办理服务的社区比例总体上比东、西部地区社区中可办理服务的社区比例高。中、东部地区相比，在就业创业证申领/小额贷款受理、就业培训/就业指导、缴纳水电气费、医保参保/变更登记/缴费/个人医保账户清算等政务/公共服务中，中部地区不出社区范围，在社区服务窗口可办理的政务/公共服务占比比东部地区高出较多，均超过10%，高出幅度在12.4%至20.5%之间浮动，依次高出：20.5%、13.9%、12.8%、12.4%。在临时救助对象认定/救助金给付、老年人优待证办理/高龄津贴发放、低保对象/特困人员认定/救助供养金给付、城乡基本养老保险参保相关手续、社会保障卡制作/补卡/更改密码、农村危房改造/农村宅基地审批、残疾证办理/生活/护理补贴/康复救助七项政务/公共服务中，中部地区在社区服务窗口可办理的政务/公共服务占比亦高出东部地区，高出幅度在5.1%至9.7%之间浮动，依次高出9.7%、9.3%、8.1%、7.7%、7.2%、5.5%、5.1%。而在社会化管理退休人员养老及医保终止、婚姻登记/工伤/知青/兵役等档案查询、犬类准养证核发、异地退休人员身份确认四项服务中，东部地区在社区服务窗口可办理的政务/公共服务占比高出中部地区，高出幅度在4.6%至9.5%之间浮动，依次高出4.6%、4.7%、9.5%、9.5%。

从中、西部地区比较来看，在生育服务证明/生育证/再生育许可/生育保险、社会保障卡制作/补卡/更改密码、老年人优待证办理/高龄津贴发放、残疾证办理/生活/护理补贴/康复救助、计生家庭特别扶助金/独生子女证、就业创业证申领/小额贷款受理、婚姻登记/工伤/知青/兵役等档案查询等服务中，中部地区在社区服务窗口可办理的政务/公共服务占比高出西部地区，高出幅度在5.9%至10.5%之间浮动，依次高出：10.5%、8.8%、8.7%、8.5%、8.0%、7.0%、5.9%。在社会化管理退休人员养老及医保终止、异地退休人员身份确认两项服务中，西部地区在社区服务窗口可办理的政务/公共服务占比高出中部地区，分别高出6.7%、12.9%。

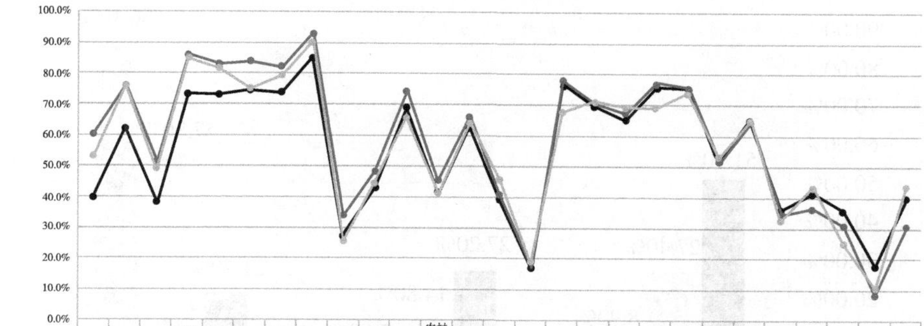

地区	就业创业证申领/小额贷款受理	就业培训/就业指导	缴纳水电气费	医保参保/变更登记/缴费/个人医保账户清算	临时救助对象认定/救助金给付	老年人优待证办理/高龄津贴发放	低保对象/特困人员认定/救助供养金给付	城乡基本养老保险参保相关手续	社会保障卡制作/补卡/更改密码	农村危房改造/农村宅基地审批	残疾证办理/生活/护理补贴/康复救助	农村承包地确权登记/农民建房审批档案查询	流动人口婚育证明
东部地区	39.8%	62.3%	38.3%	73.6%	73.2%	74.6%	74.1%	85.2%	26.9%	42.8%	69.3%	41.5%	62.3%
中部地区	60.3%	76.2%	51.1%	86.0%	82.9%	83.9%	82.2%	92.9%	34.1%	48.3%	74.4%	45.3%	66.1%
西部地区	53.3%	76.0%	49.0%	84.9%	81.6%	75.2%	79.3%	90.1%	25.3%	44.8%	65.9%	40.5%	64.2%

地区	政策性住房申请/资格审查	住房租赁合同网签备案	生育服务证明/生育证/再生育许可/生育保险	信访投诉受理	失业登记/就业困难人员认定/补贴申领	计生家庭特别扶助金/独生子女证	困难家庭子女大学生/高中生资助	低收入家庭住房补贴办理	兵役登记/复员军人生活补助	居民抚恤金补助给付	社会化管理退休人员养老、医保终止	婚姻登记/工伤/知青/兵役等档案查询	犬类准养证核发	异地退休人员身份确认
东部地区	39.1%	17.0%	76.5%	69.4%	65.7%	75.9%	75.0%	51.5%	65.2%	35.9%	41.1%	35.6%	17.7%	40.1%
中部地区	41.0%	18.8%	78.3%	71.1%	67.2%	77.2%	75.6%	51.6%	63.9%	34.3%	36.5%	30.9%	8.2%	30.6%
西部地区	45.9%	17.2%	67.8%	71.1%	69.2%	69.2%	73.7%	53.3%	64.5%	32.4%	43.2%	25.0%	10.2%	43.5%

图 7－10　社区服务窗口可办理的政务/公共服务地区对比

三、社区物业管理服务

从全国总体水平来看，我国只有 27.40% 的社区部分区域有物业管理服务覆盖，14.80% 的社区全部区域有物业管理服务覆盖，还有 57.80% 的社区无物业覆盖。从社区物业管理服务覆盖情况的城乡对比来看（如图 7－11 所示），全国 27.20% 的城市地区全部区域有物业管理服务，这一比例在农村社区仅为 5.00%；51.10% 的城市地区部分区域有物业管理服务，这一比例在农村社区仅为 8.90%；全国高达 86.10% 的农村社区没有物业管理服务，还有 21.70% 的城市社区没有物业管理服务。总体来看，我国城市社区的物业管理服务覆盖程度较高，农村地区物业管理服务覆盖率很低。

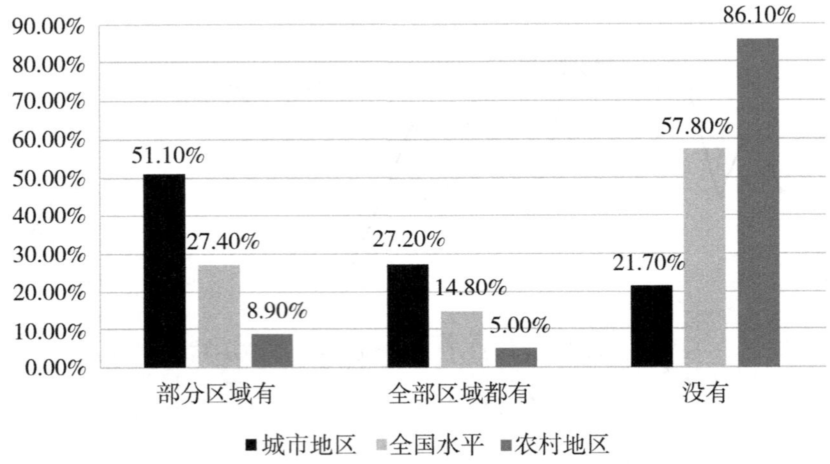

图 7－11　社区物业管理服务覆盖情况城乡对比

此外，从社区物业管理服务覆盖情况的地区对比来看（如图 7－12 所示），东部地区物业管理服务覆盖率高于中、西部地区，物业管理服务在地区间的分布不平衡。没有物业管理服务覆盖的社区比例在东部地区为 51.7%，这一比例在中、西部地区分别高达 57.8%、64.0%。

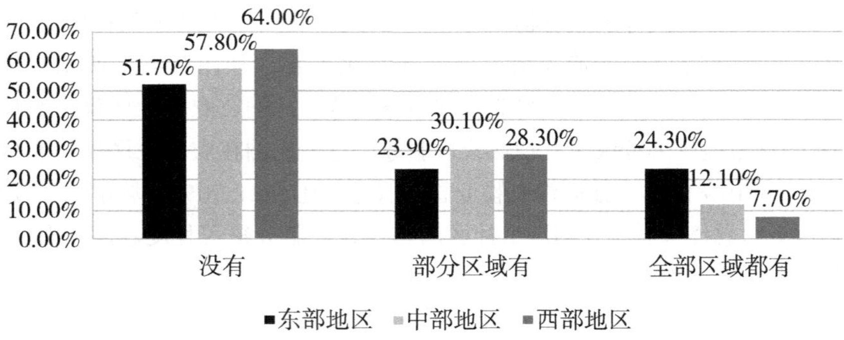

图 7－12　社区物业管理服务覆盖情况地区对比

第三节　社区便民服务居（村）民满意度评价

党的十九大报告明确指出，我国社会主要矛盾已经转化为人民日益增长的美好生活需要和不平衡不充分的发展之间的矛盾。社区便民服务是人民群众获得感、幸福感、安全感最直接最灵敏的重要指标。本次调查从居民对社区便民服务基本内容的需求程度、满意度，社区政务及公共服务方便程度、规范程度，居民对社区政务及公共服务的满意度，小区业委会及物业相关情况，居民对业委会和物业的满意度等多个方面多个维度进行了全面调查。

一、社区便民服务基本内容

在本次调查中，社区便民服务基本内容涵盖我国社区对文体娱乐活动［社区（村）级］、阅览室/图书馆、社区课堂、社区科普、就业技能培训等18项便民服务的提供情况、居民对其需求程度及满意度。具体调查情况如下。

（一）社区便民服务需求情况

从18项社区便民服务需求情况来看（如图7－13所示），居民对文体娱乐活动［社区（村）级］、健康知识普及宣讲、体育健身场地/设施、阅览室/图书馆、社区科普、社区课堂、免疫接种、社区全科门诊治疗、慢性病防治九项便民服务的需求程度较高，其中，比较需要这些服务的居民占比均超过40%，分别为47.4%、45.6%、44.3%、44.2%、44.2%、41.0%、40.70%、40.70%、40.10%；非常需要这些服务的居民占比均超过20%，分别为29.2%、33.6%、36.1%、28.7%、25.8%、23.2%、44.50%、37.50%、44.40%。居民对少儿“小饭桌”、少儿托管看管、退役军人服务/双拥优抚、家政服务、社区慈善捐赠/公益活动、社区儿童保健、心理健康咨询与疏导、就业技能培训八项服务的需求程度不高，其中，不需要这些服务的居民占比均超过20%，分别为43.0%、42.9%、35.4%、34.0%、27.7%、26.1%、22.4%、22.3%；不太需要这些服务的居民占比均超过10%，分别为：17.7%、16.2%、12.9%、15.2%、13.8%、10.4%、10.7%、10.9%。

总之，社区居（村）民针对免疫接种、慢性病防治、社区全科门诊治疗、健康知识普及宣讲、社区科普及社区课堂等基本医疗保健服务需求普遍较高；对体育健身场地/设施、文体娱乐活动［社区（村）级］及阅览室/图书馆等精神文化服务也表现出较高的需求；而对于少儿“小饭桌”、少儿托管看管及家政服务等面向儿童及家庭的服务需求较低，对慈善捐赠/公益活动和退役军人服务/双拥优抚等服务也呈现出需求较低的现状。

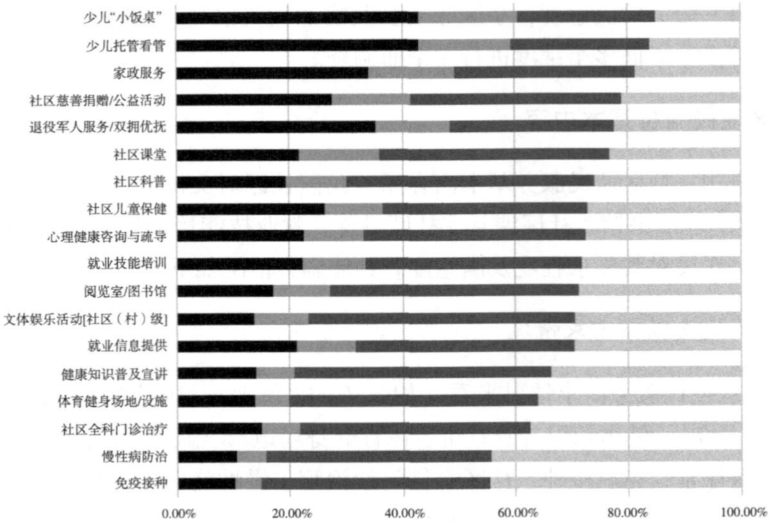

	免疫接种	慢性病防治	社区全科门诊治疗	体育健身场地/设施	健康知识普及宣讲	就业信息提供	文体娱乐活动[社区（村）级]	阅览室/图书馆	就业技能培训	心理健康咨询与疏导	社区儿童保健	社区科普	社区课堂	退役军人服务/双拥优抚	社区慈善捐赠/公益活动	家政服务	少儿托管看管	少儿“小饭桌”
■ 不需要	10.30%	10.50%	14.90%	13.7%	14.0%	21.3%	13.7%	16.9%	22.3%	22.4%	26.1%	19.3%	21.8%	35.4%	27.7%	34.0%	42.9%	43.0%
■ 不太需要	4.50%	5.10%	6.90%	5.9%	6.8%	10.4%	9.6%	10.2%	10.9%	10.7%	10.4%	10.6%	14.0%	12.9%	13.8%	15.2%	16.2%	17.7%
■ 比较需要	40.70%	40.10%	40.70%	44.3%	45.6%	38.8%	47.4%	44.2%	38.6%	39.4%	36.3%	44.2%	41.0%	29.4%	37.4%	32.0%	24.8%	24.2%
■ 非常需要	44.50%	44.40%	37.50%	36.1%	33.6%	29.5%	29.2%	28.7%	28.2%	27.5%	27.2%	25.8%	23.2%	22.4%	21.1%	18.8%	16.1%	15.1%

图 7－13　社区便民服务需求情况

（二）社区便民服务提供情况

从18项社区便民服务的提供情况来看（如图7－14所示），我国社区对文体娱乐活动［社区（村）级］、体育健身场地/设施、免疫接种、健康知识普及宣讲、退役军人服务/双拥优抚、阅览室/图书馆、慢性病防治、就业信息提供、社区慈善捐赠/公益活动、就业技能培训、社区科普、心理健康咨询与疏导、社区课堂、社区全科门诊治疗十四项便民服务的提供率较高，均超过50%，分别为：77.8%、76.6%、76.2%、72.4%、70.2%、68.3%、66.3%、66.2%、63.6%、61.2%、61.1%、55.4%、54.9%、52.9%；而对家政服务、少儿托管看管、少儿“小饭桌”三项便民服务的提供率较低，分别为36.6%、25.9%、22.0%。

对比居（村）民对社区便民服务的需求情况，比较需要及非常需要免疫接种、慢性病防治、体育健身场地/设施、健康知识普及宣讲、社区全科门诊治疗服务的居（村）民占比分别达到85.2%、84.5%、80.4%、79.2%、78.2%，然而提供这五项服务的社区仅分别有76.2%、66.3%、76.6%、72.4%、52.9%，可以看出部分社区便民服务的供给和需求并没有完全匹配。

总之，我国社区便民服务提供的项目基本对应居民需求，但供需之间仍存在差距。

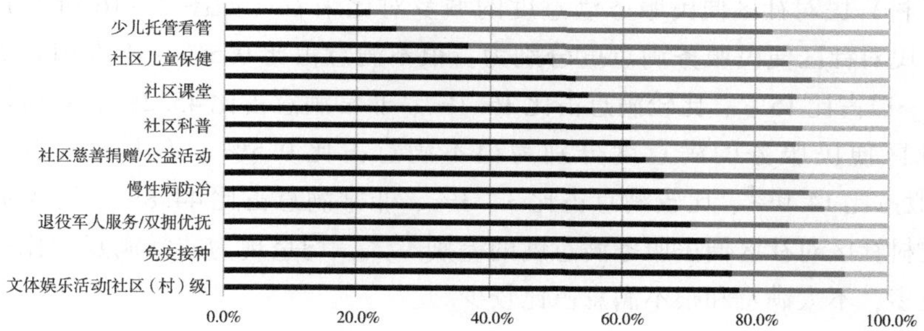

	文体娱乐活动[社区(村)级]	体育健身场地/设施	免疫接种	健康知识普及宣讲	退役军人服务/双拥优抚	阅览室/图书馆	慢性病防治	就业信息提供	社区慈善捐赠/公益活动	就业技能培训	社区科普	心理健康咨询与疏导	社区课堂	社区全科门诊治疗	社区儿童保健	家政服务	少儿托管看管	少儿"小饭桌"
■有	77.8%	76.6%	76.2%	72.4%	70.2%	68.3%	66.3%	66.2%	63.6%	61.2%	61.1%	55.4%	54.9%	52.9%	49.8%	36.6%	25.9%	22.0%
■没有	15.3%	17.0%	17.1%	17.1%	14.8%	22.1%	21.8%	20.6%	23.6%	25.0%	26.0%	29.6%	31.4%	35.8%	35.1%	48.0%	56.6%	59.1%
■不知道	6.9%	6.4%	6.7%	10.5%	15.0%	9.6%	11.8%	13.2%	12.7%	13.9%	12.9%	15.0%	13.7%	11.3%	15.1%	15.4%	17.4%	18.9%

图7-14　社区便民服务提供情况

（三）居（村）民对社区便民服务的满意度现状

1. 居（村）民对社区便民服务满意度的全国整体状况

从全国居（村）民对社区便民服务的满意度情况来看（如图7-15所示），居（村）民对社区便民服务的满意度整体较高，其中非常满意的比例为45%、比较满意的比例为37%、一般的比例为14.9%、不太满意的比例为1.4%、很不满意的比例为0.5%，可见在全国范围内，居（村）民对社区便民服务的满意程度较高。

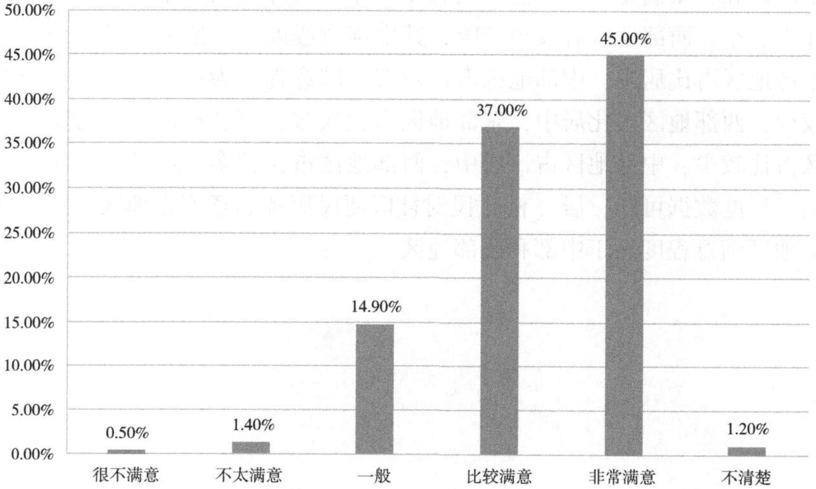

图7-15　居（村）民对社区便民服务的满意度全国整体现状

2. 居（村）民对社区便民服务满意度的城乡对比

从居（村）民对社区便民服务满意度的城乡对比来看（如图 7－16 所示），城市社区居民对社区便民服务满意度分别为：很不满意占比 0.5%、不太满意占比 1.4%、一般占比 15%、比较满意占比 36.7%、非常满意占比 45.2%；农村社区村民对社区便民服务的满意度分别为很不满意占比 0.5%、不太满意占比 1.5%、一般占比 14.9%、比较满意占比 37.3%、非常满意占比 44.8%。可见城市社区和农村社区对社区便民服务满意度的差别不大，均呈现为非常满意和比较满意占比较多，不太满意和很不满意占比较少。

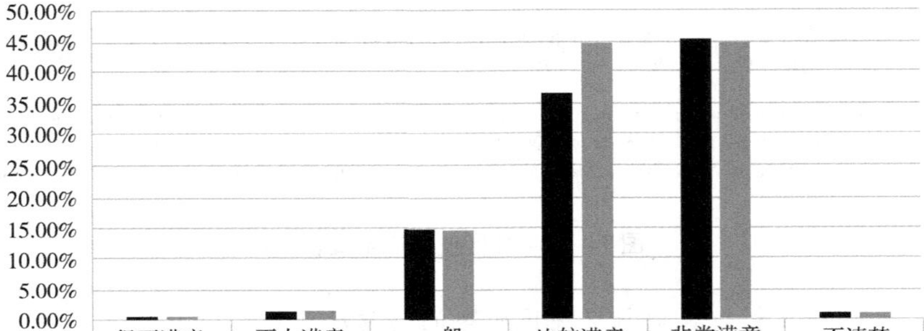

	很不满意	不太满意	一般	比较满意	非常满意	不清楚
■城市社区	0.50%	1.40%	15.00%	36.70%	45.20%	1.20%
■农村社区	0.50%	1.50%	14.90%	37.30%	44.80%	1.20%

图 7－16　居（村）民对社区便民服务的满意度城乡对比

3. 居（村）民对社区便民服务满意度的地区对比

从居（村）民对社区便民服务满意度的地区对比来看（如图 7－17 所示），除很不满意和不太满意两个满意程度在中、东、西部地区几乎无差距，其他满意程度在中、东、西部地区有较小差距，其中满意程度为一般中，西部地区占比较少，东部地区占比居中，中部地区占比较多；满意程度为比较满意中，中部地区占比较少，西部地区占比居中，东部地区占比较多；满意程度为非常满意中，东部地区占比较少，中部地区占比居中，西部地区占比较多。通过累加比较满意和非常满意程度数据可知，居（村）民对社区便民服务满意度在地区对比之间呈现为西部地区满意程度高于中部和东部地区。

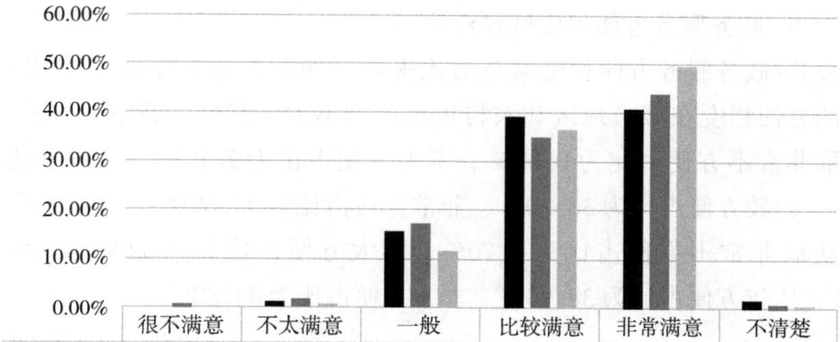

	很不满意	不太满意	一般	比较满意	非常满意	不清楚
东部地区	0.40%	1.40%	15.90%	39.50%	40.80%	2.00%
中部地区	0.60%	2.00%	17.40%	35.00%	44.00%	1.00%
西部地区	0.40%	1.00%	11.70%	36.50%	49.90%	0.60%

图 7－17 居（村）民对社区便民服务的满意度地区对比

二、公共服务与政务服务

（一）公共/政务服务方便程度

1. 公共/政务服务方便程度全国整体现状

从全国社区公共/政务服务方便程度来看（如图 7－18 所示），我国社区公共服务与政务服务的办理方便程度总体较高，其中 37.6% 的居民认为在本社区（村）办理政务或公共服务比较方便，46.10% 的居民认为在本社区（村）办理政务或公共服务非常方便，但仍然有 11.3% 的居民认为在本社区（村）办理政务或公共服务一般方便，2.6% 的居民认为在本社区（村）办理政务或公共服务不太方便，0.7% 的居民认为在本社区/村办理政务或公共服务非常不方便。

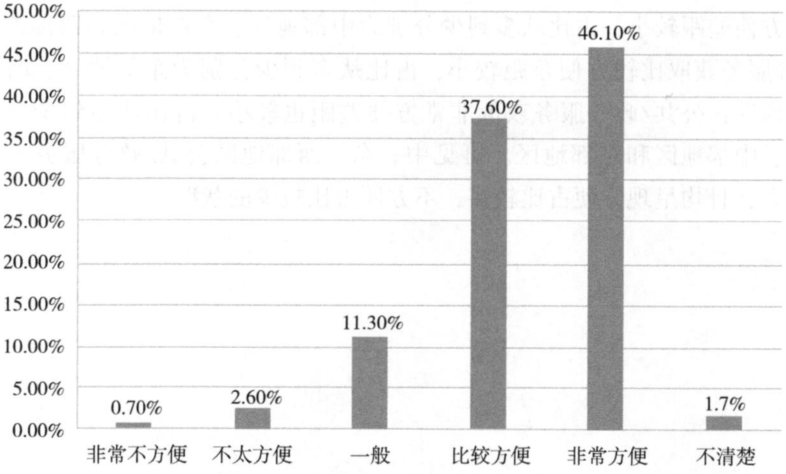

图 7－18 公共/政务服务的方便程度全国整体现状

2. 公共/政务服务方便程度城乡对比

从公共/政务服务方便程度城乡对比来看（如图7-19所示），公共/政务服务获得的方便程度在城市地区和农村地区差别不大。其中，城市社区公共/政务服务获取非常不方便占比为0.60%、不太方便占比为2.10%、一般方便占比为11.30%、比较方便占比为36.20%、非常方便占比为47.60%；农村社区公共/政务服务获取非常不方便占比为0.70%、不太方便占比为3.00%、一般占比为11.20%、比较方便占比为38.90%、非常方便占比为44.80%。

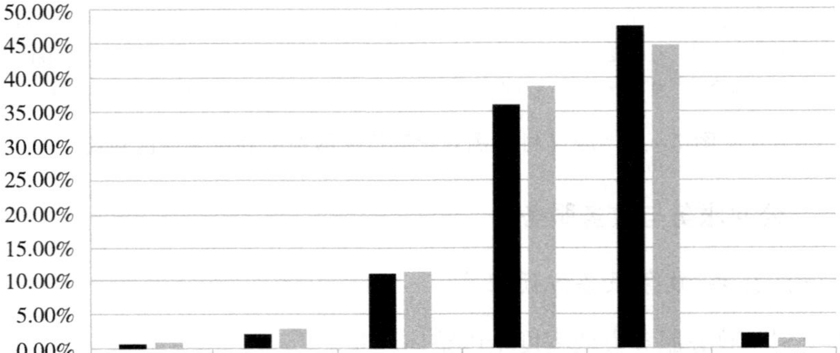

	非常不方便	不太方便	一般	比较方便	非常方便	不清楚
■城市地区	0.60%	2.10%	11.30%	36.20%	47.60%	2.20%
■农村地区	0.70%	3.00%	11.20%	38.90%	44.80%	1.40%

图7-19 政务/公共服务的方便程度城乡对比

3. 公共/政务服务方便程度地区对比

从公共/政务服务方便程度地区对比来看（如图7-20所示），中、东、西部地区公共/政务服务获取非常不方便和不太方便占比差距不大；公共/政务服务获取一般方便差距较小，占比从多到少分别为中部地区、东部地区和西部地区；公共/政务服务获取比较方便差距较小，占比从多到少分别为东部地区、西部地区和中部地区；公共/政务服务获取非常方便差距也较小，占比从多到少分别为西部地区、中部地区和东部地区。可见中、东、西部地区公共/政务服务方便程度差距不大，且均呈现方便占比较多，不方便占比较少的状况。

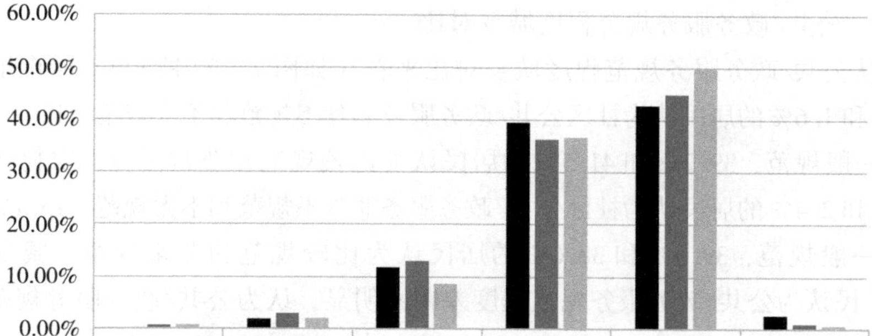

	非常不方便	不太方便	一般	比较方便	非常方便	不清楚
■东部地区	0.50%	2.30%	11.90%	39.60%	42.80%	2.90%
■中部地区	0.80%	3.10%	13.20%	36.40%	45.20%	1.40%
■西部地区	0.80%	2.30%	8.80%	36.90%	50.20%	1.00%

图 7－20　政务/公共服务的方便程度地区对比

（二）公共/政务服务规范程度

1. 公共/政务服务规范程度全国整体现状

从全国公共/政务服务规范程度来看（如图 7－21 所示），我国大部分居（村）民认为社区（村）社区服务站政务或公共服务的规范程度较高，认为社区（村）社区服务站政务或公共服务比较规范及非常规范的居民分别占 39.50%、39.90%。但仍然有 14% 的居（村）民认为本社区（村）办理政务或公共服务一般规范，2% 的居（村）民认为本社区（村）办理政务或公共服务不太规范，0.4% 的居（村）民认为本社区（村）办理政务或公共服务非常不规范。

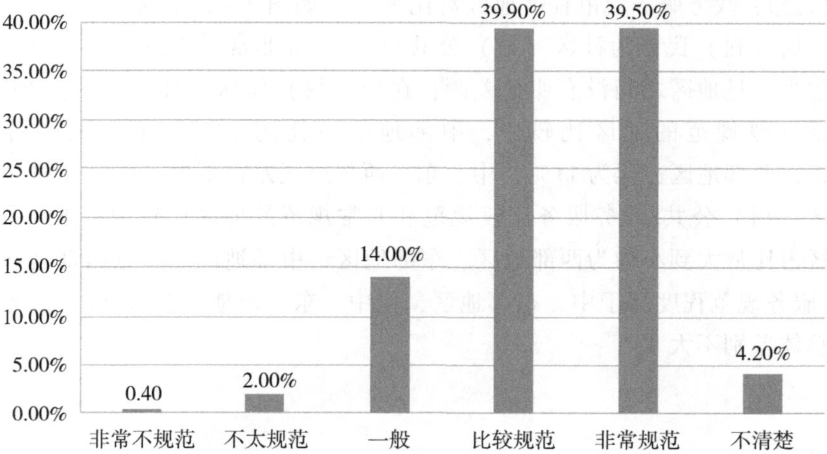

图 7－21　政务/公共服务的规范程度全国整体现状

2. 公共/政务服务规范程度城乡对比

从公共/政务服务规范程度城乡对比来看（如图 7 – 22 所示），城市地区只有 0.5% 和 1.6% 的居民认为社区公共/政务服务非常不规范和不太规范，12.8% 的居民认为一般规范，39.2% 和 41.5% 的居民认为比较规范和非常规范；农村地区只有 0.3% 和 2.4% 的居民认为社区公共/政务服务非常不规范和不太规范，15.1% 的居民认为一般规范，39.9% 和 38.6% 的居民认为比较规范和非常规范。城乡之间居（村）民认为公共/政务服务规范程度差距不明显，认为公共/政务服务规范的占比较多。

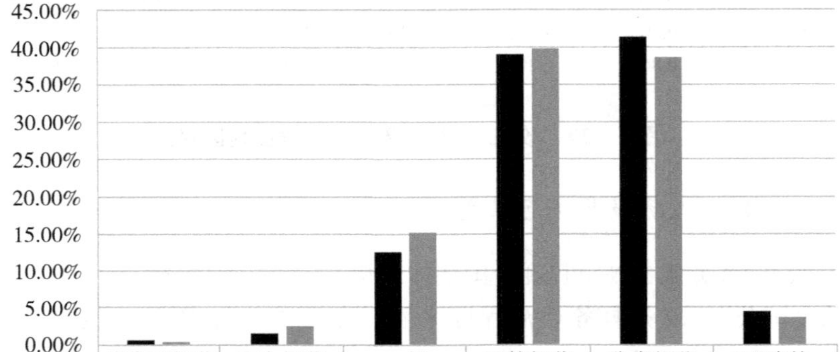

	非常不规范	不太规范	一般	比较规范	非常规范	不清楚
■ 城市地区	0.50%	1.60%	12.80%	39.20%	41.50%	4.50%
■ 农村地区	0.30%	2.40%	15.10%	39.90%	38.60%	3.70%

图 7 – 22　政务/公共服务的规范程度城乡对比

3. 公共/政务服务规范程度地区对比

从公共/政务服务规范程度地区对比来看（如图 7 – 23 所示），中、东、西部地区居（村）民认为社区（村）公共/政务服务非常不规范和不太规范的占比非常少，且地区之间没有明显差距；在居（村）民认为社区（村）公共/政务服务一般规范的地区比较中，中部地区占比为 17%，东部地区占比为 14.2%，西部地区占比为 11%，中、东、西部地区差距不大；在居（村）民认为社区（村）公共/政务服务比较规范和非常规范的地区比较中，中、东、西部地区占比从大到小均为西部地区、东部地区、中部地区。可见西部地区公共/政务服务规范程度高于中、东部地区，但中、东、西地区公共/政务服务规范程度总体差别不大。

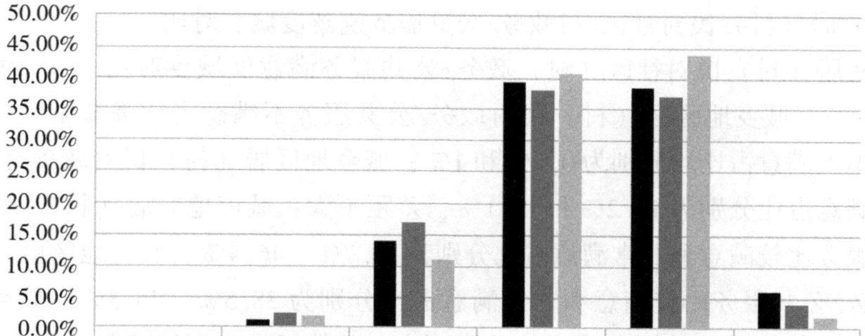

	非常不规范	不太规范	一般	比较规范	非常规范	不清楚
■东部地区	0.20%	1.50%	14.20%	39.50%	38.50%	6.10%
■中部地区	0.60%	2.60%	17.00%	38.20%	37.30%	4.20%
■西部地区	0.30%	2.00%	11.00%	40.90%	43.90%	2.00%

图 7－23　公共/政务服务的规范程度地区对比

（三）公共/政务服务满意度

1. 居（村）民对社区（村）公共/政务服务满意度全国整体现状

从居（村）民对政务/公共服务满意度全国整体现状来看（如图 7－24 所示），社区（村）居（村）民对其所在社区的政务/公共服务满意度总体较高。其中，认为其所在社区的政务/公共服务比较满意及非常满意的居民占比分别为：37.60%、45.80%；认为其所在社区的政务或公共服务很不满意、不太满意、一般满意的居民占比分别为 0.50%、1.10%、13.10%。

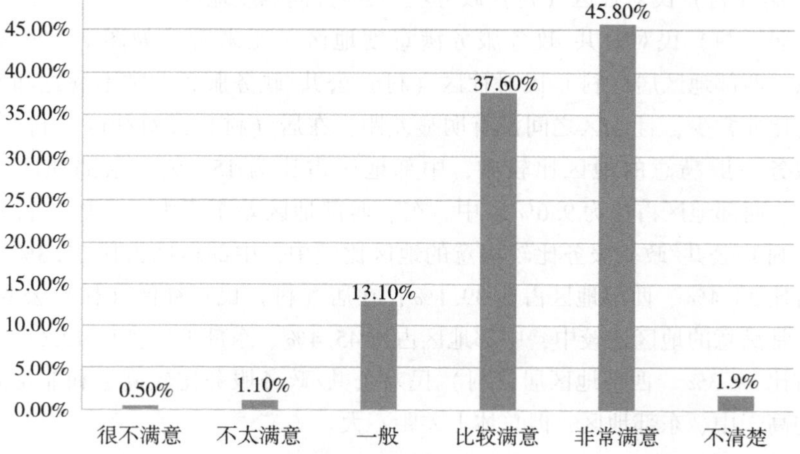

图 7－24　居（村）民对社区（村）政务/公共服务的满意度全国整体现状

2. 居（村）民对社区/村政务/公共服务满意度城乡对比

从居（村）民对社区（村）政务/公共服务满意度城乡对比来看（如图 7－25 所示），城乡地区居（村）民对政务/公共服务不满意占比都非常少，很不满意和不太满意占比均分别为 0.5% 和 1%；城乡地区居（村）民对政务/公共服务一般满意占比分别为 13.2% 和 13.1%，差距不大；城市地区居（村）民对政务/公共服务比较满意和非常满意占比分别为 36.7%、46.4%，农村地区居（村）民对政务/公共服务比较满意和非常满意占比分别为 38.5%、45.3%，城乡地区居（村）民对政务/公共服务满意的差距不大，总体城乡之间居（村）民对政务/公共服务满意度无明显差别。

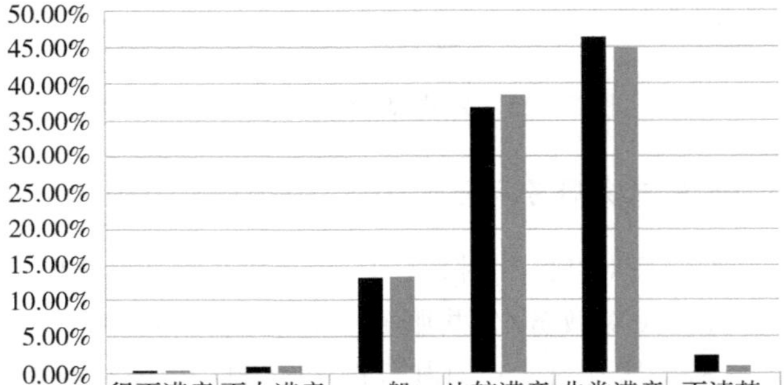

	很不满意	不太满意	一般	比较满意	非常满意	不清楚
■城市社区（居委会）	0.50%	1.00%	13.20%	36.70%	46.40%	2.30%
■农村社区（村委会）	0.50%	1.00%	13.10%	38.50%	45.30%	1.40%

图 7－25　居（村）民对社区（村）公共/政务服务的满意度城乡对比

3. 居（村）民对社区（村）政务/公共服务满意度地区对比

从居（村）民对公共/政务服务满意度地区对比来看（如图 7－26 所示），中、东、西部地区居（村）民对社区（村）公共/政务服务非常不满意和不太满意的占比非常少，且地区之间没有明显差距；在居（村）民对社区（村）公共/政务服务一般满意的地区比较中，中部地区占比为 15.3%、东部地区占比为 14.7%、西部地区占比为 9.6%，中、东、西部地区差距不大；在居（村）民对社区（村）公共/政务服务比较满意的地区比较中，中部地区占比 35.3%、东部地区占比 38.4%、西部地区占比 39.1%；在居（村）民对社区（村）公共/政务服务非常满意的地区比较中，中部地区占比 45.4%、东部地区占比 42.6%、西部地区占比 49.3%。西部地区居（村）民对公共/政务服务比较满意和非常满意的占比均高于中、东部地区，但总体上差距不大。

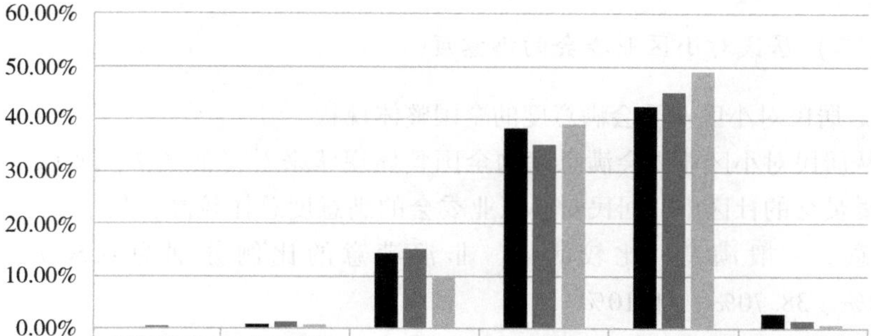

	很不满意	不太满意	一般	比较满意	非常满意	不清楚
■东部地区	0.40%	1%	14.70%	38.40%	42.60%	2.90%
■中部地区	0.70%	1.50%	15.30%	35.30%	45.40%	1.80%
■西部地区	0.30%	0.90%	9.60%	39.10%	49.30%	0.80%

图 7－26　居（村）民对社区（村）公共/政务服务的满意度地区对比

三、业委会

（一）业委会设立情况

从业委会的覆盖情况来看（如图 7－27 所示），本次调查中有 32. 10% 的居民所在社区没有业主委员会，有 54. 90% 的居民所在社区有业主委员会，另外有 13. 1% 的居民对其所在社区是否有业主委员会不清楚。此外，在有业主委员会的社区中，有 82. 9% 的居民认识业主委员会的成员，另外有 17. 1% 的居民表示不认识业主委员会的成员。

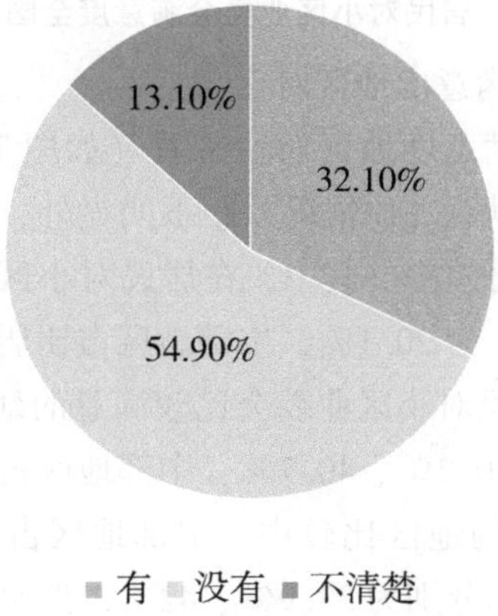

图 7－27　社区是否有业委会全国整体现状

（二）居民对小区业委会的满意度

1. 居民对小区业委会满意度的全国整体现状

从居民对小区业委会满意度的全国整体现状来看（如图 7－28 所示），在有业主委员会的社区中，居民对小区业委会的满意度总体较高，其中很不满意、不太满意、一般满意、比较满意、非常满意的比例分别为 0.50%、1.70%、15.80%、38.70%、41.10%。

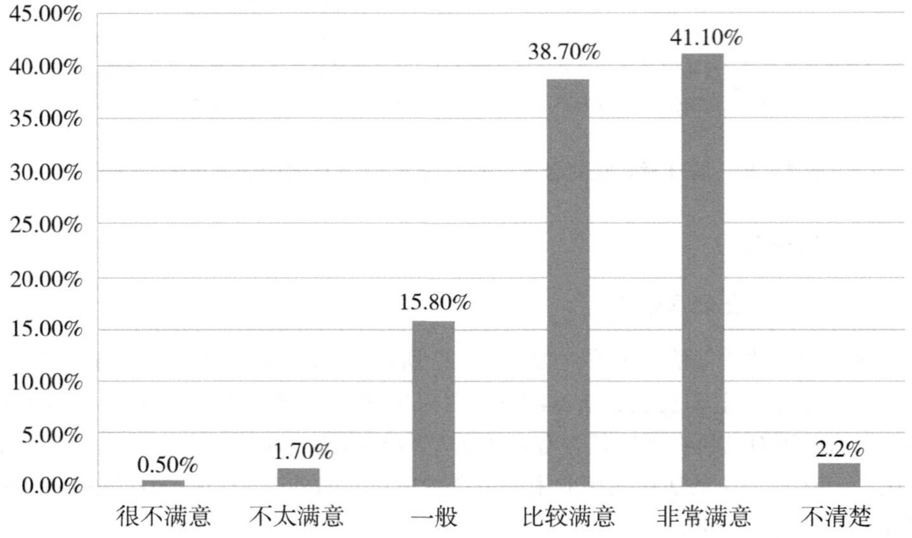

图 7－28 居民对小区业委会满意度全国整体现状

2. 居民对小区业委会满意度地区对比

从居民对小区业委会满意度地区对比来看（如图 7－29 所示），除居民对小区业委会很不满意和不太满意占比情况差距不明显外，其他居民对小区业委会满意度的地区比较均有较显著差距。其中，在居民对小区业委会一般满意的地区比较中，东部地区占比最大，为 20.1%，中部地区占比居中，为 14%；西部地区占比最少，为 13.3%。在居民对小区业委会比较满意的地区比较中，东、西部地区占比差距较小，分别占比 40.2%、40.7%，中部地区占比较少，为 35.6%。在居民对小区业委会非常满意的地区比较中，中部地区占比远超东部地区，占比为 46.8%，东、西部地区占比分别为 33.9%、42%，占比差距较小。

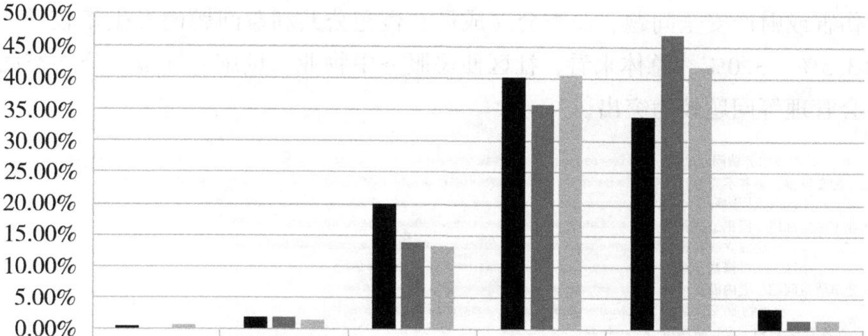

	很不满意	不太满意	一般	比较满意	非常满意	不清楚
东部地区	0.50%	1.80%	20.10%	40.20%	33.90%	3.50%
中部地区	0.20%	1.80%	14.00%	35.60%	46.80%	1.60%
西部地区	0.80%	1.60%	13.30%	40.70%	42.00%	1.60%

图 7－29　居民对小区业委会满意度地区对比

第四节　社区便民服务存在问题分析

《“十四五”城乡社区服务体系建设规划》对推进城乡社区服务体系建设的指导思想、基本原则、主要目标等作出明确，提出要进一步强化社区为民、便民、安民功能。基于此，要重新审视城乡社区便民服务的发展现状，剖析城乡社区便民服务存在的短板和不足。

一、社区便民服务主要问题

（一）社区便民服务主要问题全国情况

本次调查对物业服务费问题/纠纷，配套设施、服务不完善问题，小区内或周边环境问题，小区业主私搭乱建、侵犯公共利益等 16 项社区便民服务问题进行了调查。从全国社区便民服务主要问题来看（如图 7－30 所示），物业服务费问题/纠纷，配套设施、服务不完善问题，小区内或周边环境问题，小区业主私搭乱建，侵犯公共利益，业委会成立或换届难，小区专项维修基金纠纷，建筑质量问题、套内面积纠纷、更换物业/交接纠纷等问题比较突出，出现率均超过 10%，依次为 21.9%、19.5%、17.2%、17.1%、15.2%、11.6%、11.4%、11.0%。车库管理/售租、车位费纠纷，共有部分权属纠纷，小区公共空间的分配、使用纠纷，广告、房屋出租等公共收益纠纷，小区规划变更问题的出现率中等，在 5.6%—9.6% 之间波动，出现率依次为 9.6%、8.0%、7.8%、5.9%、5.6%。人身伤害或财产安全问题、业委会（成员）侵犯公共利益问题的发生率较低，分别为3.5%、3.0%。总体来看，社区便民服务中物业、设施、环境、公共空间及业委会管理等问题较为突出。

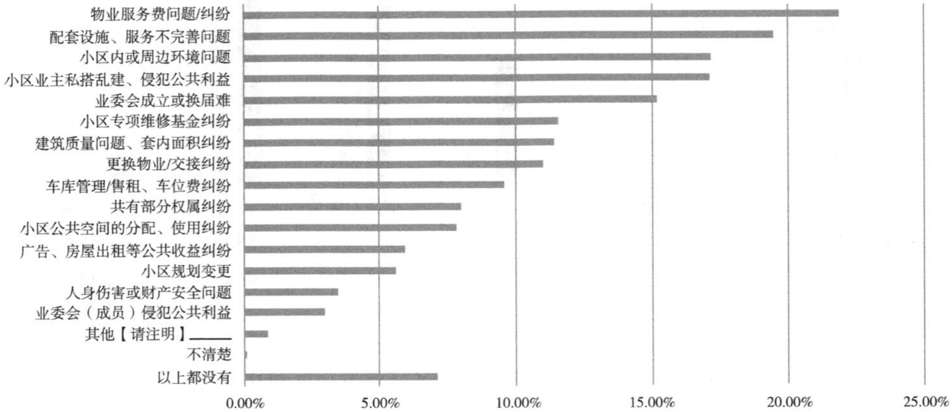

	以上都没有	不清楚	其他【请注明】——	业委会（成员）侵犯公共利益	人身伤害或财产安全问题	小区规划变更	广告、房屋出租等公共收益纠纷	小区公共空间的分配、使用纠纷	共有部分权属纠纷	车库管理/售租、车位费纠纷	更换物业/交接纠纷	建筑质量问题、套内面积纠纷	小区专项维修基金纠纷	业委会成立或换届难	区业主私搭乱建、侵犯公共利益	小区内或周边环境问题	配套设施、服务不完善问题	物业服务费问题/纠纷
■百分比	7.10%	0.10%	0.90%	3.00%	3.50%	5.60%	5.90%	7.80%	8.00%	9.60%	11.00%	11.40%	11.60%	15.20%	17.10%	17.20%	19.50%	21.90%

图7－30 社区便民服务主要问题全国情况

（二）社区便民服务主要问题地区对比情况

从社区便民服务主要问题的地区比较来看（如图7－31所示），西部地区最为突出的问题为配套设施、服务不完善问题，占比高达24.5%，比中部地区及东部地区分别高出7.7%、7.2%；中、东部地区最突出的问题均为物业服务费问题/纠纷，占比分别高达22.2%、21.8%。总体上，在所调查的16项社区便民服务主要问题中，西部地区相关问题的总体发生率高于中、东部地区。除了物业服务费问题/纠纷、更换物业/交接纠纷方面中、东部地区高于西部地区，以及在车库管理/售租、车位费纠纷方面，东部地区高于西部地区，在其余社区便民服务主要问题上，西部地区的发生率均高于中、东部地区。

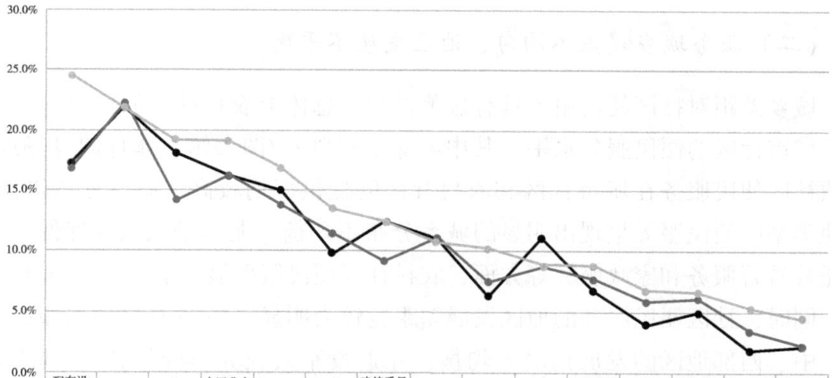

	配套设施、服务不完善问题	物业服务费问题/纠纷	小区内或周边环境问题	小区业主私搭乱建，侵犯公共利益	业委会成立或换届难	小区专项维修基金纠纷	建筑质量问题、套内面积纠纷	更换物业/交接纠纷	共有部分权属纠纷	车库管理/售租、车位费纠纷	小区公共空间的分配、使用纠纷	小区规划变更	广告、房屋出租等公共收益纠纷	人身伤害或财产安全问题	业委会（成员）侵犯公共利益
东部地区	17.3%	21.8%	18.1%	16.2%	15.0%	9.9%	12.4%	11.0%	6.3%	11.1%	6.8%	4.0%	5.0%	1.9%	2.2%
中部地区	16.8%	22.2%	14.2%	16.2%	13.8%	11.5%	9.2%	11.1%	7.5%	8.8%	7.7%	5.9%	6.1%	3.4%	2.2%
西部地区	24.5%	21.7%	19.2%	19.1%	16.9%	13.5%	12.4%	10.8%	10.2%	8.9%	8.8%	6.8%	6.6%	5.3%	4.5%

图 7－31　社区便民服务主要问题地区对比情况

二、社区便民服务面临的挑战

（一）服务内容覆盖面不全，服务供给主体结构单一

城乡社区便民服务是包含生活性便民服务、政务服务以及公共服务在内的综合性社区服务。调查数据显示，目前较为广泛提供的社区便民服务项目有退役军人服务/双拥优抚服务、阅览室/图书馆服务、健康知识普及宣讲服务、［社区（村）级］文体娱乐活动服务、体育健身场地/设施服务、就业信息提供服务、心理健康咨询与疏导服务、就业技能培训服务、慢性病防治服务、免疫接种服务、社区慈善捐赠服务、社区儿童保健服务、社区全科门诊治疗服务、家政服务、少儿托管看管服务等15项服务，以上服务项目除家政服务和少儿托管服务外基本全部属于公共服务，服务的类型相对单一、覆盖面不全。调查同时揭示出社区便民服务主体单一的问题，社区便民服务最主要的服务提供者是社区工作者，其次是社会组织、社区志愿者以及驻社区的单位，居（村）民、企业等其他社会、市场主体基本没有参与社区便民服务的提供。从购买服务的情况来看，城乡社区便民服务的购买者位居前三的分别是职能部门、街道（乡镇）以及居（村）委会，业主委员会、居（村）民及其他主体购买服务占比较低。总体来看，在社区便民服务中，政府和社区扮演着关键角色，是最主要的服务供给主体，居（村）民、企业等社会、市场力量尚未充分参与到社区便民服务的供给中，服务供给主体相对单一，服务项目也以政务服务等公共服务为主，多样化、多层次的便民服务体系发展不足。

（二）服务城乡覆盖不均匀、地区发展不平衡

城乡差距对社区便民服务具有显著影响，总体上农村社区的便民服务水平均低于城市社区的便民服务水平。其中，除了阅览室/图书馆、体育健身场地/设施两项社区便民服务在城市社区和农村社区的提供率均较高、城乡分布均衡之外，其他类型的便民服务呈现出明显的城乡分布不均衡，尤其是在医疗保健服务、少儿托管看管服务和家政服务等方面，农村社区便民服务显著落后于城市社区。

同时，社区便民服务的地区发展差距也较为明显。15 项社区便民服务项目在东、中、西部地区的发展情况不均衡，除退役军人服务/双拥优抚、健康知识普及宣讲、文体娱乐活动三类社区便民服务，其他便民服务在我国东、中、西部存在地区分布不均衡。西部地区在社区慈善服务、医疗保健服务、家政服务、少儿托管看管服务等领域，与中、东部地区发展差距明显。

（三）社区便民服务供需不对称，未充分回应居民需求

社区便民服务供需不对称主要体现在两个方面。第一，有需要没服务。在居民对服务项目需求程度调查中发现，64.2% 的居民需要社区课堂的服务，70.0% 的居民需要社区科普服务，39.3% 的居民需要少儿“小饭桌”服务，而目前的大部分社区在便民服务中都没有能够很好地提供以上服务。第二，供给和需求不对应，调查数据显示，已有便民服务项目中需求率最高的项目分别是免疫接种，需求率为 85.2%；慢性病防治，需求率为 84.5%；体育健身场地/设施，需求率为 80.4%；健康知识普及宣讲，需求率为 79.2%；社区全科门诊治疗，需求率为 78.2%。而供给率最高的便民服务项目分别是：退役军人服务/双拥优抚，供给率为 96.4%；阅览室/图书馆，供给率为 96.1%；健康知识普及宣讲，供给率为 94.9%；心理健康咨询与疏导，供给率为 94.9%；社区儿童保健，供给率为 94.9%。由此可知，在现有社区提供的便民服务中，存在一定的供需不对称状况。这也与便民服务供给主体单一有很强的关联性，在政府提供的便民服务已经充分发展的情况下，迫切需要激活其他社会、市场主体提供社区居民需要的“小、微、精”服务。便民服务项目供需率如表 7－1 所示。

表 7－1　便民服务项目供需率

服务项目	需求率	供给率
文体娱乐活动［社区（村）级］	76.60%	93.70%
阅览室/图书馆	72.90%	96.10%
社区课堂	64.20%	0.00%

续表

服务项目	需求率	供给率
社区科普	70.00%	0.00%
就业技能培训	66.80%	74.50%
就业信息提供	68.30%	89.70%
家政服务	50.80%	35.40%
少儿“小饭桌”	39.30%	0.00%
少儿托管看管	40.90%	27.80%
社区慈善捐赠/公益活动	58.50%	65.20%
退役军人服务/双拥优抚	51.80%	96.40%
体育健身场地/设施	80.40%	91.10%
健康知识普及宣讲	79.20%	94.90%
心理健康咨询与疏导	66.90%	94.90%
社区儿童保健	63.50%	94.90%
社区全科门诊治疗	78.20%	45.80%
免疫接种	85.20%	69.00%
慢性病防治	84.50%	72.40%

（四）居民共建共治共享意识不足，便民服务参与度不高

党的十九大报告从统筹推进“五位一体”总体布局、协调推进“四个全面”战略布局的高度，对社会治理问题高度重视，明确提出打造共建共治共享的社会治理格局，提出一系列新思想新举措，为新的历史条件下加强和创新社会治理指明了方向。人民美好生活需要日益广泛，不仅对物质文化生活提出了更高要求，而且在民主、法治、公平、正义、安全、环境等方面的要求日益增长。这些都对社会治理提出了新挑战新要求，迫切需要我们进一步加强和创新社会治理，努力打造共建共治共享的社会治理格局。[1]“共建”重在强调社会建设须全体社会成员共同参与，“共治”着重强调社会治理中的共同参与，充分发挥人民群众的参与权，而“共享”则强调治理成果要由人民共同享有。

调查发现，社区便民服务普遍存在居民缺乏共建共治共享意识，对便民服务

〔1〕《打造共建共治共享的社会治理格局》，载国务院新闻办公室网站，http：//www.scio.gov.cn/31773/31774/31779/document/1631663/1631663.htm。

的参与热情不高。首先是缺乏“共建”意识，在便民服务的购买上居（村）民自发/集资购买项目的占比极低，［社区（村）级］文体娱乐活动、社区慈善捐赠服务、阅览室/图书馆、体育健身场地/设施位列居（村）民自发/集资购买项目前四名，占比分别为 14.6%、12.2%、6.6%、6.1%；在社区便民服务的提供上，居（村）民提供便民服务项目的占比远低于社会组织、社区工作者等主体，其中由居（村）民提供的社区便民服务项目位居前四名的分别为：［社区（村）级］文体娱乐活动、阅览室/图书馆、体育健身场地/设施、健康知识普及宣讲，其中，提供最多的［社区（村）级］文体娱乐活动项目，也仅占比35.2%。可见，居民对城乡社区便民服务建设的参与度较低，“共建”意识薄弱。

其次是缺乏“共治”与“共享”意识。在调查过程中询问居（村）民是否知晓小区有业主委员会时，54.90%的居民表示没有，13.10%的居民表示不清楚，这意味着超过2/3的居民不关注所在小区的业主委员会；在是否认识业主委员会成员的问题时，只有26.60%的居民给出了肯定回答；在调查社区有无问卷中列出的18项便民服务时，整体约有超过1/4的居民给出了否定回答。总之，居民普遍不关心社区自治与社区提供的服务，“共治”与“共享”意识薄弱。

第五节　新时期社区便民服务优化发展的政策建议

进入新时代，人民群众对美好生活需要不断提升，对社区服务的内容覆盖、服务水平、服务模式提出了更高要求。基层治理和民生保障事关人民群众切身利益，是促进共同富裕、打造高品质生活的基础性工程，要健全城乡社区治理体系，为人民群众提供家门口的优质服务和精细管理。便民服务与人民群众的获得感、幸福感、安全感直接相关，提供精准化、规范化的便民服务，是真正将社区建设成为有温度的生活共同体的基础核心。

一、优化社区便民服务内容，形成需求为本的多元主体服务供给机制

基于社区所处区域禀赋，以社区人群的实际需求为出发点，针对城镇社区、产业社区和乡村社区等不同类型社区，补齐社区综合服务设施、幼儿园、托儿所、老年服务站、社区卫生服务站等服务设施与服务站点的短板，积极利用市场力量和社会力量建设便利店、菜店、食堂、家政服务网点等服务设施，建设具有完善的基本公共服务设施、健全的便民商业服务设施、完备的市政配套基础设施、充足的公共活动空间、全覆盖的物业管理和健全的社区服务机制，形成全龄化人群覆盖、无障碍、多元化需求满足的便民服务社区。

第一，进一步升级优化社区政务服务事项。一是加大政务服务社区下沉力度。积极运用人工智能、大数据等技术，精准全面地识别社区资源禀赋与需求，深耕服务，将群众需求量大的政务服务事项进一步下沉到社区办理，制定办事指南，优化办理流程，高龄认证、就业登记等服务事项逐步实现即来即办，医疗救助、殡葬补贴等事项逐步实现当场受理、限期办结。二是拓宽公共服务事项。结合社区实际需求，创新服务模式，推进政务服务向生活、民生、志愿服务等领域拓展，梳理"政务+"服务事项参考目录，社区（村）在参考目录基础上叠加"便民+"特色服务，为群众提供养老托幼、管道疏通、水电维修等服务。三是做优特殊群体服务。针对高龄空巢老人、失能老人、残疾人等特殊人群，建立服务台账，完善帮办代办制度，通过定期巡访、上门收集需求、代收材料等方式，主动提供帮办代办服务以及上门服务。

第二，进一步激活多元主体在社区便民服务中的功能发挥。优化社区便民服务，不仅要重视便民服务的制度建设，还要健全社区力量参与社区服务的体制建设。积极引导市场主体进入社区服务领域，推动科学优化布局、补齐设施短板、丰富商业业态、壮大市场主体、创新服务能力、引导规范经营，鼓励开展连锁经营，提高服务便利化、标准化、智慧化、品质化水平。整合家政保洁、养老托育等社区到家服务，链接社区周边生活性服务业资源，建设便民惠民智慧生活服务圈。便利化、标准化、智慧化、品质化的社区便民服务既是满足不同居民群体的服务需求，提升居民生活品质，满足人民日益增长的美好生活需要的重要途径，也是促进形成强大国内市场、服务保障民生、推动便利消费及扩大就业的重要平台和载体。

第三，进一步完善社区便民服务多主体参与的平台机制。要聚合区域化党建共建单位、业主委员会、物业服务企业、小区自组织、"两新"企业、社会组织等多元主体的力量，形成广泛参与社区服务的强大合力，推动服务零距离。充分发挥物业服务企业在城市社区线上线下便民服务中的作用，为居民提供定制化产品和个性化服务。要弘扬奉献、友爱、互助、进步的志愿者精神，整合社区干部、社区专职工作者、小组长、网格员、志愿者等5类人员，充分激发老干部、老党员、老专家、退役军人等人员积极性，培育社区居民自助互助服务的意识与能力。社区便民服务内容不仅要来自多元主体，更要到多元主体中去，服务需涵盖理发、磨刀、扦脚、测血糖血压、颈肩按摩、小家电维修、物业延伸服务、养老咨询、法律咨询、就业咨询等多项便民服务项目。社区便民服务落地要发挥网格作用，通过"微网格+微服务"模式，激发社区治理活力，织密社区治理服务"一张网"，推动服务力量向网格集聚、服务资源向网格下沉、服务阵地向网格延伸，让社区治理更有"温度"，居民幸福更有"质感"。

二、加强中西部及农村地区社区便民服务建设，缩小地区和城乡差距

因地制宜运用所在地区优势，整合资源，降低建设成本，实现资源共享和效益最大化。着眼提高服务质量和服务水平，注重实际，分类指导。经济基础较强地区的（村）社区便民服务设施要坚持高起点、高标准建设；经济基础薄弱的地区要在满足社区居民生产生活需要的基础上量力而行、尽力而为。

第一，以标准化建设推动不同地区与城乡社区便民服务建设。社区便民服务的供给状况牵涉到居民消费需求、人力资源配置、城乡统筹、社会融合等诸多方面。城乡社区便民服务均等化，要首先以标准化建设明确社区便民服务的基本标准，再逐步探索优化提升。不同地区社区服务均等化，并非东部及中部经济发达地区与西部地区完全均等，而是各地区内的服务提供均等，即城乡之间、地区之间的社区便民服务均等化的推进须遵循点、线、面逐步推进完善并分阶段发展的原则。各地区要根据城乡社区便民服务中的突出问题，制定科学合理的标准体系，从服务内容、服务质量、服务可及性等方面确立标准，建立社区便民服务中心服务规范，明确规定对服务中心的场所设施、工作内容、服务管理等方面的要求。梳理社区便民服务项目，健全服务人员职业能力评价体系，完善社区包片联户工作规范，切实缩小城乡之间、地区之间服务水平差异。

第二，优先回应不同地区与城乡社区便民服务需求的短板弱项问题。分层分类推进不同地区与城乡社区的便民服务需求建设。东部、中部地区社区便民服务建设在由有到好的发展过程中，在多元主体共建共治共享上仍然面临挑战，在业主委员会、物业公司等问题上还有诸多冲突问题，应积极探索社区便民服务高质量发展的实现路径。中西部地区在社区慈善、医疗保健、家政、少儿托管看管等群众急需的服务上要加大建设力度，特别关注城镇化进程中散居村、易地搬迁社区等特殊社区的便民服务问题，特别关照老年人、儿童、残疾人等群体的服务需求。

三、建立统一信息平台，充分回应居民需求，提高居民满意度

第一，建立以充分回应居民需求为导向的工作体系，形成以群众满意度为导向的便民服务考核体系。切实做好“四个面向”，畅通群众诉求表达渠道。在思想认识上，着力转变工作思路，更加注重听取居民诉求；在体制机制上，建立起民生实事跟踪督查问效机制；在群体划分上，着力倾听老年人、青少年、困难群体等重点人群的诉求，开展专项意见听取，虚心接受建设性的意见及建议。

第二，充分利用现代信息技术，提高便民服务的精准度。要紧密结合智慧社区建设的整体构架，构建信息平台时充分利用物联网、云计算、移动互联网等新一代信息通信技术，基于大数据分析，为更精准地提供社区便民服务提供支撑，

创新服务项目，增加增值服务。以老年人、儿童、残疾人等群体的社区便民服务为重点，以适宜步行距离为服务半径，配套完善养老、托育、综合服务站等基本公共服务设施。各项服务设施具体化，配备办公桌、文件柜、制度牌、公示牌，设立专门透明公开社区便民服务内容、服务原则、服务制度和服务监督体制的信息平台，保持社区居民与社区便民服务供给方沟通渠道畅通。制定办事承诺、责任追究等工作制度，并将制度上墙，接受群众监督。

第三，切实提高社区便民服务的供给能力。通过召开专题培训会、实地调研指导等形式，提高各镇（街）对评议工作的认识，积极引导办事群众对政务服务工作开展评议，开展便民服务“群众评”，以评促管、以评促改、以评促优，充分利用“五社联动”等平台机制，推动社会工作、慈善事业与志愿服务等专业理念方法在社区便民服务中的应用，不断优化工作方法，提升居民满意度。

四、多渠道宣传，鼓励居民参与，培养参与意识

第一，提升居民参与社区便民服务意识。改变政府职能部门与村居组织在社区便民服务中“单打独斗”的格局，切实推动社区便民服务高质量发展，倡导社区居民既是社区服务的享受者，更是社区服务的提供者理念，通过社区居民参与真正实现“人人有责、人人尽责、人人享有”的社区共同体建设。通过发放宣传手册、张贴宣传页、面对面讲解等方式多形式、多渠道线上线下宣传。激发社区居民在社区便民服务中的主动性、积极性，不断增强社区为民便民安民功能，打破为民服务过程中的“旋转门”，让人民群众获得实实在在的好处。

第二，增强居民参与社区便民服务建设能力。围绕居民关心的小区环境整治方案评议、业委会选举、物业服务评价等，定期开展居民议事、民主评事，激发多方主体广泛参与社区自治。从协商力、培育力、行动力、创新力和合作力五个要素出发，提升社区在议事协商、组织培育、行动实践、创新治理和合作共治等五方面的意识和能力。以项目带动活力、以活力带动居民参与社区便民服务项目化、居民行动项目化、协商成果项目化、关键小事落实项目化。同时，围绕项目需求评估、规划设计、立项评审、过程监管、评估验收及事后跟踪等环节建立系统完善的全流程管理机制。

第三，搭建居民参与社区便民服务建设平台。通过新时代文明实践中心等平台，大力发挥社区社会组织、志愿服务组织等参与社区便民服务的功能，通过社区活动线上组织报名、居民闲置资源互换、专业技能分享、互助信息发布、兴趣社团组建等，营造“远亲不如近邻”的社区生活氛围。不断挖掘居民骨干，激发社区社会组织在公益活动、互助服务、居民自治、矛盾调解等方面发挥的重要作用。

五、加强数智赋能，构建线上线下联动社区便民服务

加强数字社会治理变革与社区便民服务的融合发展，以“需求驱动、数智赋能、整体智治、高效协同”的数字孪生理念，形成数字社会基本功能单元系统，打造社区数字生活新空间。围绕不同层级、不同类型社区便民服务需求，集成“城市大脑”便民便企的高频事项以及社区各类商业场景的数字应用，推进智慧物业管理服务平台与城市运行管理服务平台、智能家庭终端互联互通和融合应用，将“一网通办”自助机、公用事业费一体缴费机、AI诊所、数字图书馆、共享打印机等便民设施下沉延伸到社区，实现“一码集成、一码咨询、一键直通、一对一专业精准服务”，打造线上线下相融合的便民惠民智慧服务圈。

围绕居民健康生活需求，特别是高龄独居等老人群体，将打造社区智慧微诊室，整合远程问诊、自助购药、基础医疗检测、紧急呼救等功能，创新社区就医模式；推进“互联网+护理”模式，通过智能感应、健康监测、一键求助等物联网设备，赋能社区老年人综合照护服务。聚焦消防安全、人口管理、治安监管、环境优化、灾害预警、突发事件应急处置等问题，联通重点服务居民智能水表、燃气泄漏保护、烟雾报警等物联设备，建设全方位无形的技防“保护网”。

第八章　社区安民服务

社区安民服务是保障个人身心安全、促进家庭邻里和谐、实现社区安全稳定的服务体系。社区安民服务的概念首次出现在2022年1月国务院办公厅印发的《“十四五”城乡社区服务体系建设规划》中，旨在满足居民日益增长的安全需求。做好社区安民服务有助于推进基层治理体系和治理能力现代化，使人民生活更加美好、社会更加和谐稳定、党的执政基础更加稳固。本章以社区安民服务为重点，通过梳理社区安民服务的内涵与功能、发展现状及发展困境，试图为推进社区安民服务建设提出对策建议，积极打造资源整合、协调统一、合作共治的社区安民服务格局。

第一节　社区安民服务的内涵与功能

一、社区安民服务概念的提出

（一）社区安民服务的提出背景及内涵演变

安全需求是人最基本最重要的需求。历史一再表明，人民安全问题解决不好，就会造成社会动荡，危及国家安全。只有满足人民安全的需求，才能实现国家长治久安。而社区工作作为贯彻落实党中央决策部署的“最后一公里”，是为人民群众提供服务的基础一步、关键一环，也是感知人民群众安全需求的“神经末梢”，社区在为居民提供安民服务、满足居民安全需求上扮演着基础性的角色。

社区安全是个普遍问题，我国社区安全相关的概念经历了从社区治安服务到社区安全服务再到社区安民服务的演变。早在2007年，《“十一五”社区服务体系发展规划》提出，街道办事处及社区组织要为居民提供社区治安服务，服务内容主要包括建设社区警务室、群防群治队伍，做好矛盾调解，建立社区矫正、社区戒毒管理服务等内容。2011年，《社区服务体系建设规划（2011－2015年）》强调，发展社区法律、治安服务是“十二五”期间社区公共服务发展的目标任务之一。相对于“十一五”规划中的服务内容，“十二五”规划增加了安置帮教、法治宣传教育、法律援助等法律和宣传的服务。2016 年，《城乡社区服务体系建设规划（2016－2020 年）》将发展城乡社区法律、安全服务，列为“十三五”期间城乡社区公共服务发展重点任务之一。该规划不再使用“社区治安服务”的提法，而是变更为“社区安全服务”，并增加了建立社区微型消防站，加强交通安全、防灾减灾科普宣传教育，加强社区应急避难场所和救灾物资储备场所建设等与消防、宣传和应急管理相关的服务内容。2022 年，《“十四五”城乡社区服务体系建设规划》正式提出“社区安民服务”概念。社区安民服务涵盖了之前社区安全服务的内容并提出了更加详细的要求，服务范围更广泛，服务对象也进一步细分。增加了为遭受家庭暴力的居民提供应急庇护救助服务、加强村（社区）反邪教工作能力建设、加强村（社区）未成年人保护工作等内容。

从社区安民服务的内涵演变过程可以看出，社区提供的安民服务主要以预防为主，服务的重心从保护社区居民的个人外在人身财产安全扩展到内在心理安全，从最早的社会治安扩展到了包括社会治安、自然灾害、事故灾害、矛盾调解、困难救助等内容的社区安民服务体系。因此，可以把社区安民服务的概念界定为以满足社区居民、驻区单位的安全需求为目标，防范和应对由社会治安、意外灾害、矛盾纠纷、权益侵犯等原因造成的安全风险的服务体系。

（二）社区安民服务的功能特性与重大意义

1. 社区安民服务的功能特性

（1）保障个人身心安全。在个体层面，社区安民服务涉及妇女及未成年人保护，戒毒人员、刑满释放人员的帮扶，困难群众的救助等内容，也包括精神慰藉、心理疏导、关系调适、社会融入等心理服务。社区安民服务可以让处在不同阶段的特殊居民个体享有身体及心理的双重安全。

（2）促进家庭邻里和谐。因家庭暴力、婆媳冲突、噪声扰民、高空抛物、宠物伤人等问题产生的家庭及邻里冲突是社区安全的潜在威胁。在家庭和邻里层面，社区安民服务强调健全矛盾纠纷多元化解机制，并为遭受家庭暴力的居民提供应急庇护救助服务，能够对家庭矛盾、邻里纠纷及时劝阻、调解，有效防止矛盾激化，进而保障家庭邻里和谐，提升居民对社区的认同感、归属感和安全感，为社区安全奠定基础。

（3）实现社区安全稳定。一个社区在面临各种突发事件时所表现出来的安全管理能力、技术保障能力、施救救助能力、工程防御能力、资源供给能力，以及安全文化能力与水平是确保社区安全的综合能力的体现。[1] 除了个体和家庭邻里层面，社区安民服务还着力做好群防群治、联防联治机制，开展反邪教、安全教育培训和安全普法宣传，以及防灾监测、预警发布和应急避险安全防护等工作。社区层面的安民服务将警务触角延伸至社区，可以把问题解决在初始阶段，提升社区安全动态管控能力，确保社区安全稳定。

2. 推进社区安民服务的重大意义

（1）贯彻“以人民为中心”发展理念的内在要求。社区安民服务为居民提供更加充分、更加可靠、更加舒适的安全体验，使居民在家安心、出门放心，同时对特殊困难对象给予专属安全服务，着力为人民营造安全稳定美好的社会生活环境。社区安民服务始终将人民利益和人民安全放在首要位置，充分体现了为人民服务的宗旨和以人民为中心的发展理念。

（2）实现高质量社区服务供给的应有之策。人们对美好生活的要求日益增长，《“十四五”城乡社区服务体系建设规划》也提出要不断强化社区为民、便民、安民功能。社区提供的安民服务范围从社区治安“硬服务”扩展到安全宣传、矛盾调解等“软服务”，有效回应了人们对美好生活标准提高的现实诉求，是实现社区服务供给质量提升的重要方式。

（3）加强基层治理体系和治理能力现代化的题中应有之义。中共中央、国务院颁布《关于加强基层治理体系和治理能力现代化建设的意见》强调要增强乡镇（街道）平安建设能力。我国多个省份创新社区安民服务的提供模式，利用“数治”手段，加快推动智感安防小区建设，防范化解社区安全风险，以数字技术赋能的社区安民服务有效助推基层治理体系和治理能力现代化。

（4）稳固党的执政基础和国家安全的现实举措。党的二十大报告强调要“坚决维护国家安全和社会稳定”。人民安全是党的执政根基，是国家安全的本质内容，强化社区安民服务有助于保障人民生活安全，维护社会和谐稳定，夯实党的执政基础，确保党和国家长治久安。

二、社区安民服务的理论阐释

（一）总体目标

“治政之要在于安民。”社区安民服务是在风险社会背景下推动社会治理现代化，开创平安中国新境界的重要组成部分。作为社区服务建设的关键一环，社区安民建设事关基层百姓的安全感、信任度和满意度，是基层治理体系与治理能力

---

[1] 李治欣、徐静珍：《社区安全影响因素分析》，载《理论与改革》2014 年第 6 期，第 172—175 页。

现代化建设的重要内容。社区安民服务的总体目标是在坚持党的全面领导、坚持以人民为中心、坚持共建共治共享、坚持城乡统筹、坚持分类指导的前提下，以推进基层治理体系和治理能力现代化为导向，通过提供安全、稳定、有序的社区环境，预防和减少犯罪、促进社会和谐稳定，保障社区居民的生命、财产和人身安全，提高社区居民的生活质量和幸福感，建设人人有责、人人尽责、人人享有的社区安全共同体。

（二）指导理念

“共建共治共享”理念源于党的十八届三中全会对“社会治理”命题的重视以及党的十八届五中全会“共建共享”概念的提出，正式生成于党的十九大。党的十九大报告明确指出“打造共建共治共享的社会治理格局。加强社会治理制度建设，完善党委领导、政府负责、社会协同、公众参与、法治保障的社会治理体制”。随后，党的十九届四中全会强调，要“坚持和完善共建共治共享的社会治理制度”。党的二十大报告进一步指出，“健全共建共治共享的社会治理制度，提升社会治理效能”。整体来看，“共建共治共享”理念以习近平新时代中国特色社会主义思想为指导，以党的全面领导为统领，以增进人民福祉为出发点和落脚点，旨在让人民生活更加美好，让基层更加和谐稳定，让党的执政基础更加稳固。社区安民服务作为基层社会治理的重要维度，其社区矛盾调解、安全教育、权益保护、应急服务、治安维稳等功能的发挥，需要“共建共治共享”理念提供系统指引。

1. 共建：共同建设社区安民服务事业

“共建”即共同参与社区安民服务建设，主要包括社区安民服务力量建设和社区安民服务事业建设两个维度。一方面，社区安民服务力量建设要求参与主体涵盖社会各行各业、各个领域，从而体现“共建”的多元广泛性。党的十八大提出，加快形成党委领导、政府负责、社会协同、公众参与、法治保障的社会管理体制；党的十九届四中全会进一步完善，指出社会管理体制应由“党委领导、政府负责、民主协商、社会协同、公众参与、法治保障、科技支撑”共同构成。在此指引下，社会公众、社会组织、市场组织等力量得到了蓬勃发展，已成为国家治理体系和治理能力现代化建设中不可或缺的重要组成部分。各级领导者也应充分认识到多元主体参与基层社会治理的价值，将各方主体纳入社区安民服务事业的“共建”之中。另一方面，社区安民服务事业建设旨在维护广大人民群众的共同利益，必须以保障和改善民生为目标，以维护社会公平正义与健康安全稳定为己任，这意味着政府必须从治理着手，针对社区矛盾调解、安全教育、权益保护、应急服务、治安维稳等领域一系列“急难愁盼”安民服务的供给问题，汇集市场主体和各种社会力量，通过信息共享、决策共治、责任共担，集思广益、群策群力，共同解决社区安民问题、缓解冲突矛盾。

2. 共治：共同治理社区安民服务事项

“共治”即共同参与社区安民服务供给，强调的是安民事项治理的良性运行，需要组织社会成员的共同维系和融合，来协同推进安民服务更好更优质。而为了实现不同治理主体间的协同功能及社区安民服务事项“共治善治”的本质：其一，政府部门需理顺与社会的关系，加强不仅限于社会组织结构、主体利益结构、运行规则结构等在内的一系列基础体系的建设，并通过建立起相应的宏观组织架构与微观权责分工，保障安民服务供给过程中参与主体的多元化、权力行使的双向化以及治理格局的网络化。其二，政府部门需要有完善的社区安民服务政策法规。现有的法治建设还相对滞后，面对社区安民服务领域多样的服务类型、繁杂的治理事务、多元的利益诉求等问题，需要不断推进运行规则、制度流程、评价标准、服务态度的完善，推动政府规划、监管、整合功能与社会力量中介、动员、支持职能的深度融合、高度协同。其三，政府部门需健全社会协商机制与公共对话平台，畅通多元治理主体的利益诉求表达渠道。协商民主是安民服务供给的应有之义，政府必须规范畅通群众诉求表达、利益协调、权益保障的通道，完善多元主体间的协商、沟通、对话制度，推动社区安民服务各类事项中“掌舵者”与“划桨者”的密切交流、“生产者”与“消费者”的良性互动。综合看来，“共治”所推崇的，是一种参与式治理向多中心、合作型、扁平式治理的深刻转变，其致力于通过建立一种和谐互动、规范有效的运行机制，形成“活力”与“秩序”相统一的社区安民服务供给格局，为城乡社区服务体系建设提供行动指南。

3. 共享：共同享有社区安民服务成果

“共享”即共同享有社区安民服务成果，呼应社会治理共同体建设过程中“人人享有”的基本内涵。“共享”以满足人民群众的需要为出发点和落脚点，核心理念是“以人民为中心”，致力于让更多的主体能参与到社区安民服务中来，为实现“为了人民”“依靠人民”“服务人民”等公共性目标而努力。“共享”的惠及范围为所有参与社区安民服务的公民，尤其是要补齐治理短板，惠及社区安民服务的薄弱环节和欠发达地区，让城市和农村社区中的每个主体都能实实在在感受到获得感、幸福感、安全感。“共享”的分配主体为全面性的安民服务成果，不仅仅是安民服务领域某一特定事项的成果分享，而是以共享内容全面性为抓手，营造共享氛围，提升共享质量，助推实现对中国特色社会主义事业所有领域发展成果的均等化分配。唯有将公共供给与公众获得相结合，安民服务才不会成为脱离实际的形而上学，才能真正实现基层社区层面的长治久安与和谐稳定。

（三）内容体系

结合《“十四五”城乡社区服务体系建设规划》相关内涵体系，社区安民服务可分为矛盾调解、安全教育、权益保护、应急服务、治安维稳五个维度。

1. 矛盾调解。矛盾调解主要指社区工作人员、志愿者等对居民之间的矛盾纠纷进行有效的化解与调解，直接关系居民生活的满意度和幸福感。如果矛盾调解得不到重视，社区冲突极有可能进一步演化为突发群体性事件，甚至上升至威胁整个社会的和谐与安定。由此，矛盾调解是社区安民服务最基本的一环，是疏解社区矛盾与冲突的关键所在，也成为社区安民服务的首要测量指标。在具体的社区空间里，矛盾调解主要体现在邻里矛盾调解和家庭矛盾调解，包括本地人和外地人、城市居民和农村居民因价值观念、生活习惯等引起的冲突的调解，以及对家庭因婚姻、教育等问题引发的矛盾的调解。

2. 安全教育。社区安全教育主要指对社区安民服务进行理念的宣传与普及，以在思想和观念上提升社区居民的安全意识和安全素养为治理要旨。社区安全教育的推行一方面有助于提升社区居民的安全意识，减少安全事故的发生；另一方面也有助于提升社区安全队伍的素质，使得在安全事故来临时最大限度减小事故的威胁与损失。社区的安全教育包括对安全知识和安全意识的宣传，如安全生产学习、消防知识普及、防诈骗宣传，也包括对居民相关法律知识和法律意识的培养，让社区居民能够懂得运用法律的手段维护自己在社区生活中的合法权益，提升其居住的安全感。

3. 权益保护。保护不同群体在生活中的合法权益不仅是法治中国、法治社会的必然要求，也是提升社区居民安全感的重要环节。权益保护的程度是衡量社区安民服务指标的一项重要标准，在社区生活中，各类群体复杂交织，年龄、学历、性别、户籍等特征不尽相同，但他们的权益需求和权益保障应得到平等的重视。比如，保护妇女在社区中不受歧视、不受侮辱、被平等对待的权益，关注未成年人、老年人、残疾人等特殊群体的诉求和权益，有针对性地为各类群体提供相应的支持以及服务，满足不同群体的利益诉求。

4. 应急服务。应急服务主要指在面临重大突发性事件或公共危机性事件时，相关部门予以预防、解决以及恢复的服务措施。随着全球化的深入发展和公共环境的恶化，社会流动性风险逐渐加强、重大突发事件频发，基层社区的治理工作面临着巨大的挑战和冲击，应急服务理念不强、应急管理措施不到位等都成为社区安全服务工作的巨大阻碍。社区安民服务体系的建立，不能忽视应急服务这一关键指标，应积极关注非常态下的突发事件应急管理预防、处置以及相关社区力量的动员，还应注重常态下社区应急设施的建设与稳固，助推实现应急治理从“处置”到“预防”的顺利转变。

5. 治安维稳。治安维稳主要指维护所辖社区社会治安秩序的持续健康稳定，着力于解决社区潜在的各类风险隐患以及发生的各类治安事件。目前，治安维稳工作业已成为各地社区安民服务的着重关注点，社区的稳定是居民安全感的重要外在保障。只有守牢安全底线、及时排除安全隐患、管好人、看好物，严格落实上级要求、严格监督下级工作，才能实现安民服务的最终目标。

第二节　社区安民服务建设的现状调查

持续增强社区的安民功能，是落实以人民为中心发展思想、践行党的群众路线、增强人民群众获得感与幸福感、促进社会和谐发展的必然要求。在对“社区安民服务”的统计中，统计项包含12类，分别是邻里矛盾调解、家庭矛盾调解、治安维稳、社区安全教育与宣传、法律政策知识讲座/普法宣传、法律/“三官一律”进社区/社区法律援助、妇女权益维护、未成年人保护、社区矫正/刑满释放人员帮扶、犬类等宠物管理、灾害救助/应急管理、社区消防，具体统计内容包括本社区（村）有无此项服务、出资方/购买服务方/发起组织方、提供服务参与方。其中，出资方/购买服务方/发起组织方可细分为职能部门、街道（乡镇）、居（村）委会、慈善捐赠、居（村）民自发及其他，提供服务参与方可细分为社会组织、社区工作者（含“两委”成员和其他社区工作者）、企业、驻社区单位、社区志愿者、居（村）民及其他。

一、社区安民服务的区域供给情况

结合调查数据（如图8－1所示），受调查社区普遍提供安民服务，且经过卡方检验，安民服务供给数量与地域、居（村）委会的类型、居（村）委会居民的主要收入来源关联度较高，江浙地区、城市社区、非农收入的社区往往会供给更齐全的安民服务。

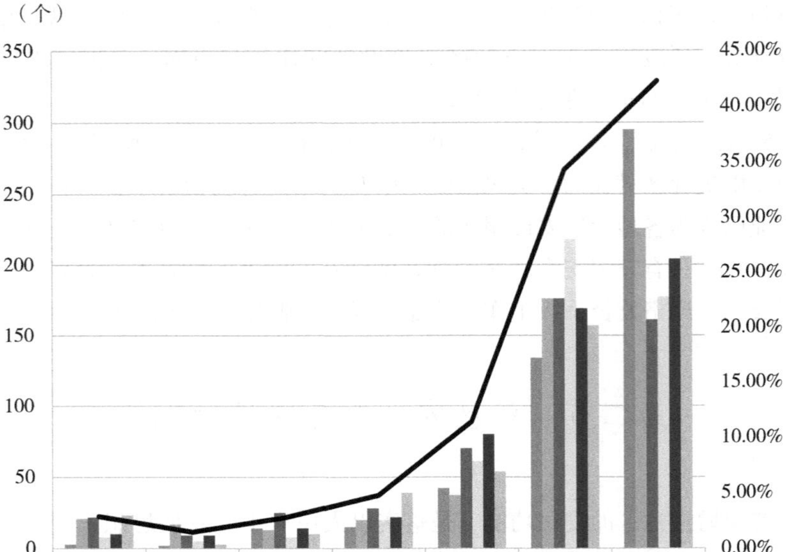

	0—6项安民服务	7项安民服务	8项安民服务	9项安民服务	10项安民服务	11项安民服务	12项安民服务
江苏	3	2	14	15	42	134	295
浙江	21	17	13	20	37	176	226
河南	22	9	25	28	70	176	161
湖北	8	5	8	20	61	218	177
四川	10	9	14	22	80	169	204
陕西	23	3	10	39	54	157	206
总占比	2.90%	1.50%	2.80%	4.80%	11.46%	34.30%	42.26%

图 8-1　各地区提供社区安民服务的情况

二、社区安民服务的项目供给情况

结合调查数据（如图 8-2 所示），在此次调查中，大部分社区安民服务的供给率在 85% 以上，邻里矛盾调解、家庭矛盾调解、社区安全教育与宣传、治安维稳服务的供给率甚至高达 98% 以上。从相关分布上看，社区普遍重视安民服务供给，这是基层治理共同体建构的必然要求，也是社区治理中公共精神的重要体现。此外，数据显示，仅提供犬类等宠物管理服务的社区占比为 50% 左右，有 1589 个社区未提供相关服务。犬类等宠物管理相关的安民服务并未受到太多重视，既与宠物管理相关的法律法规不健全有关，也与大部分人对宠物管理的中立态度有关，使得犬类管理方面的工作难以开展。

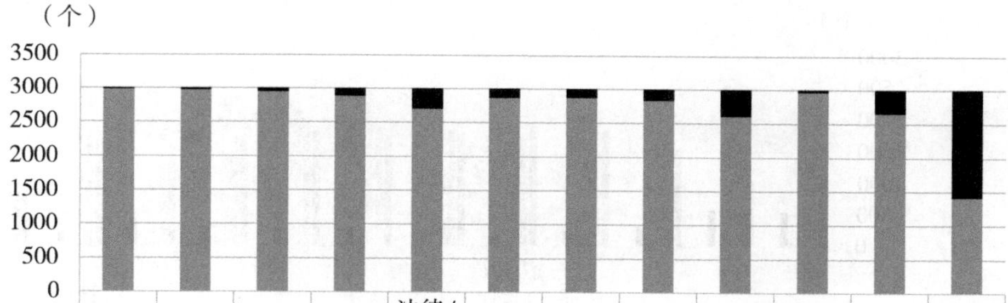

	邻里矛盾调解	家庭矛盾调解	社区安全教育与宣传	法律政策知识讲座/普法宣传	法律/“三官一律”进社区/社区法律援助	妇女权益维护	未成年人保护	灾害救助/应急管理	社区消防	治安维稳	社区矫正/刑满释放人员帮扶	犬类等宠物管理
■未提供	16	35	55	122	310	139	135	167	400	41	353	1589
■提供	2987	2968	2948	2881	2693	2864	2868	2836	2603	2962	2650	1414

图 8－2　社区安民服务的项目供给情况

三、社区安民服务的出资/购买/发起情况

如图 8－3 所示，社区安民服务的发起组织方主要为居（村）委会、街道（乡镇）及职能部门。超 80% 的居（村）委会、超 50% 的街道（乡镇）、超 30% 的职能部门会提供相关服务。犬类等宠物管理服务项目虽与别的安民服务供给情况相差较大，但仍有 40% 的居（村）委会、近 30% 的街道（乡镇）、近 30% 的职能部门会提供相关服务。可见，政府部门及基层群众性自治组织是安民服务供给的中坚力量。

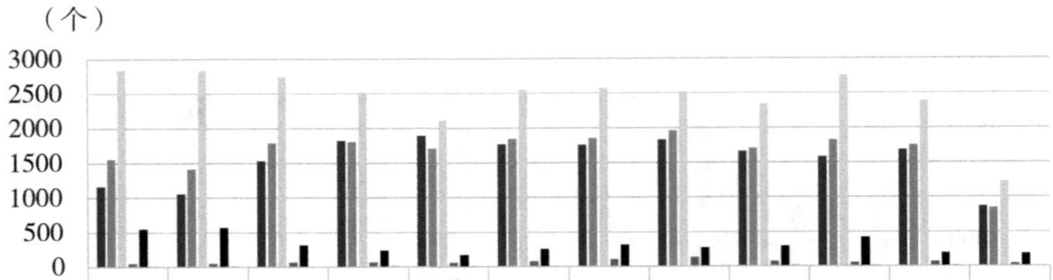

	邻里矛盾调解	家庭矛盾调解	社区安全教育与宣传	法律政策知识讲座/普法宣传	法律/“三官一律”进社区/社区法律援助	妇女权益维护	未成年人保护	灾害救助/应急管理	社区消防	治安维稳	社区矫正/刑满释放人员帮扶	犬类等宠物管理
■职能部门	1169	1058	1538	1820	1889	1770	1759	1825	1661	1581	1680	871
■街道（乡镇）	1558	1416	1789	1808	1714	1847	1855	1958	1705	1823	1749	849
■居（村）委会	2843	2836	2742	2522	2111	2560	2579	2520	2340	2759	2388	1228
■慈善捐赠	50	49	67	69	63	78	106	135	77	59	67	37
■居（村）民自发	552	575	317	238	173	258	320	274	298	424	196	182
■其他	16	16	14	23	19	12	12	15	21	19	18	15

图 8－3　社区安民服务的出资方/购买服务方/发起组织方统计

四、提供社区安民服务的参与方情况

如图 8－4 所示，提供社区安民服务的参与方主要为社会组织、社区工作者、社区志愿者、居（村）民。社区工作者参与提供服务的比例最高，大多超 80%，社会组织、社区志愿者、居（村）民参与提供服务的比例均为 30% 左右。同时，少部分驻社区单位与企业也会参与相关服务的供给。

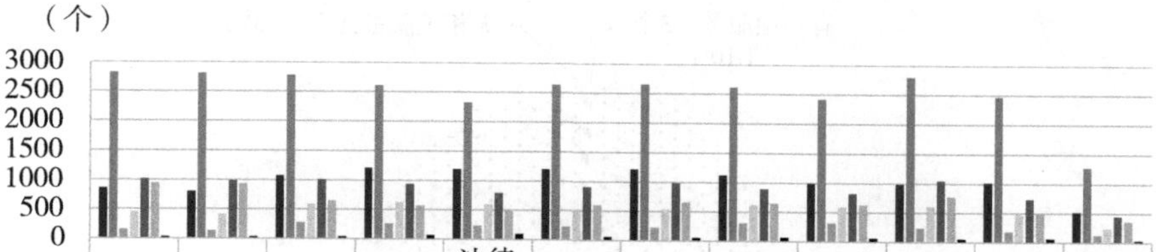

	邻里矛盾调解	家庭矛盾调解	社区安全教育与宣传	法律政策知识讲座/普法宣传	法律/“三官一律”进社区/社区法律援助	妇女权益维护	未成年人保护	灾害救助/应急管理	社区消防	治安维稳	社区矫正/刑满释放人员帮扶	犬类等宠物管理
■社会组织	858	806	1075	1216	1203	1209	1219	1129	1002	993	1019	524
■社区工作者	2825	2809	2774	2611	2330	2639	2660	2619	2418	2796	2468	1278
■企业	157	140	279	266	236	232	229	309	323	245	188	131
■驻社区单位	456	414	593	634	597	530	537	624	594	610	479	243
■社区志愿者	1019	994	1015	943	793	911	994	902	826	1045	740	452
■居（村）民	944	932	650	574	497	605	658	651	631	774	487	367
■其他	41	39	45	72	101	64	58	73	67	60	64	38

图 8－4　提供社区安民服务的参与方统计

五、各类型社区安民服务的供给情况

（一）矛盾调解类服务是社区安民服务供给的重要组成部分

邻里矛盾调解与家庭矛盾调解可被归纳为矛盾调解类服务。如图 8－5 所示，在此次调查的社区中，提供两项矛盾调解类安民服务的社区占比为 99%，提供一项的只有 33 个，一项矛盾调解类安民服务都未提供的社区仅有 9 个。可见，矛盾调解类安民服务是社区工作的重点，把矛盾化解在社区，让纠纷消弭于萌芽，不仅是社区工作应有之举，也是促进社会和谐稳定，增强群众获得感、幸福感、安全感的关键环节。

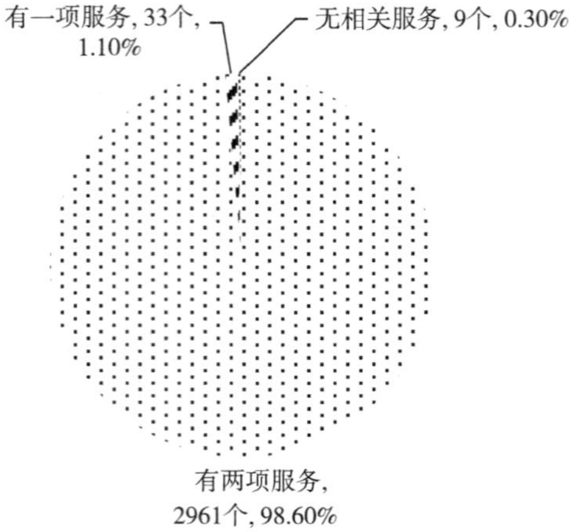

图 8－5　社区提供矛盾调解类安民服务的情况

此外，通过数据分析（如表 8－1、表 8－2 所示），社区供给矛盾调解类安民服务的数量与居（村）委会的类型、居（村）委会居民的主要收入来源无明显关联。

表 8－1　居（村）委会类型与服务数量的交互分析（单位：个）

此居（村）委会属于哪种类型?	无相关服务	有一项服务	有两项服务
城市社区（居委会）	3	16	1290
农村社区（村委会）	6	17	1653
其他	0	0	18

表 8－2　居（村）委会居民的主要收入来源与服务数量的交互分析（单位：个）

此居（村）委会居民的主要收入来源是?	无相关服务	有一项服务	有两项服务
非农收入	4	19	1720
农业收入	5	14	1241

（二）安全教育类安民服务呈现“全民性”特性

社区安全教育与宣传、法律政策知识讲座/普法宣传、法律/“三官一律”进社区/社区法律援助可被归纳为安全教育类服务。如图 8－6 所示，在此次调查的社区中，提供三项安全教育类安民服务的社区占比为 88%，提供两项的社区有 260 个，提供一项的社区有 64 个，一项安全教育类安民服务都未提供的社区有 33 个。可见，尽管部分社区的安全教育类服务供给单一，但相关安民服务仍是社区工作的重要组成部分。开展安全教育、增强安全意识，不仅是平安中国建设的基本目标，也是贯彻落实“人民至上、生命至上”的安全发展理念的重要举措。

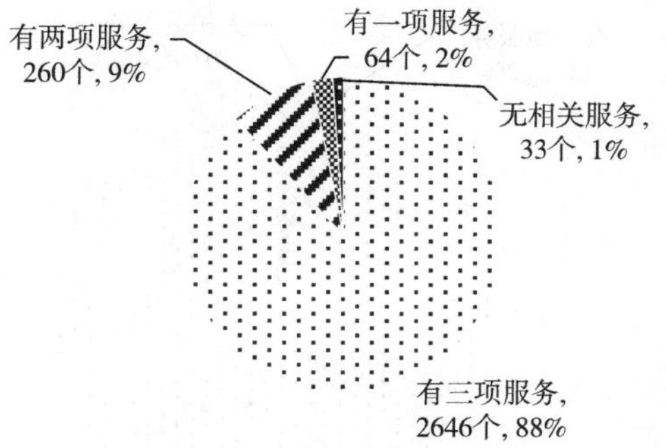

图 8-6　社区提供安全教育类安民服务的情况

此外，通过数据分析（如表 8-3、表 8-4 所示），社区供给安全教育类安民服务的数量与居（村）委会的类型、居（村）委会居民的主要收入来源存在明显关联，城市社区、非农收入为居民主要收入来源的社区更易提供更多种安全教育类安民服务。

表 8-3　居（村）委会类型与服务数量的交互分析（单位：个）

此居（村）委会属于哪种类型？	无相关服务	有一项服务	有两项服务	有三项服务
城市社区（居委会）	4	11	75	1219
农村社区（村委会）	28	53	182	1413
其他	1	0	3	14

表 8-4　居（村）委会居民的主要收入来源与服务数量的交互分析（单位：个）

此居（村）委会居民的主要收入来源是？	无相关服务	有一项服务	有两项服务	有三项服务
非农收入	10	26	126	1581
农业收入	23	38	134	1065

（三）权益保护类安民服务基本在社区普及

妇女权益维护、未成年人保护可被归纳为权益保护类服务。如图 8-7 所示，在此次调查的社区中，提供两项权益保护类安民服务的社区占比为 94%，提供一项的社区仅有 60 个，一项权益保护类安民服务都未提供的社区有 107 个。可见，权益保护类服务在社区安民服务供给中占据较大比重。随着人民日益增长的美好生活需要和对权责日益清晰的认知，公众对表达和维护合法权益的诉求越发强烈、多元，社区相应的权益保护类安民服务也应运而生，为公众的权益保障提供坚实支撑。

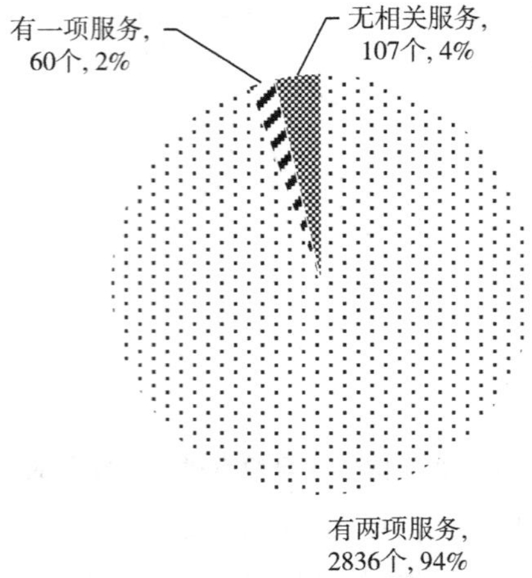

图 8－7　社区提供权益保护类安民服务的情况

此外，通过数据分析（如表 8－5、表 8－6 所示），社区供给权益保护类安民服务的数量与居（村）委会的类型、居（村）委会居民的主要收入来源存在明显关联，城市社区、非农收入为居民主要收入来源的社区更易提供更多种权益保护类安民服务。

表 8－5　居（村）委会类型与服务数量的交互分析（单位：个）

此居（村）委会属于哪种类型？	无相关服务	有一项服务	有两项服务
城市社区（居委会）	23	17	1269
农村社区（居委会）	84	42	1550
其他	0	1	17

表 8－6　居（村）委会居民的主要收入来源与服务数量的交互分析（单位：个）

此居（村）委会居民的主要收入来源是？	无相关服务	有一项服务	有两项服务
非农收入	51	27	1665
农业收入	56	33	1171

（四）应急服务类安民服务逐步在社区内开展

灾害救助/应急管理、社区消防可被归纳为应急服务类。如图 8-8 所示，在此次调查的社区中，提供两项应急服务类安民服务的社区占比为 85%，提供一项的社区有 363 个，一项应急服务类安民服务都未提供的社区有 102 个。可见，大部分社区比较重视应急服务类安民服务的供给。一方面，受应急宣传“五进”工作的影响，应急服务类安民服务的供给成为顶层设计在基层执行中的具体体现；另一方面，强化社区风险防范意识、提升社区应急能力成为基层部门工作的重点环节。

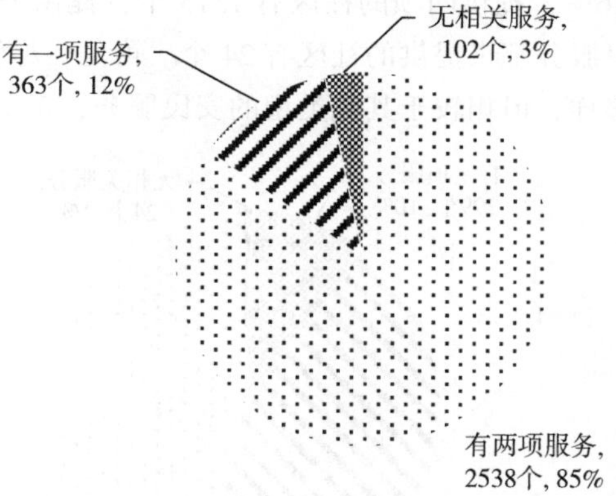

图 8-8　社区提供应急服务类安民服务的情况

此外，通过数据分析（如表 8-7、表 8-8 所示），社区供给应急服务类安民服务的数量与居（村）委会的类型、居（村）委会居民的主要收入来源存在明显关联，城市社区及非农收入为居民主要收入来源的社区更易提供多种应急服务类安民服务。

表 8-7　居（村）委会类型与服务数量的交互分析（单位：个）

此居（村）委会属于哪种类型？	无相关服务	有一项服务	有两项服务
城市社区（居委会）	12	69	1228
农村社区（村委会）	90	292	1294
其他	0	2	16

表8-8 居（村）委会居民的主要收入来源与服务数量的交互分析（单位：个）

此居（村）委会居民的主要收入来源是？	无相关服务	有一项服务	有两项服务
非农收入	25	140	1578
农业收入	77	223	960

（五）治安维稳类安民服务呈现多元化特征，但整体供给不足

治安维稳、社区矫正/刑满释放人员帮扶、犬类等宠物管理可被归纳为治安维稳类服务。如图8-9所示，在此次调查的社区中，提供三项治安维稳类安民服务的社区占比仅为46%，提供两项的社区有1313个，提供一项的社区有299个，一项治安维稳类安民服务都未提供的社区有24个。可见，尽管社区治安维稳类安民服务的供给类型多样，但相较于其他类型的安民服务，覆盖面还不够广。

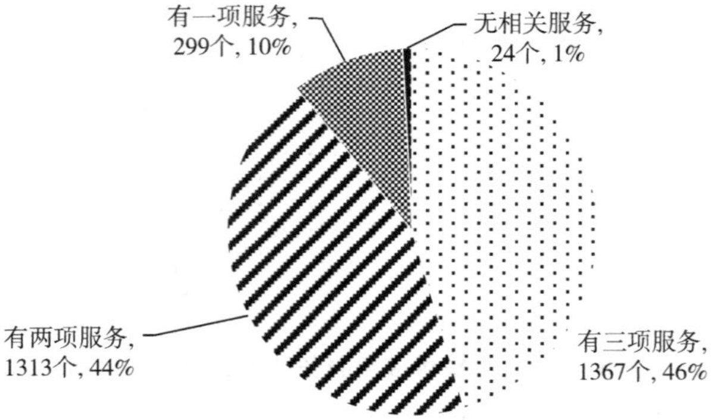

图8-9 社区提供治安维稳类安民服务的情况

此外，通过数据分析（如表8-9、表8-10所示），社区供给治安维稳类安民服务的数量与居（村）委会的类型、居（村）委会居民的主要收入来源存在明显关联，城市社区、非农收入为居民主要收入来源的社区更易提供更多种治安维稳类安民服务。

表8-9 居（村）委会类型与服务数量的交互分析（单位：个）

此居（村）委会属于哪种类型？	无相关服务	有一项服务	有两项服务	有三项服务
城市社区（居委会）	7	42	478	782
农村社区（村委会）	17	256	826	577
其他	0	1	9	8

表 8-10　居（村）委会居民的主要收入来源与服务数量的交互分析（单位：个）

此居（村）委会居民的主要收入来源是？	无相关服务	有一项服务	有两项服务	有三项服务
非农收入	10	94	705	934
农业收入	14	205	608	433

同时，通过供给情况与社区所在区域的交互分析可以发现，社区是否供给社区矫正/刑满释放人员帮扶服务、犬类等宠物管理服务，还与地域紧密相关。对于社区矫正/刑满释放人员帮扶服务，江苏、湖北等地的供给情况优于陕西、四川、浙江、河南，其中，河南的供给情况较不理想。对于犬类等宠物管理服务，江苏、河南等地的供给情况优于陕西、四川、浙江、湖北，其中，湖北、浙江的供给情况较不理想。该现象在其他安民服务的供给中较少出现，故国内社区应更重视矫正/刑满释放人员帮扶服务、犬类等宠物管理服务的供给。

第三节　社区安民服务建设过程中存在的问题和挑战

社区作为居民的栖身之处、安身之所，是居民生活中最为重要的生活环境。而只有将社区安民服务落实到位，才能让百姓真正住得安心、住得放心。但在社区安民服务的建设过程中，还面临一系列的问题和挑战，这些问题与挑战在一定程度上阻碍了社区安民服务效果的实现。

一、政策供给碎片化，缺乏统筹规划

在对社区安民服务这一服务类型进行整理提炼后，我们能够初步看到其中包含有居民矛盾调解、社区治安维稳、安全教育宣传、应急管理服务等多个种类的服务项目，但这些服务的推出基于不同的政策，其碎片化的政策供给方式以及缺少统一部门规划统筹的管理方式，导致产生了社区安民服务较难形成合力，进而导致服务效果不明显的问题。目前有关支持社区开展居民矛盾调解、社区治安维稳、安全教育宣传等服务的政策大多涉及多个业务条块与业务领域，因此都散落在各个政策意见中。如《培育发展社区社会组织专项行动方案（2021—2023年）》指出："发挥社区社会组织在社区治安综合治理中的积极作用，指导社区社会组织开展社区矛盾化解、纠纷调解、心理服务等工作。推动社区社会组织参与平安社区建设，协助做好社区矫正、社区戒毒、重点人员帮扶、社区康复，有序参与应急救援、疫情防控等工作。"初步规定了居民矛盾调解和社区治安维稳的

相关治理规定与指导意见。2022年7月，民政部、国家发展改革委、教育部等多部门出台的《关于健全完善村级综合服务功能的意见》，提出“推动普法宣传、人民调解、法律援助等服务全覆盖，充分发挥村法律顾问作用”“加强应急物资储备保障，健全应急广播体系，拓展突发事件预警信息发布渠道”。由于缺少统筹规划，社区安民服务相关政策规定处于分散而碎片化的状态。如何提供富有体系、结构完整的社区安民服务，形成具有统筹规划力、可实际执行的政策体系还需进一步探索深化。

二、经费来源单一化，社区造血困难

社区为居民提供服务不仅需要政策上的领导与支持，更需要有充足、稳定的资金来源来保障其服务的正常提供。而社区安民服务作为一项新兴的服务，在相应人员及机构不配套、不健全的情况下，更是需要充足的经费支持，但实际上大部分社区在推进安民服务过程中都面临资金匮乏、供给不稳定的困难。

（一）经费来源单一化，过度依赖政府财政拨款

当前，财政拨款是大部分地区的社区治理资金主要来源。但当政府经费主导时，又易让基层社区对财政拨款产生过度依赖，当拨款不足时，“等靠要”的思维模式就会让基层陷入“没拨款难办事”的困境，从而阻碍社区安民服务的落实。如在疫情防控期间，由于经济状况低迷，防疫经费支出巨大，很多地方政府都是“勒紧裤腰带过日子”。在这样财政紧张的情况下，自然也很难向基层社区提供稳定的经费支持，如此不利于社区治安维稳工作的顺利开展。而在此前开展的社区安民服务居民满意调查中也体现了经费来源单一化的情况。本次调查显示，在针对出资方与购买服务方的问题调查上，问卷设计者将出资方与服务提供方划分为职能部门、乡镇（街道）、居（村）委会、慈善捐赠、居（村）民自发和其他，其中仅有慈善捐赠与居（村）民捐赠属于非政府渠道来源经费。通过梳理居民根据社区情况作出的回答可以看到，目前社区安民服务的各个服务领域中仅有家庭矛盾调解服务与邻里调解服务能得到超过20%的非政府渠道来源经费，其余服务项目则全部低于16%，甚至有些服务项目的非政府渠道来源经费仅占不到8%，充分体现了安民服务经费来源单一的问题。而在一个真正实现共建共治共享的社区中，社区安民服务的供给应有居民主体参与，部分经费可以通过居民自身提供。因此也引出了安民服务在经费问题上的另一个问题，即社区造血困难。

（二）社区造血能力不足，难以实现可持续发展

社区安民服务作为更具综合性的服务体系，在居民矛盾调解、社区治安维

稳、应急管理服务、安全教育宣传等方面承接了其他业务部门的部分业务，导致了民政业务范围扩大，增加了社区服务的开支规模。同时，由于财政压力的增大和城乡社区财政支出的缩减等多方面因素，社区安民服务总体业务支出的减少，出现了一定的资金缺口。再加上社区造血能力不足，缺少多样性的资金来源，从而只能在经济来源不足时优先完成政府指定的任务。除了政府的财政拨款，社区服务经费的来源还包括社区服务的有偿服务（如物业费、卫生费等）、社会组织的公益基金、居民自发众筹等，但这些资金总量有限，难以得到稳定的保障。如在调研过程中我们了解到，某社区居委会在对社区治安情况综合考虑后拟通过向社区居民募集资金、鼓励居民出工出力的形式建设几座保安亭，但居民参与意愿并不高。

三、参与主体单一化，志愿人才不足

作为社区安民服务体系不可或缺的组成部分，公共参与不仅是安民服务实现的基本途径，还是安民服务创新的重要力量。随着社区治理逐渐呈现出形势复杂化、结构多元化、诉求多样化等特征，社区安民服务工作越发依赖政府组织的全面领导和总揽全局。然而，社区安民服务对政府的依赖程度提高，也会带来政府单一主导、公共参与缺位、服务人才缺乏等亟待解决的问题。

（一）政府单一主导

从调研结果来看，社区工作者在社区安民服务提供服务方中的占比高达八成以上，社区服务呈现出政府资源注入为主、居民自治组织为辅的局面。一是对政府的依赖程度加深。政府部门是社区安民服务的倡导者和提供者，有利于实现对社区安民服务建设的引导和支持，但行政力量的干预，容易为政府主导、多元参与服务格局的形成造成阻碍，再加上“有困难找政府”等传统观念的影响，容易引发基层政府负担加重等问题。二是社会参与意识较弱。随着安民服务内容越发多元，社会参与安民服务的能力要求也有所提升，很大程度上影响了社会力量参与相关服务供给的热情，最终使得社区难以培育内生自我服务力量。

（二）志愿服务人才相对不足

目前，社区安民服务提供者中仅有30%是志愿服务者，相对于社区不断加大的专业化、科学化安民服务需求，志愿服务人才的体量有所不足。一方面，安民服务需求逐渐多样化、专业化与个性化，比如邻里矛盾、家庭纠纷、弱势群体维权等问题的解决不存在规范“答案”，而依赖专业人才的灵活应对。但在实际工作中，社区安民服务主要提供普适性服务，但简单对社区居民进行基本的数据收集、统计等工作是无法满足公众需要的，因而，社区安民服务的供给迫切需要更加灵活精细、有针对性的专业力量介入。另一方面，志愿服务人才是社区安民服务体系中一个不可忽略的部分。但社区安民服务职业化进程缓慢、配套化设施缺乏、持续化收入难以维持等因素导致社区工作人员流失严重，且难以纳入新的力量。社区安民服务复杂需求与志愿服务人才缺乏矛盾张力明显，服务需求与人才资源之间存在很大差距。

（三）社会参与力量缺位明显

社会公众本应是社区治理的重要力量，但在实际的社区安民服务中作用发挥不充分，表现为企事业单位、社区居民以及社会组织等在服务供给中的比例很小。社会服务力量缺位现象主要体现为：一是社会力量参与意愿不强。我国的社区志愿服务大多由民政部门或群团组织发起，这种自上而下的推广模式难以真正动员群众。二是社会力量职能定位模糊。社会力量游离在治理主体与责任之外，对自身地位和责任认知不够清晰，使得社会力量的作用价值没有真正被挖掘出来。三是社会参与力量组织程度不高。社区安民服务事项需要社会力量参与，但是当前社会力量没有实现协调统一、权责明确，组织程度不高弱化了其功能的发挥。当前形势下，安民服务需求表现得越来越多样性，社会力量的重要性日益凸显，亟待加强多元社会力量建设和多方参与格局构建。

四、服务内容形式化，服务绩效不佳

进入新时代以来，社会治理的重心不断下移，社区安民服务迎来了规范化、正式化的转型契机。同时存在服务内容形式化等困境，是安民服务导向行政化、安民服务过程留痕化以及安民服务过程空转化共同作用的结果，严重制约着社区安民服务的高质量发展。

（一）安民服务导向行政化

随着社区安民服务走向正规化、职业化道路，制度化、规则化等因素对社区治理影响加大，进一步使得社区组织的行政化倾向逐渐凸显。一方面，随着自上而下的各种考核任务不断增多，使得社区工作人员将主要时间和精力花费在上级布置的各项指标任务上，大量行政性工作挤占了社区工作人员服务群众的时间和精力，导致社区安民服务的效果大打折扣。另一方面，社区组织优先满足上级需求，使得其脱嵌于社区治理现实场景，对于安民服务重视度不高、行动力不够。

（二）安民服务过程留痕化

留痕管理本来是基层治理所依赖的必要形式，但在实际工作中容易异化为痕迹主义。一是社区组织为了应付上级考核要求，而过度强化社区安民服务的痕迹管理，即“过度留痕”。二是当前社区安民服务功利主义严重，为了迎合上级而虚假、刻意地编造、捏造痕迹，即“虚假留痕”，例如进行社区消防演练、应急处理、安全教育摆拍等。概言之，只追求表面形式而不注重效果与作用的痕迹主义，不仅增加基层工作者的负担，而且忽略了居民的实际利益与需求，在一定程度上影响了社区组织的公信力。

（三）安民服务程序空转化

安民服务程序空转化是社区服务形式化的另一表现方面。其主要体现为象征性服务和选择性服务两大方面。从象征性服务角度来看，社区安民服务本就是要解决相对棘手的基层问题，但由于社区工作人员责任意识、服务意识不强，社区安民服务仅仅是应付了事。以社区安民服务的消防演练为例，在实际过程中，演练过程形式化严重，表面看起来重视非常、组织有序、架构齐备，但实际运作时只是设计好情节，安排人员走一遍过程。从选择性服务角度来看，社区组织难以避免趋利避害等主观因素的影响，对于难以解决的安民服务工作很有可能采取敷衍应付或是选择执行，造成政策悬浮，使得安民服务陷入绩效不佳的状态。总之，当前安民服务程序过程空转化现象严重，有待精准发力，有效解决该弊病，推进安民服务绩效的提升。

第四节 社区安民服务领域的典型案例与实践启示

社区安民服务主要指社区平安建设的各项服务。作为社区服务的一部分，社区安民服务关乎人民福祉。国家发展改革委员会所发布的《“十四五”城乡社区服务体系建设规划》文件中也指出强化安民服务是落实以人民为中心的发展思想、践行党的群众路线、推进基层治理现代化建设的必然要求。[1] 本节主要介绍我国社区安民服务领域的典型案例及做法，为进一步推进社区安民服务工作提供经验借鉴和实践启示。

一、西安市雁塔区唐沣社区：线上线下结合，安全宣传常态化

作为一个被国家减灾委员会、应急管理部、中国气象局、中国地震局评为

〔1〕《“十四五”城乡社区服务体系建设规划》，载中华人民共和国国家发展和改革委员会网站，https：//www. ndrc. gov. cn/fggz/fzzlgh/gjjzxgh/202203/t20220325_ 1320210. html。

2021 年度“全国综合减灾示范社区”的成熟社区,[1] 该社区在上级单位的组织领导下，以线上和线下相结合的方式宣传各类安全知识。线上方面，该社区运用新媒体平台传播迅捷，受众面广的优势，积极宣传防灾减灾知识。为实现安全意识宣传全覆盖和深入化，社区工作人员将防灾减灾知识投放到社区的室内外 LED 屏及各个社区群众微信交流群中，让居民能够随时随地进行学习。一些居民在学习到相关防灾减灾知识后，还会学以致用，主动向社区工作人员反映所发现的安全隐患，达到社区和居民双向沟通的效果。

该社区的主要做法有以下两点：一是重点关注脆弱人群，定点帮扶服务上门。社区根据老弱病残孕等脆弱人群的实际情况建立人员清单，工作人员与脆弱人群建立定点帮扶关系，主动上门宣传社区安全相关政策和知识。二是各类单位共同联合，安全宣传寓教于乐。在创建“全国综合减灾示范社区”过程中，为了调动社区居民的积极性和提升居民防范应对各类突发事件的能力，该社区定期组织宣传活动。比如，社区会邀请应急管理局等其他主体共同参与宣传活动，每个单位在活动中都能结合自己日常管理领域所发现的问题进行专业防灾减灾知识宣传。与此同时，社区将安全宣传内容融进曲艺表演、情景剧、小品等群众喜闻乐见的艺术作品形式，得到了社区居民的认可和赞赏。

通过唐洋社区的典型实践，得到以下两点启示：第一，宣传需要“广”且“深”。在安全宣传方面，唐洋社区采用线上和线下等多种渠道进行宣传，以提高宣传活动的覆盖面。社区还针对脆弱群体重点关注，以确保居民能够切实感受到社区的关怀和服务。此外，社区还主动联合其他单位共同举办宣传活动，丰富宣传内容，致力于扩大安全知识的覆盖范围。为更深入地推广安全宣传活动，唐洋社区专门成立了宣传小组，小组成员大多来自社区内的居民，借助他们的邻里关系来走访宣传安全知识，从而提升社区居民的安全意识。第二，宣传需要民为先。在开展宣传工作过程中，社区需要注重居民的感受，让百姓切实理解安全宣传的重要性。唐洋社区以寓教于乐的艺术作品形式来宣传安全知识，在作品中融入通俗易懂的话语让居民更方便去理解。不仅如此，线上宣传让人们更方便地了解安全知识，可以通过视频和文章进行学习。

二、武汉市武昌区华锦社区：人民利益为重，应急服务全面化

应急服务作为安全社区构建的重要环节，有助于减少损失、降低危害。与其他服务内容相比，社区应急服务具有不同的服务目标、人员需求、时限要求。在

---

[1] 《2021 年度全国综合减灾示范社区公示公告》，载中华人民共和国应急管理部网站，https：//www. mem. gov. cn/gk/zfxxgkpt/fdzdgknr/202211/t20221118_ 427039. shtml。

服务目标上，社区应急服务需要保护居民的生命健康和财产安全以及日常生活秩序。[1] 在人员需求上，除社区工作人员外，还需要具备专业应急知识的人员参与。在时限要求上，当突发公共事件发生时，需要应急服务及时响应到位。一些社区在应急服务中已经探索出一种卓有成效的应急服务模式。本节将对2022年湖北省综合减灾示范社区——武汉市武昌区南湖街道华锦社区的应急管理服务情况进行介绍。华锦社区以网格化和微治理为主要工作方式，不断提升社区的应急服务能力。该社区充分利用自身资源，在应急管理服务上进行硬件和软件两方面提升，主要开展以下三项举措。

一是“银发”居民做先锋，安全监督齐参与。老年居民作为社区安全监督工作的先锋，与小区网格员共同参与日常巡逻和督促整改工作。此外，社区设置了积分兑换制度，志愿者会根据完成的工作任务获得积分，并可在每年的积分兑换日中自主选择兑换礼品。二是群策群议广集思，社区旧貌换新颜。作为一个成立近20年的社区，该区域的基础设施存在老化及数量不足的问题，社区广场内的喷水池因为长期停用成为积水池，夏天容易滋生蚊虫，空间浪费。2017年，华锦社区居民群策群议，将社区广场改造为社区应急避难场所，增加了居民的活动空间。升级后的社区面貌焕然一新，也吸引不少老街坊回归居住，共享幸福家园。三是渠道畅通且高效，预警信息秒传达。华锦社区充分利用群众资源，建立“五家为邻、五邻为里、四里为格、五格为网”的网络结构。当社区收到气象部门和应急管理部门发布的预警信息后，会及时向下传达。每个层级的负责人会通过微信通知或上门提醒等方式向居民迅速传达预警信息，提醒居民做好防护。

华锦社区的案例很好地展示了当下社区如何充分利用群众资源来完善应急服务，有以下两点启示：一是引进多方共同参与，社区居民共治共享。号召退休老人等群体参与应急服务工作，既减轻了社区工作人员的工作压力，也能让退休老人在退休后继续贡献出自己的一份力量，加深邻里之间的了解和感情。同时社区为志愿者设立的积分制度，提升了志愿者参与服务的积极性和持续性。二是建立有效管理机制，网络化结构全覆盖。通过建立网络结构，让每户居民都处在社区应急服务的覆盖范围内，实现管理的细微化，有助于隐患的及时发现，加强了社区与居民之间的联系。

三、佛山市南海区同德社区：“和事佬”进社区，矛盾调解深入化

居民矛盾纠纷具有复杂性和多样性，复杂性主要表现在矛盾产生原因复杂多

---

〔1〕 李婷婷、常健：《社区突发公共事件中的应急志愿服务：组织与管理模式》，载《学习论坛》2023年第2期，第90—97页。

样、双方利益交错复杂和矛盾主体之间关系复杂多变等方面。多样性主要表现在矛盾类型多种多样、矛盾主体的多元化和矛盾发生与发展机制的多样性等方面。因此，矛盾调解工作常常是社区日常工作的一个难题，以至于不少社区采用第三方介入的方式来调解矛盾。曾获得2022年广东省“民主法治示范村（社区）”荣誉称号的佛山市南海区桂城街道同德社区，在南海区创建“熟人社区”模式背景下，从“创熟”骨干中挑选人员组建调解员队伍，来解决群众之间的矛盾和问题。

社区成员主要通过以下两方面来开展矛盾调解工作。一是多主体参与调解团，居民矛盾就地化解。同德社区内人员众多，常住人口数量为2.8万人。居民矛盾多样且复杂，社区党委联合志愿者、楼长、社团组织物业、辖区内企业等单位的人员共同组建矛盾调解团。调解团队成员基于各自的工作和生活经验，提出合理的解决方案，以促进居民群众之间的矛盾就地化解。此外，调解团成员定期深入群众当中宣传法律知识，提高居民的法律意识，很大程度上降低了矛盾纠纷发生的概率。二是提供居民协商平台，促进居民共建共治。该社区在部分小区内设立党建阵地。在党建阵地活动室内，居民经常召开协商会议，在小区党支部的指导下和专业律师及物业人员的帮助下，小区居民自主协商解决矛盾。例如小区内的邻里矛盾、电瓶车停放问题等矛盾都可以在党建阵地内协商解决。同时社区居民在当地政府“创建熟人社区”的政策背景下，也会自发参与矛盾调解的工作，实现人人参与、人人尽力、人人共享的社区治理格局。下一步，社区党组织还将整合企事业单位、社团组织、街坊会等力量持续召开协商会议，共同协商解决居民的矛盾和困难，促进社区矛盾调解服务深入化。

通过同德社区的案例，得出以下两点启示：第一，促进多主体参与社区矛盾调解。在社区党支部的领导下，辖区内各类组织成员组建矛盾调解团，有效地提升了辖区内居民在日常治理中的参与感。同时群策群力的方式也可以为矛盾调解提供更多思路，为社区矛盾平稳快速解决奠定了基础。第二，协商机制助力矛盾调解。同德社区将党建阵地活动室作为居民议事的空间，为居民自我协商解决矛盾提供了重要的空间支持，同时，社区党支部还会联系法院等机构来为居民协商解决矛盾过程提供指导，促进矛盾纠纷就地解决。

第五节　推进社区安民服务建设的对策建议

一、以党建引领强化多方共建

2021年4月，中共中央、国务院印发《关于加强基层治理体系和治理能力现代化建设的意见》，提出要把党的领导贯穿基层治理全过程、各方面，全面完善党建引领基层治理机制。在人人有责、人人尽责、人人享有的社会治理共同体中，强化党建引领下的多方共建是推进社区安民服务建设的重要内容。

（一）党的领导：筑牢“压舱石”

党的领导是协调社区安民功能建设多元参与、多方共建的关键所在。一是布好“大棋局”，发挥党总揽全局、协调各方的领导核心作用。要完善社区安民服务功能，破除安民服务政策供给碎片化，离不开党把方向、谋大局、定政策的能力，必须以党来统领社区安民服务建设。二是下好“制胜棋”，发挥党组织战斗堡垒作用。面对复杂多变的风险社会，唯有将先进力量组织起来，方有更强的处理与应变能力，而基层党组织正是社区安民服务供给中最为坚强、最为关键的组织。要强化各支部守土有责、守土尽责的意识，团结带领党员群众积极投身安民服务的主战场。三是下好“关键棋”，发挥党员先锋模范作用。以“国际安全社区”的佛山市南海区桂城街道为例，通过设立党员先锋队，由党员带头主动认领安民服务工作，激活了群众参与安民服务建设的热情。在具体开展各项安民服务过程中，应重视党员的模范带头作用。

（二）政府引导：加强“微治理”

基层政府是基层社区建设的重要执行主体，需在党的领导下担负好重责。一是加强宣传建设，筑牢安全意识。面对安全危机，最好的处理方式不是临渴掘井，而是未雨绸缪。这不仅需要有硬件支撑，也需要思想引领。基层政府应当履行好安全教育的职责，营造追求安全的社区环境，筑牢全体居民的安全意识。二是落实具体行动，解决安全问题。切实地处理好人民群众在社区安民建设过程中的“急难愁盼”问题，致力于优化社会安民服务建设，提升人民群众的安全感与信任度。

（三）社会协同：奏响“协奏曲”

社区安全问题是一个公共问题，事关社区千家万户的切身利益，不能仅由政府唱“独角戏”，而要吸纳社会力量，奏响社区安民的“协奏曲”。一方面，调动志愿服务力量，发挥志愿队伍在安民服务建设中的积极作用；另一方面，充分发挥社会组织在安全宣传、矛盾调解等方面的作用，形成有益补充。

（四）市场参与：跑出“加速度”

在以往的社区安民功能建设过程中，由于社区安民功能的公共性较强等多种原因，市场主体往往对参与社区安民功能建设存在“畏难”情绪。但是在共建共治共享的基层社区中，市场的参与往往能够以“小资金”撬动“大服务”。一是以政府购买调动市场参与。以获得“国际安全社区”称号的北京旺泉街道为例，其重点瞄准养老、弱势群体安全等方面，以政府购买的方式组织相关活动，建设有针对性的安全促进项目，发展多种形式的社区活动，同时还针对弱势群体的安全问题，利用市场提供更多的帮助和支持。二是以技术赋能推进市场参与。社区安民服务建设呼唤越来越多的技术赋能，而市场则是掌握技术的关键主体，通过推进技术市场不断创新，促进技术市场主体更多参与到社区安民服务建设中，对于维护社区安全稳定大有作为。

（五）居民参与：变身“参与者”

进入新时代，面对分散化的社会风险，通过调动人民群众对于社区安民功能建设的积极性，往往让社区风险有惊无险地解决，而这需要社区居民从社区安民功能建设的“旁观者”变身“参与者”。一是完善公共空间，通过公共空间的完善，推进居民对社区的认同，促进居民自发参与社区安民建设。相关安全宣传与演练都需要公共空间为其提供支撑。二是完善沟通平台，通过搭建协调多方、沟通交流的协作平台，有效解决矛盾纠纷、化解社会风险，促进居民成为社区安民服务的积极参与者和最大受益者。

二、以资源整合促进合作共治

随着社区居民对社区安民服务需求的显著提升，需要整合各方资源，开展合作共治。合作共治既能强化多元主体的协同化，还能提升服务效能，增强服务水平。应以制度为统筹、以财政为保障、以技术为支撑、以人才为核心、以平台为载体，打造资源整合、协调统一、合作共治的社区安民服务格局。

（一）以制度为统筹，规划安民服务整体工作

制度建设是社区安民服务建设的根本遵循，需要发挥制度体系的引领作用，保障社区安民服务工作协同推进的规范化。一是充分发挥制度政策的导向功能与统筹作用，确保养老服务、未成年人关爱保护、助残服务等工作有章可循。二是从顶层设计出发，明确应急避险防护、社区治安保卫等工作中多元主体的基本职能与权责关系，以形成系统完整、协调统一、权责分明的安民服务体系架构。三是着眼于安民服务建设的制度供给，健全完善安民服务合作共治所依赖的群防群治、联防联治等体制机制，强化安民服务协同参与。四是从基层客观实际出发，抓好制度建设，巩固制度基础，形成反邪教、应急处置、普法宣传、平安社区等

安民服务工作的行为规范。在遵循制度建设这一社区安民服务的基本前提下，统筹规划安民服务的制度体系，保障安民服务协同体系的规范推进。

（二）以财政为保障，确保安民服务持续推进

财政作为社区安民服务建设的基本保障，能够确保社区安民服务工作协同推进的持续化。从纵向角度看，社区要直面上级财政资源的调配问题。在加大资金投入和保障力度的基础上，合理规划经费预算，系统统筹资金运用，科学分配财政指标，公开透明使用过程。通过财政资源的物尽其用、财尽其能，保障防灾应灾、心理疏导等安民服务的落地落实。从横向角度看，要及时改变对政府拨款的单一资金来源的依赖局面，以系统解决财政资源内生不足的困顿。概言之，要创新资源多维吸纳方式，拓宽资金多重来源渠道，培育资本多种合作模式，实现多方主体的互利互惠。既要不断强化自我造血能力，又要合理引入外在社会资源，凝聚内外力量强化应急避险、就业帮扶、卫生防控等的物资保障。通过不断强化财政激励保障，以增进社区安民服务的内生动力和持续活力。

（三）以技术为支撑，提升安民服务效率效能

技术作为社区安民服务建设的重要支撑，需要依托数字技术的赋能效应，促进社区安民服务工作协同推进的效能化。宏观来看，借助现代化信息技术发展浪潮，强化社区资源整合，提高安民服务水平，提升服务协同能力；中观来看，依托数字技术的赋能效应，拓展安民服务协同路径，优化安民服务协同程序，改变安民服务协同方式，发展协同服务设施配置，以合作共治谋求办事效率不断提升；微观来看，面对安民服务协同合作过程中的相关问题，要有效利用信息技术这一重要手段，以大数据分析等形式的系统科学分析为依托，有针对性地提出解决办法。值得强调的是，在借助技术优势提升安民服务“效度”的同时，不可忽视安民服务的“温度”，实现安民服务“效度”与“温度”并重。

（四）以人才为核心，强化安民服务科学开展

人才作为社区安民服务建设的核心要素，需要借助人才资源的内在价值，强化社区安民服务工作协同推进的科学化。一是着力补齐社区安民服务专业知识短板，大力提升社区工作人员、社区组织等的知识储备，提升其组织动员、纠纷化解、应急协同等重要能力，从而助推社区安民服务协同工作科学有效开展。二是充分把握人才优势，深度挖掘社区自身的安民服务力量，带动志愿者、社会组织、社区警务等多方主体参与。三是构建社区安民服务协同推进网络，指出安民服务协同问题，指明安全服务协同方向。归根结底，随着社区治理环境复杂程度

不断提升、安民服务工作难度逐渐加大，对参与主体提出了更高要求，需要围绕专业人才这一要素持续挖掘其潜在价值，以强化社区安民服务协同开展的科学化和专业化。

（五）以平台为载体，打通安民服务协作渠道

平台作为社区安民服务建设的主要载体，需要凭借线上平台的渠道职能，促进安民服务工作协同推进的常态化。一是通过搭建权益保护中心、心理咨询平台、综合服务软件等线上空间，提供矛盾调解、权益保护、治安维稳等多种问题的参与路径，确保安民服务有平台、有途径、有阵地。二是以线上平台为载体，不断发展安民服务队伍，发掘多元参与的潜能，形成安民服务建设合力。三是充分释放数字平台等基础设施的内在力量，促进社区矛盾纠纷多元化解途径的完善，实现社区主体之间有效沟通的衔接，以形成常态化的“人人为我、我为人人”的互联互助格局。总而言之，借助网上平台以完善多方参与格局，有助于促进社区居民、工作人员等多元主体之间的良性互动，开启多元主体参与安民服务新路径。

三、以整体效益助力成果共享

社区安全服务效益共享有助于夯实社会基础，集民智、凝民心、聚民力，从而推进社区安民服务的健康安全长效发展。通过推进社区利益、社区安全以及社区健康等多维共同体的建设，建立完善以整体效益助力成果共享的社区安民服务体系。

（一）建设社区利益共同体

建设社区利益共同体是破解社区公共服务供给难题的重要抓手。在此过程中，一是就有关成果效益的相关问题达成共识，是实现整体效益式的成果共享的前提。社区成员各有各的利益诉求，需要明确利益分配，形成社会认同的“最大公约数”。二是通过共同利益这一必要“纽带”，让社区成员切实感受到社区安民服务的实际效益，共享改革发展成果，促进社区人际关系的和谐，提升社区的凝聚力、向心力。三是通过调整服务成本、做大服务成果、提高服务收益，不断为社区安民服务持续发展壮大创造条件。简单来说，整体效益式的安民服务体系的实现，就是要通过达成利益共识、明确利益分配、做大成果效益，真正实现共享安民服务成果。

（二）塑造社区安全共同体

为了更好地提高社会治安治理效能，一是强化社区的应急联防联控联治相关

工作，引导社会力量整体、有序、深度参与到应急宣传、应急处置、应急善后等工作中，做到重大灾情有效预防、突发事件迅速解决、应急资源高效利用，以实现社区应对突发事件能力的整体提高。二是调整社区安保战略，使社区成员都得以参与社区安全维护活动，以集体力量维护社区秩序，提升社区韧性。三是吸引更多有威望、讲和气、能办事的退休干部、党员同志参与到社区纠纷调解中，以培育社区纠纷调解力量，促进社区矛盾纠纷的多元化解，避免小事酿成大祸。通过共创社区安全共同体，最大限度保障社区居民人身和财产安全。

（三）构建社区健康共同体

规划和建设符合新时代发展要求的社区健康共同体，是应对疾病防控和人民健康需求的重要环境。因而，一是深入推进健康知识宣传、居民健康监测、空巢老人关爱等免费公益活动，协同构建起强大的公共健康卫生体系。二是可以通过自发组建社区心理咨询服务小组对社区成员进行合理关切，强化社区成员的心理咨询、心理疏导，提升整体社区成员的幸福感、归属感。三是强化健康卫生问题防控，联合推进居民委员会、卫生服务站、社区医院等相关组织建设，着力提升应对重大突发公共卫生事件协同能力和水平。集社区合力对突发危机作出及时有力回应，有效引导社区成员团结协作、共克时艰。总之，健康问题日益成为重要议题，越来越有赖于社区成员自发参与卫生健康工作，推动构建社区健康共同体。

第九章　社区志愿服务

加强志愿服务建设既是完善社会治理制度的关键环节，也是改善民生、满足人民日益增长的美好生活需要进而提升社会治理效能的必然举措。本章结合调研数据，系统考察我国社区志愿服务的历史沿革、发展现状及其在社区治理中的功能定位，提炼社区志愿服务的典型经验，挖掘社区志愿服务中存在的痛难点问题，有助于明确我国社区志愿服务的发展思路，为推动社区志愿服务高质量发展提供政策依据。

第一节　我国社区志愿服务的发展脉络与现实状况

与西方发达国家相比，中国的社区志愿服务发展起步较晚，在计划经济体制转向市场经济体制的过程中应运而生，在党和政府强力推动、社区居民、社会组织和志愿者等多元主体共同努力的时代背景下，已形成政府主导和民间自发组织等多种模式。社区志愿服务作为政府、市场和家庭职能的补充，在构建和谐社会、提升治理效能的过程中发挥着重要作用。

一、社区志愿服务的基本沿革

中国社区志愿服务的发展经历了一个从无到有、从小到大的过程。[1] 社区志愿服务是“自下而上”发起的，最初是由社区居民自发组织、自发行动，而后在民政等部门的普及推广下初见雏形。随着各地对社区志愿服务的积极探索，志愿服务的内涵、体系、制度在不断地完善，志愿服务队伍也逐渐扩大，社区志愿服务具有了更多更丰富的功能。

---

〔1〕 梁绿琦：《中国社区志愿服务的发展历程》，载《北京青年政治学院学报》2008 年第 4 期，第 5—13 页。

1. 起步阶段：社区志愿服务的缘起和推广（1988—1994年）

中国社区志愿服务缘起于天津市和平区新兴街道朝阳里社区，1988年，朝阳里居委会的13名积极分子自发形成的组织，该组织成立的初衷是自愿帮扶社区内包括孤寡老人、残疾人、特殊困难户在内的弱势群体，无偿为社区内的弱势群体提供便民利民的服务。[1] 这一举动得到街道办事处、居委会和社区群众的欢迎，为社区居民提供了极大的帮助与温暖。1989年3月，新兴街道成立了全国第一个社区志愿服务协会，以此开始倡导社区志愿服务的行为。1989年4月，和平区委区政府在新兴街道面向全区推广志愿服务行为，号召全区在社区内形成志愿服务的理念，为弱势群体提供生活上的帮助。在政府的重点推广下，和平区12个街道办事处相继建立了社区服务志愿者协会组织，所属的261个居委会也逐渐着手建立分会，[2] 从此开启了我国社区志愿服务发展之路。

1989年10月，在民政部主持召开的全国社区服务交流会上，和平区新兴街道办事处就社区志愿服务协会的总体情况进行了详细介绍，会议提出要大力推广和发展"社区志愿服务协会""志愿者小组"等群众性志愿服务组织。之后，国内掀起了开展社区志愿服务活动舆论宣传的高潮，各地积极探索符合本地实际的社区志愿服务组织形式。1993年8月，民政部、国家计委、国家体改委等十四个部门联合印发《关于加快发展社区服务业的意见》，标志着我国社区服务工作开始迈入规范化发展的道路。1994年4月，民政部和中国社会工作者协会联合发布《关于进一步开展社区服务志愿者活动的通知》，明确提出各级政府应切实加强对社区服务工作的重视，将社区志愿服务作为完善社区服务的重要环节。1994年10月，由民政部和中国社会工作者协会牵头，对社区志愿服务中具有突出贡献的38个"社区志愿服务先进集体"和70个"优秀社区志愿者"进行表彰，进一步弘扬社会互助的精神，促进精神文明建设。[3] 在党和国家的高度重视下，社区志愿服务事业逐渐进入正轨，并在制度规范和社会认同下得到迅速的推广和发展。

2. 初步发展阶段：社区志愿服务的巩固和提升（1995—2013年）

自社区志愿服务在中国开始起步发展后，社区居民和社会多方主体逐渐加入社区志愿服务之列，社区志愿服务在政府、社会的多方参与之下以蓬勃的势头不断发展。但由于相关的政策制度不健全、管理权力和责任模糊、政出多门、条块分割等因素的存在，社区志愿服务覆盖面窄、流程不畅、效率低下等问题开始浮

---

〔1〕 黄晓星、蒋婕：《治理现代化与社会建设：社区志愿服务发展的分析进路》，载《中国志愿服务研究》2020年第2期，第63—79页。

〔2〕 龙菲：《当代中国的社区志愿服务》，载《城市问题》2002年第6期，第56—58页。

〔3〕 梁绿琦：《中国社区志愿服务的发展历程》，载《北京青年政治学院学报》2008年第4期，第5—13页。

出水面，直接造成社区志愿服务中各种资源的浪费以及服务效益难以达到最大化。为应对社区志愿服务快速发展带来的相关问题，亟须加强社区志愿服务的顶层设计，强化相关的组织保障和支持，从全局的角度提高社区志愿服务的资源利用率，加强对社区志愿服务过程的管理和规范，让社区志愿服务在社区治理中发挥更大的作用。2004 年 6 月，中国社会工作协会社区志愿者工作委员会成立，这是社区志愿服务发展到一定阶段的必然成果，更代表着党和政府对社区志愿服务的重视与关注。社区志愿者工作委员会自成立以来，一直承担着社区志愿服务事业倡导者、组织者和执行者的角色，构建起政府与社会公众沟通和交流的桥梁，在相关政策文件和志愿服务精神的指引下，积极动员公众以多种形式参与到社区志愿服务的行动中，将分散无序的社区志愿者队伍和社区志愿组织整合协调起来，共同托举我国社区志愿服务事业的大工程。

以社区志愿者工作委员会为支撑，社区志愿服务事业逐渐进入规范化发展的阶段。2005 年 10 月 27 日，由民政部、全国总工会、共青团中央等九个单位联合印发《关于进一步做好新形势下社区志愿服务的意见》，对新形势下我国社区志愿服务的重要意义、指导思想、总体目标、基本原则和志愿服务领域及其活动的机制保障等做出详细的表述，为社区志愿服务的工作开展指明了前进方向。2006 年 4 月，国务院发布《关于加强和改进社区服务工作的意见》，再次强调开展社区志愿服务活动在社区工作中的重要性，明确提出："培育社区志愿服务意识，弘扬社区志愿服务精神，推行志愿者注册制度。积极动员共产党员、共青团员、公务员、专业技术人员、教师、青少年学生以及身体健康的离退休人员等加入志愿服务队伍，优化志愿人员结构，壮大志愿人员力量。""指导志愿组织和志愿人员开展社会救助、优抚、助残、老年服务、再就业服务、维护社区安全、科普和精神文明建设活动，不断创新服务形式，提高服务水平。"文件首次提出要建立志愿服务激励机制，使志愿者本人需要帮助时，能够及时得到志愿者组织和其他志愿者的服务。2009 年 11 月，民政部发布《关于进一步推进和谐社区建设工作的意见》，提出："充分发挥行政机制、互助机制、志愿机制、市场机制的作用，进一步完善覆盖城乡社区居民的社区服务体系，满足居民群众多样化、多层次、多方面的服务需求。""大力推行社区志愿者注册登记制度，尽快建立健全以区、县为单元，以社区、街道为依托，全国统一的社区志愿者注册管理系统。""大力培育发展社区志愿者组织，依托社区服务中心（站），在街道（乡镇）、社区（村）建立志愿者服务站，健全社区志愿服务网络。"此后，社区志愿服务事业在各方的努力下得到了长足的巩固和发展。

3. 全面发展阶段：社区志愿服务的创新（2016 年至今）

社区志愿服务经过数年的发展取得了良好的社会反响，在党和政府的大力推动下不断迈向新的台阶。社区志愿服务是我国志愿服务体系的重要组成部分，是城乡社区服务体系建设规划的重点任务。[1] 2016 年 7 月，中共中央宣传部、中央文明办、民政部等八部门印发《关于支持和发展志愿服务组织的意见》，提出："立足需求，着眼民生，有关单位和社区要积极向志愿服务组织开放更多公共资源，鼓励街道（乡镇）、城乡社区为志愿服务组织提供服务场所。充分运用社区综合服务设施，搭建社区志愿服务平台。支持和鼓励社会志愿服务组织走进社区，了解和征集群众需求，结合自身能力特点，有针对性地做好志愿服务规划，设计服务项目，开展服务活动，切实使服务对象受益。" 2016 年 10 月，民政部等十六部门联合印发的《城乡社区服务体系建设规划（2016 - 2020 年）》将社区志愿服务与社区基本公共服务、便民利民服务一同组成有效衔接的城乡社区服务体系，明确要着力推进"以家政服务、文体活动、心理疏导、医疗保健、法律服务、交通安全宣传教育等为主要服务内容，以低保对象、空巢老人、留守老人、留守儿童、残疾人为主要服务对象"的城乡社区志愿服务常态化建设，"推动党政机关、企业事业单位等成立志愿服务队到城乡社区开展志愿服务"，完善社区志愿服务反馈制度，建立社会工作者与志愿者协同服务机制，共同促进社区志愿服务的发展。

中国特色社会主义进入新的发展阶段，社会治理方式在不断创新和完善，社区志愿服务是重要的一环。2017 年 6 月 7 日，国务院第 175 次常务会议通过《志愿服务条例》，自 2017 年 12 月 1 日起施行。同月，由中共中央、国务院印发的《关于加强和完善城乡社区治理的意见》将社区志愿服务纳入城乡社区治理总体部署，明确提出"发展社区志愿服务，倡导移风易俗，形成与邻为善、以邻为伴、守望相助的良好社区氛围"。2017 年 12 月，民政部发布的《关于大力培育发展社区社会组织的意见》明确指出，鼓励社会组织"多为社区内低保对象、特困人员、空巢老人、农村留守人员、困境儿童、残疾人等困难群体提供生活照料、文体娱乐、医疗保健等志愿服务"，强调了社会组织在社区志愿服务中的重要作用。2021 年 4 月，中共中央、国务院发布《关于加强基层治理体系和治理能力现代化建设的意见》，明确提出完善基层志愿服务制度，大力开展邻里互助服务和交流活动。同年 6 月，民政部、国家发展和改革委员会印发《"十四五"民政事业发展规划》，提出要"加强志愿服务体系和社会参与平台建设"，完善"城乡社区依托社区综合服务设施、社会工作站建设志愿服务站点，为群众参与和接受志愿服务提供便利条件"。2022 年 1 月，国务院办公厅印发《"十四五"城乡社区服务体系建设规划》，提出"社区与社会组织、社会工作者、社区志愿者、社区公

---

〔1〕 黄晓星、蒋婕：《治理现代化与社会建设：社区志愿服务发展的分析进路》，载《中国志愿服务研究》2020 年第 2 期，第 63—79 页。

益慈善资源联动开展服务”的“五社联动”机制。此后，党的二十大报告强调“健全共建共治共享的社会治理制度，提升社会治理效能”。社区志愿服务是社区治理的重要手段，完善社区志愿服务体系，加强志愿服务建设既是完善社会治理制度的关键环节，也是改善民生、满足人民日益增长的美好生活需要进而提升社会治理效能的必然举措。发展至今，社区志愿服务已基本覆盖社会、经济和生活的各个方面，社区志愿者队伍和社区志愿者组织得到多元化发展，社区志愿服务的内容和手段不断创新。在社区志愿服务建设中，党和政府始终致力于体制机制创新，联合多方力量参与志愿服务，更多地盘活自助与他助资源，满足社区服务需求，增强居民的自治能力，促使社区志愿服务在基层治理中发挥更大的价值。

二、社区志愿服务的发展现状

城乡社区服务体系的主体包括各级党委、各级政府、社区组织、社区居民、驻区单位等，以社区居民为服务对象，旨在建设人人有责、人人尽责、人人享有的社会治理共同体。社区志愿服务是志愿服务的重要类型，也是社区服务的主要内容。具体来说，社区志愿服务是指在社区的场域内，由志愿者和志愿组织在不计物质报酬的情况下，自愿贡献自己的时间、精力、知识、技能、财物或其他可支配资源，为社区居民（以弱势群体为主）提供公益性、非营利性的服务，以增进社区福利、解决社区问题、促进社区发展。[1]“社区志愿服务”是“社区”和“志愿服务”的有机结合，缘起于政治领域和经济领域之外的非营利领域、市民社会和公共领域。[2] 城乡基层社区通常是志愿服务最重要、最基本的落脚点之一。[3]

社区志愿服务在加强和完善城乡社区治理中发挥了重要作用。我国党和政府大力支持社区志愿服务的发展，先后出台《中国注册志愿者管理办法》《关于推进志愿服务制度化的意见》《关于推动团员成为注册志愿者的意见》《关于规范志愿服务记录证明工作的指导意见》《志愿服务信息系统基本规范》《关于支持和发展志愿服务组织的意见》《志愿服务条例》等文件，为社区志愿服务的发展提供了良好的制度环境。社区志愿服务是社区服务的重要组成部分，很难将社区服务和社区志愿服务彻底区分，因此在梳理社区志愿服务的现状之前，本研究将首先介绍我国社区服务供给的总体情况、社会组织及专业社工服务开展情况，在此基础上剖析我国社区志愿服务的发展现状，以求对社区志愿服务形成更加全面客观的认识。

---

〔1〕 于海：《志愿运动、志愿行为和志愿组织》，载《学术月刊》1998 年第 11 期，第 56—62 页。

〔2〕 谢岳：《“第三域”的兴起与“政府空心化”》，载《学术研究》2000 年第 4 期，第 60—64 页。

〔3〕 徐向文、李迎生：《志愿服务助力城乡社区自治：主体协同的视角》，载《河北学刊》2016 年第 1 期，第 164—170 页。

1. 社区服务供给情况

服务支持主体多元化，政府在社区服务中占有主导地位。社区服务的出资方及参与方日益多元，除了政府部门，居（村）委会、业主委员会、物业管理委员会、驻区单位、社区志愿者、社会组织、企业等主体日渐参与到社区服务中（如表9－1所示）。政府在社区服务供给中占有主导地位，从服务出资方来看，职能部门占比26.70%，街道（乡镇）占比26.50%；同时，诸如慈善力量等新的社会力量参与社区服务，并在政府主导的模式下不断延伸到其他领域。在提供服务参与方中，社区志愿者（16.80%）以及社会组织（21.00%）占据的比重较大，在一定程度上保证了社区服务的质量与可持续性，而居（村）民参与度较低。因此，如何搭建平台、拓宽渠道动员社区居民参与社区服务，为社区提供志愿服务成为值得关注的议题。

表9－1 服务支持主体情况表

服务出资方	百分比	提供服务参与方	百分比
职能部门	26.70%	社会组织	21.00%
街道（乡镇）	26.50%	社区工作者（含“两委”成员和其他社区工作者）	35.90%
居（村）委会	30.20%	企业	6.30%
慈善捐赠	7.60%	驻社区单位	8.90%
业主委员会/物业管理委员会	2.10%	社区志愿者	16.80%
居（村）民自发	5.80%	居（村）民	9.80%
其他	1.10%	其他	1.40%
总计	100%	总计	100%

社区服务覆盖率高且服务内容更加多元。根据民政部《2022年民政事业发展统计公报》显示，截至2022年底，全国共有社区综合服务机构和设施59.1万个，社区养老服务机构和设施34.7万个；城市社区综合服务设施覆盖率100%，农村社区综合服务设施覆盖率84.6%。[1] 从社区服务项目开展情况来看（如表9－2所示），社区所开展的项目主要围绕残疾人社区康复服务、困境儿童关爱保护、“三留守”人员关爱服务、失业/就业困难人员帮扶、机构养老服务等领域展开，社区服务活动日益增多，社区服务内容更加丰富，其中，养老服务项目在社区服务中占比最大（45.3%），残疾人社区康复服务占比最小（5.9%）。

---

〔1〕《2022年民政事业发展统计公报》，载民政部官网，https://www.mca.gov.cn/n156/n2679/c1662004999979995221/attr/306352.pdf。

表 9 – 2　社区服务项目开展情况表

社区服务项目	响应		个案百分比
	个案数	百分比	
残疾人社区康复服务	1239	5.9%	42.2%
困境儿童关爱保护	2511	11.9%	85.5%
“三留守”人员关爱服务	2403	11.4%	81.8%
失业/就业困难人员帮扶	2615	12.4%	89.0%
身患重大疾病人员救助	2787	13.1%	94.9%
老人日间照料服务	1448	6.9%	49.3%
机构养老服务	1058	5.0%	36.0%
互助养老	1317	6.2%	44.8%
社区适老化设施建设	1650	7.8%	56.2%
老人助餐服务	880	4.2%	30.0%
老人助浴助洁服务	834	4.0%	28.4%
老人助医服务	1872	8.9%	63.7%
老年大学	479	2.3%	16.3%
总计	21093	100.0%	718.1%

2. 社会组织及社工服务开展情况

社会组织服务供给多元化发展（如表 9 – 3 所示），居民认可度高。根据《2022 年民政事业发展统计公报》，截至 2022 年底，全国共有社会组织 89.1 万个，比上年下降 1.2%；吸纳社会各类人员就业 1108.3 万人，比上年增长 0.8%。[1] 社区各类社会组织提供的服务以就业类、教育类、文体类、生活服务类为主，还提供了精神慰藉类、社会融入类等服务类型，有利于社区居民提升自我、改善生活。社区居民对于社会组织提供的服务反馈较好，其中比较满意和非常满意两者占比高达 92.9%，反映了较高的服务品质。

〔1〕《2022 年民政事业发展统计公报》，载民政部官网，https://www.mca.gov.cn/n156/n2679/c1662004999979995221/attr/306352.pdf。

表9-3　社会组织服务供给情况

类型	百分比
就业类	16.1%
教育类	15.9%
文体类	16.9%
生活服务类	25.5%
精神慰藉类	7.2%
社会融入类	8.0%
其他	0.7%
没有	9.8%
总计	100.0%

居民对社会工作者知晓度提高，但专业社工服务受众面不广。根据《2022年民政事业发展统计公报》，截至2022年底，全国持证社会工作者共计92.9万人，其中助理社会工作师72.5万人，社会工作师20.4万人。[1] 社会工作者在社区服务供给中发挥着重要作用，从调查情况来看，居民对于社会工作者的认知度日益提高，64.5%的居民知道社会工作这个职业，并且居民对专业社工的认可度也比较高，88%群众表示对于接受的社工服务比较满意。然而，总的来看，接受专业社工服务的比例仍比较低，只有34.7%的居民表示接受过专业社工服务，能真正享受到社工服务的居民比例相对较低。

3. 社区志愿服务开展情况

社区志愿服务队伍规模不断扩大。《志愿服务蓝皮书：中国志愿服务发展报告（2021-2022）》显示，十年来，全国注册志愿者人数从2012年的292万人次增长到2021年的2.17亿人次，平均每万人中就有1544人注册成为志愿者，约占总人口比例的15.4%；志愿团体113万个，志愿项目621万个；累计志愿服务时长达16.14亿小时，人均志愿服务时长为7.44小时。[2] 调查数据显示（如图9-1所示），76.40%的社区开展过志愿服务，社区志愿服务的覆盖面不断扩大。

---

〔1〕《2022年民政事业发展统计公报》，载民政部官网，https://www.mca.gov.cn/n156/n2679/c1662004999979995221/attr/306352.pdf。

〔2〕张翼：《志愿服务蓝皮书：中国志愿服务发展报告（2021—2022）》，社会科学文献出版社2022年版，第22—68页。

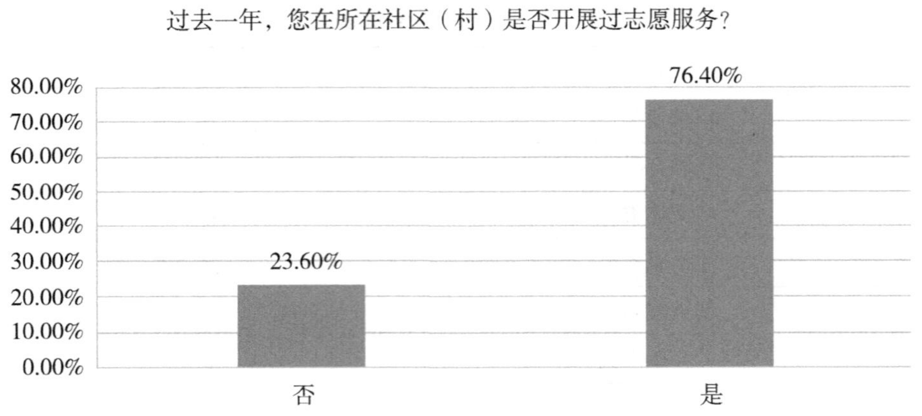

图 9－1 社区志愿服务开展情况

社区志愿服务领域不断扩展。随着社区居民需求逐渐多元化，社区志愿服务领域也呈现多元化的发展趋势，从社区建设、文体活动、环境卫生、安全巡查、扶贫济困、抢险救灾、扶助残障等传统领域逐渐扩展到青少年辅导、妇女维权、医疗护理、法律援助、老年关怀、精神慰藉、社会管理、文化建设等领域。

社区志愿服务认可度高。随着志愿服务领域与服务项目的多元化发展，居民对于社区志愿服务的认可度不断提高，从调查数据来看，社区居民对于社区志愿服务的组织管理较为满意，比较满意和非常满意的比重分别是 38.8% 和 51.0%（如表 9－4 所示）。

表 9－4 居民对社区居（村）委会在志愿服务组织与管理方面的满意度

满意程度	频率	有效百分比
很不满意	7	0.1%
不太满意	13	0.2%
一般	518	9.1%
比较满意	2201	38.8%
非常满意	2892	51.0%
不清楚（读不出）	39	0.7%
总计	5670	100%

三、社区志愿服务的经验总结

社区志愿服务是志愿服务领域的核心组成部分，在改善居民生活、增进社区福祉、维护社会稳定等方面，发挥了不可替代的作用。我国社区志愿服务事业一直受到党和政府的高度重视，具备牢固的群众基础。同时，现代志愿服务活动是中华传统慈善文化的延续与复苏，更是仁者爱人、仁民爱物、经世济民、急公好义等慈善精神在新时代的实践和弘扬。总体来看，我国社区志愿服务具有党建引领、以民为本、多方参与等典型特征。

1. 党建引领社区志愿服务

党建引领社区志愿服务是新时代社区志愿服务高质量发展的重要保障。将党建融入社区志愿服务，将党的领导贯穿于社区志愿服务体系建设的全过程各方面，能够充分发挥基层党组织在社区治理中的领导核心功能；将党的政治优势、组织优势转化为治理效能，有助于解决民众“急难愁盼”等问题，将党建工作与“奉献、友爱、互助、进步”的志愿精神深度融合，有利于推动形成“人人有责、人人尽责、人人享有”的社区服务格局。

首先，建立党建引领社区志愿服务的体制机制（如图9－2所示）。党组织从党建工作引领性作用出发，构建社区志愿服务高效运转的“两制度”“四机制”。“两制度”是指党组织领导的城乡社区协商制度以及街道党工委牵头、驻区单位党组织负责人参与的社区党建工作联席会议制度。“四机制”主要包括：一是由村（社区）党组织引领，基层群众性自治组织主导，村（社区）居民为主体，群团组织、社区社会组织、社会工作者和驻区单位共同参与、协同开展社区服务的体制机制；二是在职党员到社区报到为群众服务制度机制；三是党建引领下的社区居民委员会、业主委员会、物业服务企业协调运行机制；四是党建引领社区社会组织工作机制。这四个机制是党组织引领社区志愿服务的政策支撑，充分把握好各机制间的协同关系，有利于推动形成共建共治共享的社区服务格局。

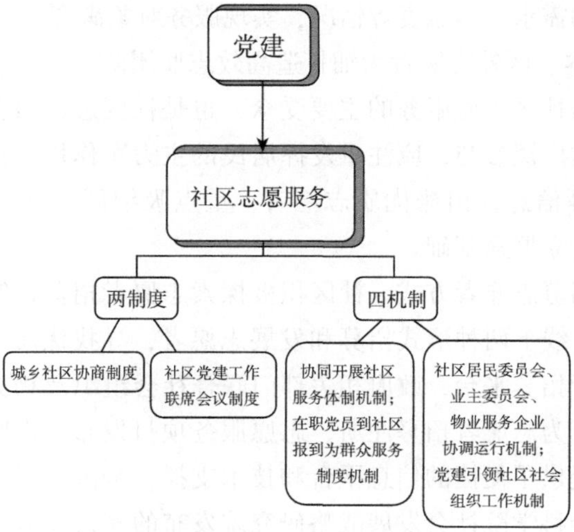

图9－2　党建引领社区志愿服务的工作机制

其次，党建引领社区构建服务过程全方位保障（如图9－3所示）。在坚持党的全面领导下，基层政府和社区居委会积极做好社区志愿服务发展的前期、中期、后期等不同阶段的工作保障。在社区志愿服务发展前期，基层社区自治组织重点扶持发展社区志愿服务组织。在依法依规的前提下，基层政府采取降低准入门槛、提供场地设施和政府购买服务、设立项目资金等措施，为社区志愿服务组织进入社区提供便利。在社区志愿服务发展中期，基层自治组织完善即时响应机制，推广“接诉即办”等基层经验，使社区服务设施开放和服务时间不少于每天8小时，对于群众关切项目开展24小时线上服务；同时调动居民参与，形成村（居）民自我服务机制，引导村（居）民广泛参与社区服务。在社区志愿服务发展后期，政府积极推动社区志愿服务试点示范建设，对志愿服务开展全方位、多角度规划，进一步提高社区志愿服务的供给质量。

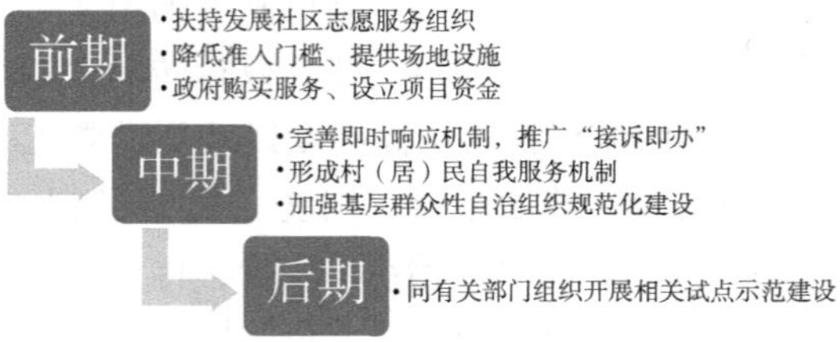

图9－3　社区志愿服务三个阶段的工作保障

最后，党建引领社区做好志愿服务全过程的监测评估。社区在基层党组织的引导下建立并落实志愿服务监测机制，定期对组织开展评估，做好跟踪指导和分析研判等工作。同时围绕群众满意度调查评估制度，推动社区志愿服务组织了解群众对社区服务的需求、满意度等情况，实现服务对象满意度调查的全覆盖。

2. 以居民为本、区外志愿者为辅打造高效志愿团队

社区居民既是社区志愿服务的主要受众，也是社区志愿服务的主力军，为实现社区志愿服务的广泛参与，应注重发挥居民的主力军作用。社区可以通过各种途径及时发布招募信息，招徕优质志愿者，重点吸纳区内外具备志愿精神的民众，为志愿服务建立群众基础。

第一，完善招募志愿者方式。社区积极探索志愿者招募机制，明确志愿者招募标准，以线上、线下两种形式招募和发展志愿者，寻找优质的专业人才。在线上着力完善志愿者招募平台，政府相关部门联合社会组织及相关企业开发全国志愿服务信息系统，为志愿者招募注册、志愿服务项目发布、志愿服务记录与证明出具等工作开展提供了便捷的信息平台和技术支撑，全国志愿者规模也随之大幅度扩张。中国社会科学院社会发展战略研究院发布的《志愿服务蓝皮书：中国志愿服务发展报告（2021－2022）》显示，全国注册志愿者人数从2012年的292万

人次增长到2021年的2.17亿人次。[1] 在线下，基层自治组织大力培育发展志愿服务组织，广泛设立志愿服务站点，充分发挥志愿服务组织和志愿服务站点团结吸引志愿者和保障服务志愿者的优势，提升志愿者招募工作成效。据统计，2012年至2021年，全国志愿服务团体数从2万个增长到93万个，志愿服务项目数从1万个增长至541万个，分别是2012年的46.5倍和541倍。[2]

第二，发展专业化、技术化、智能化的志愿服务人才，实现志愿服务的透明化、痕迹化、开放化。随着互联网技术的更新发展，全国志愿服务信息系统已被广泛应用于各类志愿服务活动，社区志愿服务亟须引进技能型人才。基层自治组织以社工与志愿者协同服务机制为核心点，带动志愿者的服务能力提高，通过政策倡导、项目支持等方式积极引导社会工作者和志愿者充分发挥各自优势，协调配合，共同实施社会服务项目；同时将"互联网+社区政务服务"和"互联网+社区商业服务"作为工作重点，多角度推进社区志愿服务的"四线建设"（如图9-4所示）。"一线建设"为加快部署政务服务一体机，推动更多政务服务、公共服务网上办、指尖办，各类社区服务场景数字化；"二线建设"为依托全国志愿服务信息系统积极推动全国的志愿服务信息数据互联互通，减少信息系统的重复建设与基层社区工作者重复劳动，同时大幅提升志愿服务数据统计的便捷性与准确性；"三线建设"为运用数字技术为社区赋能减负，充分发挥市场主体、社会组织、群团组织等作用；"四线建设"为推广"社工+志愿者"的工作模式，组织社区志愿者在社会工作者的带领下开展服务，并根据服务内容进行阶段性培训，形成"社工引领志愿者、志愿者协助社工"的良好运行模式。四条线围绕"互联网+社区志愿服务"展开工作，扩展了社区志愿服务数字化建设的具体方法和路径。

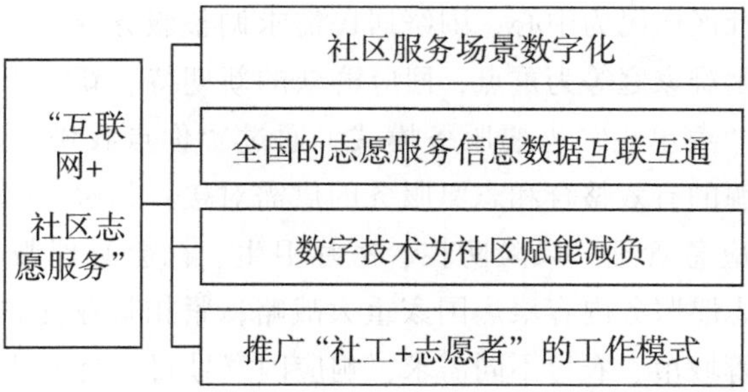

图9-4　"互联网+社区志愿服务"四线工作模式

---

〔1〕张翼：《志愿服务蓝皮书：中国志愿服务发展报告（2021-2022）》，社会科学文献出版社2022年版，第22—68页。

〔2〕张翼：《志愿服务蓝皮书：中国志愿服务发展报告（2021-2022）》，社会科学文献出版社2022年版，第22—68页。

第三，进行志愿服务信息整合与反馈，合理运用志愿者激励手段，优化机构设置，推动其志愿服务工作的可持续性发展。政府部门将志愿服务信息系统的情况纳入社会组织年报内容予以公示，把志愿服务组织使用志愿服务信息系统的情况作为购买志愿服务运营管理的参考因素，从而以志愿服务信息系统数据为依据建立并完善志愿者评价与激励制度。同时，一些地方政府设立志愿服务管理和指导机构，其中既有共青团、精神文明办等相关科室内设如志愿者工作部、志愿服务办公室等，也有志愿服务指导中心、志愿服务站等独立设置的事业单位，并根据需要核定了相应的行政、事业编制，推动了地方志愿服务的持续发展。

3. 坚持共建共治共享原则，构建志愿服务的多方参与格局

社区志愿服务坚持共建共治共享的工作原则，充分调动社会公众的力量，引入不同主体参与志愿服务活动，发展为民服务、便民服务、安民服务的多元化服务内容，进一步充实和扩大社区服务供给。

第一，创新服务模式，调动社会力量参与社区志愿服务。社区把创新服务模式作为工作的突破口，引入社会力量共同探索志愿服务的特色化。首先，基层自治组织充分调动群团组织、社会组织、社会工作者、志愿者和慈善资源等社会力量，逐步构建多方参与格局；其次，社区依托“志愿公益岗”“志愿自治联盟”等开展特色志愿服务活动，充实社区志愿服务力量；最后，探索志愿服务互助循环模式，政府部门鼓励各地以规范的志愿服务记录为基础，通过志愿服务“时间银行”、服务兑换等形式积极探索社会互助循环志愿服务体系。同时持续探索多元合作、广泛参与的新型社区志愿服务模式。

第二，发展多样化、多元化服务内容。社区志愿服务内容应紧跟时代的脚步，坚持以全体社区居民为中心，围绕居民需求调整服务导向，以老年人、残疾人、未成年人、困难家庭等为重点，回应群众的新期待、新需求。首先，基层自治组织大力推广“菜单式”志愿服务模式，通过“你点我供”的精细化运作模式，实现志愿资源的有效整合和志愿服务的供需对接；其次，服务调整坚持问题导向，重点强化应急管理、风险防控、医疗卫生、社会心理服务等方面短板弱项；最后，社区志愿服务内容聚焦国家重大战略，紧扣就业优先、乡村振兴、新型城镇化等，统筹城市、农村不同需求，响应国家号召，组织开展“新时代新社区新生活”服务质量提升行动，扎实推进实施固本强基、养老服务、未成年人关爱服务、助残服务等行动计划。

第三，做好城乡社区服务设施一体化工作。在城乡社区服务设施一体化的基础上，加快志愿服务设施建设，实现城市社区服务设施的全覆盖。政府积极推进城乡社区服务设施补短板工程，加大社区志愿服务站点的建设力度，不断完善组织动员、服务对接、宣传展示等功能，让志愿服务站点成为社区的标志性建筑，

用于组织开展居民活动、丰富社区生活。

第四，做好志愿服务的有效供给保障。社区发展需要经费、政策、人才等全方位的保障，确保社区志愿服务组织有钱、有人、有能力为民办事。经费保障方面，有效运用政府购买服务手段，明确购买服务事项、预算管理、信息发布、项目管理、绩效评估等。政策保障方面，着眼群众需要制定志愿服务工作标准，明确服务设施、服务事项、服务质量、智慧社区等方面标准。人才保障方面，政府通过设置公益岗位等方式，持续壮大志愿服务人才队伍。

第二节　我国社区志愿服务发展面临的主要困境

近年来，我国社区志愿服务事业的发展取得了较大成就，民众参与社区志愿服务的热情有所提高，但总体上仍存在一些困境。社区志愿服务发展模式危机集中在四个方面：一是中青年志愿者缺席；二是志愿者组织力量不足；三是政策虚位和缺位并存；四是志愿服务时间兑换困难。[1] 政府、社区、社会公众多方聚力，才能高效解决志愿服务发展面临的困难。本部分将对制约我国社区志愿服务发展的阻碍因素进行具体分析，以此探索推进我国社区志愿服务高质量发展的进路。

一、社区志愿服务的法律与制度不完善

社区志愿服务现有的制度不够完善，无法为志愿服务提供充分保障，社区应该意识到制度干预对于志愿服务参与观念转变的重要性。[2] 精准的制度设计既能够满足社区居民对志愿服务的需求，又能让社区服务居民的意识深入人心，目前，我国社区志愿服务的法律与制度缺失，存在法律的“真空”地带；制度建设滞后，没有形成社区志愿服务管理的规范性、有效性与持续性。

1. 社区志愿服务的法律法规“真空”

社区志愿服务活动组织过程中的制度保障不够全面，包括活动开展前的志愿者选拔制度、选拔过程中的安全保障机制、服务结束后的群众意见反馈制度等方面。制度缺失的原因有两点：一是对志愿者组织的管理存在法律的“真空”地带；二是政府相关部门对志愿服务过程中出现的具体问题重视程度不够，缺乏相

---

〔1〕张网成、张晓、郑瑾：《推动家庭式志愿服务兑换创新社区志愿服务发展模式》，载《社会治理》2017 年第 4 期，第 78—82 页。

〔2〕杨团、李振刚、石远成：《融入社区健康服务的中国农村老年人照护服务研究》，载《湖南社会科学》2009 年第 1 期，第 46—55 页。

关的法律解释。

一方面，对志愿者组织的管理存在法律的“真空”地带。志愿者组织承接了大部分社区志愿服务项目，但目前仍然没有一套完整规范的全国性法律法规来对社区志愿者组织进行多方位的指导与管理。2017 年 12 月 1 日施行的《志愿服务条例》，对于社区志愿者和社区志愿服务的相关规定仍较为宽泛。志愿者组织的行为会对志愿服务项目的实行产生很大影响，对社会发展有着举足轻重的作用，社区志愿服务是社区发展的重要内容，社区志愿者是社区公益的重要力量。因此，政府应采取合理的法律手段来加强对社区志愿者的引导、激励和管理，避免志愿者组织的行为出现随意性、无序性、重复性等问题；同时，社区在考虑志愿服务过程的制度保障时，应重视志愿者组织的管理规范。

另一方面，政府相关部门对志愿服务出现的具体问题重视程度不够，缺乏相关的法律解释。立法规范上，政府没有对志愿服务问题作条文性的法律解释；志愿服务还存在因服务资源占有的特点，导致社会差距扩大、潜在的谋利冲动、业余主义等现象。针对这些现象，并没有完整的法律法规对志愿服务行为进行法律上的评估。政府部门对志愿服务的支持与干预不足，无法解决服务项目管理中产生的问题。

2. 社区志愿服务的制度建设缺乏

2022 年 1 月，国务院办公厅印发《“十四五”城乡社区服务体系建设规划》，对城乡社区服务体系作出全面部署，也对社区志愿服务体系进行顶层设计。按照“十四五”规划要求，社区应做好每类志愿服务项目的开展工作。但在实践中，社区各项志愿服务活动并不能实现预期目标，这在很大程度上是由于制度建设不到位造成的。

首先，志愿服务活动组织前缺乏志愿者选拔制度。目前，大多数社区选拔志愿者没有一个完整统一的考核标准和考核体系，[1] 社区无法系统了解志愿者服务动机和专业能力。因此，社区不能根据志愿者的实际情况精准匹配服务项目，导致在开展志愿服务活动的过程中，可能会发生志愿者心有余而力不足的问题，民众无法享受到应有的服务待遇和服务品质从而影响服务项目的实际落地。

其次，志愿服务举办过程中缺乏安全保障机制。安全保障的缺失导致居民逐渐会对项目的安全性产生怀疑，志愿服务活动无法持续推进。此外，由于社区志愿服务受众的特殊性，安全保障机制的缺乏导致在服务项目开展时，老年人等弱势群体难免担心服务过程中的危险性，长此以往，社区服务项目的开展将会受阻。

---

〔1〕 张敏、胡建东：《提升社区志愿服务质量路径探究》，载《人民论坛》2020 年第 26 期，第 70—71 页。

最后，志愿服务完成后缺乏群众意见反馈制度。群众对项目服务的意见反馈能够帮助项目质量向更高层次提升，但是目前社区及组织没有给群众提供便捷有效的意见反馈途径。群众对志愿者的做事方法以及对服务的组织过程都有着不同的建议和意见，而群众缺乏合理的途径对意见进行反馈，这导致服务提供者无法洞悉群众需求以及服务过程中的问题，群众意见反馈制度的缺乏也反映了社区对群众意见的不重视。

二、社区志愿服务的形式化倾向明显

由于基层工作压力大，社区公共事务过重，特别是基层政府部门委派的大量行政性事务转移了社区工作人员的注意力，社区工作人员对志愿服务的热情和效率难以持续，志愿服务也随之容易成为一种“面子”工作，社区志愿服务逐渐向形式化方向发展。

1. 社区志愿服务行政色彩浓厚

社区志愿服务的过度行政化，容易造成志愿组织难以为继，从而导致服务团队的力量持续减弱；社区在绩效考核的压力下，忽视其在志愿服务中的功能，使其仅做表面功夫。行政色彩浓厚体现在行政任务过多和行政机构的过度干预两方面，这双重压制让志愿组织的工作效率急剧下降。

第一，社区行政任务过多，服务热情和效率难以持续。后疫情时代，社区依旧承担着大量的行政任务，层层加码，导致社区已经无法分配更多的时间和精力处理志愿服务项目，无法合理配置各方志愿服务资源，社区工作人员不能保持原有的耐心和热情接待每位参与服务项目的民众，导致社区志愿服务的质量难以得到保障。同时，行政机构对志愿组织的异化，导致出现过度形式化的问题。[1] 虽然政府在社区志愿服务过程中的功能有限，但社区居委会易产生以行政需求为导向的想法。目前有不少的志愿服务以政府需求为导向，是顺应和配合行政工作而开展的，自然无法满足居民多元化的服务需求，无法真正发挥志愿服务的实际效用。因此，社区应避免行政化的项目运作方式影响社区志愿服务自主性的问题。

第二，社区志愿组织活动资金来源不稳定。社区志愿组织的资金大多源自政府拨款，居民自身创建的志愿组织资金则是社会筹集而来。如果政府拨款少或大众募集的资金不足，社区志愿组织就无法开展更多的服务项目，资金不足也会消减社区工作人员及志愿者对志愿服务的热情。在这种情境下，社区更愿意把更多的时间和精力投入到上级指派的行政任务上。

---

[1] 毕素华：《网络治理视野中公民的社区志愿服务参与》，载《理论探讨》2010 年第 6 期，第 136—140 页。

2. 社区志愿组织缺乏整合协调与标准化管理

社区志愿组织可划分为“政府组织建立”“政府倡导、社区居民创建”以及“社区居民自身创建”等类型，这些类型的社区志愿组织的长久发展都需要政府、社区、居民等多方的协调合作。目前，社区志愿组织缺乏整合协调与标准化管理，社区志愿服务项目不够丰富，社区志愿服务不够规范，志愿精神价值并没有完全发挥出来。

第一，社区志愿服务活动缺乏必要的组织保障。不同类型的社区志愿组织有着不同的行事规则和方法，志愿组织对志愿服务活动的开展形式也各有不同。除了组织性较强的专业性志愿者组织以外，大多数志愿者根据单位、社团和社区的要求参与志愿服务活动，这类临时性活动缺乏对服务对象真实需求及相关信息的全面了解，以及对志愿者有效的纪律约束和服务的安全保障，使得志愿服务往往流于形式。此外，在政府主导的志愿组织中存在“信息不对称”的现象，缺乏必要的沟通机制，也缺乏统一的信息发布渠道，无法对各个社区志愿服务的信息进行互联互通，没有对社区志愿资源进行有效的统筹管理，导致部分有志愿服务意愿的人不能及时了解相关招募信息。也有一些志愿组织没有有效吸纳志愿服务能力较强的人员，或者让志愿者担任组织者的角色，使得社区志愿组织无法有效地将志愿者组织起来，共同开展活动。社区志愿组织的行事规则和方法并不统一，无法保证志愿服务活动的质量。

第二，社区志愿组织缺乏统一整合协调机制。社区志愿组织力量分散，不能有效解决社区存在的问题。目前，部分社区仍然存在垃圾随意倾倒、私搭乱建、公共空间不够清洁等问题，大部分社区志愿服务组织在信息不互通的情况下分散行动，这使得许多组织的工作存在重复现象。这些问题的存在，是社区志愿组织之间缺乏统一整合协调机制造成的，在一定程度上削弱了社区志愿服务能力。

三、社区志愿服务的项目种类单一

目前，社区志愿服务普遍存在的问题就是服务项目种类单一，不能完全满足居民的生活需求，具体表现在社区志愿服务结构内容简单、服务频率不固定、志愿服务文化宣传力度不到位等方面。志愿服务内容过于简单，仅能满足居民日常生活的部分需求，并不能完全满足居民个性化需求。且由于场所、人员、资金的限制，志愿活动的开展频率并不固定，志愿服务活动无法形成常态化机制，社区和居民的联系不够紧密。最重要的一点是，社区的志愿服务文化没有在居民之间普及，社区志愿服务的整体生命力不够持久。

（一）社区志愿服务内容单薄，常态化开展不足

社区志愿服务内容是志愿服务有效运行的基础。居民十分看重社区志愿服务

内容的种类，而现阶段志愿者组织提供的服务内容和实际需求之间有一定的脱轨现象。社区不够重视服务内容的创新，没有随着居民的实际需求变化而变化，志愿服务内容和居民实际需求的联动性越来越松散。从问卷数据的深入分析中看出弱联动性表现在服务内容结构简单、服务频率不固定、志愿精神与志愿文化难以深入人心等问题。

首先，服务内容结构简单。社区社会组织为居民提供的志愿服务包括就业类、教育类、文体类、生活服务类等，这些类别虽涵盖居民生活的很多方面，但仍有少数民众没接受过社会组织的服务。整体上来看，民众不满意社会组织的行事方式和工作态度，且社区的志愿服务没有考虑到居民的个性化需求。志愿服务可供选择性较低，没有根据当下时代的变化发展而进行更新，服务内容大多停留在基本的物质生活层次，尚未满足居民文化生活层面的多样化需求。

其次，服务频率不固定。社区志愿服务主体的单一性使得日常活动开展的频率较低，这也是主体性单一的附加问题。服务频率不固定，社区和居民互动频次不高，那么社区就难以维持和居民的亲密关系。居民对社区日常出现的问题，如停车无序、公共空间不够清洁、道路泥泞等现象更加不满。总体而言，社区对志愿服务的重视程度不够高，没有将志愿服务作为一种常态化的服务开展。

最后，志愿精神与志愿文化难以深入人心。实现志愿服务的有效运行与管理，必须明确志愿服务管理机制体系建设的基本方向和目标，即志愿服务发展建设的理念与价值追求。[1] 志愿精神与志愿文化决定着志愿服务事业的影响力和生命力，也是志愿服务活动可持续发展的活力源泉。社区应把志愿服务的价值追求融入每个居民的日常生活，成为居民日常生活中不可缺少的重要部分。现阶段部分社区志愿活动的内容不够新颖，忽视社区内志愿文化的传播与发扬，难以吸引年轻一代的居民。

（二）社区志愿服务参与渠道较少，社会参与面不广

社区志愿服务需要全社会的积极参与。我国社区志愿服务的社会组织动员能力不强，参与渠道较少，社会参与不够广泛。大多数民众都是在特定节日跟随单位的脚步加入志愿活动，而较少主动参与社区志愿活动，志愿服务参与动机较弱。

第一，志愿服务参与机制不健全。居民不能有效地参与社区志愿服务活动，主要受到参与机制和双重管理的制约。社区缺乏制度化、常态化的志愿服务参与机制，居民缺少志愿服务活动的参与渠道和制度保障机制，参加社区志愿服务的

---

〔1〕 陆士桢、蔡康鑫：《社会治理现代化视野中的志愿服务运行与管理》，载《中国青年社会科学》2021 年第 6 期，第 2—10 页。

深度、广度、持续性难以得到有效保证。双重管理是指志愿组织在接受民政部门等主管机关监管的同时，需要接受其业务主管机关的领导；[1] 该机制导致的烦琐行政程序，提升了社会组织进入社区志愿服务领域的门槛，不利于多方主体参与志愿服务活动。

第二，社区志愿服务宣传力度不到位。社区志愿服务宣传以线上为主，各社区通过官方网站、微信公众号、微博等平台发布并宣传志愿服务的相关信息。但是社区对宣传平台的维护不够，没有做到实时更新服务内容，并且社区对志愿服务的宣传不够全面。除了志愿服务的基本信息以外，社区忽略了志愿服务文化的传递，没有对志愿服务的价值加以强调，难以引起区内外居民的重视。

四、社区志愿服务的供给不够精准

社区志愿服务供给无法实现与居民需求精准对接。目前我国社区志愿服务的供给远远无法满足人民群众对志愿服务的现实需求，这主要体现在志愿服务供给与社会需求的矛盾，志愿服务项目供给与志愿者参与需求的矛盾。[2] 造成双重矛盾的原因有两点。一方面居民多元化利益诉求与社区统筹兼顾能力相碰撞，二者不能达成统一。另一方面居民需求日益多样化与社区现有供给能力相冲突。随着互联网技术的广泛应用，社区居民了解更多的新闻信息后，就逐渐意识到精神文化需求的匮乏问题，居民需求变化的速度要快于社区统筹供给能力的增长。

志愿服务供给不能及时地与居民需求变化相匹配。追本溯源，还在于社区志愿服务活动承接主体不够多元化。志愿服务主体的角色容易定位不清，生产者和安排者会出现混淆的情况。另外，社区与居民没有进行畅通的信息互换，居民不能第一时间了解到社区提供的服务项目，社区也不能及时了解居民的需求，社区与居民之间没能建立起完善的沟通机制，在社区与社区之间也缺乏沟通机制，就会导致志愿服务资源之间无法实现互联互通，进而影响社区志愿服务的供给质量。

（一）社区志愿服务的供需不匹配

市场经济蓬勃发展，民众的需求开始从单纯的温饱需求转向多元的精神需求。居民在社区经济、安全保障、合法权益、卫生环保、文化娱乐、精神生活等

---

〔1〕 徐柳：《我国志愿者组织发展的现状、问题与对策》，载《学术研究》2008 年第 5 期，第 67—72 + 159 页。

〔2〕 涂敏霞、彭铭刚、吴冬华：《大数据驱动下的志愿服务优化模式研究报告》，载《中国青年研究》2020 年第 4 期，第 62—68 页。

各个方面表现出高度的关注。[1] 居民的利益诉求日趋多元化，社区亟须提升自身的管理能力来回应居民的需求。现阶段社区平衡日常性事务和志愿服务的能力较差，没有跟随时代的脚步调整服务供给，导致无法实现社区服务供给与居民需求的精准匹配。

一方面，居民多元化利益诉求与社区统筹兼顾能力的碰撞。随着社会主义市场经济的蓬勃发展，社区居民的利益诉求多种多样，社区逐渐以线下民主议事会、民主理事会、民主评议会、民主听证会等，以及线上微信、QQ、微博等网络平台等形式，开展民主协商活动，听取居民的建议和意见。随着社区公共事务的愈加繁重，社区协商应重视社区志愿者的作用，并在公共设施建设、规划与发展、公共环境卫生治理、邻里纠纷和治安维稳等问题上，创新民主协商方式，推动志愿服务发展，进而平衡和协调居民的利益诉求。

另一方面，民生需求多样化与社区供给不足的冲突。社区供给不足表现在服务主体的供给能力不足。服务主体能力差带来服务项目种类稀少、服务内容单一、服务范围狭隘等问题，社区内各个类型的志愿组织是志愿服务的主要提供者。目前社区面临的是志愿服务组织能力不足的问题，大部分居民都接受并非常满意社会工作者的服务，但是在社区志愿服务队伍里，专业社工占比较少。因此，志愿服务组织里志愿者的专业组织并不相同。志愿服务组织没有做到与时俱进地提升自身的能力，无法满足居民多样化的需求，就引发居民需求与社区供给的矛盾。

（二）社区志愿服务的主体联动性弱

社区志愿服务主体应以多元化为主。中国共产党社会功能的实现是以党组织的“联动”带动多元治理主体间的“联动”，通过发展和完善党的组织网络和群众组织网络，将治理与服务延伸至社会末梢。[2] 多元治理主体的联动也应出现在社区志愿服务当中，但社区志愿服务与承接主体的联动性弱，具体表现为活动主体角色单一且定位不清，居民与服务主体之间的信息沟通不畅。

一方面，社区志愿服务活动主体定位不清，角色单一。社区志愿服务一般由政府和社区居委会共同发起组织。志愿服务活动的实践证明需要有更多的主体加入来改善活动质量。满足居民需求是社区志愿服务的最终目标，对此，社区居民认为现阶段开展的一些涉及范围广、内容繁重的志愿服务发起组织方应由不同的

---

〔1〕 徐向文、李迎生：《志愿服务助力城乡社区自治：主体协同的视角》，载《河北学刊》2016 年第 1 期，第 164—170 页。

〔2〕 郭彩琴、张瑾：《“党建引领”型城市社区志愿服务创新探索：理念、逻辑与路径》，载《苏州大学学报》（哲学社会科学版）2019 年第 3 期，第 15—20 页。

主体共同承担，如职能部门、街道/乡、物业管理委员会等，社区亟须重视活动主体单一的问题。社区志愿活动主体还存在定位不清的问题。在社区志愿服务过程中，仍然存在消费者、生产者与安排者出现混淆的情况。[1] 生产者和安排者角色定位不清，出现一个主体担任多种角色的现象。

另一方面，社区志愿服务队伍缺乏有效的信息交流机制。居民和志愿组织的信息不对称，导致有的社区志愿服务资源泛滥，有的社区志愿服务资源紧张。由于社区没在居民和志愿服务组织间搭建长久有效的信息沟通平台，没安排工作人员对平台上的信息进行及时更新，居民也就无法第一时间获得第一手信息，且社区与社区之间也缺少信息互换，不能做到双方共通共用志愿服务资源。

五、社区志愿者的专业能力存在不足

社区志愿者是志愿服务的主体，他们直接影响到志愿服务质量，社区志愿者专业素质应该得到重视。志愿者的专业素质不仅表现为服务能力，更体现在志愿者的服务动机方面。在“陌生人社会”，随着政府介入志愿服务事务的程度不断加深，志愿服务自身不断地被工具化和组织化，志愿服务主体行为动机日益多元化，[2] 且社区志愿者的专业能力不一，影响到志愿服务整体水平的提高。

（一）社区志愿者服务质量参差不齐

志愿者是社区志愿服务活动成功的关键性因素。经过训练且专业素质高的志愿者，能够促使志愿服务活动的圆满完成，提升居民对社区工作的满意度。然而由于选拔标准不统一、来源渠道多元化、服务内容差异化等因素，志愿者进行志愿服务时的表现差异较大，影响志愿服务质量的提升。

首先，部分志愿者的服务意识不强。社区志愿服务是指社区内的志愿者利用自身资源参与社区的各项服务，并在此基础上逐步参与社会上的各类志愿服务活动，为社区居民、社会提供公益性、非营利性的服务。[3] 志愿者选择参与社区志愿服务的动机大多是服务居民、回馈社会，但枯燥无味、单调重复的服务内容会降低志愿者的工作热情，影响他们的服务态度和办事效率，难以让社区居民感受到志愿服务的便利性。

---

〔1〕 曾天雄、卢爱国：《分开与合作：社区志愿服务机制创新研究》，载《湘潭大学学报》（哲学社会科学版）2014 年第 1 期，第 78—80 页。

〔2〕 张网成、刘强：《规范行为调节关系——行动理论视角下的〈志愿服务条例〉》，载《中国社会工作》2017 年第 28 期，第 16—17 页。

〔3〕 张勤、武志芳：《社会管理创新中社区志愿服务利益表达的有效性》，载《理论探讨》2012 年第 6 期，第 17—21 页。

其次，志愿者的专业性不足。受志愿服务活动公益性、非营利性特点的影响，社区志愿者选拔门槛较低。沟通协调能力是志愿者应具备的基本能力，社区志愿服务对象以老年人居多，老年人对新事物的接受比较迟缓，需要志愿者反复强调才能理解活动内容，志愿者与老年人的耐心对话则是志愿活动的助推器，沟通协调的不顺畅极易影响到志愿服务活动的成效，对志愿服务的持续性开展造成梗阻。

最后，社区志愿者提供的服务质量与居民的多样化服务需求存在一定差距。有受访民众表示，社区志愿者提供的服务与自身需求有偏差，部分社区居民对社区志愿服务活动仍存有担心和疑虑。

（二）社区志愿者培育选拔体系不够成熟

社区志愿者的专业化水平不高，导致服务质量参差不齐。追本溯源，社区没有完备的志愿者选拔培养体系。没有社区牵头的指导培训，志愿者就难以提高自身的专业能力。社区忽视志愿者的选拔培养，不仅是没有定时组织培训会议，还有专业社工人才引进的缺失。而志愿者的选拔培养体系无法建立起来，原因还在于志愿者的社会认同度不足。志愿者无法获取足够的社会环境支持，就不能保持相当的热情去提升自己。

首先，缺乏定期培训制度，影响整体队伍后续发展。志愿服务项目的对象多数是老人或小孩，大部分志愿者仅用基础的护理能力就可以获得服务对象的认可。仅有少数的居民能够享受专业社工的服务，社区没有对志愿者的专业能力进行再培训，没能扩大培训范围，挖掘周边优良的高校资源，也没能与高校建立志愿者交流培养项目，无法让志愿者接受更高层次的志愿服务专业知识培训。

其次，社会工作者人才引进工作缺失。除了没与高校建立志愿者交流培养机制外，社区还忽略了从高校引进社会工作专业学生的便利。志愿活动要增强专业性和服务性，需要大量的专业人才，针对不同群体制定不同的服务项目。但大多数社区没有与高校达成社工就业引进的合作，即使少部分社区能够将高校人才引进，也没有把引进的重心放在志愿服务管理或社会工作服务项目。

最后，志愿者的社会认同度不足。社会认同是社区志愿者的现实需要。[1] 志愿者在志愿服务过程中承担着较大压力。所在单位的忽略，服务对象的不认可，亲属朋友的不理解都是志愿者继续服务的阻碍。公众没有给予志愿服务应有的正向的评价，导致志愿者丧失钻研专业能力的动力，也无法带来多样化的服务内容。

---

〔1〕 沈蓓绯：《社区志愿服务：女性社会角色建构的有效路径》，载《广西社会科学》2011 年第 5 期，第 107—110 页。

六、社区志愿服务的监督不到位

社区志愿服务质量没有大幅度提升的原因之一是激励和监管的机制不到位。志愿服务活动需要大量的人员组织开展，社区居民的广泛参与能够对志愿活动起到宣传的作用，志愿服务的评估反馈机制能够为居民的意见反馈和建议汇总提供正规有效的渠道。阻碍社区志愿服务评估反馈机制有效构建的原因有两点。其一，社区没有派专门的人员对志愿活动进行监督管理，服务质量的改善有赖于第三方的评估监督，纯靠社区工作人员难以发现志愿服务活动过程中存在的问题。其二，社区组织容易忽略给予活动中突出表现的个人或组织的奖励，社区不重视就无法形成长期有效的激励机制，社区志愿服务对居民的激励不充分，就不会有更多的人自发地参与志愿服务，社区的重视度对体制和制度的建立有着较大的影响。

（一）社区志愿服务激励及后续评估反馈机制不完善

社区鼓励民众参与志愿服务时，往往会采取物质奖励和精神激励两种方式，物质奖励以日常用品为主，精神激励则是口头表扬的形式。双重鼓励能够扩大居民参与志愿服务的范围，但涉及耗费大量时间和精力的志愿服务时，居民参与意愿普遍较低。

数据显示，民众大多表示社区曾开展过服务居民满意度调查和社区服务评估，但相当一部分社区还没有制定“群众满意度占主要权重的社区工作者考核评价”办法。社区志愿服务的评估反馈机制不够完善，不仅由于志愿服务活动反馈评估欠缺，还存在社区工作人员参与志愿服务的绩效考核评价标准体系尚未细化的问题。除此之外，评估制度的制定和执行主体较为单一，除了社区居民，社区工作人员也是志愿服务活动的主力军，而社区工作人员的志愿服务评估标准也没有进行明确的公示。

（二）缺乏专业的社区志愿服务管理和监督人员

社区志愿服务的提升离不开专业化的队伍建设。社区志愿服务实施的全过程需要专业人员进行监督与评估，需要专业机构组织管理，更需要对社区志愿者基本权益进行维护和保障。目前，我国各地社区志愿服务监管质量参差不齐，存在以下短板。一是志愿服务活动缺少专业人员的管理和监督。志愿者从事的志愿服务活动作为一种社会性活动，有接受社会有关部门和志愿者组织监督的义务，但当下的社区志愿服务普遍将工作重心置于前期宣传和中期开展上，对后期的监督评估缺少有力的措施，包括组织过程的安全性也没有得到确切的保障；缺乏专业化的第三方机构评估，志愿者的服务质量、服务水平、服务态度等各因素都得不到客观的评价，从而无法实现社区志愿服务水平的持续性提升。二是当前的社区志愿者激励评估方式难以适应和满足志愿服务多样化的发展。现行的志愿服务评价标准缺少具体的量化标准，难以对志愿服务情况做出科学客观的综合考评，容易降低志愿者参与志愿服务的积极性，间接制约社区志愿服务活动的持续性开展。

第三节 化解我国社区志愿服务发展困境的对策建议

社区志愿服务是社区治理的应有之义。完善社区志愿服务体系，对于提升社区治理效能、完善社区治理体系具有重要意义。根据目前我国社区志愿服务发展现状，深入分析我国社区志愿服务的问题及其背后的原因，本研究提出以下对策建议：一是明确社区志愿服务定位，健全社区志愿服务法律法规；二是丰富社区志愿服务资源，推动社区志愿服务常态化发展；三是健全社区志愿服务激励机制，推动志愿赋能；四是完善社区志愿者培养机制及服务评估机制；五是推动落实“五社联动”，扩大志愿服务的支持基础。

一、明确社区志愿服务定位，健全社区志愿服务法律法规

社区志愿服务常态化是社区志愿服务实现精细化发展、高质量发展以及现代化治理的重要基础，更是社区志愿服务长效发展的基础。社区志愿服务常态化，要以社区需求与国家战略为导向对社区志愿服务进行定位，真正满足社区居民的差异化需求，有效解决社区难题。同时，明确的职责分工，丰富的志愿资源，为社区志愿服务项目化发展奠定组织基础。良好外部环境支撑是社区志愿服务发展的前提条件，完备的政策支持体系以及综合保障机制是社区志愿服务可持续发展的基础，有助于推动社区志愿服务的专业化、常态化以及品牌化的发展，吸引大量资源进入社区志愿服务领域，从而推动社区志愿服务质量的多元化发展，更好地满足社区居民的多样化需求。

（一）加强党的领导，促进“党建＋志愿”融合发展

基层党组织具有权威性与公信力，其在资源整合和价值引领方面的优势十分突出，社区志愿服务组织可以依靠党建工作引领社区志愿服务品牌化的独特性与代表性发展，探索“党建＋志愿”的融合机制，带动群众广泛参与社区志愿服务

的品牌化建设。

首先，加强党的领导，明确党建工作在社区志愿服务中的决定性地位。加强社区志愿服务组织中的基层党组织建设，鼓励党员积极参与社区志愿服务发挥先锋模范作用，发挥基层党组织引领作用，协调社区志愿服务组织，广泛调动社会力量参与社区志愿服务，健全资源配置机制以发挥资源的效益最大化，把打造社区志愿服务品牌摆到突出位置，积极推动社区志愿服务的创新发展，严格把控社区志愿服务的质量，帮助社区志愿服务建立良好的口碑，真正发挥党建工作的领导核心作用。

其次，基层党组织在嵌入社区志愿服务过程中要秉持“服务优先”的理念，[1] 以人民为中心，搞清主次，不能将社区志愿服务转变为具有行政色彩的组织工作，明确党建工作是为了推动社区志愿服务的品牌化发展，以党建引领社区志愿服务组织化程度的提升，促进其志愿服务保持自身独特性的同时，提升其服务的系统化发展，从而实现社区志愿服务的品牌化发展。

（二）以国家战略与社区需求为导向，明确社区志愿服务定位

社区志愿服务领域与国家战略、社区需求的适配度，关乎社区志愿服务组织的自主性发挥和发展空间的拓展，契合度越高，社区志愿服务组织自主发挥的空间也就越大。

第一，要坚持以国家发展战略为导向。推动社区志愿服务高质量发展，需要以中国式现代化建设为导向，与国家发展战略和地方建设诉求紧密结合，突出专业、规范和创新水准。社区志愿服务组织要以国家当前发展与建设的重点为切入点紧紧围绕社区治理、公共服务、民生保障等领域开展专业服务，以高质量为标准，着力推动社区志愿服务的专业化、规范化建设。

第二，要坚持以社区需求为导向。首先，社区志愿服务组织在规划组织建设之前，要做好相关调研工作，与社区居民委员会以及基层党组织协调好关系，准确定位组织服务领域；同时，初步建立志愿服务组织支持网络。其次，明确社区志愿服务组织定位及发展领域，不断提升其服务的专业化水平，组织服务水平越高其自主选择权也越大。再次，社区志愿服务组织要提升其社会动员能力，建立跨社区的互动机制，突破地区限制，不局限于在本地社区寻求资源支持和提供服务，将视野拓展到更大的区域，增强组织获取资源、开展服务的自主性和能动性。最后，社区志愿服务组织可以定期调研，形成反馈机制，实时把控社区需求

---

[1] 郭彩琴、张瑾：《“党建引领”型城市社区志愿服务创新探索：理念、逻辑与路径》，载《苏州大学学报》（哲学社会科学版）2019 年第 3 期，第 15—20 页。

变化，不断完善并调整其服务项目。

（三）建立明确职责分工的社区志愿服务管理体制

明确的职责分工管理机制能够有效整合社区志愿资源，为社区志愿服务项目化发展奠定组织基础，也推动了社区志愿服务的常态化建设，社区志愿服务的管理体制建设主要包括关系理顺、内部管理架构及配套制度建设等。

第一，在志愿服务组织管理上，厘清政府与社区志愿服务组织关系，明确政府在志愿服务中的定位，给予其相应资源支持的同时，保障志愿服务组织自身能动性的发挥。各地可根据实际情况设立志愿服务管理和指导机构，构建“志愿服务指导中心—社区志愿服务站—社区志愿服务队”三级指导体系，明确其管理与指导部门，加强与宣传部门、文明办和其他相关部门的协作配合，共同推动社区志愿服务的规范化建设。

第二，要建设并完善内部管理架构，从日常值班、人员管理、档案管理、项目管理、财务管理等制度建设入手，明确内部分工，设立志愿服务队伍决策组以提升社区志愿服务组织的管理效能，进而提升志愿服务质量。制度越完善越能够推动社区志愿服务的常态化建设。

第三，完善志愿者注册登记制度及服务保障制度等。在志愿者保障上，完善志愿者注册登记制度，利用信息化手段建立认证系统便于志愿者评选、表彰等激励活动，并建立志愿者保险制度，为定期参与社区志愿服务活动的志愿者购买保险；在应急志愿服务保障机制上，探索构建志愿者参与应急工作的协调机制，加强统筹规划，制定工作制度与工作程序，明确应急志愿服务的内容和要求，推动社区志愿服务活动的常态化建设，通过常态化社区志愿服务建立应急志愿服务队伍。

（四）构建社区志愿服务的法律政策支持体系

社区志愿服务的法律与政策支持体系是社区志愿服务可持续发展的基础。进行制度建设，明确友好的制度环境、政策支持主体、支持方式与运转机制，形成社区志愿服务的法律与政策支持体系，使其与社区志愿服务发展实际相结合，充分发挥法律与政策对社区志愿服务的指导作用。

第一，确立友好的社区志愿服务制度环境。在国家立法与政策出台上，各级政府相关部门要推动社区志愿服务相关的法律法规以及支持政策配套出台，明确社区志愿服务的功能定位、活动边界、制度保障等，创建一个有利于社区志愿服务蓬勃发展的立法环境和社会环境。

第二，就政策支持主体而言，政府需要明确并扩展支持提供志愿服务的市场、社会组织、社区等部门。目前，相关志愿服务的政策支持主体并不明确，这导致政府在调整志愿服务相关的政策方向上并不能够有效推动志愿服务的发展和解决实际难题。要推动民政部门、财政部门、发改部门、市场监督管理部门、税务部门等多元部门参与到志愿服务发展的政策制定中去，为社会组织、社区提供政策咨询服务和鼓励性政策支持，从而推动市场、社会组织、社区等参与社区志愿服务的可持续性发展。

第三，就政策支持方式而言，政府及相关部门可以通过法律手段、行政手段、经济手段以及宣传手段，以进一步丰富社区志愿服务的政策支持方式。首先，政府及相关部门需要通过法律手段来明确多元支持主体在支持社区志愿服务中的责任和义务。其次，在行政手段方面，可以通过构建社区志愿服务的管理制度体系推动社区志愿服务发展，如建立和完善基层党委对志愿服务工作的领导制度机制，在保证党委领导的前提下，转变政府职能，主动将社会公共治理领域的部分权力下放给相关社会组织，从而强化社区的自我治理能力。[1] 再次，在经济手段方面，一方面可以通过制定补贴制度来对提供志愿服务的组织、个人志愿者以及社区等提供直接的经济支持；另一方面可以通过制定税收优惠政策鼓励、引导社区辖区内的企业提供社区志愿服务，从而实现志愿服务的多元化发展。最后，在宣传手段方面，建立以民政部所属媒体为主导、其他媒体为补充的宣传机制，宣传社区志愿者以及相关志愿服务事迹，营造全社会关心、支持和参与志愿服务的社会氛围，以推动政策的落实，加强社区志愿服务以及社区治理相关的政策宣传与解读，使社区志愿服务的实际需求与政策精准对接。

第四，就运转机制而言，目前我国社区志愿服务政策支持体系的运转机制主要依托城乡社区综合服务设施、乡镇（街道）社工站等志愿服务站点。拓展群众身边的志愿服务参与平台，动员社会力量参与。我国社区志愿服务要坚持和完善服务统筹机制、即时响应机制、政府购买服务机制、服务评价机制、村（居）民自我服务机制以及服务监测机制，形成以政府为主导，市场补充、社会力量广泛参与的运转机制。

二、丰富社区志愿服务资源，推动社区志愿服务常态化发展

社区志愿服务队伍建设是社区志愿服务发展的前提，丰富的资源支撑是社区志愿服务长效发展的基础。加强组织队伍建设、丰富资源结构以及实现对资源的有效管理，有利于推动社区志愿组织协助社区及相关行动主体实现对社区的有效

---

〔1〕 张敏、胡建东：《提升社区志愿服务质量路径探究》，载《人民论坛》2020 年第 26 期，第 70—71 页。

治理，进而实现社区志愿服务的可持续发展。

（一）加强社区志愿服务队伍建设

良好的社区志愿服务队伍建设是社区志愿服务常态化建设的前提，要将社区志愿者队伍建设纳入社区人才发展规划，地方要结合实际制定社区志愿者队伍发展专项规划和管理办法，建设一支素质优良的社区志愿者队伍。社区要挖掘社区居民骨干，引导其参与社区志愿服务，与此同时社区加强与专业社工机构的联系，强化社会工作者加强对于志愿者的培训，推动社区志愿服务的人才队伍建设，为居民互助体系构建和社区志愿服务的专业化发展奠定基础。

首先，要加强社区志愿服务带头人队伍建设，运行“社工＋志愿者”工作模式，专业社会工作者指导志愿者开展服务过程中注重挖掘并培养社区骨干，推动符合条件的志愿者通过依法选举担任社区志愿组织的负责人，逐步实现社会工作者与志愿者协同服务模式常态化。其次，根据服务需要设岗招聘专职人员，实施分类管理，加强培训演练，完善调用机制，努力发展一支能力强、素质高、作用好，能满足多方面、多领域、多时段志愿服务需求的宏大社区志愿服务队伍。此外，要在社区辖区内积极推动养老机构、儿童福利机构、未成年人救助保护机构等组建相对稳定的社区志愿服务队伍，组织开展专项志愿服务活动，这既保证志愿服务的常态化开展，又保证服务的质量。最后，社区及组织要建立并完善信息化、数字化管理储备机制；通过建立社区网络志愿服务平台引导社区志愿者进行注册实现志愿者信息资源的整合化，将封闭和分散的若干个服务区联系在一起，实现服务优质、专业对口的志愿服务组织对接国家队志愿组织，提高专业化、品牌化与特色化服务。[1]

（二）推动多方合作丰富社区志愿服务资源结构

资源支持是组织开展志愿服务的关键，而目前我国社区志愿服务组织大多依靠政府购买服务方式、企业支持等方式获取资源，其资源提供主体较为单一，这造成单一的支持主体与社区志愿服务组织的不对等关系，社区志愿服务组织的自主性被削弱，[2] 其开展服务会受到支持主体的限制，进而导致志愿服务出现形式化问题。因此社区志愿服务组织要积极探索多方支持运行机制以丰富其资源结构，增强组织在提供服务以及组织培育过程中的话语权。

---

〔1〕 潘彩霞、贾真、刘明琳：《治理与赋能：社区志愿服务专业化发展的路径研究》，载《郑州航空工业管理学院学报》（社会科学版）2023 年第 1 期，第 105—112 页。

〔2〕 姜珮瑶、张祖平：《资源依赖视域下民间志愿组织自主性探究》，载《中国志愿服务研究》2020 年第 1 期，第 108—126 + 203 页。

社区服务组织需要构建组织多方支持网络积累社会资本以及建立常态化沟通机制。首先，社区志愿服务组织要自主寻求来自社会各界的支持力量，扩大支持基础，丰富资源结构，通过志愿服务项目申请、挖掘社区志愿组织成员的关系网络等方式从政府、基金会等社会组织以及企业等获取资源支持，构建组织多方支持网络；其次，社区志愿组织要建立常态化沟通机制，积极地与支持网络的多方主体保持长期的沟通与联系，如定期向支持主体汇报志愿服务项目进程、资源使用明细，从而加强支持主体对组织的信任以便开展更多的合作，进一步降低社区志愿服务组织对于单个支持主体的依赖性，增强组织话语权，从而增强组织自主性。

只有社区接触足够多的资源，才能够保障社区志愿服务的可持续发展和常态化建设。在财力资源保障上，社区可以依靠党和政府的相关政策，争取更多公共财政资源，加大政府购买服务的力度。同时，社区动员引导辖区内企事业单位以及社会组织为开展社区志愿服务提供一定的资金支持，构建多元主体支持网络，增强社区的造血能力。在物力资源保障上，社区要加强对于社区基础设施的建设，为开展社区志愿服务以及进行社区治理提供基本的设施支持，包括办公场地以及活动场地等支持。

（三）建立志愿服务资源库，完善服务供需对接渠道

社区志愿力量聚集了来自社会各界的资源，资金来源广且杂，但实际上这些资源并不能够有效配置到真正需要的人群手中，由于缺少资源配置机制，以及缺乏资源与需求的对接平台。资源整合与配置以及对接平台的搭建，有助于实现社区志愿服务资源与需求的有效对接，从而实现资源利用最大化并增强社区凝聚力，实现社区共建功能共享。

建立志愿服务资源库，有效整合来自多元主体提供的资源，能够提高服务效率并节约成本，并能够精准有效地提供符合其需求的服务，实现服务供需的有效对接。首先，根据资源类型进行分类管理，通过信息化手段推动提供同类资源的主体之间的沟通桥梁的建立。一方面可以合理配置资源、避免资源浪费，另一方面也可以促进多元主体间的合作，弥补双方资源缺口，推动主体创新，从而不断丰富志愿服务资源。其次，建立志愿服务资源库与社区志愿服务组织对接机制，通过项目申请方式获取资源库的资源，采取“先到先得”以及就近原则，一方面促进社区志愿服务项目化发展，另一方面也完善了资源的配置机制，从而实现志愿资源供给和社区志愿服务组织资源需求的匹配。

（四）采用信息化技术搭建社区志愿服务信息平台

加强社区志愿服务信息化应用，是规范发展志愿服务组织、整合服务资源的

有效渠道，能够推动全国志愿服务数据平台的搭建，对于优化志愿服务管理方式、提升志愿服务质量具有重要意义。

社区要依托“互联网+政务服务”相关重点工程，加强社区志愿服务一体化信息服务站、社区志愿信息服务自助终端等公益性信息服务设施建设，从而搭建社区志愿服务平台。首先，通过社区公益性信息服务设施建设，充分发挥社区居委会与社区居民关系密切的优势，加快构建社区志愿服务综合信息平台建设，发挥汇聚信息和整合资源的作用，实现“菜单式”志愿服务模式的社区应用，[1]扫清志愿者与服务对象之间的空间、时间障碍，发挥资源效益最大化、最优化。其次，实施“互联网+志愿服务”计划，加快互联网与社区志愿服务体系的深度融合，运用社区论坛、微博、微信、移动客户端等新媒体，引导社区居民密切关注社区志愿服务信息，破除时间和空间限制，探索社区线上志愿服务新模式，并积极开发智慧社区志愿服务移动客户端，实现志愿服务项目、资源和信息的多平台交互，实现志愿服务供需有效对接。

三、健全社区志愿服务激励机制，推动志愿赋能

社区志愿服务本就是“自下而上”发起的，最初是由社区居民自发组织、自发行动，因此志愿者的参与动机是社区志愿服务发展的内在动力。这些动机可能是个人动机，如获得成就感、建立社交联系和发展技能，也可以是社会动机，如为社会作出贡献和改善社区环境，志愿者的参与动机逐渐多元化。因此社区志愿服务组织需要根据其动机的类型构建多元化的激励机制，志愿服务组织不仅要考虑到物质以及名誉的激励方式，也要重视志愿者自我实现的需要，推动志愿赋能，从而能够满足志愿者多元化需求，并进一步提高社区志愿服务的效果和影响力。

（一）加强多元化社区志愿服务激励机制建设

志愿服务激励机制是志愿者参与服务的基石，而提供服务过程中，志愿者的生命安全以及权利都应该得到保障，因此不断完善社区志愿服务激励机制对于激发志愿者持续参与服务的动机以及保护志愿者的权益具有重要的现实意义。

社区志愿服务组织及相关部门与组织要积极构建包括身份认证、服务反馈、志愿补贴以及生命保障在内的多元志愿服务激励机制。首先，在身份认证上，政府及相关部门要完善志愿者注册登记制度，联合人工智能以及互联网企业利用信息化手段建立志愿者身份认证系统，记录志愿者的服务时长以及参与的服务项目

[1] 《关于加强和完善城乡社区治理的意见》，载中国政府网，http://www.gov.cn/xinwen/2017-06/12/content_5201910.htm。

等情况，在志愿者的服务时长达到一定的要求时向其颁发电子证书以便志愿者工作评比。其次，在服务反馈上，社区志愿服务组织要积极探索志愿服务循环模式，利用信息化手段建立服务兑换机制，如建立志愿服务“时间银行”推动社区志愿服务循环体系的形成。再次，在志愿补贴上，政府及相关部门要制定并完善志愿者补贴制度，为社区志愿者争取路补、饭补，并根据服务时长给予志愿者一定的资金奖励。最后，在生命保障上，为积累一定服务时长或者能够定期参与服务的志愿者购买意外伤害险。

（二）推动社区志愿赋能

志愿者参与社区志愿服务活动，有助于通过道德的引导推动良好社会风气的形成，同时通过志愿服务使志愿者获得自我成长、实现自我价值。因此，推动志愿赋能可以成为激发并长期维持志愿者参与志愿服务动机的有效途径。

社区志愿服务组织要围绕“社工＋志愿”的工作模式推动志愿赋能。首先，通过建立志愿督导机制，由社区志愿组织内资深志愿者或者邀请专业社会工作者对于新进组织的志愿者进行定期的指导、监督，为新进组织的志愿者提供相关知识、技能支持促进志愿者在开展服务过程中实现自身增能，促进志愿者反思、借鉴其他志愿者优秀经验，实现自我成长。其次，建立民主决策机制，推动志愿者参与到组织决策、规划中去，增强志愿者决策能力，提高组织科学决策水平进而更好地服务社区，增强志愿者的参与服务意识与能力。最后，以专业社工为连接建立志愿者互助小组，定期开展组内交流与技能提升为主题的小组活动，有利于建立社区志愿者之间的良好关系，增强志愿服务组织的凝聚力从而提升服务效能，也有利于增强志愿者对社区的认同感以及自我效能，增强志愿者参与社区志愿服务活动的自信心。

四、完善社区志愿者培养机制及服务评估机制

社区志愿服务专业化水平主要体现在两个方面：一是人的专业化水平，也就是志愿者的专业化水平；二是所提供服务的专业化水平。因此，要想提升社区志愿服务的专业化水平必须从这两方面入手。在人的专业化水平的提升方面，要完善志愿者的招募以及培训机制，形成“社工＋志愿者”的共同工作模式，加强社区志愿服务的人才队伍建设，引入专业社工增强专业支撑；在服务的专业化水平的提升方面，研究主要从志愿服务评估体系以及社区志愿服务品牌化建设两方面入手，建立评估机制有利于推动社区志愿服务的规范化发展，建立“党建＋志愿”的融合机制引领社区志愿服务品牌化发展有利于进一步提升社区志愿服务的专业化水平。

（一）完善志愿者招募与培训机制

志愿者的服务能力与水平与社区志愿服务专业化水平直接挂钩，而社区志愿者的能力素质参差不齐，所提供的服务单一，且提供的服务大多为消耗时间、体力的单一服务，无法满足社区多元化的需求。此外，许多社区志愿者未经培训上岗，导致志愿服务成效大打折扣。因此要想提升社区志愿服务专业化水平，就必须完善志愿者招募与培训机制。

第一，关于志愿者招募机制，社区志愿组织要联动社区深入辖区内企事业单位、学校、社会团体等机构采取经常性招募的方式开展招募，为开展社区志愿服务筹备多样化人才；对于招募的志愿者，按照其所能提供的服务进行分类，建立人才储备库，根据项目要求灵活配置志愿者；社区志愿组织要扩展多元化招聘渠道，根据社区志愿服务项目需求，拓宽人才引进渠道，加大人才引进力度，在招聘渠道上，除了传统的官网招聘以及线下招聘，拓展以抖音、快手等新媒体平台为代表的新兴招聘渠道；此外建立社区志愿者流动机制，探索机关、事业单位专业技术人员参与社区志愿服务的途径，形成流动机制。

第二，关于志愿者培训机制，社区志愿服务组织加强与高校的联系，邀请高校专家定期开展志愿者培训，大力推广“社工＋志愿者”的工作模式，组织社区志愿者在社会工作者的带领下开展服务，并根据服务内容进行前期培训和阶段性培训，形成“社工引领志愿者、志愿者协助社工”的良好运行模式。[1]

（二）完善社区志愿服务评估机制

建立社区志愿服务评估机制，能够完善社区志愿服务项目、提升社区志愿服务组织的公信力以及推动志愿服务的规范化发展，完善的社区志愿服务评估机制对于提升社区志愿服务专业化水平具有重要作用。

完善社区志愿服务评估机制，要考虑多元主体，包括服务对象、志愿服务组织自身、支持主体以及第三方专业评估。首先，就服务对象而言，针对服务项目开展满意度评估，在服务项目开展前进行期望评估，在项目开展中期以及结束后，进行满意度调查以及意见反馈，在服务过程中进行动态调整，从而促进服务不断改进提升志愿服务专业化水平。其次，就志愿服务组织自身而言，一方面，要求参与服务的组织成员进行反思以及互评；另一方面，成立专项评估组对于志愿服务项目进行专项评估，并定期向支持主体提供服务进程以及资金使用情况。

---

〔1〕《关于完善社区志愿服务构建和谐社区的提案答复的函》，载民政部官网，https：//www.mca.gov.cn/article/gk/jytabljggk/zxwyta/201810/20181000011877.shtml。

再次，就支持主体而言，作为志愿服务资源的支持者，要持续关注服务开展进程以及资金使用情况，积极表达其想法与意见。最后，就第三方专业评估而言，社区志愿服务组织可以聘请或者通过社区居委会邀请专业的社会工作机构、基金会以及高校专家成立第三方专业评估组对服务进行评估。

（三）探索社区志愿服务项目化进而推动品牌化发展

社区志愿服务品牌化是指社区志愿组织为谋求社会效益最大化的目标，以服务社会为价值理念，向社区提供高品质的服务质量、良好的知名度和口碑、具有差异化和灵活性的特色服务，与相关利益群体进行有效的信息交流与沟通的过程。社区志愿服务的品牌化发展是基层社会服务体系优化的结果，也是提升社区志愿服务专业化的有效途径，因此社区志愿服务的品牌化发展具有重要意义。

一是推动社区志愿服务的项目化建设。首先，要进行科学的设计，要立足于社区实际，以居民需求为导向，结合社区特色，开发具有普惠性与特惠性、多样化与差异化的志愿服务项目，构建一队一项目、一站一特色、一区一品牌的项目开发体系。其次，通过加大政府购买服务以及开展社区志愿服务项目大赛的方式，引导社区志愿服务组织打造具有自身特色的服务品牌项目，促进社区志愿服务的活跃性的提升。再次，建立社区志愿服务项目多元评价机制，推动组织自身、服务对象、支持主体、专业第三方参与评价项目激发社区志愿服务项目常态化实施。最后，社区志愿服务组织积极与社会公益组织、机关及企业等合作，打破行业壁垒，搭建多元合作机制，促进社区志愿服务项目化运作方式的不断改进，从而深化社区志愿服务的品牌化建设。

二是以项目化推动品牌化发展。项目是品牌的依托。社区志愿服务组织在开展服务项目时，可以依靠党建工作引领社区志愿服务品牌化的独特性与代表性发展，带动群众广泛参与社区志愿服务的品牌化建设。“党建＋志愿”融合为社区志愿服务的品牌化建设打下了良好的组织基础和群众基础，而要想真正完成社区志愿服务的品牌化建设，要以志愿服务项目化发展为支撑。“党建＋志愿”融合是社区志愿服务品牌化建设的组织支撑，社区志愿服务项目化发展是社区志愿服务品牌化发展的业务载体，要想推动社区志愿服务的品牌化发展，既要探索“党建＋志愿”融合机制在志愿服务品牌化建设中的应用，也要以志愿服务项目化为契机探索深化品牌化建设的路径。

五、推动落实“五社联动”，扩大志愿服务的支持基础

社区治理涉及多元主体，社区志愿服务作为社区治理的重要组成部分，要想实现长足的发展，就需要联动多元主体的力量共同推动社区志愿服务，增强社区

志愿服务的支持力量。“五社联动”是社区治理的创新成果，能够有效协调社区各种社会力量实现社区的有效治理，对于实现社区志愿服务的创新具有重要的推动作用。“五社联动”是指以社区为平台、社会工作者为支撑、社区社会组织为载体、社区志愿者为辅助、社区公益慈善资源为补充的社区治理机制，其中社区志愿服务是“五社联动”机制中的重要力量。[1] 社区志愿服务组织要积极响应“五社联动”机制，推动其落实，共同参与社区治理，共推共建共治共享的社区治理模式建立的同时，利用“五社联动”机制积极联动其他治理主体，扩展社区志愿服务组织的社会支持网络并建立多元协调机制，利用信息化手段推动志愿互助网络的构建，进一步扩大社区志愿服务的支持基础。

（一）创建“社工+志愿”志愿核心网络，搭建“五社联动”平台

社区志愿组织要积极加强与专业社会工作者的合作，积极听取专业社会工作者的建议，以督导的方式创建“社工+志愿”的志愿核心网络，共同推进“五社联动”平台的搭建。社区志愿服务组织联合专业社会工作者调动组织广泛群众基础，发挥资源链接和关系协调的功能，链接社区各主体信息和资源，做好社区公益慈善组织、社区基层组织、辖区内企事业单位、社区居民与社区志愿服务组织之间的沟通桥梁，利用信息化技术建立各主体信息互通平台，帮助其寻找合作契机，促进各主体相互连接形成社区命运共同体，推动多元主体发挥各自的功能，实现服务的最大效益。

（二）以“五社联动”为基础，夯实社区志愿服务的资源渠道

社区志愿服务组织要充分发挥“五社联动”机制的作用，扩展社区志愿服务组织的资源支持基础。首先，要主动寻找志愿服务与“五社联动”机制中的主体的共同目标，如与社区志愿组织的服务领域相关的社区基金会以及社会企业，开发与社区基层组织关注的社会问题一致的社区志愿服务项目，以此来建立与各个主体的长期联系，从而获得来自各主体稳定的资源支持。其次，现有的社区志愿服务活动的开展大多依赖外部主体“输血”，要实现长足的发展，社区志愿服务组织必然要走上“自造血”道路，社区志愿服务组织要借助“五社联动”机制寻求与社会企业合作的机会，建立社区志愿服务经费筹措的“社会企业模式”，为社区提供低偿服务，获取一定的收益以提高服务的同时维持自身的运作，激活自身造血能力。

---

〔1〕姚韦伟：《“五社联动”机制下社区志愿服务创新发展的思考》，载《中国民政》2022 年第 22 期，第 34—35 页。

第十章　城乡社区服务比较研究

社区服务是满足人民群众日益增长的物质文化需要的重要载体，推进城乡社区公共服务均等化被认为是破除城乡二元结构的重点和难点。城乡社区服务无论在内容形式上还是体制机制上均有不同，但从高质量发展的新阶段来看，城乡社区服务应在保障基本公共服务均等化的基础上，凸显服务主体的多元化、服务供需的匹配度和服务生产的可持续性。本章围绕基本公共服务均等化及其要求展开，对城乡社区公共服务现状进行对比分析，试图呈现城乡社区公共服务的共性和差异性，并对城乡社区服务的高质量发展提出对策建议。

第一节　城乡社区服务均等化改革的背景

城乡差距是阻碍中国式现代化发展的因素之一，受城乡二元结构的影响，城乡之间呈现一种“割裂”状态，社区服务“悬浮化”问题凸显。近年来，公共服务供给制度的不断优化，本质上旨在持续缩小城乡差距，推动实现共同富裕。“十二五”和“十三五”时期，我国公共服务均等化建设成效明显，基本公共服务内容不断丰富，服务主体更加多元化，群众满意度逐步提升，但也仍然存在城乡服务配置不均衡、服务能力有差距、服务不可持续等问题。因此，加快实现基本公共服务均等化，需要在现阶段城乡社区服务的基础上，加大公共资源投入农村等地区，对服务提供的“质”和“量”进行科学研判，实现城乡协调发展。

一、基本公共服务均等化及其要求

（一）基本公共服务均等化的内涵

基本公共服务概念的提出要追溯到19世纪后半叶，德国社会政策学派代表瓦格纳提出基本公共服务是政府财政支出的重要组成部分。西方公共经济学者理查德·阿贝尔·马斯格雷夫（Richard Abel Musgrave）等学者从公共物品视角对基本公共服务进行了解释，认为基本公共服务就是“由人民建立起来的，为公民提供服务、维护集体利益，并承担相应义务的相应活动”，公共产品的特点决定了它应该由政府来提供。随着新公共管理运动的兴起和发展，公共服务的内涵也发生了重大变化，从起初的由政府主导转而走向服务多元化供给，如文森特·奥斯特罗姆（Vincent A. Ostrom）等新公共管理者认为，不应将公共品的供应和生产视作一个密不可分的整体，应当得到区分，提出将市场机制引入公共服务领域。

其实关于公共服务均等化的价值取向早在古希腊时期就已显现，如亚里士多德（Aristotle）在其《政治学》的著作中确立了均衡正义的原则，认为对不同出身、财产和地位、能力人要平等对待。[1] 此后西方的经济学家和社会学家开始从不同方面对公共服务进行研究，研究范围甚广。国内不少学者对基本公共服务均等化也做了一定的研究，如蒋珊等人认为，基本公共服务均等化是尽可能让全体社会成员享受大致相当的基本公共服务；[2] 姜晓萍等人强调基本公共服务均等化不等于简单的平均化，而是指全体公民都能公平地获得大致均等的基本公共服务，关键在于保障群众享有基本公共服务的机会；[3] 缪小林等人认为我国基本公共服务均等化已经开始从"缩小地区间财力差距"迈向"提升人民群众获得感"的治理新时代。[4] 可以说，公共服务均等化在公共服务领域的内涵和实现形式在不断丰富。

现实层面来看，随着城市化发展到一定阶段，必然产生基本公共服务均等化问题。具体来说，在城市化进程中，城市的快速扩张加剧了新老城区间在基本公共服务质量、数量等层面的差异，城市和农村不均衡发展态势日趋明显，这就要求基本公共服务必须具备充分的普惠性，由此解决地区间、城乡间基本公共服务不均衡所引发的各种问题。

总体来看，现阶段中国的基本公共服务均等化，一般指政府要为社会成员提供基本的、与经济社会发展水平相适应的、能够体现公平正义原则的大致均等的公共产品服务，是人们生存和发展最基本的条件的均等。基本公共服务主要包括：基本民生性服务，如就业服务、社会救助、养老保障等；公共事业性服务，如公共教育、公共卫生、公共文化、科学技术、人口控制等；公益基础性服务，如公共设施、生态维护、环境保护等；公共安全性服务，如社会治安、生产安全、消费安全、国防安全等。

国家层面对基本公共服务均等化有系列阐述。2005 年 10 月首次提出"公共

---

〔1〕［古希腊］亚里士多德：《政治学》，姚仁权译，北京出版社 2012 年版。

〔2〕蒋珊、蒋苏：《建立多元化服务机制　推进城乡基本公共服务均等化》，载《宏观经济管理》2010 年第 6 期，第 49—50 页。

〔3〕姜晓萍、康健：《实现程度：基本公共服务均等化评价的新视角与指标构建》，载《中国行政管理》2020 年第 10 期，第 73—79 页。

〔4〕缪小林、张蓉、于洋航：《基本公共服务均等化治理：从"缩小地区间财力差距"到"提升人民群众获得感"》，载《中国行政管理》2020 年第 2 期，第 67—71 页。

服务均等化原则"，党的十六届五中全会通过《中共中央关于制定国民经济和社会发展第十一个五年规划的建议》，在"促进区域协调发展"中指出要按照公共服务均等化原则，加大国家对欠发达地区的支持力度。随后2006年公布的《中华人民共和国国民经济和社会发展第十一个五年规划纲要》指出，根据全面建成小康社会的总体要求，强调"十一五"时期要努力实现的主要目标之一是基本公共服务明显加强，在"促进区域协调发展""实行分类管理的区域政策""完善财政体制""调整和完善经济政策"等部分均对公共服务均等化在各领域的实现方式做了一定的说明。自2006年在"十一五规划"中完整阐释公共服务均等化之后，历年以来的中国共产党全国代表大会报告中均对其作了重要指示。

从党的十七大到党的二十大，基本公共服务均等化在国家战略层面地位明显提高。2007年，党的十七大报告强调"缩小区域发展差距，必须注重实现基本公共服务均等化，引导生产要素跨区域合理流动"；在城乡层面提出要统筹城乡发展，基本形成城乡协调互动发展机制，围绕推进基本公共服务均等化，完善公共财政体系，公共服务均等化开始进入重要的工作事项。2012年，党的十八大报告将"基本公共服务均等化总体实现"定为"全面建成小康社会宏伟目标"之一。2017年，党的十九大报告强调加快推进基本公共服务均等化。2018年，中共中央办公厅、国务院办公厅印发了《关于建立健全基本公共服务标准体系的指导意见》，从加强统筹协调、落实相关保障、强化责任担当3个方面提出了具体措施，并明确了重点任务的分工方案。

公共服务均等化是指全体公民都能公平可及地获得大致均等（含优质共享）的公共服务。城乡层面则要求这种均等化的公共服务对居民有吸引力，居民在满意度、安全感、幸福感等方面的体验趋向于无差异，或者差异不大，或者可接受的差异，即他人不会感受到明显的、难以接受的不平等感和不公平感。[1] 2022年1月发布的《"十四五"公共服务规划》明确提出了"幼有所育、学有所教、劳有所得、病有所医、老有所养"的公共服务供给要求，为加快城乡社区公共服务高水平发展指明了方向。到2025年，我国的公共服务制度体系更加完善，政府保障基本、社会多元参与、全民共建共享的公共服务供给格局基本形成，基本公共服务均等化水平明显提高。基本公共服务实现目标人群全覆盖、服务全达标、投入有保障，地区、城乡、人群间的基本公共服务供给差距明显缩小。2022年，党的二十大报告将基本公共服务均等化水平明显提升列为未来五年的主要目标任务。

---

〔1〕 孙国民、陈东：《高质量推进共同富裕：概念理解与发展逻辑——基于城乡公共服务均等化的视角》，载《学术论坛》2022年第1期，第112—123页。

从省级层面来看，2021年，广东省发布《广东省公共服务“十四五”规划》率先提出推动“公共资源随人走”，不断健全按常住人口配置公共资源新机制，加快构建与人口发展相适应的公共服务体系，从幼有所育、学有所教等10个方面提出了47项公共服务指标，加快公共服务体系建设。2022年，浙江省成为国内第一个系统化、集成化的“钱随人走”资金机制改革的省份，旨在通过打造以人为核心的转移支付体系，以“钱随人走”的方式，提升财政资金配置的精准性、财力保障的均衡性等，从而逐步引导率先实现基本公共服务均等化。

县域层面围绕公共服务均等化也做出一些探索。2017年，浙江省嘉兴市海盐县探索了基本公共服务清单，清单内容包括公共教育、就业创业、社会保险等在内的8个方面以及117个服务项目，同时明确了每个项目的具体服务对象、服务指导标准、支出责任、牵头负责单位等内容。2019年12月，海盐县推进城乡发展一体化的优秀实践入选成为全国农村公共服务典型案例。作为浙江省首份县域基本公共服务清单，海盐县从群众实际需求出发，解决当下最直接、最关心的现实问题。以就业创业为例，为打破城乡就业创业的“壁垒”问题，海盐县实施一系列就业创业新政措施，例如，为劳动者提供城乡身份无差异的就业创业服务和培训服务、实行城乡一体失业保险制度，促进城乡居民就近就地享受公共就业创业服务。数据显示，海盐县城镇登记失业率由改革前的2.92%下降到2.58%，城乡总体就业率达95%以上，基本实现充分就业。[1]

（二）基本公共服务均等化对城乡社区服务的要求

城乡基本公共服务均等化在推进过程中仍旧存在一定差距，比如城乡间资源配置不均衡、软硬件不协调、基础设施不足、利用率偏低、人才短缺严重、服务水平差异较大等，农民无法与市民同步共享改革发展成果。[2] 在乡村振兴、城乡融合等新背景下，我国城乡社区建设不断完善，基本公共服务均等化对城乡社区服务提出新的要求，包括社区服务设施配置公平化、社区服务内容供给效能化、社区服务质量评价科学化。

1. 社区服务设施配置公平化是基本公共服务均等化的基础

社区公共服务设施是社区居民可以最直接享受到的“家门口的”公共服务资源，完善的社区服务设施是夯实社区治理的硬件基础。城乡社区的各类公共服务设施在规划与配建时，都需要以科学的方式规划服务半径，从而满足不同群体的

---

〔1〕《浙江海盐：以基本公共服务均等化推进城乡一体化发展》，载农业农村部农村官网，http://www.shsys.moa.gov.cn/ncggfw/202003/t20200313_6338930.htm。

〔2〕樊继达：《以新发展理念引领城乡基本公共服务均等化》，载《中国党政干部论坛》2019年第5期，第34—37页。

基本生活需要。加快建设一刻钟便民服务圈，更好地创新性满足居民与时俱进、多样化的服务需求，真正实现基本公共服务的均等化。另外，应该有针对性地对农村社区的服务设施展开优化配置，重点考虑农村的服务对象、生产方式等特点，补齐农村社区服务设施短板，确保各个社区的服务设施相对均衡，以满足居民的日常需求。

2. 社区服务内容供给效能化是实现基本公共服务均等化的关键

社区服务应当充分考虑居民需求，优化服务内容供给，提高服务效率，为居民提供更优质的服务体验。社区服务内容供给效能化是指为实现预先设定的社区公共服务目标，通过专业化的方式，在提供社区公共服务时功能所能发挥的程度，也就是社区所提供的公共服务的内容所能达成预期目标或结果的程度。例如，日益明显的公共服务供给社会化是对服务供给效能化的探索，通过公开招投标等形式将服务交给社会力量去完成，既符合服务主体需求多元化的特点，又可以提高财政资金使用效率。另外，也可以通过科学的指标评估、服务供给的数字赋能等方式为社会公众提供高质量、高效率的服务。

3. 社区服务质量评价科学化是实现基本公共服务均等化的重要保障

以往的公共服务评价更为强调服务产出的数量、质量和资金使用价值，常常忽视被服务主体的满意度。对此，国内学者普遍强调政府公共服务绩效的多维性。例如，姜晓萍和郭金云提出公共服务绩效评价的五维价值基础，包括科学发展、公平正义、公共责任、公民参与和公民满意。[1] 公共服务质量评价应当从服务内容、服务效率、服务态度等多个方面进行综合评价，科学、客观、公正地评估社区服务质量，及时发现问题并加以改进，以提升社区服务的整体质量。整体来看，社区服务质量评价需要从评价指标的多维化、评价手段的多样化才能更为有效地引导服务供给的均衡性。

二、城乡社区基本公共服务均等化发展的历程

（一）城乡社区基本公共服务均等化的提出

2008 年 10 月出台的《中共中央关于推进农村改革发展若干重大问题的决定》明确提出，统筹城乡经济社会发展，把国家基础设施建设和社会事业发展重点放在农村，推进城乡基本公共服务均等化，实现城乡、区域协调发展。总体来看，从“十二五”到“十四五”，基本公共服务均等化的进程不断加快，并逐步成为城乡协调发展的重要内容。

---

〔1〕 姜晓萍、郭金云：《基于价值取向的公共服务绩效评价体系研究》，载《行政论坛》2013 年第 6 期，第 8—13 页。

“十二五”时期是社区服务体系建设和完善的关键时期。“十二五”期间，我国明确提出要按照统筹推进城乡社区建设的总体要求，兼顾城乡特点，力争到2015年城乡社区可以初步构建起比较完善的服务设施、服务内容、服务队伍、服务网络和运行机制。同时也重点强调，在服务设施层面力争“十二五”期末城乡社区的覆盖率达到50%，基本建成以社区综合服务设施为主体、各类专项服务设施相配套的综合性、多功能的社区服务设施网络。此外，《中华人民共和国国民经济和社会发展第十二个五年规划纲要》也曾多次提到“基本公共服务均等化”的概念，强调基本公共服务制度应当作为公共产品向全民提供，保障人人享受基本公共服务，这是推动公共服务发展的创新性举措，对于逐步缩小城乡区域间的差距起到了重大指导性作用。

“十三五”时期是我国城乡社区服务提质增效的关键时期。“十三五”期间城乡社区服务体系建设成效明显。一是继续在“十二五”规划的基础上深入推进城乡社区综合服务设施建设，提出要努力实现2020年城市社区全覆盖，农村社区覆盖率达到50%，要按照每百户30平方米标准配建城乡社区综合服务设施。实际上，到“十三五”末期，城市社区综合服务设施实现全覆盖，农村社区综合服务设施覆盖率达到65.7%。二是“十三五”规划纲要更为强调社区服务信息化建设，明确提出到2020年，城市社区公共服务综合信息平台覆盖率达到60%，农村社区则达到30%，强调以“互联网+社区政务服务”“互联网+社区商业服务”等方式推进社区服务信息化建设。三是城乡社区服务体系建设成效明显，“十三五”末期，全国社区工作者达到433.8万人，社会工作专业人才157.3万人。[1]四是在社会组织建设上，到2020年，城市社区平均拥有不少于10个社区社会组织，农村社区平均拥有不少于5个社区社会组织，社区社会组织作为政府和居民连接的桥梁，可以提升城乡社区居民自我服务的能力、丰富社区服务的内容。五是服务内容进一步扩大，社区提供基本公共服务办理、代办等服务，让便民利民服务等走进社区。“十三五”期间，城乡社区公共服务的均等化、智能化、多元化日益明显，以基本公共服务一体化纵深推进实现缩小城乡差距的作用更为显著。

“十四五”时期，中共中央、国务院把加强城乡社区服务摆在更加突出的位置。《“十四五”城乡社区服务体系建设规划》提出到2025年公共服务制度体系更加完善，政府保障基本、社会多元参与、全民共建共享的公共服务供给格局基本形成，民生福祉达到新水平的主要目标。到2025年末，党建引领社区服务体系更加完善，服务主体和服务业态更加丰富，线上线下服务机制更加融合，精准

〔1〕《民政部：“十三五”期末全国社区工作者达到433.8万人》，载北京专报，https://www.360kuai.com/pc/91af294d3d4844e7b?cota=3&kuai_so=1&sign=360_57c3bbd1&refer_scene=so1。

化、精细化、智能化水平持续提升，社区吸纳就业能力不断增强，基本公共服务均等化水平明显提升，人民群众操心事、烦心事、揪心事更好解决，获得感、幸福感、安全感不断增强。此外，明确了农村社区综合服务设施覆盖率达到80%、每百户居民拥有社区综合服务设施面积达到30平方米以上等目标。[1]

（二）城乡社区基本公共服务均等化改革的推进

推进城乡社区服务均等化是一项长期艰巨的任务。随着《社区服务体系建设规划（2011－2015年）》《城乡社区服务体系建设规划（2016－2020年）》等一系列规划的贯彻实施，我国城乡社区基本公共服务均取得了较大发展，公共服务均等化正在稳步推进。城乡社区基本公共服务均等化与打造共建共治共享社会治理格局日益衔接，呈现出“以服务促治理”的发展新阶段。

1. 城乡社区基本公共服务均等化的目标

城乡社区基本公共服务均等化的价值追求是让城乡居民都可以享受同等的、公平的高质量公共服务，这是一个长期的过程，是落实以人民为中心的发展思想的重要体现。共同富裕的实现是促进城乡基本公共服务均等化的最终目标，公平平等地享受基本公共服务是实现共同富裕的重要前提。

基本公共服务均等化目标的实现需要全社会共同努力，包括政府、企业、社会组织以及群众的参与和支持。政府需要加大对公共服务领域的投入，提供必要的政策支持和资源保障；企业可以通过资金、技术、人才投入等方式，积极参与到公共服务的提供中；社会组织可以发挥自身的专业优势，提供有针对性的多元化服务和支持；城乡社区居民可以通过合理利用公共服务资源、积极参与志愿服务队、互助养老、社会公益活动等方式，推动公共服务均等化的实现。

乡村振兴战略的核心是实现城乡协调发展，基本公共服务均等化是实现城乡协调发展的重要基础，促进城乡基本公共服务均等化是乡村振兴的内在要求。城乡基本公共服务存在的巨大差距将会导致农村居民享受不到与城市居民同等的教育、医疗、养老、住房等基本服务，对于城市资源的注入也难以形成吸引力，进而限制农村地区的发展潜力。可以说，城乡社区基本公共服务均等化目标的实现要求坚持城乡一体化的发展路径，把工业与农业、城市与乡村、城镇居民与农村村民作为一个整体，统筹谋划、综合研究，让农民享受到与城镇居民同样的文明和实惠，推动城乡社会全面、协调、可持续发展。此外，研究农村社区建设对于优化农村社会治理体系、推动新型城镇化进程、推进基层民主建设等方面具有重

---

[1] 《国务院办公厅关于印发“十四五”城乡社区服务体系建设规划的通知》，http://www.gov.cn/gongbao/content/2022/content_5674302.htm。

要的现实意义。

2. 城乡社区基本公共服务均等化的举措

我国城乡社区基本公共服务均等化的实现成效主要体现在制度体系更加健全、服务供给保障能力提升、群众生活得到持续改善等方面。

一是充分发挥党领导城乡社区治理的制度优势。党的十八大以来，社区治理成为决策层高度关心的议题，社区治理与基层政权紧紧连接在一起。党组织是加强社区治理的政治保障，通过加强和改善党组织的工作，深化“党建引领社区治理”的理念，可以有效地提高社区服务的均等化水平。《国务院办公厅关于印发〈“十四五”城乡社区服务体系建设规划〉的通知》明确指出：“压实乡镇（街道）党（工）委责任，建立健全街道党工委牵头、驻区单位党组织负责人参加的社区党建工作联席会议制度，加强党对城乡社区服务体系建设的全面领导。”近些年，社区基层党组织建设层面的探索创新层出不穷，社区党组织在社区治理中发挥思想引领、资源整合、力量聚合等重要作用，不仅是群众身边的“主心骨”，也是党在社区各项工作的领导核心。

二是健全基本公共服务城乡一体化供给机制。城乡社区基本公共服务均等化要求引入多元主体参与服务供给，政府重点是保基本、促均等。回应人民群众美好生活的需求，扎实履行基本公共服务供给职责，需要各级政府切实加大投入力度，不断完善服务标准体系，优化提升资源配置效率，逐步实现全体公民都能够公平可及地获得大致均等的基本公共服务。中共中央、国务院颁布的《关于加强基层治理体系和治理能力现代化建设的意见》提出要“完善社会力量参与基层治理激励政策，创新社区与社会组织、社会工作者、社区志愿者、社会慈善资源的联动机制，支持建立乡镇（街道）购买社会工作服务机制和设立社区基金会等协作载体，吸纳社会力量参加基层应急救援。完善基层志愿服务制度，大力开展邻里互助服务和互动交流活动，更好满足群众需求”。

三是强化城乡社区服务的信息化支撑。信息化建设可以提高社区服务的效率和质量，更好地实现社区服务均等化。《“十四五”城乡社区服务体系建设规划》明确指出，要加快部署政务通用自助服务一体机，完善村（社区）政务自助便民服务网络布局。实施“互联网+基层治理”行动，完善乡镇（街道）、村（社区）地理信息等基础数据，根据服务群众需要，依法依规向村（社区）开放数据资源，发挥村（社区）信息为民服务实效。近年来，相关部门致力于简化办事流程和开放业务数据接口，成为街道信息化建设中的工作重点之一。各地还通过加大培训，提高管理和服务人员的信息化素质，建立信息化培训普及制度和专业人才引进制度，吸引专业技术人员和高层次管理人员投入社区事业，从而进一步增强社区管理服务队伍的整体实力，提升社区服务的供给水平。

第二节　城乡社区服务现状的比较分析

为了全面了解我国城乡社区服务的现状，我们基于中国统计信息服务中心在江苏、浙江、河南、湖北、四川、陕西6个省份对村居社区负责人所做的社区问卷调查数据（城市社区共回收有效问卷1309份，农村社区共回收有效问卷1676份）来看，城乡社区服务发展呈现出“在区域性不平衡、阶段性不充分的总态势下，城乡社区服务差距逐渐缩小”的特点。

一、城乡社区服务构成情况比较

从各地规划部门文件来看，城乡社区服务主要是指党委统一领导、政府依法履责、社会多方参与，以村（社区）为基本单元，以村（社区）居民、驻区单位为对象，以各类社区服务设施为依托，以满足村（社区）居民生活需求、提高生活品质为目标，以公共服务、便民利民服务、志愿服务为主要内容的服务网络和运行机制。

（一）城乡社区公共服务

1. 城乡社区民政服务

从民政服务层面来看，城市社区的特殊群体关照以及“一老一小”社区服务明显优于农村社区。以面向老年群体的公共服务为例，从日间照料服务、机构养老服务、互助养老服务、适老化设施建设、助餐服务、助浴助洁服务、助医服务、老年大学等多角度进行调查，城市社区关于养老服务项目的拥有率明显高于农村社区。尤其在老人日间照料、机构养老服务、适老化设施建设、老人助餐等社区服务项目上，城乡之间更加凸显出服务供给不均等的情况。

具体来看，城市社区老人日间照料服务拥有率为61.2%，农村社区为38.0%；城市社区机构养老服务拥有率为42.4%，农村社区为29.7%；城市社区适老化设施建设拥有率为68.1%，农村社区为44.7%；城市社区老人助餐服务拥有率为42.1%，农村社区为19.3%等。但在互助养老上，农村社区开展互助养老占比高于城市社区，达到了59.8%，城市社区仅有48.5%（如图10－1所示）。

此外，在残疾人社区康复服务、困境儿童关爱保护、“三留守”人员关爱服务、失业/就业困难人员帮扶、身患重大疾病人员救助等社区民政服务上，城市社区的提供率高于农村社区。

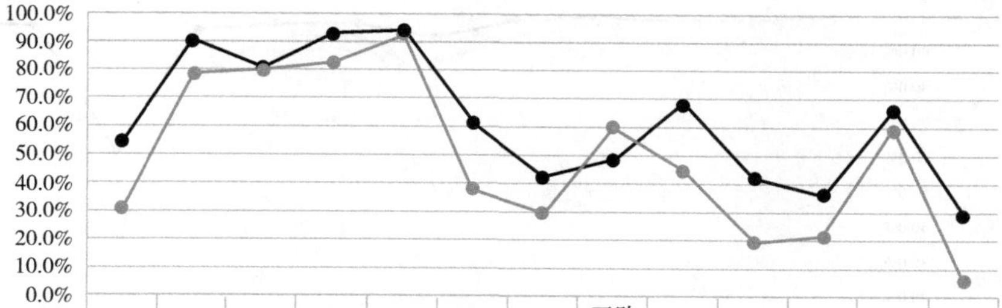

	残疾人社区康复服务	困境儿童关爱保护	“三留守”人员关爱服务	失业/就业困难人员帮扶	身患重大疾病人员救助	老人日间照料服务	机构养老	互助养老（非家庭关系老人之间互相照顾扶持养老）	社区适老化设施建设	老人助餐服务	老人助浴助洁服务	老人助医服务	老年大学
城市地区	54.4%	90.1%	80.6%	92.7%	93.9%	61.2%	42.4%	48.5%	68.1%	42.1%	36.3%	66.1%	29.0%
农村地区	31.0%	78.5%	79.4%	82.6%	91.9%	38.0%	29.7%	59.8%	44.7%	19.3%	21.1%	59.4%	5.9%

图 10－1　城乡社区民政服务情况比较

2. 城乡社区安民服务

就城乡社区安民服务配置来看，围绕邻里矛盾调解、家庭矛盾调解、治安维稳、社区安全教育与宣传、法律政策知识讲座/普法宣传、灾害救助/应急管理等方面，城乡之间的供给呈现出均等化的态势，但仍有许多方面安民服务活动呈现城乡不均等的情况，比如，城市社区矫正/刑满释放人员帮扶服务项目拥有率达到了 95.7%，而农村社区仅有 82.3%；城市社区犬类等宠物管理服务项目拥有率达到了 61.1%，而农村社区仅有 36.2%；围绕妇女权益维护服务项目和未成年人保护服务项目等社区重点服务项目，农村社区拥有率虽低于城市社区，但差距相对较小（如图 10－2 所示）。

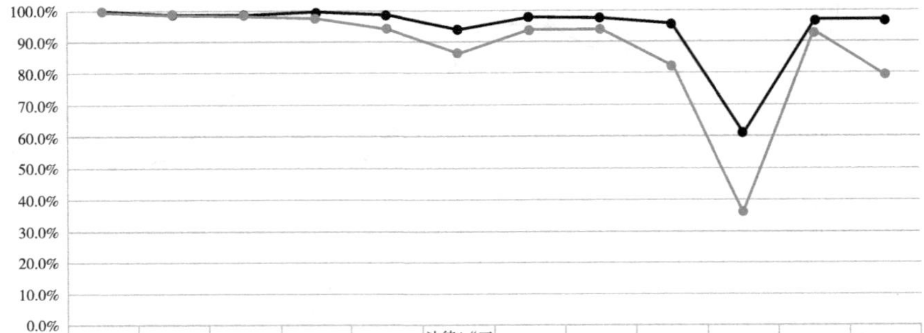

	邻里矛盾调解	家庭矛盾调解	治安维稳	社区安全教育与宣传	法律政策知识讲座/普法宣传	法律/“三官一律”进社区/社区法律援助	妇女权益维护	未成年人保护	社区矫正/刑满释放人员帮扶	犬类等宠物管理	灾害救助/应急管理	社区消防
城市地区	99.6%	98.7%	98.6%	99.3%	98.4%	94.0%	97.6%	97.6%	95.7%	61.1%	96.6%	96.3%
农村地区	99.3%	98.9%	98.6%	97.3%	94.1%	86.4%	93.6%	93.9%	82.3%	36.2%	92.7%	79.2%

图 10－2 城乡社区安民服务情况比较

3. 基层政府参与社区治理

基层政府是提供社区公共服务的主体。从参与情况来看，基层政府在改善办公服务设施、推进管理服务信息化建设、改善人居环境、增加社区工作经费等方面发挥着主体性的作用。总体而言，基层政府参与城市社区治理服务的参与度高于农村社区，但城乡之间差距较小（如图 10－3 所示）。

就开展居（村）委会物业管理来看，城市社区基层政府的参与度远高于农村社区。农村社区存在房屋建设和景观设计缺乏统一规划、道路和水利设施等设备老化、缺乏维修等问题，亟须解决的问题较多，物业管理开展难度大。物业管理的重要价值不仅体现在城市建设中，同样体现在经济稳步发展、人们生活观念不断更新的农村地区，并且对巩固乡村振兴建设成果有非同一般的意义。

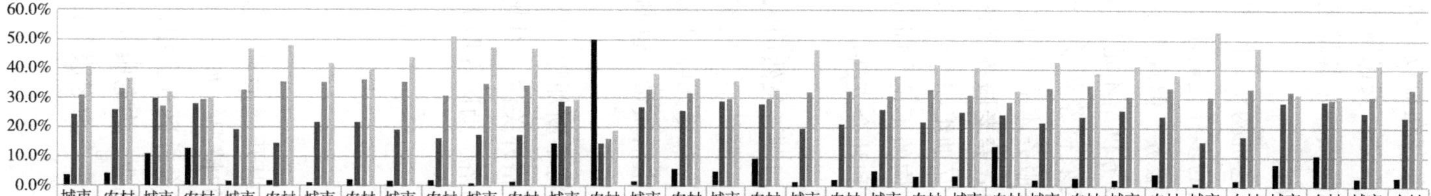

	改善本居（村）委会办公服务设施		改善本居（村）委会村干部报酬待遇		改善本居（村）委会村人居环境		开展本居（村）委会法治宣传教育和法律服务		开展本居（村）委会社会救助、扶贫工作		开展本居（村）委会维稳综治		开展本居（村）委会物业管理		开展本居（村）委会志愿服务和慈善公益事业		培育发展本居（村）委会社会组织和专业社会工作		推动本居（村）委会便民服务		推动本居（村）委会经济发展和就业		推动各类机关团体企事业单位与本居（村）委会共驻共建共享		推进本居（村）委会管理服务信息化建设		推进本居（村）委会民主协商		推进本居（村）委会网格化管理服务		增加本居（村）委会工作经费		指导监督本居（村）委会制定修改居（村）民公约、居（村）民自治章程	
	城市	农村	城市	农村	城市	农村	城市	农村	城市	农村	城市	农村	城市	农村	城市	农村	城市	农村	城市	农村	城市	农村	城市	农村	城市	农村	城市	农村	城市	农村	城市	农村	城市	农村
■ 没有参与	3.8%	4.2%	10.8%	13.0%	1.5%	1.6%	0.9%	2.1%	1.7%	1.9%	0.7%	1.3%	14.6%	50.2%	1.7%	5.8%	5.2%	9.6%	1.3%	2.4%	5.4%	3.4%	3.4%	13.9%	2.1%	3.0%	2.4%	4.1%	1.1%	2.2%	7.7%	10.4%	2.7%	3.3%
■ 有些参与	24.4%	25.8%	30.2%	27.7%	19.1%	14.7%	21.8%	21.5%	18.9%	16.2%	17.3%	17.3%	28.6%	14.4%	26.9%	25.7%	28.9%	28.0%	20.1%	21.4%	26.2%	22.0%	25.2%	24.6%	21.8%	23.8%	25.8%	24.1%	15.3%	17.1%	28.4%	29.2%	24.9%	23.7%
■ 参与较多	31.0%	33.1%	27.0%	29.5%	32.8%	35.7%	35.4%	36.3%	35.6%	30.7%	35.0%	34.4%	27.2%	16.3%	32.8%	31.6%	30.2%	29.7%	32.2%	32.6%	30.6%	32.9%	30.9%	28.9%	33.5%	34.4%	30.6%	33.8%	30.6%	33.3%	32.5%	29.8%	30.7%	33.4%
■ 参与很多	40.8%	36.9%	32.1%	29.8%	46.7%	48.0%	41.8%	40.0%	43.9%	51.1%	47.1%	47.0%	29.6%	19.0%	38.6%	36.8%	35.8%	32.7%	46.4%	43.6%	37.8%	41.7%	40.5%	32.6%	42.6%	38.7%	41.2%	38.1%	52.9%	47.4%	31.3%	30.7%	41.7%	39.6%

图10-3　城乡社区基层政府参与社区治理服务情况比较

城乡社区公共服务供给不均衡，农村社区老年服务存在短板。从城乡社区公共服务的比较来看，安民服务的城乡覆盖率高于民政服务，安民服务的供给相对均衡，能够满足居民的基本生活需求。但在民政服务领域，尤其是老年服务和残疾人服务，城乡社区总体较为薄弱，农村社区尤为突出。

针对老年群体，由于人口老龄化的加剧，现有养老机构、日间照料中心和社区健康服务等方面的供给仍然不足，无法满足老年人的多样化需求。同时，老年人的健康状况和经济能力存在差异，需要更加细分的服务，但现有的民政服务项目缺乏个性化和差异化的服务供给。农村社区老年服务供给不足现象更加突出，但互助性养老特点发挥作用明显，互助养老模式成为农村养老服务的重要途径。国务院印发的《“十四五”国家老龄事业发展和养老服务体系规划》提出，以村级邻里互助点、农村幸福院等为依托，构建农村互助式养老服务网络。农村互助性养老的优势在于发挥社区和家庭的力量，通过邻里互助组织、农村养老院等方式提供养老服务，弥补了农村地区养老设施和专业机构的不足。同时，互助性养老也能够减轻农村老年人的经济负担，提供相互扶持和社会支持的渠道，增强老年人的获得感和幸福感。

对于残疾人群体，社区民政服务的供给同样存在问题。虽然国家和地方政府在残疾人事业方面采取了一系列政策和措施，但在实际服务中，残疾人的需求得不到充分的满足。例如，残疾人辅助器具的供给不足、社区无障碍设施的建设不完善等问题依然存在，影响了残疾人群体的融入感和生活质量，也制约了社区的可持续发展。

从“十四五”开始到2035年，我国老龄化程度将不断加深，空巢老人、留守老人、高龄老人以及重度残疾人，需要格外关心、格外关注。因此，聚焦特殊困难人群的日常需求，大力发展社区助餐、助洁、助浴、助医等服务，成为未来城乡社区建设过程中需要重点关注的问题。

（二）城乡社区社会公益服务

1. 城乡社区社会组织服务

从问卷来看，87.6%的城市社区内存在社会组织开展活动或服务的情况，75.1%的农村社区内存在社会组织开展活动或服务的情况（如图10-4所示）。社会组织在城市社区开展活动和服务的占比较高。城乡社区社会组织围绕慈善公益捐助、群众性文体教育、经济发展与居（村）民就业、为老服务等方面展开服务。其中，社会组织开展的活动集中在群众性文体教育、为老服务以及调解、治安、维稳等方面。

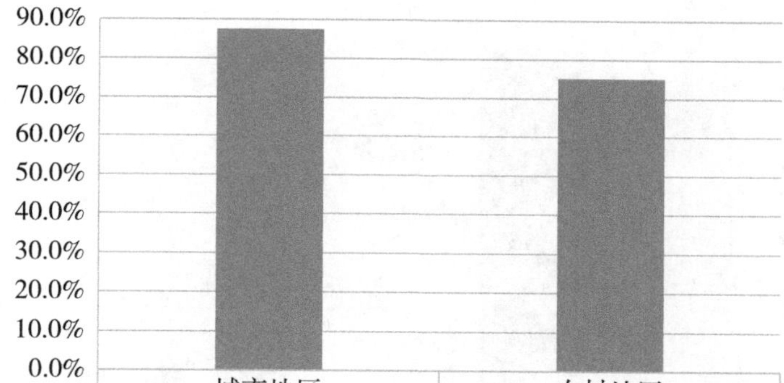

	城市地区	农村地区
■开展率	87.6%	75.1%

图 10－4　城乡社区是否有社会组织在开展活动或服务情况比较

关于社会组织在城乡社区所提供的社区服务也有所差异，社会组织在开展群众性文体教育、为老服务、托幼和青少年服务、参与社区协商等活动上，城市社区的拥有率大于农村社区；但在慈善公益捐助、经济发展与居（村）民就业、救助与扶贫、居（村）民自我管理与服务、向居（村）委会两委反映群众诉求和建议、婚丧嫁娶等活动上，农村社区拥有率大于城市社区（如图 10－5 所示）。

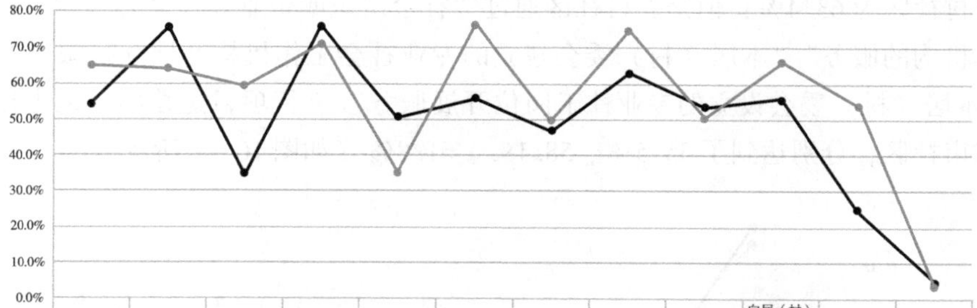

	慈善公益捐助	群众性文体教育	经济发展与居（村）民就业	为老服务	托幼和青少年服务	救助、扶贫	居（村）民自我管理与服务	调解、治安、维稳	参与社区协商	向居（村）委会两委反映群众诉求和建议	婚丧嫁娶（红白事）	其他
城市地区	54.3%	75.6%	35.1%	75.3%	50.8%	56.0%	47.1%	62.8%	53.1%	55.8%	24.9%	4.7%
农村地区	64.9%	64.0%	59.3%	70.8%	35.3%	76.1%	49.8%	74.4%	50.5%	66.0%	53.7%	3.7%

图 10－5　城乡社区社会组织参与社区服务活动情况比较

2. 城乡社区专业社会工作服务

从分析结果来看，2021 年，城市社区有专业社会工作岗位或项目运营社区数为 435 个，占被调查社区总数的 33.2%；农村社区有专业社会工作岗位或项目运营社区数为 186 个，占被调查社区总数的 11.1%（如图 10－6 所示）。[1]

---

〔1〕本次调查“专业社会工作岗位或项目运营”指的是由具有社会工作者职业资格证（社工师证、社工证）的人员就任的岗位或专业的社会工作机构运营的社区或社会服务项目。

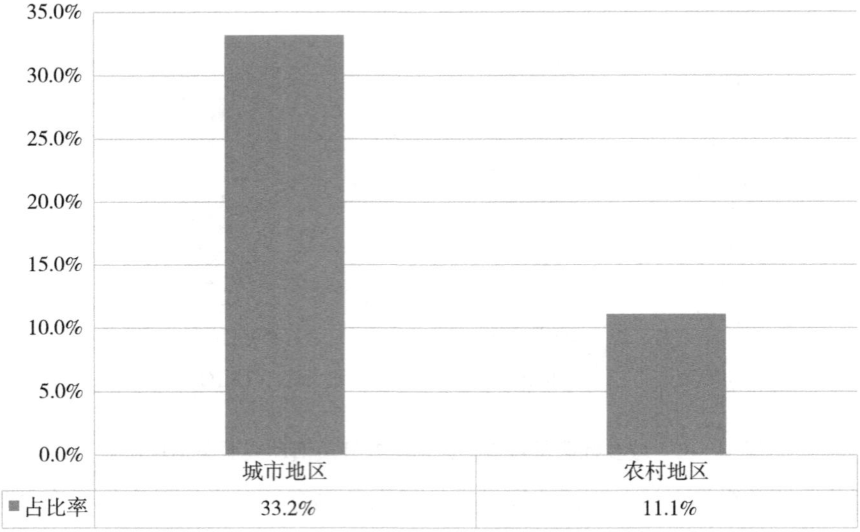

图 10－6　城乡社区是否有专业社会工作岗位或项目运营情况比较

在具有专业社会工作岗位或项目运营的社区中，城市社区通过“政府购买社会工作机构的服务”进行项目运营的社区占比高于农村社区，达到了66.4%，而农村社区为63.4%；但是农村社区通过“社会组织或企业等社会力量购买社会工作机构的服务”“本居（村）委会建立的专业社会工作机构开展项目服务”以及“本居（村）委会设立的专业社工岗位开展服务”进行项目运营的社区占比高于城市社区，分别达到了35.5%、58.1%、61.8%（如图10－7所示）。

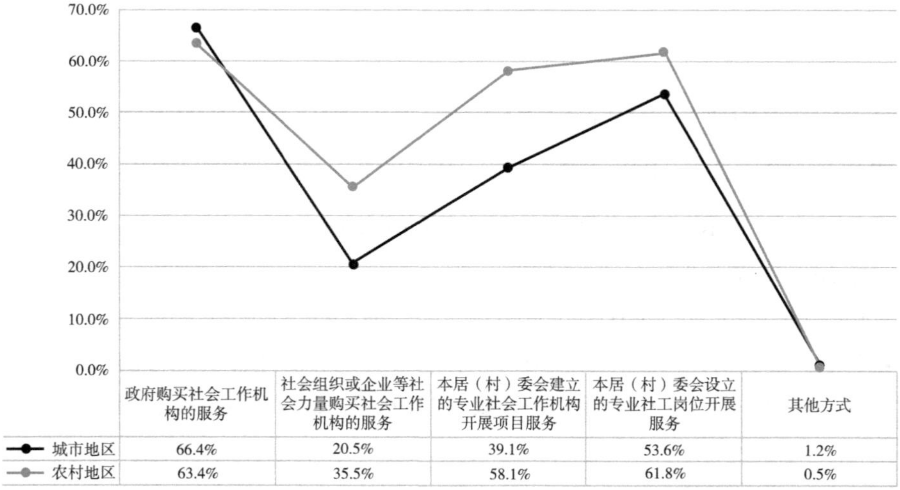

图 10－7　城乡社区工作岗位或项目运营方式情况比较

城乡社区专业社工服务涉及领域也有所差异，在社区老年人服务、社区儿童服务、社区妇女服务、社区残疾人服务、社区健康服务、政策宣传/思想引领、培育社区社会组织和社区骨干、心理疏导、亲子教育、纠纷调解、组织社区志愿服务项目、社区社会组织共建服务、社区居民自助与互助服务、公共服务与物业管理监督与评价、社区防灾减灾、社区矫正、协助外来人员社会融入、社区需求调查等领域，由专业社工提供的服务项目，城市社区拥有率高于农村社区。

具体来说，在“社区老年人服务”上，城市社区专业社工涉及该领域的社区数占比92.2%，而农村社区仅有83.9%；在“社区儿童服务”上，城市社区专业社工涉及该领域的社区数占比91.7%，而农村社区仅有81.7%；在“培育社区社会组织和社区骨干”上，城市社区涉及该领域的社区数占比73.8%，而农村社区仅有66.7%；在“心理疏导”上，城市社区专业社工涉及该领域的社区数占比81.2%，而农村社区仅有73.1%；在“亲子教育”上，城市社区专业社工涉及该领域的社区数占比74.9%，而农村社区仅有59.1%；在“组织社区志愿服务项目”上，城市社区专业社工涉及该领域的社区数占比84.1%，而农村社区仅有75.8%；在“公共服务与物业管理监督与评价”上，城市社区专业社工涉及该领域的社区数占比56.3%，而农村社区仅有47.3%。

而在社区需求调查、家庭暴力救助服务、家庭关系修复/调试、协商制订实施社区发展规划/社区营造、通用性培训、促进就业、农村扶贫开发、服刑人员接受教育与就业指导、完善社区布局规划上，农村社区专业社工涉及该领域的社区数占比高于城市社区（如图10－8所示）。

3. 城乡社区志愿服务

从数据分析来看，基层政府在城乡社区开展志愿活动次数也有所差异。总体来看，基层政府在城市社区开展志愿活动次数高于农村社区，农村社区仅在“婚丧嫁娶”该项志愿服务活动的开展次数多于城市社区。关于城乡社区开展志愿服务活动人次情况，总体来看，农村社区志愿服务活动人次少于城市社区（如图10－9和图10－10所示）。

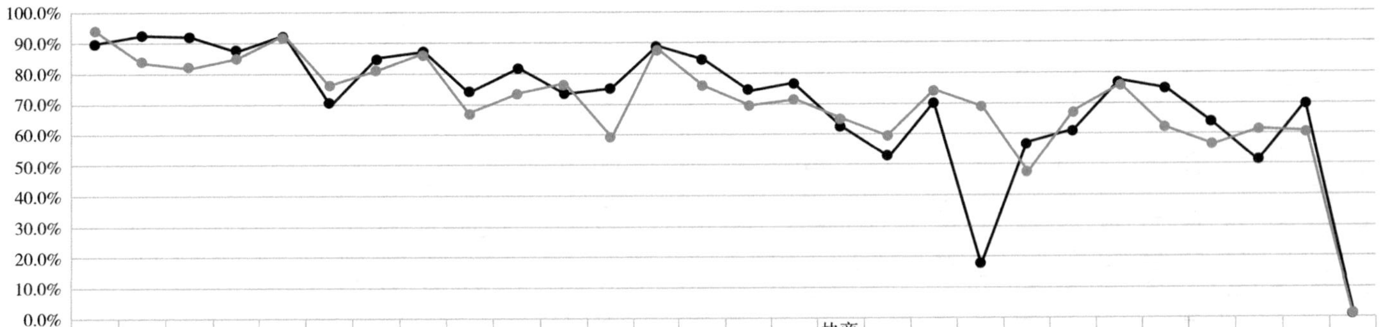

	社区社会救助人员、困难居民服务	社区老年人服务	社区儿童服务	社区妇女服务	社区残疾人服务	家庭暴力救助服务	社区健康服务	政策宣传/思想引领	培育社区社会组织和社区骨干	心理疏导	家庭关系修复/调试	亲子教育	纠纷调解	组织社区志愿服务项目	社区社会组织共建服务	社区居民自助与互助服务	协商制订实施社区发展规划/社区营造	通用性培训	促进就业	农村扶贫开发	公共服务与物业管理监督与评价	服刑人员接受教育与就业指导	社区防灾减灾	社区矫正	协助外来人员社会融入	完善社区布局规划	社区需求调查	其他
城市地区	89.4%	92.2%	91.7%	87.4%	91.5%	70.1%	84.4%	86.7%	73.8%	81.2%	73.6%	74.9%	88.3%	84.1%	74.3%	76.3%	62.5%	52.4%	69.7%	17.7%	56.3%	60.7%	76.6%	74.5%	63.7%	51.3%	69.2%	0.5%
农村地区	93.6%	83.9%	81.7%	84.4%	90.9%	75.8%	80.7%	86.0%	66.7%	73.1%	75.8%	59.1%	87.1%	75.8%	69.4%	71.0%	64.5%	59.1%	73.7%	68.8%	47.3%	66.7%	75.8%	61.8%	56.5%	61.3%	60.2%	1.1%

图10-8　城乡社区专业社工服务涉及领域情况比较

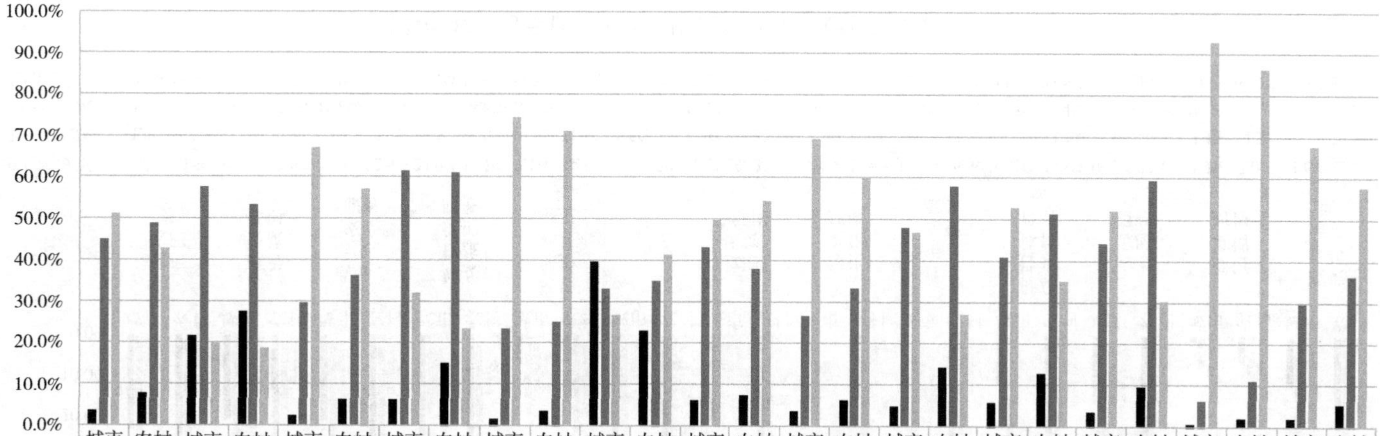

	残疾人服务		慈善公益募捐		调解、治安、安全服务		妇女权益保护服务		环境保护和环境卫生		婚丧嫁娶		救助、扶贫、解困	
	城市	农村	城市	农村	城市	农村	城市	农村	城市	农村	城市	农村	城市	农村
■开展0次	3.5%	8.0%	21.8%	27.6%	2.5%	6.3%	6.3%	15.2%	1.7%	3.5%	39.9%	23.3%	6.3%	7.7%
■开展1—5次	45.1%	48.9%	57.7%	53.6%	30.3%	36.3%	61.6%	61.2%	23.6%	25.2%	33.2%	35.2%	43.3%	37.9%
■开展6次及以上	51.4%	43.1%	20.5%	18.9%	67.2%	57.4%	32.1%	23.6%	74.7%	71.3%	26.9%	41.5%	50.4%	54.4%

	绿化美化环境		青少年、儿童服务		群众性文体教育活动		为老志愿服务		新冠疫情防控		政策宣传与咨询	
	城市	农村	城市	农村	城市	农村	城市	农村	城市	农村	城市	农村
■开展0次	3.7%	6.4%	4.9%	14.4%	5.8%	13.1%	3.5%	9.8%	0.7%	2.1%	2.1%	5.5%
■开展1—5次	26.8%	33.4%	48.1%	58.3%	40.9%	51.6%	44.2%	59.7%	6.3%	11.3%	30.3%	36.6%
■开展6次及以上	69.5%	60.2%	47.0%	27.3%	53.3%	35.3%	52.3%	30.5%	93.0%	86.6%	67.7%	57.9%

图10–9　城乡社区基层政府开展志愿活动次数情况比较

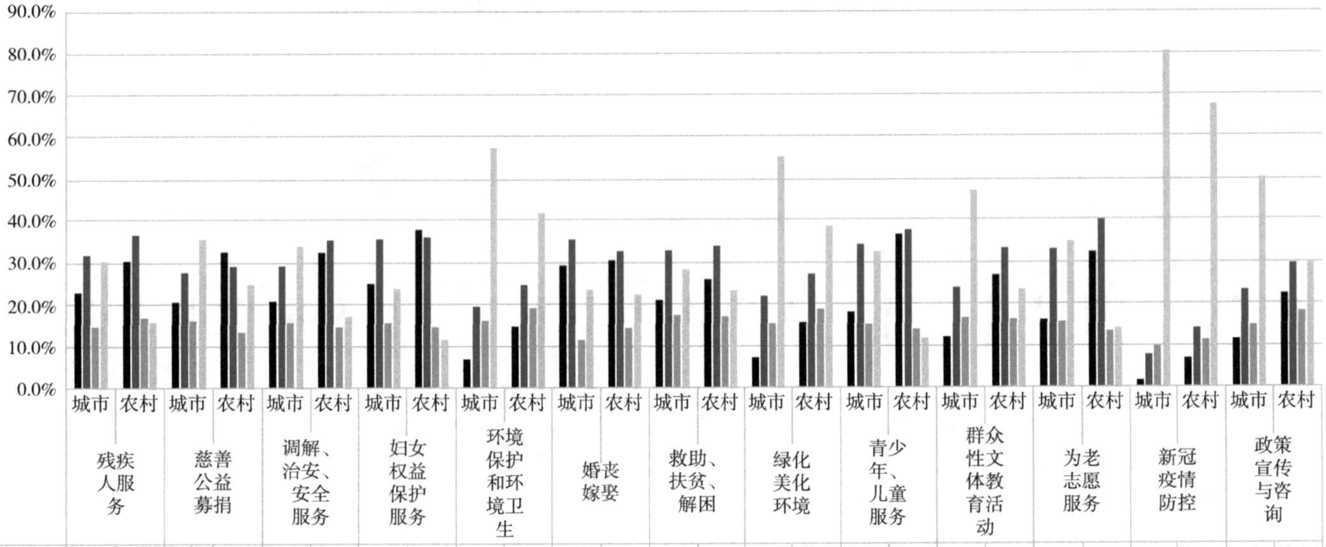

活动人次	残疾人服务 城市	残疾人服务 农村	慈善公益募捐 城市	慈善公益募捐 农村	调解、治安、安全服务 城市	调解、治安、安全服务 农村	妇女权益保护服务 城市	妇女权益保护服务 农村	环境保护和环境卫生 城市	环境保护和环境卫生 农村	婚丧嫁娶 城市	婚丧嫁娶 农村	救助、扶贫、解困 城市	救助、扶贫、解困 农村
活动10人次以下	23.0%	30.5%	20.6%	32.6%	20.9%	32.5%	24.9%	37.7%	7.1%	14.5%	29.4%	30.5%	21.2%	25.9%
活动11—30人次	31.9%	36.7%	27.8%	29.2%	29.2%	35.4%	35.6%	36.0%	19.5%	24.5%	35.5%	32.8%	32.9%	33.8%
活动31—50人次	14.8%	17.0%	16.1%	13.5%	15.8%	14.8%	15.8%	14.6%	16.1%	19.2%	11.6%	14.4%	17.4%	17.1%
活动51人次及以上	30.3%	15.8%	35.5%	24.7%	34.0%	17.3%	23.7%	11.6%	57.3%	41.8%	23.6%	22.3%	28.4%	23.2%

活动人次	绿化美化环境 城市	绿化美化环境 农村	青少年、儿童服务 城市	青少年、儿童服务 农村	群众性文体教育活动 城市	群众性文体教育活动 农村	为老志愿服务 城市	为老志愿服务 农村	新冠疫情防控 城市	新冠疫情防控 农村	政策宣传与咨询 城市	政策宣传与咨询 农村
活动10人次以下	7.4%	15.6%	18.2%	36.6%	12.1%	26.8%	16.2%	32.1%	1.9%	7.0%	11.6%	22.4%
活动11—30人次	22.0%	27.1%	34.1%	37.6%	23.9%	33.3%	33.1%	40.3%	7.9%	14.2%	23.2%	29.6%
活动31—50人次	15.5%	18.8%	15.3%	13.9%	16.8%	16.4%	15.8%	13.5%	10.0%	11.4%	14.9%	18.2%
活动51人次及以上	55.2%	38.6%	32.5%	11.9%	47.2%	23.5%	34.9%	14.1%	80.3%	67.4%	50.3%	29.9%

图10–10　城乡社区开展志愿服务活动人次情况比较

4. 城乡社区社会公益服务供给呈现多元化特征，农村社区供给力量较弱

2016年8月，中共中央办公厅、国务院办公厅印发《关于改革社会组织管理制度促进社会组织健康有序发展的意见》，提出充分发挥社会组织服务国家、服务社会、服务群众、服务行业的作用。社会组织既能够通过广泛吸纳公众参与达成共治，又可通过提升各类公共服务可及性来实现共享，对于社会治理共同体的建设具有不可替代的作用。2020年12月，民政部印发《培育发展社区社会组织专项行动方案（2021－2023年）》，进一步要求“推动社区社会组织在创新基层社会治理中更好发挥作用”。社会组织在基层治理中的作用发挥日趋显著，但当前，社会组织在城市社区中的参与度高于农村社区，在农村社区的活跃度较低。

整体来看，城乡社区具有专业社会工作岗位或项目运营的社区较少，城市社区多于农村社区，且以“政府购买社会工作机构的服务”为主。这导致城市社区在提供专业化社会工作服务方面相对较强，而农村社区的专业社会工作力量相对薄弱。在农村社区中，常常面临缺乏专业社工人员和专业机构的情况，限制了农村社区服务的深度和广度。

此外，农村社区存在志愿服务力量较弱的问题。虽然志愿者在农村社区发挥着重要作用，但相对于城市社区，农村志愿者队伍规模较小，志愿服务的覆盖面较窄，限制了农村社区在提供全面、多样化服务方面的能力。

（三）城乡社区便民服务

就城乡社区便民服务配置来看，围绕文体娱乐活动、阅览室/图书馆、就业技能培训、提供就业信息、退役军人服务/双拥优抚、体育健身场地/设施、健康知识普及宣讲、慢性病防治等方面呈现出均等化的态势，但仍有部分便民服务活动呈现城乡差异较大的情况。例如，城市社区“社区慈善捐赠服务”拥有率达到了74.0%，而农村社区仅有58.3%；城市社区“心理健康咨询与疏导”拥有率达到了86.1%，而农村社区仅有68.1%。

围绕儿童类服务项目，城乡社区总体供给皆不足，农村社区尤为明显。数据显示，城市社区“少儿托管看管服务”拥有率达到了40.1%，而农村社区仅有18.3%；城市社区“社区儿童保健”拥有率达到了60.3%，而农村社区仅有46.9%（如图10－11所示）。

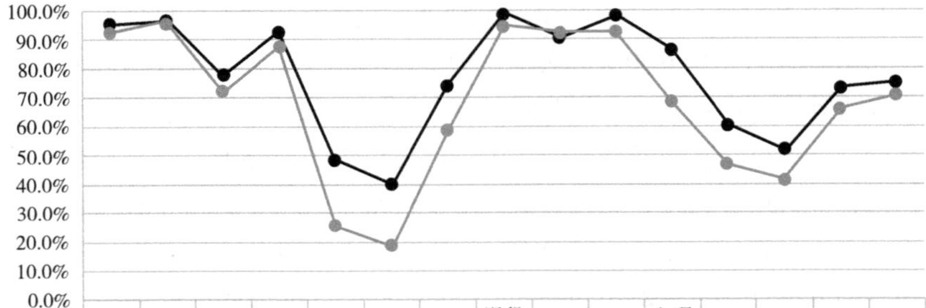

	文体娱乐活动	阅览室/图书馆	就业技能培训	提供就业信息	提供家政服务	少儿托管看管服务	社区慈善捐赠服务	退役军人服务/双拥优抚	体育健身场地/设施	健康知识普及宣讲	心理健康咨询与疏导	社区儿童保健	全科门诊治疗	免疫接种	慢性病防治
城市地区	95.5%	95.6%	77.5%	92.5%	48.1%	40.1%	74.0%	98.5%	90.2%	97.9%	86.1%	60.3%	51.7%	72.9%	74.8%
农村地区	92.2%	96.5%	72.1%	87.4%	25.5%	18.3%	58.3%	94.7%	91.8%	92.5%	68.1%	46.9%	41.4%	65.9%	70.4%

图 10－11 城乡社区有关便民服务情况比较

总体来看，城乡社区便民服务呈现均等化的特征，城市和农村社区的差距逐渐缩小。然而，围绕儿童群体的便民服务，城市社区优于农村社区，但整体在这一领域的供给力量相对较弱。在城市社区中，由于资源和条件的相对优势，儿童教育、托幼服务、安全保障等方面的便民服务相对完善，然而在农村社区，由于资源分配不均、基础设施落后等问题，儿童便民服务供给存在明显的不足。

二、城乡社区服务供给现状与特点

（一）城乡社区服务供给主体多元化

1. 社会组织参与供给

从社会组织参与情况来看，城市社区平均已在民政部门登记注册并在近一年来开展过活动的社会组织数达到了 4 个，农村社区仅有 2 个。其中，54.5% 的城市社区居委会干部兼任社区社会组织的负责人，66.1% 的农村社区村委会干部兼任社区社会组织的负责人（如表 10－1、图 10－12 所示），农村社区社会组织对于社区的依赖性较强。

表 10－1　城乡社区社会组织情况比较（单位：个）

地区		已在民政部门登记注册并在近一年来开展过活动的社会组织数	其中，社会团体个数	其中，民办非企业单位（社会服务机构）	其中，基金会个数	其中，有备案社区社会组织个数
城市	平均值	3.63	1.65	0.84	0.08	2.52
	个案数	1147	1147	1147	1147	1147
	标准偏差	5.445	3.740	2.199	0.376	4.578
农村	平均值	1.64	0.78	0.40	0.10	0.75
	个案数	1258	1258	1258	1258	1258
	标准偏差	3.080	1.505	0.932	0.335	1.509

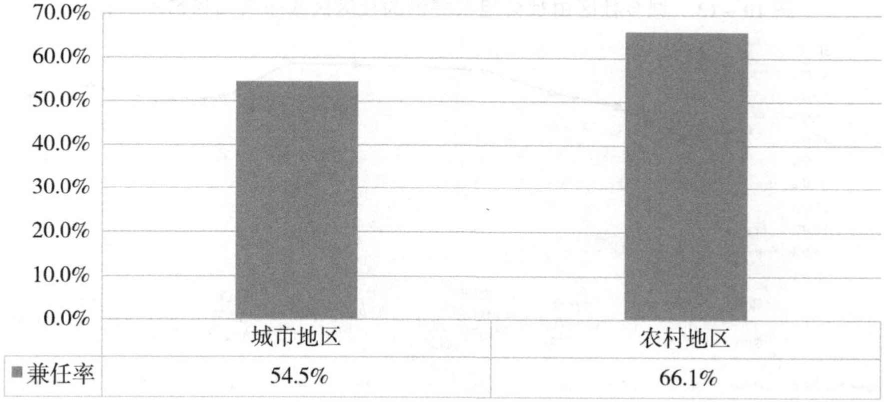

图 10－12　城乡社区两委干部是否兼任本社区/村社会组织负责人情况比较

城乡社区有关民政服务的社区服务项目，社会组织也参与其中进行提供。在“身患重大疾病救助”社区服务项目上，农村社区拥有率略高于城市社区，总体来看，社会组织在便民服务的社区服务项目上，城市社区的参与率高于农村社区；城乡社区有关安民服务的社区服务项目，社会组织也参与其中。总体来看，社会组织在安民服务的社区服务项目上，城市社区的参与率高于农村社区；城乡社区有关便民服务的社区服务项目，社会组织也参与提供。总体来看，在便民服务的社区服务项目上，城市社区的社会组织参与率高于农村社区（如图 10－13、图 10－14、图 10－15 所示）。

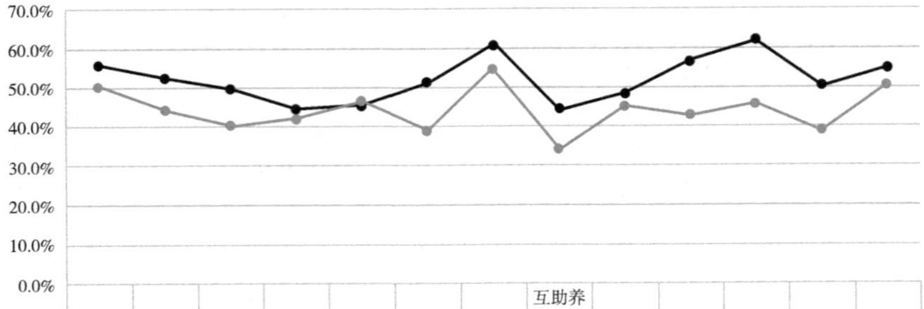

	残疾人社区康复服务	困境儿童关爱保护	“三留守”人员关爱服务	社区失业/就业苦难人员帮扶	身患重大疾病救助	老人日间照料服务	机构养老服务	互助养老（非家庭关系老人之间互相照顾扶持养老）	社区适老化设施建设	老人助餐服务	老人助浴助洁服务	老人助医服务	老年大学
城市地区	55.8%	52.5%	49.9%	44.5%	45.6%	51.4%	60.5%	44.4%	48.3%	56.8%	61.9%	50.6%	55.0%
农村地区	50.3%	44.3%	40.3%	42.1%	46.3%	38.9%	54.5%	34.2%	45.0%	42.9%	45.6%	39.0%	50.5%

图 10－13　城乡社区由社会组织提供的社区民政服务项目情况比较

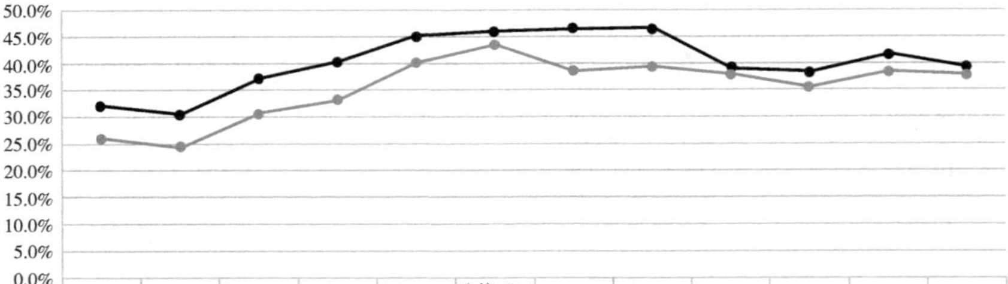

	邻里矛盾调解	家庭矛盾调解	治安维稳	安全教育与宣传服务	法律政策知识讲座/普法宣传	法律“三官一律”进社区/社区法律援助	妇女权益维护	未成年人保护	社区矫正/刑满释放人员帮扶	犬类等宠物管理	灾害救助/应急管理	社区消防
城市地区	31.9%	30.4%	37.0%	40.2%	44.8%	45.9%	46.4%	46.3%	39.0%	38.1%	41.6%	39.1%
农村地区	26.1%	24.5%	30.6%	33.2%	39.9%	43.4%	38.6%	39.3%	37.9%	35.3%	38.2%	37.8%

图 10－14　城乡社区由社会组织提供的社区安民服务项目情况比较

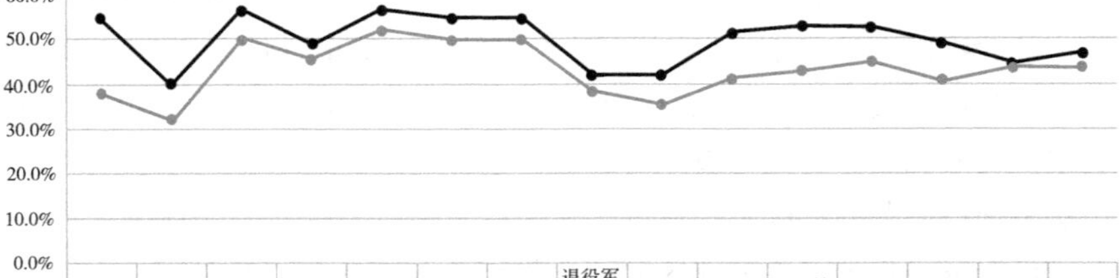

	文体娱乐活动	阅览室/图书馆	就业技能培训	就业信息提供	家政服务提供	少儿托管看管提供	社会慈善捐赠	退役军人服务/双拥优抚	体育健身场地/设施	健康知识普及宣讲	心理健康咨询与疏导	社区儿童保健	全科门诊治疗	社区免疫接种	慢性病防治
城市地区	54.4%	40.1%	56.2%	48.8%	56.2%	54.5%	54.4%	41.7%	41.7%	50.9%	52.8%	52.5%	48.9%	44.4%	46.8%
农村地区	37.7%	32.2%	49.6%	45.5%	51.8%	49.7%	49.6%	38.2%	35.4%	41.0%	42.7%	44.8%	40.6%	43.6%	43.6%

图 10－15　城乡社区由社会组织提供的社区便民服务项目情况比较

2. 社区志愿服务参与供给

社区志愿服务作为社区治理的基本构成内容，已成为社区治理体系的重要环节之一，可以在改善民生、社会治理创新和精神文明实践等方面作出积极贡献。志愿服务者来自民众，服务于民众，既可深入了解居民的真实需求，及时为居民提供公共服务，又能够促进居民的社会参与，增进居民自助与互助。数据调查显示，城市社区注册登记或备案的志愿者组织以及注册或登记的志愿者多于农村社区（如表 10－2 所示）。

表 10－2　城乡社区志愿组织及志愿者情况比较

地区		注册登记或备案的志愿者组织（个）	注册或登记的志愿者（人）
城市	平均值	3.49	355.51
	个案数	1309	1309
	标准偏差	13.136	607.395
农村	平均值	1.78	51.80
	个案数	1676	1676
	标准偏差	6.273	151.273

社区民政服务、便民服务以及安民服务等社区服务项目均有社区志愿者的参与。有关社区民政服务、社区安民服务、社区便民服务的社区服务项目，城市社区志愿者参与的拥有率高于农村社区，且差距较大（如图 10－16、图 10－17、图 10－18 所示）。

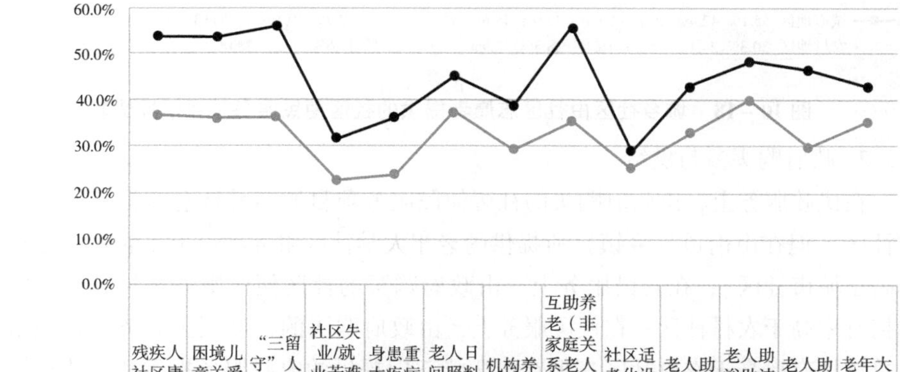

图 10－16　城乡社区由社区志愿者提供的社区民政服务项目情况比较

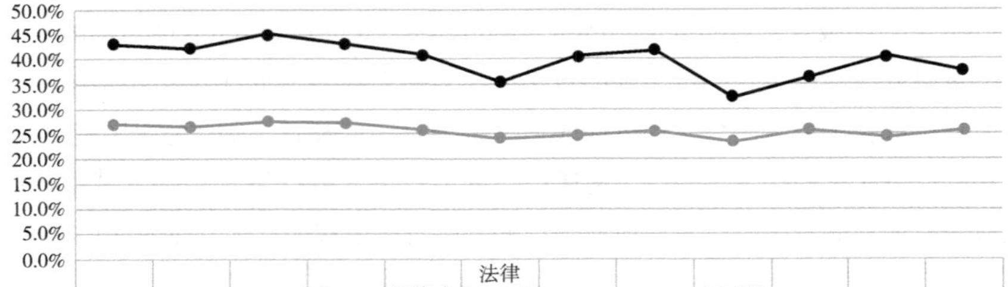

	邻里矛盾调解	家庭矛盾调解	治安维稳	安全教育与宣传服务	法律政策知识讲座/普法宣传	法律“三官一律”进社区/社区法律援助	妇女权益维护	未成年人保护	社区矫正/刑满释放人员帮扶	犬类等宠物管理	灾害救助/应急管理	社区消防
城市地区	43.0%	42.3%	44.9%	43.1%	40.9%	35.5%	40.5%	41.9%	32.4%	36.4%	40.5%	37.7%
农村地区	27.0%	26.5%	27.6%	27.4%	25.9%	24.2%	24.7%	25.6%	23.8%	25.9%	24.6%	25.9%

图 10－17　城乡社区由社区志愿者提供的社区安民服务项目情况比较

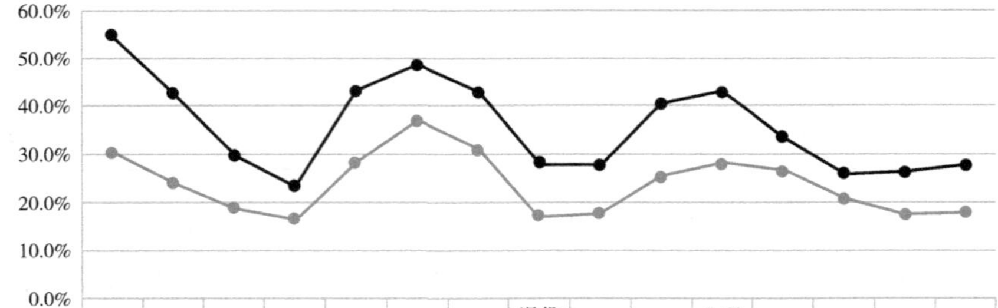

	文体娱乐活动	阅览室/图书馆	就业技能培训	就业信息提供	家政服务提供	少儿托管看管提供	社会慈善捐赠	退役军人服务/双拥优抚	体育健身场地/设施	健康知识普及宣讲	心理健康咨询与疏导	社区儿童保健	全科门诊治疗	社区免疫接种	慢性病防治
城市地区	55.1%	42.4%	29.7%	23.4%	42.9%	48.6%	42.7%	28.3%	27.7%	40.1%	42.7%	33.6%	25.9%	26.1%	27.7%
农村地区	30.3%	24.1%	18.7%	16.4%	28.3%	36.9%	30.9%	17.3%	17.6%	25.2%	28.0%	26.3%	20.6%	17.4%	17.9%

图 10－18　城乡社区由社区志愿者提供的社区便民服务项目情况比较

3. 政府购买参与供给

在民政服务上，由政府购买的社区便民服务项目城市社区总体拥有率高于农村社区［但在由街道（乡镇）所提供的老年大学社区服务项目上，农村社区拥有率高于城市社区］；在安民服务上，由政府购买的社区便民服务项目城市社区总体拥有率高于农村社区；在便民服务上，由政府购买的社区便民服务项目城市社区总体拥有率高于农村社区（但在由职能部门提供的家政服务提供和少儿托管看管提供两个项目上，农村社区拥有率高于城市社区）。（如图 10－19、图 10－20、图 10－21、图 10－22、图 10－23、图 10－24 所示）

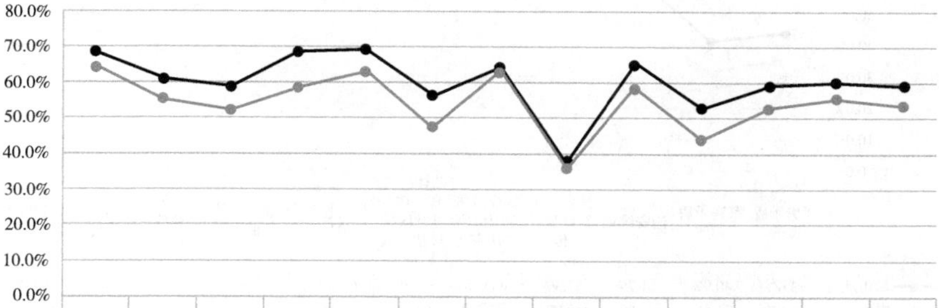

	残疾人康复服务	困境儿童关爱保护服务	“三留守”人员关爱服务	社区失业/就业苦难人员帮扶	身患重大疾病救助	老人日间照料服务	机构养老服务	互助养老（非家庭关系老人之间互相照顾扶持养老）	社区适老化设施建设	老人助餐服务	老人助浴助洁服务	老人助医服务	老年大学
城市地区	68.5%	61.1%	58.8%	68.5%	69.2%	56.3%	64.1%	37.8%	65.1%	52.8%	59.0%	60.2%	59.2%
农村地区	64.0%	55.4%	52.4%	58.6%	62.8%	47.3%	62.6%	35.8%	58.2%	43.8%	52.4%	55.5%	53.5%

图 10－19　政府（职能部门）在城乡社区民政服务项目中出资/购买服务/发起情况比较

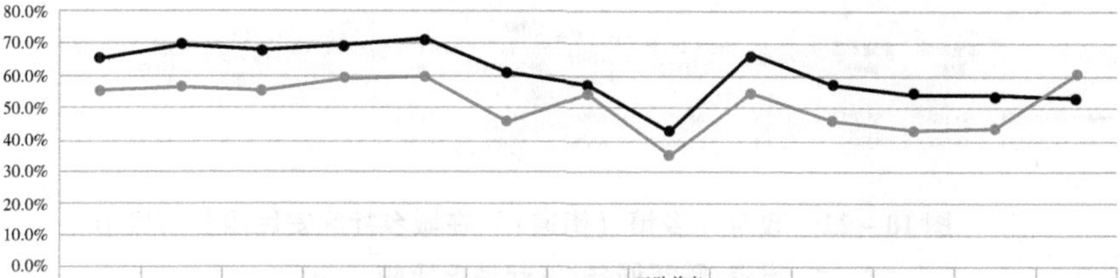

	残疾人康复服务	困境儿童关爱保护服务	“三留守”人员关爱服务	社区失业/就业苦难人员帮扶	身患重大疾病救助	老人日间照料服务	机构养老服务	互助养老（非家庭关系老人之间互相照顾扶持养老）	社区适老化设施建设	老人助餐服务	老人助浴助洁服务	老人助医服务	老年大学
城市地区	65.3%	69.6%	67.8%	69.4%	71.1%	60.7%	57.1%	42.8%	66.2%	57.2%	54.3%	53.8%	53.2%
农村地区	55.1%	56.4%	55.4%	58.9%	59.4%	45.7%	53.9%	35.1%	54.6%	45.7%	42.8%	43.3%	60.6%

图 10－20　政府［乡镇（街道）］在城乡社区民政服务项目中出资/购买服务/发起情况比较

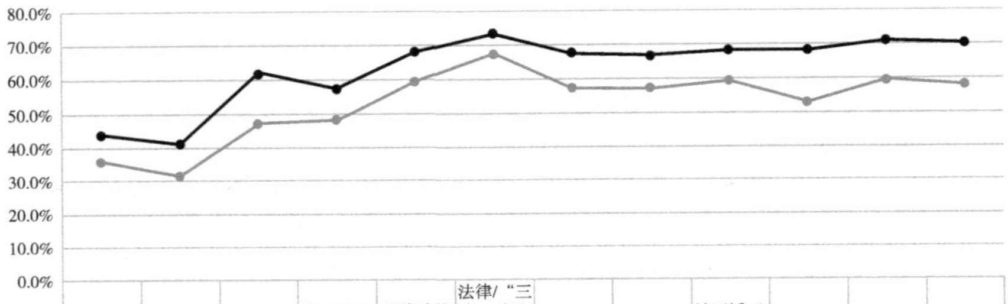

	邻里矛盾调解	家庭矛盾调解	治安维稳	社会安全教育与宣传	法律政策知识讲座/普法宣传	法律/“三官一律”进社区/社区法律援助	妇女权益维护	未成年人保护	社区矫正/刑满释放人员帮扶	犬类等宠物管理	灾害救助/应急管理	社区消防
城市地区	43.6%	40.9%	61.7%	57.3%	68.0%	73.4%	67.6%	66.7%	68.2%	68.1%	71.0%	70.1%
农村地区	35.6%	31.5%	46.8%	48.0%	59.2%	67.3%	57.1%	57.0%	59.1%	52.6%	59.1%	57.8%

图 10-21　政府（职能部门）在城乡社区安民服务项目中出资/购买服务/发起情况比较

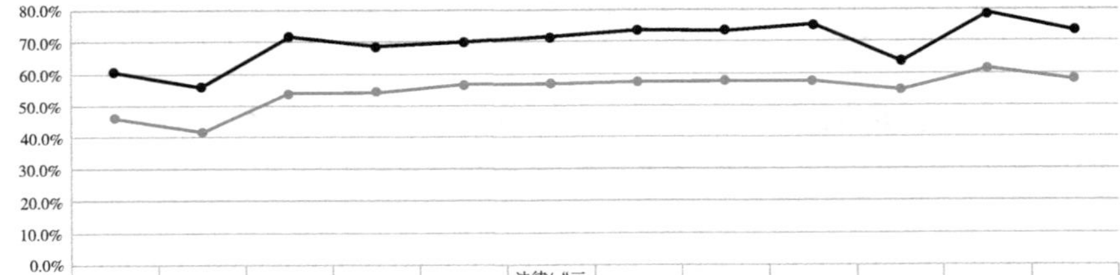

	邻里矛盾调解	家庭矛盾调解	治安维稳	社区安全教育与宣传	法律政策知识讲座/普法宣传	法律/“三官一律”进社区/社区法律援助	妇女权益维护	未成年人保护	社区矫正/刑满释放人员帮扶	犬类等宠物管理	灾害救助/应急管理	社区消防
城市地区	60.1%	55.7%	71.5%	68.5%	70.0%	71.3%	73.3%	73.2%	75.0%	63.8%	78.3%	73.3%
农村地区	46.0%	41.4%	53.7%	54.4%	56.8%	57.0%	57.3%	57.7%	57.7%	55.0%	61.3%	58.0%

图 10-22　政府［乡镇（街道）］在城乡社区安民服务项目中出资/购买服务/发起情况比较

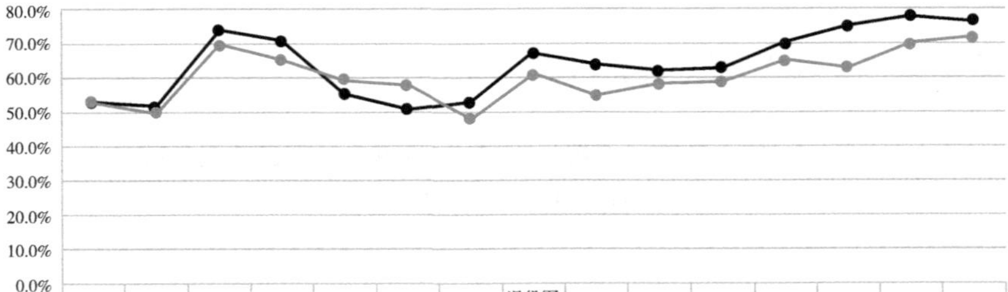

	文体娱乐活动	阅览室/图书馆	就业技能培训	就业信息提供	家政服务提供	少儿托管看管提供	社会慈善捐赠	退役军人服务/双拥优抚	体育健身场地/设施	健康知识普及宣讲	心理健康咨询与疏导	社区儿童保健	全科门诊治疗	社区免疫接种	慢性病防治
城市地区	53.3%	51.4%	73.7%	70.9%	55.7%	51.1%	52.6%	67.0%	63.8%	61.8%	62.9%	70.0%	75.0%	77.9%	76.6%
农村地区	52.5%	50.0%	69.5%	65.2%	59.3%	57.5%	48.1%	60.8%	54.6%	58.0%	58.8%	64.9%	62.8%	69.6%	71.4%

图 10-23　政府（职能部门）在城乡社区便民服务项目中出资/购买服务/发起情况比较

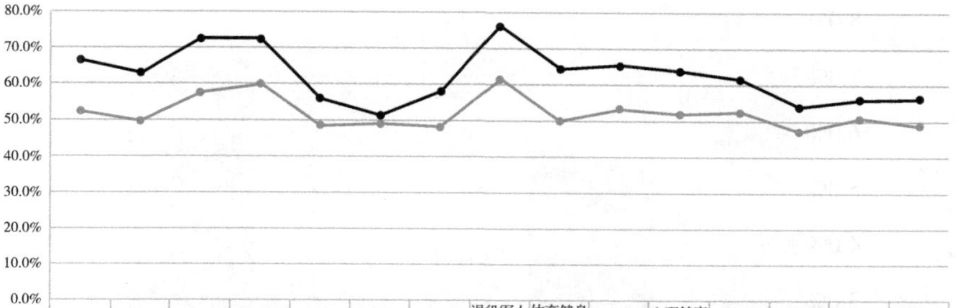

	文体娱乐活动	阅览室/图书馆	就业技能培训	就业信息提供	家政服务提供	少儿托管看管提供	社会慈善捐赠	退役军人服务/双拥优抚	体育健身场地/设施	健康知识普及宣讲	心理健康咨询与疏导	社区儿童保健	全科门诊治疗	社区免疫接种	慢性病防治
城市地区	66.4%	63.0%	72.2%	72.1%	55.9%	51.2%	57.7%	75.8%	64.2%	65.1%	63.8%	61.5%	54.1%	56.0%	56.4%
农村地区	52.3%	49.7%	57.4%	59.8%	48.5%	49.0%	48.1%	61.2%	49.9%	53.5%	51.9%	52.4%	47.1%	50.7%	48.8%

图 10－24　政府［乡镇（街道）］在城乡社区便民服务项目中出资/购买服务/发起情况比较

4. 社区基金参与供给

2017 年《中共中央 国务院关于加强和完善城乡社区治理的意见》指出要“不断拓宽城乡社区治理资金筹集渠道，鼓励通过慈善捐赠、设立社区基金会等方式，引导社会资金投向城乡社区治理领域。创新城乡社区治理资金使用机制，有序引导居民群众参与确定资金使用方向和服务项目，全过程监督服务项目实施和资金使用”。由于成立具有法人资格的社区基金会有一定门槛，不少社区结合实际情况，瞄准需求，选择成立门槛较低、运转灵活、专账管理，以回应社区问题及需求为导向的社区基金。社区基金作为社区资源平台，凝聚了群众、企业、乡贤等群体广泛参与。如图 10－25 所示，社区基金的拥有率城市社区为 5.7%，农村社区为 7.3%，整体来看，城乡拥有社区基金的社区数较少。农村社区基金设立多于城市社区，且平均基金规模大于城市社区，达到了 3050.8248 万元，而城市社区仅有 1109.6291 万元（如表 10－3 所示）。

社区基金用途大多用于社区慈善和社会救助。农村社区将社区基金用于社区发展和公共便民的社区数占比高于城市社区，分别达到了 51.2% 和 62.6%；城市社区将社区基金用于基层治理的社区数多于农村社区，达到了 48.7%（如图 10－26 所示）。

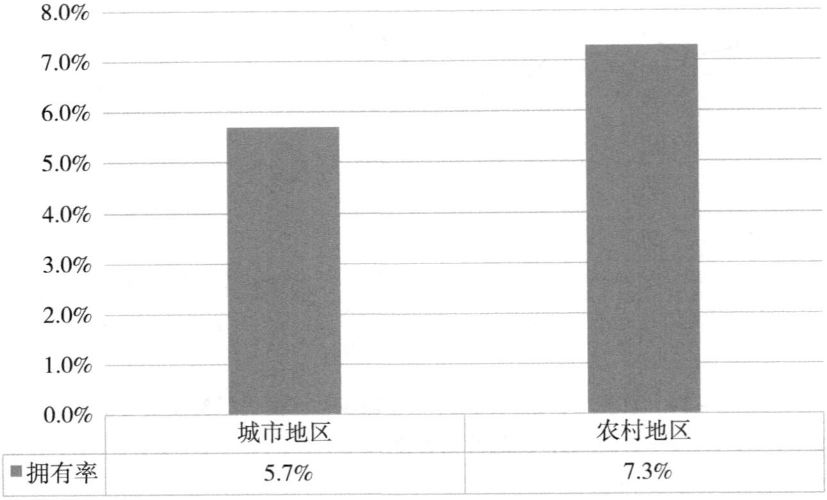

图 10－25　城乡社区是否有社区基金情况比较

表 10－3　城乡社区基金总规模情况比较

地区	平均值	个案数	标准偏差
城市	1109. 6291	74	6312. 93015
农村	3050. 8248	123	14530. 08399

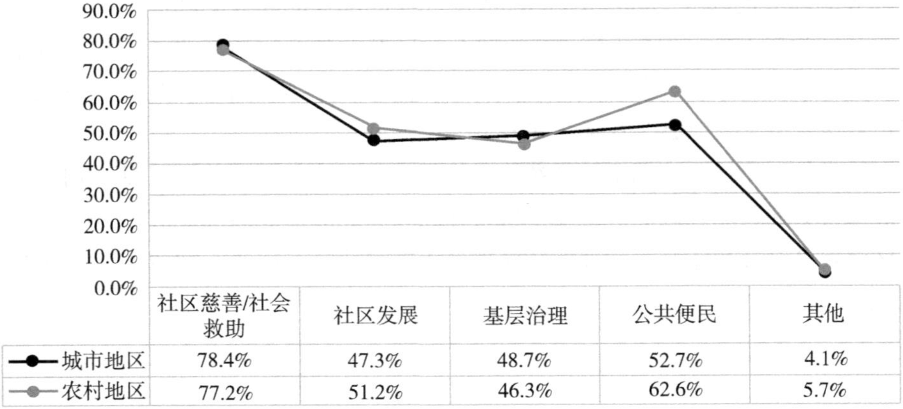

图 10－26　城乡社区基金用途情况比较

（二）城乡社区服务供给手段的信息化

城乡社区倾向于选择“手机端应用程序（App）”“微信公众号”“居民微信

群”“手机短信”等方式开展相关社区服务。此外，城市社区通过“综合政务服务自助机”“微信公众号”“居民微信群”“居民 QQ 群”“热线电话”等方式展开相关服务的社区数多于农村社区（如图 10－27 所示），城市社区通过信息化方式开展社区服务的水平高于农村社区，但整体差距较小。

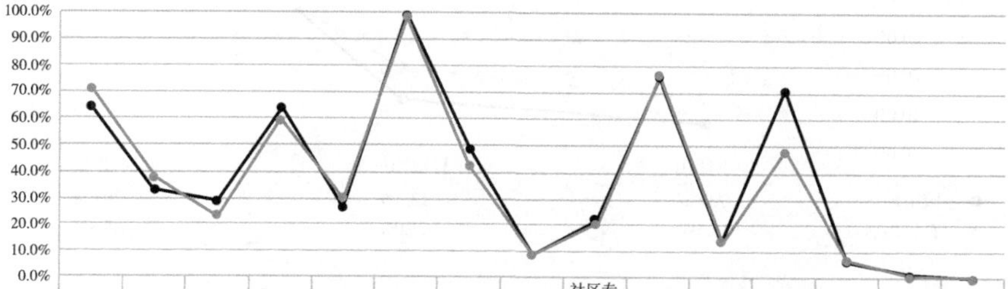

	手机端应用程序(App)	官方网站	综合政务服务自助机	微信公众号	视频号/直播/短视频	居民微信群	居民QQ群	微博	社区专属管理系统（如安保系统）	手机短信	电子邮件	热线电话	网上论坛	其他	没有使用过
城市地区	64.3%	33.1%	28.7%	63.5%	26.7%	98.6%	48.6%	9.2%	22.0%	74.4%	14.3%	71.1%	6.7%	1.6%	0.0%
农村地区	70.9%	37.4%	23.2%	59.3%	29.3%	96.6%	42.5%	8.4%	20.4%	76.3%	13.5%	47.8%	7.8%	1.3%	0.2%

图 10－27　城乡社区使用或通过智能化、信息化方式开展相关社区服务情况比较

在被调查的 1309 个城市社区和 1676 个农村社区当中，7.0% 的城市社区和 13.5% 的农村社区不使用计算机网络信息管理平台，13.4% 的城市社区和 21.0% 的农村社区只使用一个计算机网络信息管理平台，79.6% 的城市社区和 65.5% 的农村社区同时使用多个计算机网络信息管理平台（如图 10－28 所示）。由此而言，城市社区的信息化水平高于农村社区。

在同时使用多个计算机网络信息管理平台的社区当中，16.9% 的城市社区和 32.7% 的农村社区可以实现城乡社区网络信息管理平台之间共享互通信息；20.2% 的城市社区和 9.0% 的农村社区不能实现城乡社区网络信息管理平台之间共享互通信息（如图 10－29 所示）。

在使用计算机网络信息管理平台社区当中，29.8% 的城市社区和 17.0% 的农村社区存在多个部门要求重复报送统计数据的情况，且比较严重；49.8% 的城市社区和 43.6% 的农村社区存在多个部门要求重复报送统计数据的情况，且不严重；而有 20.4% 的城市社区和 39.4% 的农村社区基本上不存在多个部门要求重复报送统计数据的情况（如图 10－30 所示）。由此而言，城市社区之间存在的信息壁垒较强。

在被调查社区中，已经有 799 个城市社区实现社区政务服务“一网通办”，占城市社区总数的 61.0%；有 960 个农村社区实现社区政务服务“一网通办”，占农村社区总数的 57.3%（如图 10－31 所示）。

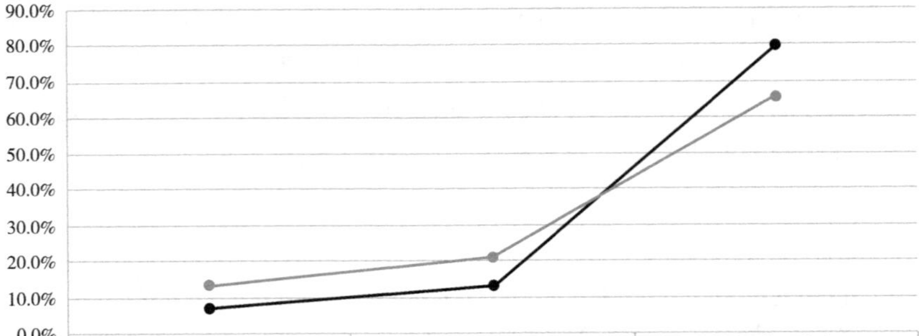

	不使用	只使用一个	同时使用多个
城市地区	7.0%	13.4%	79.6%
农村地区	13.5%	21.0%	65.5%

图 10－28　城乡社区办公服务过程中使用计算机网络信息管理平台情况比较

计算机网络信息管理平台指用于处理各类办公服务事项的计算机系统、软件和终端，例如网格化管理信息平台、社保管理平台、低保管理平台、人口信息管理平台等。

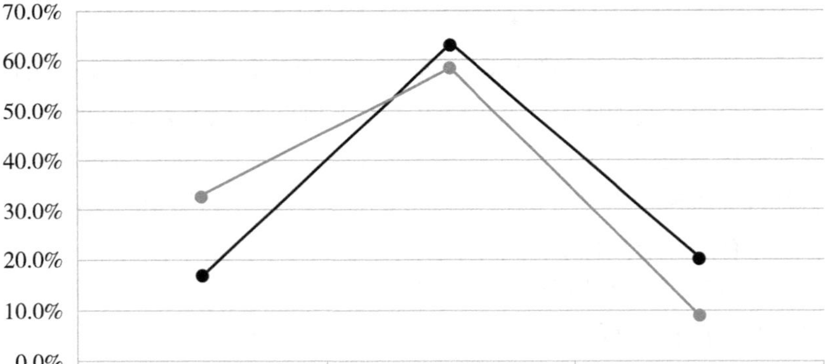

	所有平台之间均能够实现	部分平台之间能够实现	都不能实现
城市地区	16.9%	62.9%	20.2%
农村地区	32.7%	58.2%	9.0%

图 10－29　城乡社区网络信息管理平台之间是否能够共享互通信息情况比较

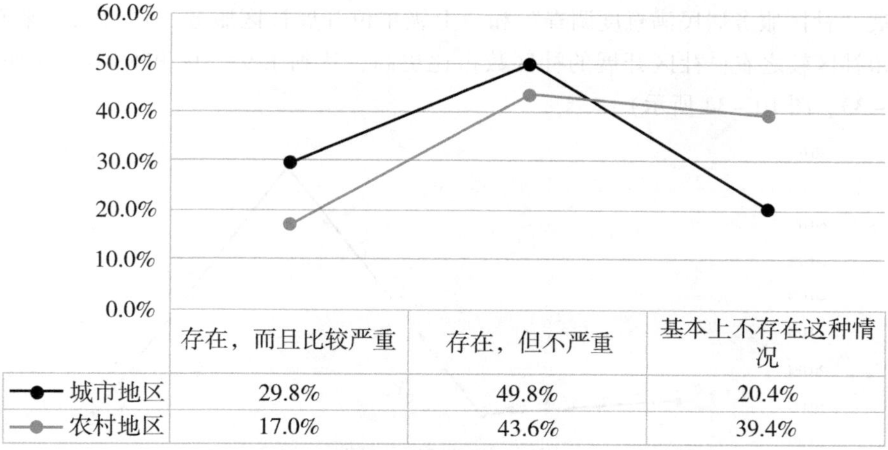

图 10－30　城乡社区多个部门要求重复报送统计数据情况比较

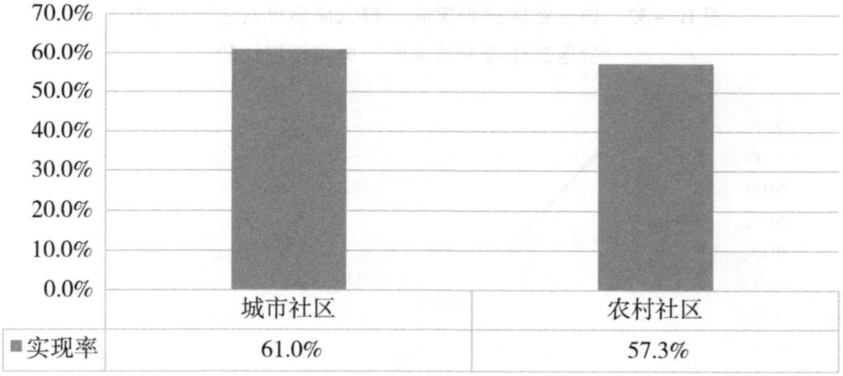

图 10－31　城乡社区是否实现社区政务服务“一网通办”情况比较

三、城乡社区服务绩效评估开展情况

群众满意度是考核社区公共服务情况的一个重要指标，所谓群众满意度测评，就是采用科学的方式方法，定期调查了解人民群众对社区服务的满意程度，以更好地提升社区服务水平和服务质量。而当前调查数据显示（如图 10－32 所示），大部分的城乡社区已经制定且开始实行群众满意度占主要权重的社区工作者考核评价办法，但也存在尚未制定或还未实行的情况。其中，城市社区尚未制定或还未实行的数量占比分别是 11.1% 和 7.6%；农村社区占比分别是 14.4% 和 8.5%。当前看来，需要加快推动城乡部分社区实施“群众满意度占主要权重的社区工作者考核评价”办法，提升公共服务效能。此外，过去三年，从城乡社区开展“社区服务居民满意度调查”和“上级单位开展社区服务评估情况”来看，城市社区较之农村社区开展的社区数占比更高，达到了93.3%和88.0%（如图10－33、图10－34所示）。

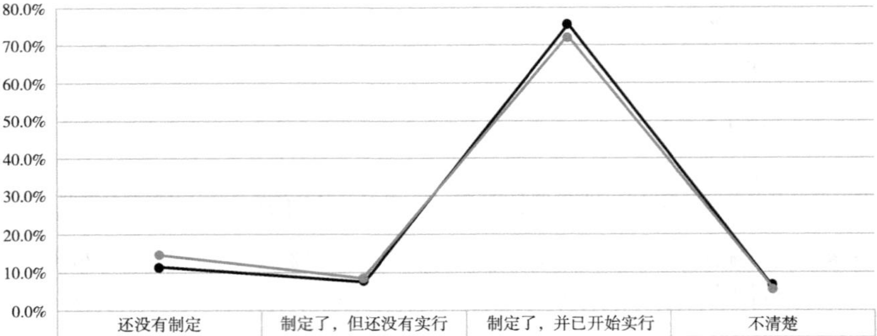

	还没有制定	制定了，但还没有实行	制定了，并已开始实行	不清楚
城市地区	11.1%	7.6%	75.3%	6.0%
农村地区	14.4%	8.5%	72.0%	5.1%

图10－32　城乡社区是否实施“群众满意度占主要权重的社区工作者考核评价”办法情况比较

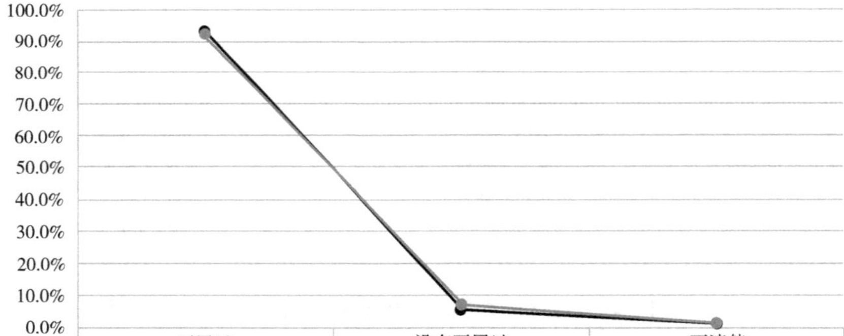

	开展过	没有开展过	不清楚
城市地区	93.3%	5.6%	1.2%
农村地区	92.0%	6.7%	1.3%

图10－33　城乡社区开展社区服务居民满意度调查情况比较

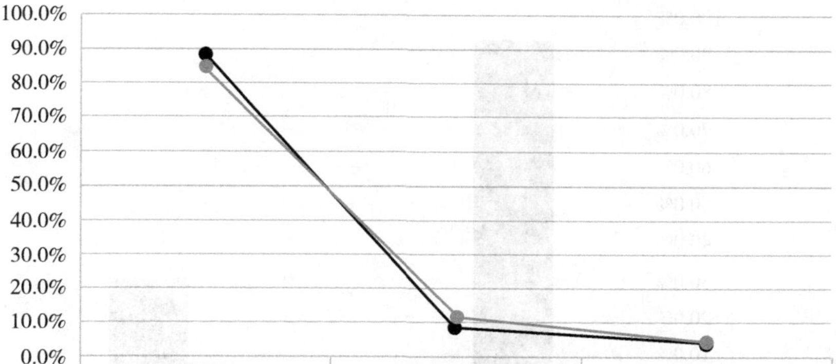

	开展过	没有开展过	不清楚
城市地区	88.0%	8.5%	3.5%
农村地区	84.5%	11.1%	4.4%

图 10－34　城乡社区上级单位开展社区服务评估情况比较

第三节　城乡社区服务均等化面临的问题

基于上述分析来看，我国城乡社区服务均等化面临发展基础不平衡、供给不均衡等问题，存在不少困难和挑战。

一、城乡社区发展基础不平衡

1. 经济基础差异明显

一是城乡社区主要收入来源差异大（如图 10－35 所示）。自 2015 年以来，中央一号文件多次强调将农村产业融合作为城乡融合与农业农村现代化的重要举措，要求多元市场主体依托高效经营模式，利用工业化、城镇化外溢效应等，创造出回流“三农”的一、二、三产业融合新价值，通过此种方式增加创新农村产业，增加原先的农业收入。未来，如何提升农业收入依旧是农村社区发展的关键所在。城市社区的收入来源以非农收入为主，农村社区以农业收入为主。如图 10－36 所示，农村社区主要产业类型是农林牧渔业，服务业和工业的占比较小。整体来看，农村在资源配置上处于不利地位，城乡产业结构的不同是城乡收入悬殊的主要原因之一。

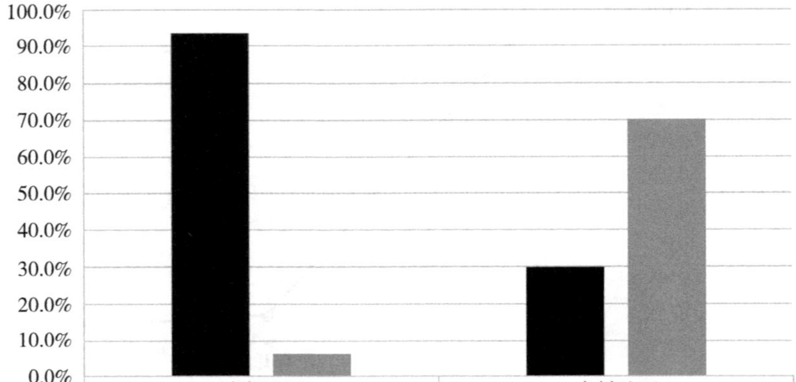

	城市地区	农村地区
■ 非农收入为来源	93.5%	30.0%
■ 农业收入为来源	6.5%	70.0%

图 10－35　城乡社区主要收入来源比较

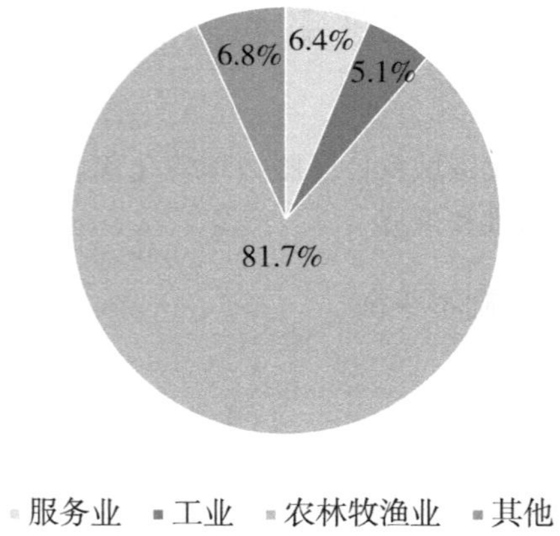

图 10－36　农村社区主要产业情况

二是城乡社区办公经费来源不均衡。城乡社区办公经费来源是以政府拨款为主，其中城市社区多于农村社区。但整体来看，以其他经费作为社区办公经费的占比较低，例如社会捐赠收入、共建单位资助等占比较少（如图 10－37 所示），总体来看，社会捐赠的意识和力度相对较低。社会捐赠需要有一定的社会动员力量和宣传推广，同时也需要社区居民的参与和支持。因此，城乡社区管理者和相关部门可以积极探索多元化的经费来源渠道，以增加经费的多样性和可持续性，更好地满足社区的发展和服务需求。

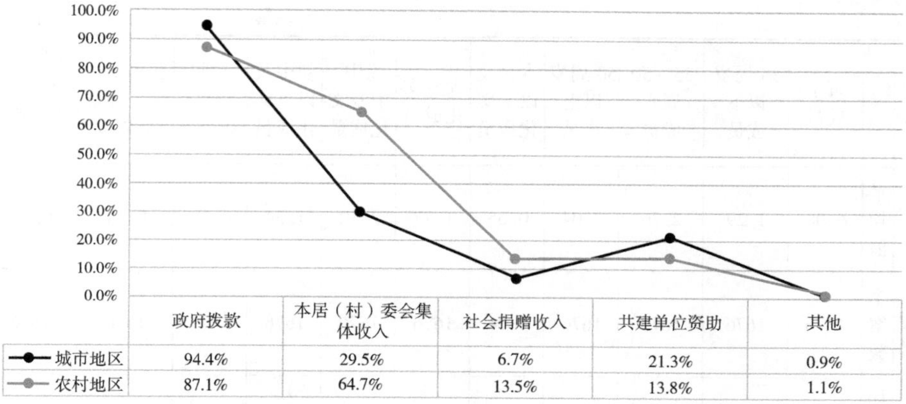

图 10－37　城乡社区办公经费来源比较

2. 城乡社区服务队伍有待提升

城乡社区班子成员多集中在35—50周岁，城市社区的成员学历和专业水平高于农村社区（如表10－4所示），但总体持证率较低。社区班子成员的年龄分布和专业水平对于社区管理和服务活动的开展具有重要影响。较年轻的成员可能更具有创新精神和适应变化的能力，而较年长的成员可能拥有丰富的经验和更好的领导能力。社区班子应该注重年龄和专业背景的多样性，确保在社区管理和服务活动中能够充分发挥各种优势。当前，社区工作虽然有了一定发展，但总体来看，政策制度还不够完善，社区工作的职业化进程在一定程度上受到政策环境的制约，如社区专职工作者薪酬待遇普遍偏低、优秀社区专职人才流失等问题，亟须通过政策的制定出台加以破解。

表 10－4　城乡社区班子成员情况比较（单位：人）

地区		班子成员	35周岁以下成员	35—50周岁成员	50周岁以上成员	本科及以上文化成员	大专文化成员	高中、中专文化成员	初中及以下文化成员	专职工作者成员	获得助理社工师证书成员	获得社工师和高级社工师证书成员
城市	平均值	7.43	2.16	3.90	1.39	2.54	2.81	1.64	0.39	6.85	1.54	0.61
	个案数	1309	1309	1309	1309	1309	1309	1309	1309	1309	1309	1309
	标准偏差	2.315	1.734	2.244	1.591	2.340	2.049	1.862	1.021	4.816	1.906	1.155

续表

地区		班子成员	35周岁以下成员	35—50周岁成员	50周岁以上成员	本科及以上文化成员	大专文化成员	高中、中专文化成员	初中及以下文化成员	专职工作者成员	获得助理社工师证书成员	获得社工师和高级社工师证书成员
农村	平均值	6.08	1.29	2.76	2.04	0.65	1.77	2.30	1.34	4.19	0.14	0.03
	个案数	1676	1676	1676	1676	1676	1676	1676	1676	1676	1676	1676
	标准偏差	1.616	1.142	1.596	1.589	1.064	1.596	1.714	1.724	3.350	0.537	0.191

二、城乡社区服务供给不均衡

1. 服务分布不均衡，养老服务供给明显不足

随着人口老龄化程度的加深，养老服务需求不断增长，但城乡社区当前整体的养老问题还比较突出，养老服务供给仍然相对不足，面临更多的需求和挑战。一方面，由于缺乏专业人才，很难为老年人提供专业化服务，社区养老服务体系不完善，造成社区养老服务的覆盖率低；另一方面，当前养老服务的资金来源主要依赖财政拨款，并辅以社会资金，但整体筹资渠道较少，市场潜力未充分释放，养老服务项目难以深入持续开展。在城市社区中，养老设施和服务机构虽然相对较多，但由于人口规模庞大和服务需求集中，仍然存在养老服务资源不足、服务质量参差不齐等问题。而在农村社区，养老服务供给相对薄弱，涉及的养老内容也比较单一，主要受经济发展水平较低、基础设施建设滞后以及医疗资源不足等因素的影响。

2. 农村专项服务不均衡，农业生产和现代化项目支持力度不够

从农村社区专项服务项目分布来看，不同农村社区服务项目的拥有率存在不平衡的情况。当前，农村社区服务项目多集中在一些基础设施建设方面，如“农村饮水工程”“村庄道路硬化”“村民活动广场”，拥有率分别达到了87.5%、94.9%和92.7%（如图10-38所示）。这些项目的实施能够改善农村社区的基础条件，提升农民的生活质量。在一些与农业生产和现代化服务密切相关的项目上，拥有率相对较低。如“农业机械化服务”“农产品运输服务”“互联网电商培训”等农业服务项目的拥有率较低，这些项目的不足会影响农村地区的农业生产效率、农产品销售渠道和农民的就业机会。在资源分配方面，一些基础设施建设

项目受到政府和社会资源的关注和支持，而农业生产和现代化服务相关的项目相对较少。此外，政策方面的支持和引导也可能导致某些服务项目的优先推进，而其他项目的发展相对滞后。

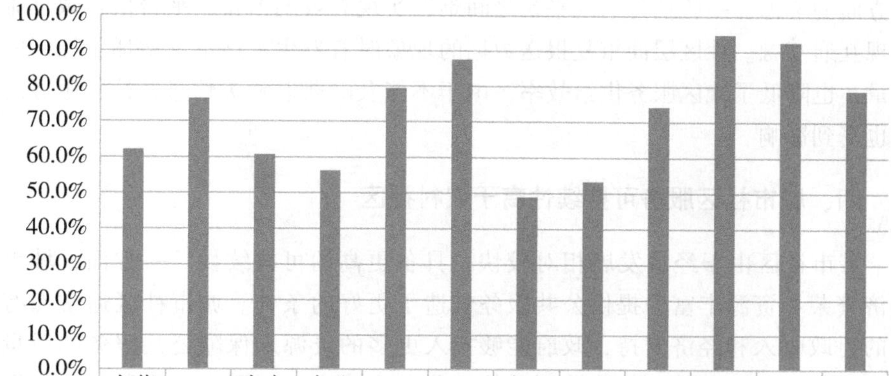

	农药种子化肥购买	农业技术指导	农产品销售服务	农业机械化服务	农田水利建设	农村饮水工程	农产品运输服务	互联网电商培训	农业技术推广培训	村庄道路硬化	村民活动广场	红白事服务
■拥有率	62.3%	76.4%	60.8%	56.3%	79.4%	87.5%	49.0%	53.3%	74.3%	94.9%	92.7%	78.9%

图 10－38 农村社区服务项目情况调查

3. 多方主体参与力量不均衡，城市社区优于农村社区

城市多元主体参与力量整体强于农村社区呈现出多方面的特征。首先，城市社区相对于农村社区拥有更多的社会组织，有更丰富的社会资源和组织网络，包括社区居民组织、非营利组织、社会团体等，这些组织可以积极参与社区事务的管理和服务，提供各种形式的支持和帮助。其次，城市社区志愿力量更为强大。城市居民的生活方式和社会环境使得城市社区志愿者的数量较多，他们愿意投入时间和精力参与社区活动、服务社区居民。城市社区志愿者可以提供各类服务，包括社区巡逻、环境整治、文化活动组织等，为社区的发展和居民的福祉作出积极贡献。相反，农村社区的社会组织和志愿者资源相对较少。农村地区人口分散、社会资源匮乏，限制了社会组织的发展和志愿者力量的形成。农村社区的组织相对简单，志愿者的数量和参与度较低。这也导致农村社区在服务提供、社区管理等方面相对薄弱，需要借助外部资源的支持。

不过农村社区基金力量相对较强。由于农村社区基金的相对集中和有效使用，农村社区能够更好地筹措和利用资金，开展社区建设和服务项目。这些基金可以用于改善农村社区的基础设施、教育、医疗等方面，提升农村社区的发展水平和居民的生活质量。

三、城市社区信息壁垒问题突出

由不同职能部门所开发建设的不同的信息系统，出于对信息安全、规避责任等方面的考虑，一些信息系统平台之间难以实现有效的衔接，平台信息数据难以实现互通互融。社区层面重复报送数据的现象时有发生，这不仅增加了社区的工作量，也降低了社区服务供给效率。由于不能及时获取相关信息，社区服务的质量也受到影响。

四、城市社区服务可持续性高于农村社区

城市社区由于经济发展相对较快，具备更高的可持续性。一方面，城市的经济繁荣和资源丰富为提供公共服务创造了更好的条件。城市社区通常拥有更多的财政收入和经济支持，政府能够投入更多的资源来保障公共服务的质量和效率。同时，城市社区的公共服务信息化程度较高，利用先进的科技手段提供服务，提升了服务的便捷性和效能。另一方面，城市社区也更容易吸引和留住专业人才，提供高质量的服务。城市人口密集，人才资源相对丰富，可以吸引专业人士和技术精英参与社区建设和服务，提高服务的专业化水平和可持续发展能力。

相比之下，农村社区的可持续性较低。农村经济发展相对较慢，村级集体经济近年来也面临一些困难，导致农村社区服务相对比较脆弱。由于农村地区资源有限、经济条件相对较弱，政府投入的资源相对有限，公共服务的提供受到一定的限制。此外，农村地区的人口流动性较大，人才流失和人口老龄化等问题也给农村社区的可持续发展带来挑战。

第四节　新命题：城乡社区服务的高质量发展

在实现“十四五”规划和2035年远景目标的过程中，必须始终把人民群众的利益放在心中最高的位置，坚定贯彻以人民为中心的发展思想，不断推进消除贫困、改善民生、实现共同富裕的工作，让全体人民在全面发展中共享发展成果。进入新发展阶段，城乡社区服务比较分析需要在更高站位、更宽领域、更广视角上来理解，需要从比较“硬件有没有”转向“服务好不好”，从分析“是否均等化”转向“是否高质量”。

一、共同富裕对城乡社区服务的新要求

（一）促进全体人民共同富裕的任务和目标

富裕不是同时同步富裕，区域、城乡及个体间存在适度差异是正常的，不能要求所有地区、所有人同时富裕。共同富裕也不是同等富裕，不能要求不同区域、不同人群都达到全国一致的收入和生活水平。共同富裕是全体人民的富裕，不是少数人的富裕，也不是整齐划一的平均主义，要分阶段促进共同富裕。这就既要有长远眼光，也要有务实行动；既要有目标意识，也要有过程意识；既要有共性目标，也要有个性路径。

（二）扎实推进共同富裕中的城乡社区服务

1. 城乡社区服务不是一样化的服务，是以需求为导向的差异化服务。城乡社区服务的性质和需求各不相同，因此在提供服务时需要考虑适度差异化。例如，在城市社区中，人口密度较高，居民通常需要更多的基础设施和公共服务，如公交、超市、医院等。而在农村社区中，居民更需要农业生产、土地利用和环保等服务。因此，城乡社区服务需要根据不同的需求和情况有针对性地设计和实施。此外，城乡社区服务还需要考虑不同群体的需求，如老年人、儿童、残障人士等，比如，老年人更需要医疗保健、社交活动和家庭服务等，儿童更需要学校、游乐场、图书馆等公共设施，残障人士更需要无障碍设施和社区医疗服务等，以满足他们的特定需求。

2. 城乡社区服务不单是硬件上、设施配置方面的服务，更是强调软性的、可持续供给的服务。这些软性服务可能是社区志愿者的帮助和关注，也可能是社区工作人员的指导和咨询，甚至可能是居民之间的互助和交流。这些服务可以促进居民之间的交流和互动，增进社区凝聚力和共同体意识，推动社区建设和发展，例如，解决邻里纠纷、提供就业和创业机会、提供教育和培训资源等。此外，城乡社区服务的软性服务还可以提供一些文化、艺术和娱乐方面的服务，如组织音乐会、文化节等活动，以满足居民的精神和文化需求。

在城市社区中，由于人口密集，社区服务的软性服务的重要程度在某种程度上更甚于硬件设施。社区居民之间的联系较少，社区管理和服务机构需要发挥更大的作用，提供更多的社区活动和服务，以便居民之间建立更紧密的联系。在农村社区，社区居民之间联系相对紧密，社区组织和居民自治能力也较强，因此社区服务机构需要密切与居民互动，以更好地发挥社区资源的作用。既注重硬件设施的完善，又关注居民心理需求，软硬结合，持续打造高质量城乡社区服务。

3. 城乡社区服务既有共性部分，也有个性化内容，社区服务形态是多样化

的。城乡社区服务的目标是满足居民的基本需求和提高生活质量，考虑到不同社区具有不同的优势和特点，城乡社区服务需要在共性目标的基础上，根据具体情况进行个性化的内容设计。

城乡社区服务的个性化内容涵盖了许多方面。例如，在城市社区中，由于人口密集和生活节奏快，社区服务的个性化内容可能更注重服务的效率和方便性，可以提供便捷的快递服务和互联网购物体验，或者是开展便民服务、医疗保健和紧急救援等。在农村社区中，由于居民相对稀少和生活方式不同，社区服务的个性化内容可能更注重满足居民的基本需求，例如提供生活用品的购买和家政服务、农业生产技术的指导和支持、开展乡村旅游等。

城乡社区服务的发展路径多种多样，在不同的区域和社区，服务机构的发展路径也各有千秋。例如，在城市社区，社区服务机构可以利用先进的信息技术手段，提高服务效率和质量，如开展网上办事、线上咨询等。在农村社区，社区服务机构可以利用当地的特色资源，推动乡村旅游、文化产业等产业的发展，以提高居民的收入水平和生活质量。

二、城乡社区服务高质量发展的新趋势

当前，我国已经逐步建立起了较为完整的基本公共服务制度体系，政府对基本公共服务的投入力度持续加大，基本公共服务实现了普遍覆盖。面向未来，还需进一步清晰推进基本公共服务均等化的现实路径。

（一）多类型服务有机整合，打造整合型服务网络

从城乡社区服务格局上，要实现政府基本公共服务兜底保障，市场化便民利民服务丰富，社会性志愿公益服务补充及时和到位。由政府基本公共政策兜底，能有效保障城乡社区服务平稳展开。市场化服务的出现可以丰富城乡社区服务的内容，提高服务质量和效率。进一步引导社会力量、市场主体发展社区养老、托育、维修、家政、餐饮、零售、资源回收等便民服务项目，满足居民多样化需求。加大对农村社区的财政投入以及农村社会工作专业人才的培养和引进力度，通过政策倾斜和培训机制，吸引更多的社会工作专业人才到农村工作，提升农村社区的专业化服务能力。增强对社区社会组织的培育力度，撬动周边包括企业在内的社会力量。开展志愿者培训和激励计划，吸引更多的社区居民参与志愿服务，形成良好的志愿服务氛围。

（二）内外机制有效协同，实现可持续服务供给

从动力机制上，外部力量支持和内生资源挖掘需要同步，形成内外协同的服

务机制。外部力量的支持包括政府、企业、社会团体等各种力量，能够为城乡社区提供资金、技术、管理经验等方面的支持，促进城乡社区服务的不断升级和提高。内生资源的挖掘是指通过发挥社区内部的资源优势，推进城乡社区服务的发展。同时，这两方面的力量需要形成内外协同的服务机制，以实现城乡社区高质量发展的目标。内外协同的服务机制可以促进城乡社区各种资源的优化配置和利用，使城乡社区服务更加贴近居民需求，更加高效、便捷、可持续。例如，在城市社区中，政府可以提供基础设施建设、公共服务设施管理等方面的支持，市场主体可以提供更加细致、个性化的商业服务，社会志愿者可以通过自己的行动和力量来增强社区的凝聚力。

（三）居民需求有效回应，凸显高效能服务品质

从服务效能上，以居民有效需求为导向，打造“调适型”服务供给机制。以社区议事平台为载体，加强社区协商，准确把握社区“需求清单”和“资源清单”，实现有效链接。建立科学的服务评估和反馈机制，了解服务的提供情况和实际效果，发现服务中存在的问题和不足，以便进一步改进和优化。加强信息技术的应用和服务评估的智能化支撑，更加准确地把握居民需求和服务供给的情况，提高服务的响应速度和服务效率，进一步提高服务质量和效果。

后　记

社区服务关系民生、连着民心，不断强化社区为民、便民、安民功能，是推进基层治理现代化建设的必然要求。党的十九大报告提出“打造共建共治共享的社会治理格局”，“加强社区治理体系建设，推动社会治理重心向基层下移”。党的二十大报告再次强调，“健全基本公共服务体系，提高公共服务水平”。社区是现代社会的基本构成，是人民群众安居乐业的家园，我国14亿多居民生活居住在60多万个城乡社区中，社区承载着社区居民的生活起居、文娱休闲、养老托幼、社交活动等多种服务需求，是联系群众、服务群众、凝聚群众的前沿阵地。城乡社区服务体系具有为民、便民、安民的重要功能，社区服务的供给能力和服务效能关系到居民日常生活需要的满足，关系到社区居民的获得感、幸福感和安全感，在凝聚民心、传递民意、惠及民生上发挥着独特作用。

本书致力于发挥城乡社区服务体系为民、便民、安民的功能作用，从增强社区服务供给、鼓励社会力量参与、提升社区服务质量、补齐社区服务设施短板、提高社区服务信息化水平等方面提出意见建议，推动实现基层服务健全齐备、基层治理和谐稳定。在本书撰写、编辑和出版过程中，王杰秀、付长良直接组织审稿，许亚敏、刘丽娟、孙笑非、李照承担了具体落实、文稿修订等工作。为推动项目实施，项目组组建了由民政部政策研究中心项目组成员和华南理工大学张树旺教授、深圳大学唐娟教授、南京市社会科学院任克强研究员、国务院发展研究中心王伟进研究员、四川大学李强彬教授、中共重庆市委党校（重庆行政学院）谢菊教授、兰州大学焦若水教授、华南理工大学文宏教授、华中师范大学张必春教授、北京科技大学唐德龙副教授、浙江工业大学王萍教授组成的研究团队，共同撰写研究报告。课题组写作人员的学识和能力所限，课题研究成果的不足之处在所难免，敬请各位读者包涵和斧正。同时，我们也期待本书能够引起更多的关注和讨论，为推动城乡社区服务体系建设提供更多的思想启示和行动指南。